清东陵陵园全景

昭陵隆恩门

孝陵雪景

孝陵石像生之文臣

孝陵石像生之武士

慈禧陵隆恩殿内新修复的盘龙柱

在昌瑞山山顶看孝陵及其神道

景陵鸟瞰

从石牌坊看金星山

今已修复成功的景陵“圣德神功碑”双碑

清西陵之首陵泰陵大红门前的三座石牌坊

泰陵前区鸟瞰（王其亨提供）

昌陵神道远眺（王其亨提供）

裕陵地宫穿堂券内雕刻的二十四尊佛像和五欲供

定东陵（慈安陵、慈禧陵）主体建筑群

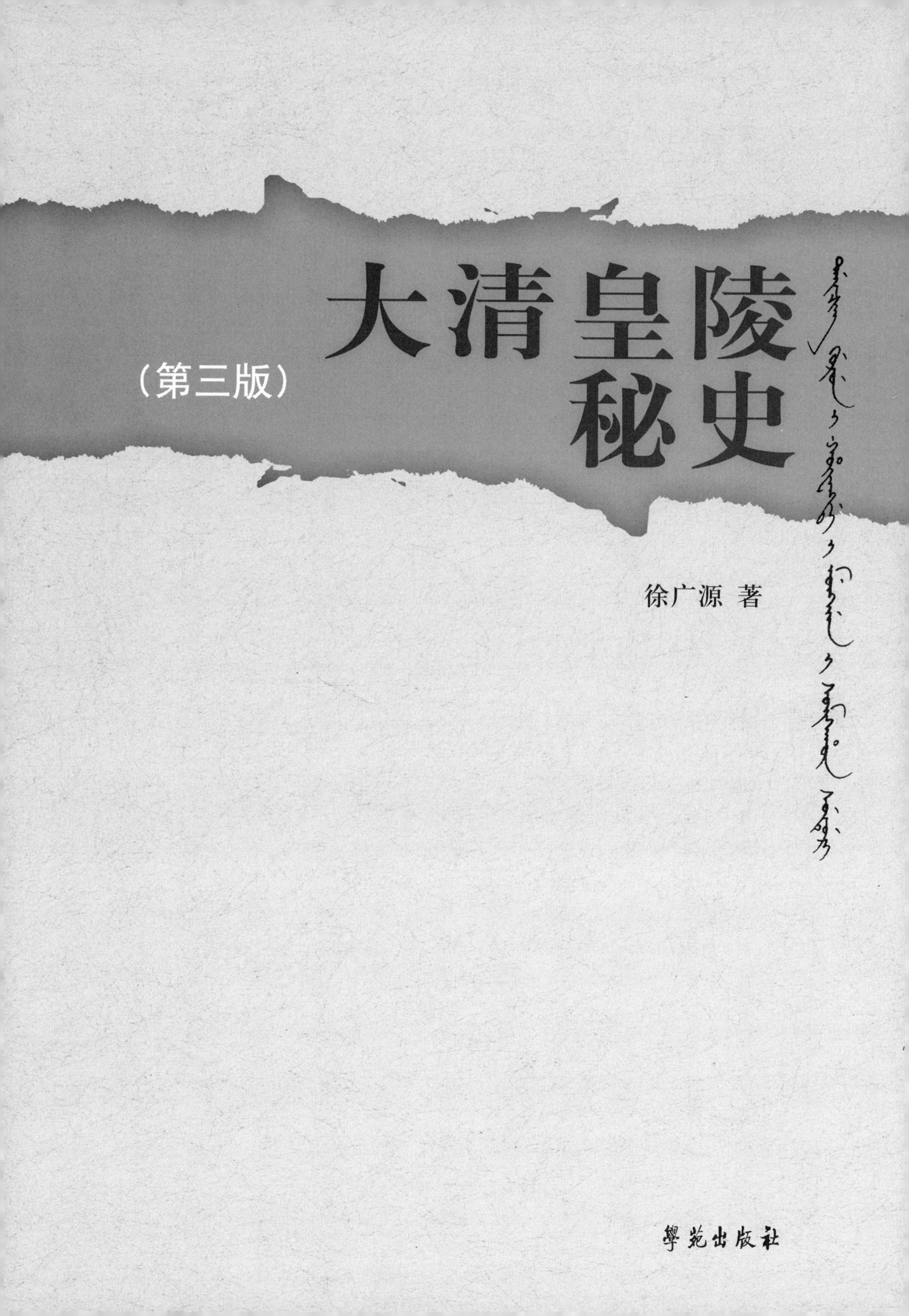

大清皇陵秘史

（第三版）

徐广源 著

學苑出版社

图书在版编目（CIP）数据

大清皇陵秘史 / 徐广源著. — 3版. — 北京：学苑出版社，2015.7

ISBN 978-7-5077-4808-6

Ⅰ. ①大… Ⅱ. ①徐… Ⅲ. ①陵墓-介绍-中国-清代 Ⅳ. ① K928.76

中国版本图书馆 CIP 数据核字 (2015) 第 160973 号

扉页满文书名题写：吴元丰　郭美兰
出 版 人：孟　白
责任编辑：洪文雄　陈俊
版式设计：九如轩文化艺术发展有限公司
出版发行：学苑出版社
社　　址：北京市丰台区南方庄2号院1号楼
邮政编码：100079
网　　址：www.book001.com
电子信箱：xueyuanpress@163.com
联系电话：010-67601101（销售部）67603091（总编室）
印 刷 厂：河北省三河市灵山红旗印刷厂
开本尺寸：787×1092　1/16
印　　张：28.5　插页16
字　　数：610千字
版　　次：2015年7月北京第3版
印　　次：2015年7月第4次印刷
定　　价：68.00元

目　录

引　子

在帝制时期，特别是明清两朝，只有皇帝和皇后的坟墓才可以称陵，其他任何人的坟墓都不得称陵，“陵”字成了皇帝和皇后坟墓的专用名称。中国历史两千多年间，产生了数百位皇帝，差不多每个皇帝都营建了规模宏大、气派豪华、富丽堂皇的陵寝，而且这些陵寝都建在了上吉佳壤、风水宝地之上。这些皇帝为什么都这样做？总结起来，主要有三个目的：

第一、显皇权，肃威仪

营建规模宏大的陵寝，可以彰显皇家的富庶、皇权的至高无上、皇帝的无比威严，让臣民们在高大雄伟的皇陵面前，感到自己的渺小，顿生庄严、肃穆、景仰之情，从而甘心情愿地为皇帝效力，俯首贴耳地接受皇帝的统治。为什么这样说呢？历史上有一个非常典型例子，很能说明问题。在西汉初期，汉高祖刘邦刚刚夺取了天下以后，丞相萧何就为他营建了规模巨大、气势恢弘的未央宫，花费了大量银钱。据考古发掘得知，这座未央宫的宫城竟占地480万平方米，是今天北京故宫的6.66倍（故宫占地72万平方米）。刘邦看了很不理解并很生气，认为天下初定，国力很弱，百姓贫穷，花这么多的钱建造宫殿，太过份、太浪费了。萧何却说：“天子富有四海，非壮丽无以重威。”就是说，只有这些壮丽辉煌的宫殿才能显示皇家的威严。建辉煌壮丽的皇陵和建辉煌壮丽的宫殿的作用是一样的。

第二、保社稷，荫子孙

历朝历代的皇帝几乎都认为，将规模宏大的皇陵建在风水宝地之上，可以使江山社稷长治久安，使国家日益强盛，可以使子孙后代福寿绵长、人丁兴旺，可以使皇位一代一代不断地传下去，用皇家的话说就是“巩万载之金汤，开亿世之统绪”。

第三、受教育，尽孝心

清朝京城的太庙和奉先殿供奉着列祖列后的神牌，在寿皇殿内悬挂着列祖列后的画像，这都是嗣皇帝和臣子们受教育、尽孝心的地方。但这些地方都远不如皇陵的效果更好。后代子孙展谒祖陵，站在皇陵前，面对的不是木制的神牌和纸质的画像，而是直接面对地宫里的列祖列宗列后的遗体，他们更容易感受到他们的列祖列宗当年打江山、创基业的艰难困苦，感到祖业的来之不易！从而更能激发他们的子孙励精图治、勤政爱民、看好家、守好业、奋发有为、振兴祖业的雄心壮志。皇陵也是后代子孙们尽孝心，展忠诚的最佳场所。后代子孙能够经常地长途跋涉，展谒祖陵，更能显示出他们对列祖列宗的孝心和忠忱。

皇宫，是皇帝和他的后妃、子女们生前居住生活的场所；皇陵是他们死后安葬的閟宫。皇宫是阳宅，皇陵是阴宅。在皇帝的心目中两者同等重要。在世人的心目中，似乎往往更注重皇宫，而轻视皇陵。这是可以理解的。如果从历史研究的角度上看，皇陵的重要性比皇宫一点也不差，甚至更有价值。一座皇宫，可以多个皇帝居住，甚至几个王朝共同使用。北京的紫禁城是明清两朝的皇宫，两朝的24个皇帝都在那里居住过，前后用了500年，紫禁城基本上没有大的改变，所以皇宫可以在几十年甚至几百年相沿承袭。皇陵则不然，一个皇帝一座陵，营建的时代不同，当时国家的政治、经济、军事、文化、科技等情况各异；每个皇帝的爱好、志趣也不同，因而每座皇陵都带有那个时代的鲜明特点。所以从历史研究的角度上看，皇陵比皇宫更有价值。

坐落在神州大地上的数百座皇陵和数以万计的陪葬墓和附属建筑，是五千年中

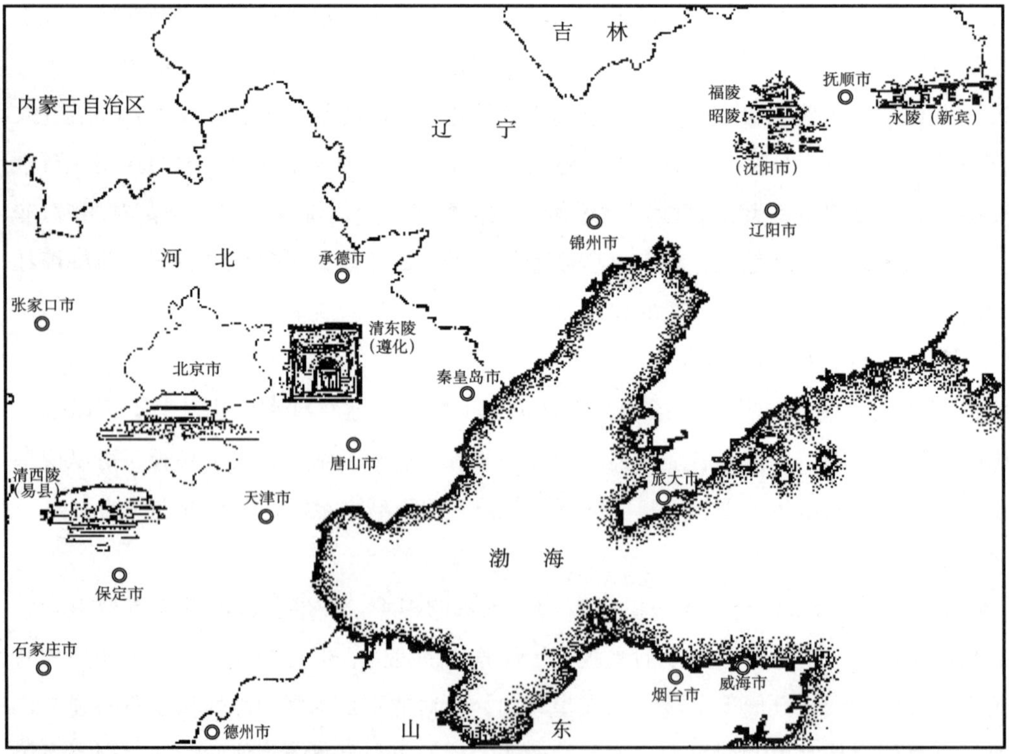

清朝皇陵位置图（选自中国第一历史档案馆编《清代帝王陵寝》一书）

华文化的积淀和载体，是用砖木石铸成的文化史册，是中华民族智慧和力量的结晶，它就像一颗颗明珠放射着璀璨的光芒。我们不能简单地将皇陵看成是坟墓，而应该看作是宝贵的优秀的中华文化遗产。陵寝文化是中华文化的一个重要组成部分，越来越受到世人的重视。现在我国的历代皇陵几乎都已成为全国重点文物保护单位。明清皇家陵寝已于2000年11月30日列入了《世界文化遗产》名录。全面深入地研究陵寝文化，对于研究历史，认识历史，提高我们的民族自信心、自豪感，对于加强我们的民族凝聚力，具有重要的意义。

清朝，是我国历史上最后一个封建王朝。清朝的起止日期有三种算法：

第一种是从顺治元年（1644年）清朝入关，定都北京算起，到1912年止，有268年。学校的历史课本和历史年表，大都采用这种算法。

第二种是从清太宗皇太极创建大清的崇德元年1636年算起，到1912年止，清朝共有276年。

第三种是从清太祖努尔哈齐建立后金政权的天命元年1616年算，到1912年止，清朝则有296年。

在这近300年的时间里，清朝建了12座皇帝陵、7座皇后陵、10座妃园寝，共计

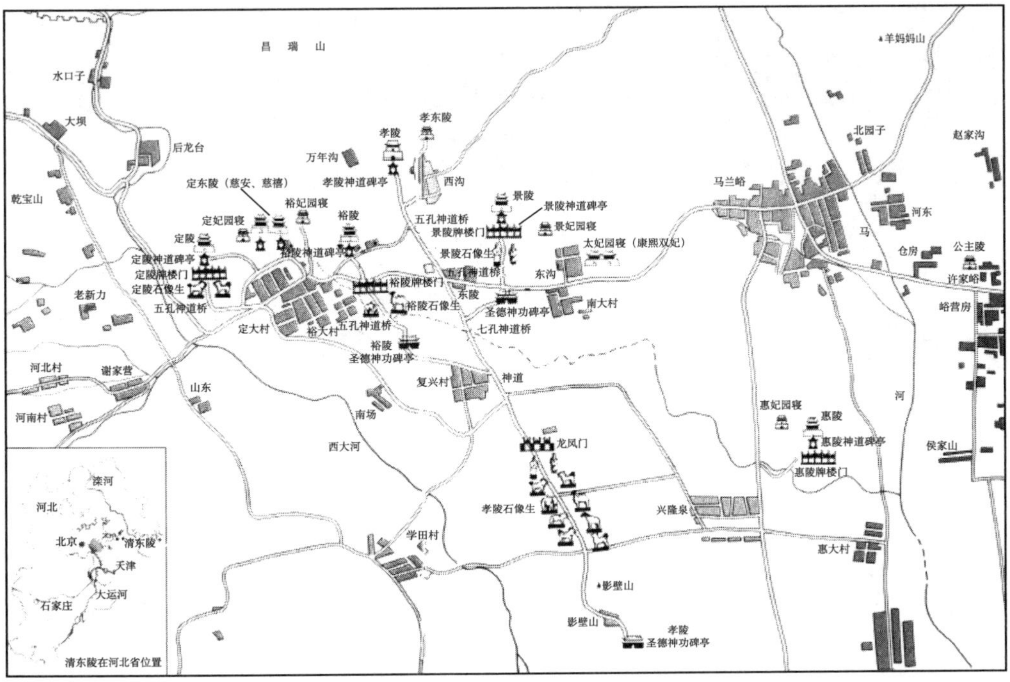

清东陵平面示意图（选自清东陵文物管理处编《清东陵》一书》）

29座。这些陵寝大体上分布在三处，即今辽宁省的盛京三陵和河北省遵化市的清东陵、河北省易县的清西陵。

在清陵中要论“辈”，以辽宁省的盛京三陵的“辈分”最高。盛京三陵也叫清初三陵、关外三陵。

历朝历代的帝王都对皇陵十分重视，清朝皇帝与以前历朝历代皇帝相比，有过之无不及。清朝皇帝公开宣扬 “圣天子孝先天下，首重山陵”。清朝皇帝把东北称为他们的发祥地，说河北省东陵的少祖山昌瑞山、西陵的永宁山、昭陵的隆业山、福陵的天柱山、永陵的启运山都源于长白山，说这是大清皇陵的“龙脉”。这条“龙脉”是上天赐予的，意在表明大清国的建立上合天意，下合民心，大清国的皇帝是天之骄子，代表的是天意。实际上是这样吗？这些山脉的相连与清朝的统治有关系吗？下面就让我们沿着这条“龙脉”，按陵寝的营建顺序，探索一下其中的奥秘吧。

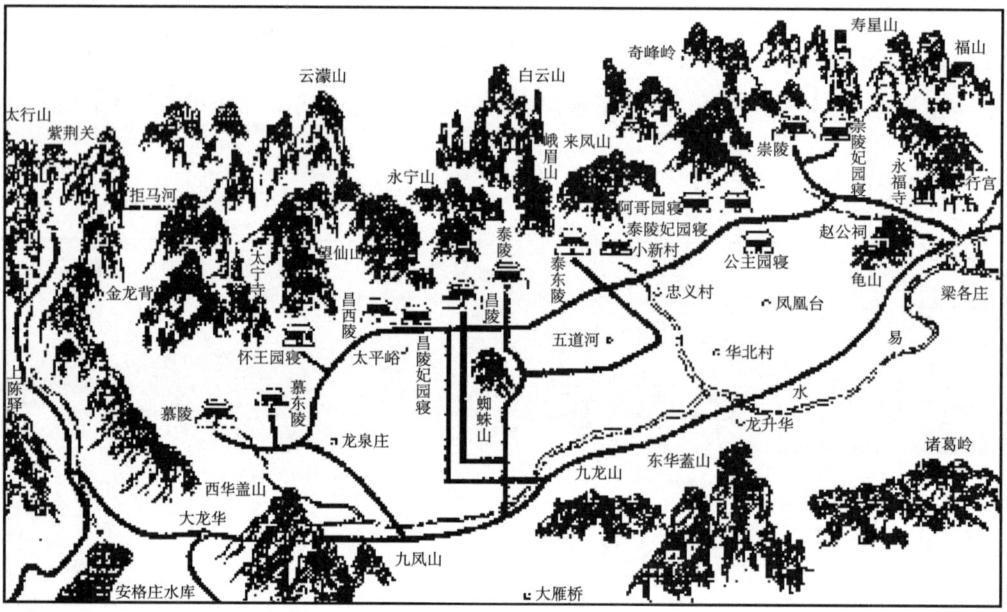

清西陵平面示意图（选自陈宝蓉著《清西陵纵横》一书）

第一章 永陵

永陵，位于今辽宁省新宾满族自治县境内的清王朝称之为“龙兴之地”的赫图阿拉城以西，坐北朝南，背靠形如巨龙的启运山，远朝高耸的烟筒山，前临波光潋滟的苏子河，山美地阔，林茂水清，不负“第一福地”的美誉。

永陵内葬大清皇帝的四位祖先，即肇祖原皇帝孟特穆、兴祖直皇帝福满、景祖翼皇帝觉昌安和显祖宣皇帝塔克世。他们虽然生前都未当过皇帝，但大清皇帝为了表示对祖先的孝敬尊崇之意，都给他们戴上了“皇帝”的桂冠。

永陵在正式命名之前称赫图阿拉老陵、四祖陵、兴京陵。永陵在盛京三陵中虽然规模最小，但它的传奇的历史、特殊的规制以及无与伦比的历史地位，使之知名度很高，充满了辉煌和神奇，无可替代地居于清陵之首，是名副其实的清朝第一陵。

第一节　神秘光环中的永陵

一、永陵之谜

讲清朝皇陵，首先就要讲永陵。为什么要先讲它？永陵在什么地方？永陵位于今天的辽宁省新宾满族自治县永陵镇西二里许的启运山南麓。启运山就像一条探头藏尾的巨龙横卧于永陵的后面，成了一道天然的屏障。海拔840多米的烟筒山高耸云天，矗立在永陵前方的远处，与启运山遥相呼应。那里群山拱卫，众水环流，草木葱盛，环境十分优美。因为永陵在清陵建得最早，内葬人的辈分最高，葬的皇帝最多，因此永陵素有“清朝第一陵”的美称，所以要讲清朝皇陵就得从这个“老大”开始。

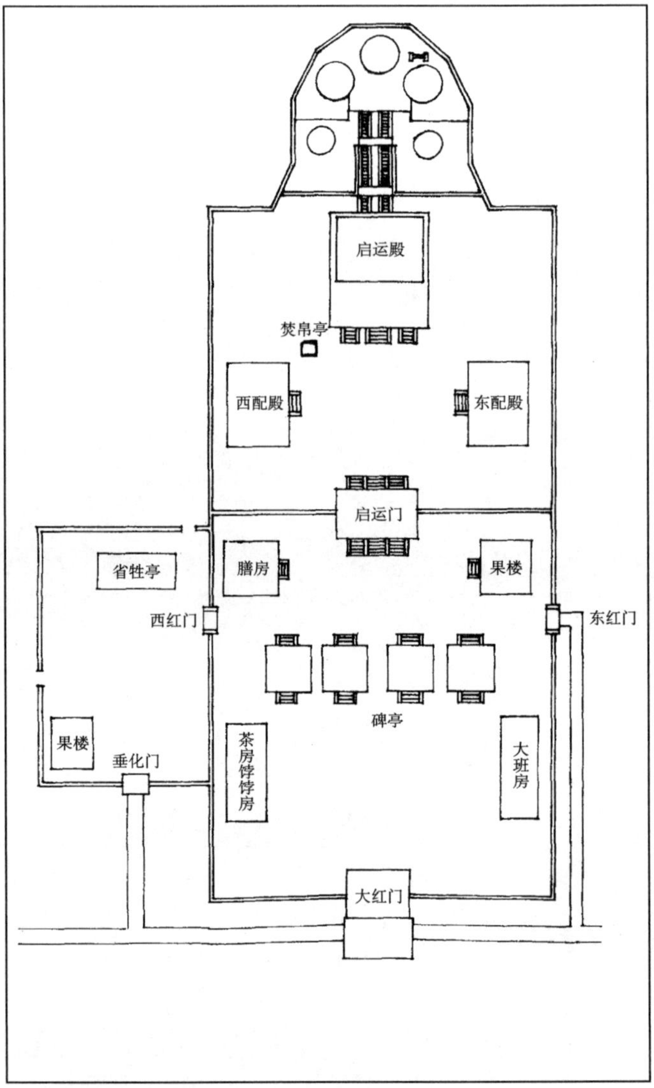

永陵平面示意图

别看永陵在清陵中排行老大，可是要讲规模、豪华、气派，它却倒数第一，永陵在清朝皇陵中是规模最小、规格最低、建筑最少的皇陵。然而这些丝毫不影响它在清陵中的尊贵地位，丝毫不影响它的历史价值。而且永陵有许多令人匪夷所思的“谜”和“怪”，充满着一团团疑云迷雾。

那么，永陵有哪些神秘之处呢？

衣冠墓

在永陵内共埋葬了4位大清皇帝的祖先，即肇祖原皇帝孟特穆、兴祖直皇帝福满、景祖翼皇帝觉昌安和显祖宣皇帝塔克世。虽然他们都称为皇帝，顶着皇帝的头衔，实际上他们生前一天皇帝也没当过，“皇帝”这顶桂冠是他们的后世孙子顺治帝在顺治五年（1648年）给他们戴上的。最令人意想不到的是这4位“皇帝”中，竟然辈分最大的肇祖的墓穴内没有葬人，是空的，是个衣冠墓。衣冠墓也叫招魂魄葬。这种葬式在中国古代很早就有，汉高祖刘邦就给他母亲建了招魂葬。据说采用这种葬法，建造墓室事先也要选择良辰吉日，用绸缎制成一套衣冠，在衣领上缝上一条白绸子，在上面写上死者的姓名及其出生年月日，然后举行葬礼。肇祖孟特穆的衣冠墓是不是这样呢？不得而知。为什么4个人中，单单肇祖孟特穆是衣冠墓呢？孟特穆绝不是大清皇帝凭空想象出来的祖先，历史上确有其人。他大约生于明洪武三年（1370年），他的父亲挥后是女真斡朵里部的“万户”，幼年曾随其父避居到朝鲜境内。他父亲死后，他袭了父职，也成了万户。洪武二十五年（1392年）他接受朝鲜政府的招抚，成为“上万户”。永乐三年（1405年）他接受明朝的招抚，授为建州指挥使，他的女儿被永乐皇帝纳为妃子，他后来因功升为都督。宣德八年（1433年）十月十九日他遭到七姓野人的袭击而遇难，终年64岁。他死后葬在朝鲜境内的会宁府以南55里的“半山面”，因此，永陵内只能建一个衣冠墓。我们知道，在清朝，朝鲜一直是附属国，年年进贡、岁岁来朝。清朝皇帝为什么不将肇祖孟特穆的墓从朝鲜迁葬到永陵呢？为什么让自己的祖先长期葬在异国他乡呢？更令人想不到的是，孟特穆这位辈分最大的“皇帝”的衣冠墓却没有建在陵寝最尊贵的位置——陵寝的中轴线上，而是建在了兴祖墓的东侧，兴祖却葬在了至尊无上的位置，这是为什么？还有令人百思不得其解的是，肇祖的衣冠墓的地面上竟然没有坟头，是一块平地。是原来就没有？还是原来有，后来因为什么被平掉了？

散土堆积坟头

清朝皇陵中，无论是皇帝的坟头、皇后的坟头，乃至妃嫔的坟头，都起了一个高雅好听的名字，叫“宝顶”。这些宝顶绝大部分是用灰土夯筑的，非常坚硬，如同现在的水泥。还有一部分妃嫔的宝顶是用砖砌的。惟独永陵内的5座坟头（3个皇帝和2个陪葬人）都是用散土堆积而成的，与老百姓的坟头简直没有区别。为什么这些坟头不用灰土夯筑或用砖砌？这究竟是为什么？

八角马蹄形的宝城

清朝皇陵中，无论是帝后陵，还是妃园寝，陵院围墙的平面布局都是前方后圆，也就

永陵宝城的罗圈墙是八角的

是说后面的围墙是弧形的，所以人们十分形象地称之为“罗圈墙”。永陵的罗圈墙有三个奇特之处，一是罗圈墙这部分的面阔比前院明显变窄；二是这道罗圈墙不是圆弧线形的，而是八角形的，平面布局就像一个马蹄形，墙的拐角处还挂有惊雀铃；三是这道墙不叫罗圈墙，而是叫“宝城”。为什么永陵的罗圈墙如此与众不同？其中有什么含意？

不设石像生，不建明楼、牌坊

清朝的12座皇帝陵，有10座建了明楼，有11座建了牌坊（楼），有8座皇帝陵设了石像生，惟独这座清朝第一陵的永陵既未建明楼、牌坊，也未设石像生，到底是什么原因，谁也说不清。可能有人会这样想：建永陵时，清朝还没有建立，财力还很薄弱，又加上当时忙于征战，没有时间和精力搞这些。表面上一听似乎很有道理，实际上并非这样。因为永陵的所有地面建筑几乎都是在顺治和康熙两朝建造的，既然大殿、配殿、碑亭都是后来新建的，为什么补建石像生和牌坊呢？福陵和昭陵初建时也没有石像生，都是后来顺治帝给补建的，为什么不给永陵补建？究竟是什么原因呢？

陪葬的人葬在陵内

关外的福陵、昭陵也好，关内的清东陵和清西陵也好，所有陪葬人不仅不能葬在皇帝陵内，就连风水墙之内都不能葬，全部葬在陵区之外。而永陵则大出人们的意料之外，努尔哈齐的伯父武功郡王礼敦和努尔哈齐的叔父恪恭贝勒塔察篇古不仅葬入了永陵，而且与肇、兴、景、显4位皇帝葬在了一起，他们的坟头相距只有咫尺之遥。将陪葬的人葬入皇帝陵内，这在有清一代是绝无仅有的。可能有人这样解释：在努尔哈齐建立后金政权之前，永陵这个地方只是努尔哈齐的祖坟地。兴祖福满葬在了这里，觉昌安是福满的儿子，礼敦和塔察篇古是觉昌安的儿子、是福满的孙子，俗话说“子随父葬”，所以他们俩自然也要葬在这里，这是天经地义的，是符合人之常情的。后来福满、觉昌安、塔克世被追尊为皇帝了，老祖坟变为皇陵了，礼敦和塔察篇古已葬在那里多年了，不便迁葬，所以就留在了陵内。这种说法对不对呢？表面上好像对，其实站不住脚。为什么呢？既然那里是老祖坟，福满有6个儿子，为什么只将觉昌安1人葬在那里，那5人不葬在那里？觉昌安有5个儿子，为什么只将礼敦和塔察篇古兄弟2人葬在那里，那3个人不葬在那里？此其一也。觉昌安和塔克世后来曾迁葬东京陵，后来又迁回。已葬入福陵多年的努尔哈齐的继妃富察氏衮代都可以从福陵中迁出，为什么礼敦和塔察篇古不可以迁出？他们完全可以迁出，也应该迁出。可他们却没有迁出，这是为什么？

入葬日期

永陵里共葬了5个人，这5个人都是哪年入葬的？另外还有一个衣冠墓，有的书上说是皇太极称帝后，追尊四祖，是在崇德元年建的。这一说法，一是在清朝官书上没有明确记载，二是即使是这年建的，但没有记载哪月哪日建的，所以衣冠墓的建立日期还是一个谜。这些人的入葬日期和衣冠墓的建立日期，连清朝官书上都没有记载，恐怕已成不解之谜了。

陵寝命名

按照正常规律，最早建的陵寝获得陵名也应该最早，起码不能晚于后来建的陵寝。可是这座清朝第一陵却是在顺治十六年（1659年）九月二十三日才被命名为“永陵”的，比努尔哈齐的福陵晚23年，比皇太极的昭陵晚15年。为什么永陵比晚建的福陵和昭陵命名晚？

始建日期

清朝的12座皇帝陵，有11座官书上都有明确的始建日期，惟独永陵没有。关于永陵的始建日期，可以说是众说纷纭。有的说是万历二十六年（1598年），有的说明末清初，有的说明朝嘉靖年间，但是都没有准确日期。另外，永陵这个地方是谁选定的，也是一个谜。是兴祖福满死后葬在了这里，以后才将觉昌安、塔克世等人葬在这里，还是努尔哈齐将明朝归还的祖父觉昌安、父亲塔克世的遗体葬在了这里以后，才将兴祖福满迁葬到这里？

不迁兴祖

天命九年（1624年）努尔哈齐曾将景、显二祖和武功郡王礼敦迁葬到东京陵。兴祖与景、显二祖都葬在永陵之内，为什么不将兴祖也迁到东京陵？恪恭贝勒塔察篇古的儿子贝子祜尔哈齐那次也随同迁到了东京陵，为什么不将恪恭贝勒塔察篇古也随同迁到东京陵？

二、永陵之奇

永陵不仅谜多，而且奇特之处也不少，下面选几个主要的介绍一下。

永陵有四座神功圣德碑亭

奇特的功德碑亭

永陵的神功圣德碑亭有五奇：一是碑亭多。福陵、昭陵、孝陵、景陵、泰陵、裕陵、昌陵，每陵都只建了1座碑亭，而永陵却建了4座，沿东西方向一字排开，很有气势。二是其他陵的功德碑亭都是重檐歇山顶，惟独永陵的4座功德碑亭都是单檐歇山顶。三是其他陵的碑亭都是四面各有一个拱券门，惟独永陵的碑亭只开南北两个门，东西两侧没有门。四是其他陵的功德碑文都用满汉两种文字镌刻，唯独永陵的功德碑文用满、蒙、汉三种文字镌刻。五是其他陵的功德碑赑头（碑头）都是6盘龙，而永陵是4盘龙。

与众不同的门、殿名称

其他皇帝陵的陵院大门都叫隆恩门，大殿叫隆恩殿，惟独永陵的大门叫启运门，大殿叫启运殿。

永陵大殿后门

大殿开后门

清朝皇陵，无论帝后陵，还是妃园寝，大殿都没有后门，只有永陵大殿开后门。为什么永陵的大殿有后

永陵启运门

1662年）才供设
摆放在大殿的桌
建明楼，所以开
叩头行礼，叫作
大殿内设神牌以

永陵的神功圣德碑亭两侧没有门

陵的陵院外面有
在这些沟河上建
桥梁既有利于保护
惟独永陵最为特
当然也就没有任

启运门照壁局部

，人们自然就会
皇陵中，只有永陵
么称之为神树？它

神奇在什么地方？这棵树既不是极为少见的珍贵的树种，也不生长珍奇的果子。这棵树只是普通得再也不能普通的、到处都有的榆树，它位于兴祖的坟头前。据有关文献记载，这棵树高“数十丈”，枝叶繁茂，树冠如同一把巨大的雨伞将整个宝城笼罩。据说这棵树的树干、树枝并不是我们看到的一般榆树那样

兴祖直皇帝神功圣德碑上的满蒙汉三种文字

永陵用土堆积而成的宝顶和神树

永陵《神树赋》卧碑

枝干直耸不弯，而这棵榆树的枝干弯弯曲曲，其形状就像一条游龙。乾隆十九年（1754年）秋，乾隆帝在展谒永陵时，见到了这棵树，非常欣赏，高兴之下，封这棵树为神树，并写了一篇《神树赋》，吹嘘这棵树的树种不是人间所能有的，这棵树能保佑大清国万世永存。乾隆帝命人将他的这篇赋镌刻在一统（统，同通，清宫档案用统，下同。）卧碑上，使之留传后世，如今这统碑还保存在永陵的西配殿内。从此以后，这棵榆树名声大振，并套上了神秘的光环。

乾隆帝为什么对这棵榆树如此垂青，大加赞扬呢？他的目的就是想通过这棵树表明大清国是顺承天意的，是受上天保佑的。天下的臣民要老老实实接受大清皇帝的统治，不要有非分之想，更不能有反抗之举。其实乾隆帝的这一做法并不是他的首创，相传汉武帝刘彻在朝拜中岳嵩山的时候，曾封三棵与众不同的古柏树为“三将军”，作为镇山的树神，后来有人将“三将军”刻在石碑上。乾隆帝博学多识，对汉武帝这件事不会不知道，很可能是受这件事的启发。

这棵树之所以“奇”，还有两个奇异的传说：

第一个传说大意是这样的：满族的原有丧葬习俗是火化。满族人一向有敬重祖先的优良传统，对祭祀祖先十分重视。因为他们以前过着不定居的游牧生活，所以祖先的骨灰不安葬，随身携带，以便祭祀。一次努尔哈齐打了败仗，背着父母的骨灰匣子长途跋涉，十分劳累，来到一个村庄，想到一个饭馆去吃点饭并在那里住下，不便将父母骨灰匣子带进饭馆，于是就将骨灰匣子放在了村外的一棵榆树杈上。第二天努尔哈齐去取骨灰匣子时，大吃一惊，骨灰匣子不见了。经过仔细寻找，发现地下的土往上涨将树杈和树杈上的骨灰匣子埋了起来。他急忙扒开土，想把骨灰匣子拿起来，没想到骨灰匣子就像长在树杈上一样，根本拿不起来。他找来一把大斧，想把树杈劈开。他用力猛砍，但是每砍一斧，树杈的“伤口”就往外流血，然后又很快地自动合上，就像没砍过一样。努尔哈齐知道这是一棵神树，上天是在暗示自己：这里就是父母的最好葬地，天意是不可违的，于是努尔哈齐又将骨灰匣子重新埋好，堆成坟头。他决定在这里住下来，以这里为根据地，招兵买马，干起了统一满洲的大业来。后来他当了汗王，就在神树这里建起了永陵。

第二个传说的大意是：这棵神树的树干上长了数以百计的“树瘿”，也就是树疙瘩。每有一位大清皇帝晏驾归天，就有一个“树瘿”掉下来。这个传说连礼亲王昭梿写的著名的《啸亭杂录》里都有记载，可见流传之广。

三、永陵之劫

总管淹死

在清朝，看守每座皇帝陵的八旗兵的最高长官是总管，为武职正三品，称得上是朝廷大员，地位显贵。而永陵竟有一位总管被活活淹死，这位总管是谁?他是怎样被淹死的?

永陵地处启运山下的平坦之地，前临苏子河。苏子河河床较高，两岸又没有坚固完备的堤坝，所以苏子河多次洪水泛滥，危及永陵。

永陵启运门斗匾

嘉庆十五年(1810年)六月中旬，暴雨连绵，苏子河河水猛涨，加上山洪暴发，直泄苏子河，致使河水漫溢，冲上河岸，如脱缰的野马，冲向永陵。二十八日凌晨，永陵周围已是一片汪洋，护陵官兵纷纷逃窜。住在西堡的永陵总管满福在睡梦中惊醒，仓皇地带着妻子、使女和3个士兵想撤离总管衙门，到启运山上避难，然而为时已晚，他们已被洪水包围。满福只得把总管大印及金银细软包好，系在身上，带着妻子、使女和3个士兵爬到屋顶上。逃到山上的永陵掌关防官清泰及士兵们发现了屋顶上的总管满福以后，几次派人救援，因水深流急，都未能成功，情况万分危急。就在这时，总管衙门的瓦房轰隆一声坍了，满福等人全部落水，顺流漂下。清泰等人眼睁睁地看着满福等人遭难，但是束手无策。除那3名士兵外，满福及全家人全被淹死。47天以后的八月十五日才在河的下游找到了满福的尸体，而那颗重达二斤的“看守永陵山河关防”印早已不知去向。看守陵寝山河的官员不仅未将山河看住，反被河水冲走，葬身鱼腹，可发一叹。

烛台被盗

在永陵的启运殿内，每位先祖的神牌前都设有一组五供，即香炉1个、蜡阡（即烛台。阡，同扦，清宫档案用阡，下同。）2个、花瓶2个。启运殿内共供奉4个神牌，所以共有四组五供，计香炉4个、蜡阡8个、花瓶8个。道光四年（1824年）永陵发生了一桩五供被盗案：

十月二十五日早晨，已在陵内值了五天班的永陵掌关防官清泰好不容易盼来了前来接班的副关防官。他们按照惯例，先到陵内各处进行查看一遍后再行接交班。当他们来到启运殿时，发现殿东间的竹门帘掉落在了地上，门上的铁锁被砸坏，扔在了地上。清泰等人大吃一惊，知道大事不妙，急忙进入殿内，经仔细查看，发现丢失了3个烛台。清泰急忙命令在班的所有八旗官兵在陵寝内外查找丢失的烛台，很快在西北鹿角附近找到1个烛台，清泰赶到现场一看，是启运殿内的原物，但已残缺不全，大盘底托吞口、蜡托和挺子都没有了。此事关系重大，必须及时上报。于是永陵八旗总管明珠、掌关防官清泰一面命人在陵寝内外继续寻找丢失的烛台，一面分别向盛京的三陵总管衙门和盛京将军如实上报此事。就在这个关键时候，他们接到了兴京城守卫衙门送来的紧急公文，公文中说在本月二十五日凌晨，捡到了两件烛台，很像永陵的供器，请永陵总管和关防官速来兴京查验。明珠和清泰马上赶到那里一看，正是丢失的那两件烛台。

盛京将军对永陵被盗案极为重视，与盛京刑部组成了会审处，专门查办这件事。后来捉到了盗案的元凶纳尔锦，将其处了死刑，永陵的值班官兵分别受到了处分，此案正式了结。

祭器被抢

清朝到了晚期，帝国列强把中国当成肥肉，通过武力进攻、经济掠夺，对中国进行瓜分。光绪二十六年(1900年)，八国联军向中国寻衅开战，占领了京城。沙俄趁火打劫，出兵占领了中国东北广大地区。

永陵启运殿

在入侵东北的沙俄侵略军中，有一小股部队开到了永陵镇。他们闻知永陵是清朝皇帝的祖陵，认为一定存有大量珍贵物品，于是小头目尼古拉带领这股沙俄军队来到了永陵。他们闯进永陵大门，逢屋就进，见房就闯，翻箱倒柜，寻找财宝。永陵掌关防官全忠及其手下差役人等不敢拦挡，纷纷躲到大班房内。尼古拉带着沙俄匪兵闯进大班房，看到里间靠墙的大木柜被紧紧地锁着，猜到里面一定会有值钱的好东西。尼古拉喝令全忠开锁，全忠不开。尼古拉就用枪托猛砸铁锁，几下子就砸开了。打开柜门一看，里面全是光闪闪的金银祭器。尼古拉大喜，伸手就拿。全忠深知皇陵祭器被盗，有杀头之罪，情急之下，上前阻挡。尼古拉推开全忠，用黑洞洞的枪口对准了全忠的胸口。全忠为了保命，只得退到了一旁，眼睁睁地看着沙俄侵略军把340多件金银祭器装进两条巨大的皮口袋里，扬长而去。

尼古拉走后，另一支沙俄侵略军也窜到了永陵，到处乱翻，把启运殿里的神牌、衾褥、枕头以及道光帝的龙褂都扔出了殿外，没有找到什么珍奇之物，只得悻悻离去。

沙俄侵略军撤走后，全忠将永陵被抢的情形急报盛京三陵衙门。三陵衙门接到报告后，也是束手无策，只好上奏朝廷。皇太后、皇帝早就被赶出了京师，逃到了西安，哪里还顾得上永陵金银器被抢呢?所以此事最后不了了之。

神树倾倒被毁

永陵宝城院内的那棵榆树，经乾隆帝一吹，名声大振，给永陵增添了不少神秘色彩。凡是成神的，都应当长生不老、永世存在，但这只是迷信。永陵的神树也有生老病死。同治二年（1863年）七月初一日以后，连日大雨不断，使树下土壤异常松软，十三日又刮了一场大风，使这棵神树向南倾倒，拔起的树根把兴祖的地宫和坟头都损坏了，粗大的树干压在了启运殿殿顶的后（北）坡上，庞大的树冠垂压在前坡上，致使启运殿的大梁都压伤了。永陵总管海亮急忙将这一重大情况上报盛京将军玉明。玉明不敢怠慢，一面将这一情况立即上报朝廷，一面自己亲自到永陵查看。朝廷闻报，认为这是关乎祖陵风水的大事，很快就派两位大臣到永陵，与玉明协商处理这件事。他们经过反复商量，决定采用一梁二柱的大木架，将神树架托住，以减轻对启运殿殿顶的压力。同时告诫永陵官员，因仍在雨季，还会有连绵大雨，因此对神树要严加防护，不得大意，要每隔三个月就要向盛京三陵总管衙门报告一下神树的情形。过了12年后，到了光绪元年（1875年），神树倾斜得越来越严重，对启运殿的压力越来越大，为此，又增加了一道一梁二柱的大木架。到了光绪末年宣统初年，已经枯死的神树主干上居然长出了新枝，人们称之为“配榆”。“文化大革命”的红色风暴将这棵几百年的神树彻底革了命，仅剩下了一米左右高的朽树桩。为了保护这珍贵的历史遗迹，永陵文物保管所的文物工作者将这朽树桩拔出来，保存在西配殿内，又在原来地方栽上了一棵新榆树。如今这第二代“瑞榆”已长大长高，枝叶茂盛。

永陵东配殿

第二节 鲜为人知的东京陵

提起清朝皇陵，人们都知道关外有盛京三陵，关内有清东陵和清西陵，很少有人知道在这之外还有一处清朝的皇家陵寝。这处陵寝曾经是清陵中规模最大的一座皇家陵园，在历史上曾经有一段辉煌时期，只是由于岁月的变迁，它失去了昔日的光彩，在人们的记忆中逐渐被淡化，甚至为人们所忘记。这处陵寝就是东京陵。

一、东京陵的营建

东京陵的由来

要讲东京陵的由来，必须先讲东京的由来。东京在什么地方？为什么有东京？

清朝如果从努尔哈齐建立后金算起，前后共有4个都城。第一个都城是赫图阿拉即兴京，在今天辽宁省的新宾满族自治县。第二个都城是辽阳即东京，第三个都城是沈阳，第四个都城是北京。也有人说有6个都城，即费阿拉、赫图阿拉、界凡、辽阳、沈阳、北京。努尔哈齐的后金政权是在赫图阿拉建立的，所以费阿拉只能是早期的根据地。界凡在赫图阿拉西120里，努尔哈齐为了便于向明朝发动大规模进攻，故意将后金的政治中心临时西移到界凡，在那里只住了15个月。天命六年（1621年）三月二十一日，努尔哈齐率八旗兵攻占了辽阳城，就想将都城迁到辽阳，但遭到了他手下的贝勒、大臣的反对。努尔哈

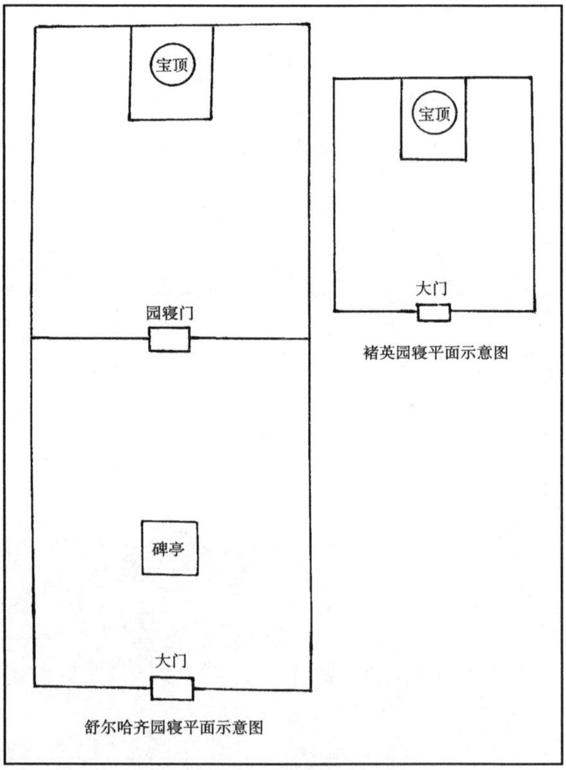

舒尔哈齐园寝和褚英园寝平面示意图及相对位置（徐广源绘）

东京陵穆尔哈齐园寝墓碑及大门

齐耐心地进行劝说，陈说迁都的重要意义，他说：“国家最重视的就是土地和人民。我们如今攻下了辽阳，如果不占领而撤走，那么敌人又会回来，重新占有了辽阳。我们不仅白白攻打了辽阳城，周围的老百姓还要逃走藏起来，不能为我们所有，以后我们还得费力再去攻取。再者辽阳这个地方与明朝、朝鲜、蒙古都接壤，是一个非常重要的战略要地，上天既然给了我们，我们就应该占有，不要违了天意。”经过努尔哈齐的劝说和解释，大家都一致同意迁都辽阳。不久努尔哈齐派人将皇子、皇女们和宫眷都接到了辽阳。

一年以后，努尔哈齐又将贝勒、大臣们找来，对他们讲了建辽阳新城的想法。他说：“由于上天的保佑，我们拥有了辽阳。但辽阳城太大，年久失修，损坏很大。辽阳的东南有朝鲜，北面有蒙古，都没有顺服我们。如果这时我们不顾他们，去攻打明朝，他们就会成为我们的后顾之忧。所以我们必须建筑一座十分坚固的城池，驻兵守护，这样才能使我们有一个可靠的后方，我们才能放心地征讨明朝。”众贝勒、大臣说：“我们放弃现成的城池、房屋，去建筑一个新的城池，未免太劳民伤财了。”努尔哈齐说：“你们所考虑的都是小事，我考虑的是国家大事。如果怕劳民这些小事，还怎么完成我们的远大事业？我让那些新降服的老百姓去建筑新城，他们自家的房屋自己建。这样，虽然劳苦些，也是为了以后着想，将来我们就不会再劳苦了。”众大臣见努尔哈齐说得有理，都表示同意建新城。

新城城址选定在辽阳城东五里的太子河边，上建宫室。新城成后，努尔哈齐的宫眷、子女及后金政权的各办事机构、老百姓都搬进了新城居住。这座新城命名为“东京”，这就是东京的由来。知道东京是怎么回事了，东京陵就好理解了。

为什么要建东京陵

满族人素有敬祀祖先的优良传统，逢年过节，总要祭祀先人；遇有喜庆之事，总要告祭先人，让先人分享他们的欢乐。天命九年（1624年），东京城建成，国都迁来了，宫眷、子女们也都接来了，可是祖坟还远在赫图阿拉，祭祀祖先很不方便。于是，努尔哈齐下令在东京城东北的杨鲁山营建陵寝，因为邻近东京城，所以命名为“东京陵”。

奇特的迎灵礼

东京陵建成后，努尔哈齐派族弟铎弼、王善、贝和齐三人前往赫图阿拉祖陵办理迁葬事宜。他们到那里后，先展谒祖陵及皇后、皇妃陵，随后将葬在那里的先祖、后妃、皇子迁往新建成的东京陵。这次被迁到东京陵的有努尔哈齐的祖父母景祖觉昌安夫妇、努尔哈齐的父母显祖塔克世夫妇、努尔哈齐的爱妻孟古姐姐（后来被追封为孝慈高皇后）、努尔哈齐的第二任大妃富察氏衮代，努尔哈齐的伯父礼敦，努尔哈齐的胞弟舒尔哈齐、穆尔哈齐、努尔哈齐的叔父塔察篇古之子祜尔哈齐、努尔哈齐的长子褚英等人。

被迁来的灵舆于天命九年（1624年）四月初一日到达东京陵，努尔哈齐率诸王大臣及全副武装的士兵出城20里迎接。为了庆祝他们夺取沈阳、辽阳的重大胜利，他们举行了一场奇特的迎灵礼。他们事先扎了许多草人，代表明朝士兵，竖立在远方。随着努尔哈齐的一声令下，在震天的炮声中，全军出动，呼喊着向远方冲去，挥刀将草人砍倒。然后努尔哈齐率诸王大臣及军兵俯伏在道的左旁，恭迎灵舆。灵舆过后，起身随后而行，恭送到杨鲁山东京陵安葬，陈仪仗、宰牛羊、设祭品、焚纸以祭。努尔哈齐在景祖、显祖的灵前奠酒行礼，他在祝文中是这样说的：“我征讨明朝，报父、祖之仇，现已得到了辽东、广宁等地，所以将祖陵迁葬到这里，乞求父、祖在天之灵降福保佑。”

顺治八年（1651年）十月二十一日，顺治帝敕封东京陵的陵山杨鲁山为“积庆山”，岁时以祭，长年不辍。

东京陵规模之大，葬人之多，不仅超过了永陵，也超过了后来营建的福陵和昭陵。

二、东京陵的衰落

在人世间，小到一个家庭，大到一个国家、一个朝代，都要经过一个兴起、壮大、鼎盛、衰败的过程，这是符合事物发展规律的，东京陵也经历了这样的一个过程。一般说来，皇家陵园的兴衰与国家的兴衰同步，国家衰败了，灭亡了，这个国家的皇陵自然也要随着衰亡。可是东京陵的衰落与众不同，它却是在清王朝兴旺发展的时期衰落下来的，其原因就是墓主人的外迁，陵寝的减少。

东京陵自景祖、显祖等人迁葬到那里以后，确实辉煌了一阵子。可是经过两次墓主人迁出后，从皇帝陵降为了王爷、皇子园寝，东京陵就失去了昔日的辉煌。

第一次迁出是天聪三年（1629年）二月，努尔哈齐的福陵在沈阳建成，皇太极派人

东京陵舒尔哈齐园寝门

到东京陵将其生母孝慈皇后孟古姐姐和大妃富察氏衮代从东京陵迁出，奉移到沈阳福陵与努尔哈齐合葬。第二次迁出是顺治十五年（1658年），将景祖觉昌安夫妇和显祖塔克世夫妇从东京陵迁回兴京陵即后来的永陵。经过这两次外迁，东京陵的内葬人中没有了皇帝和皇后，只剩下王爷、贝勒、公了，所以清廷就停止了东京陵的皇陵祭祀，葬在那里的王爷、贝勒、公子等人就由其本家祭祀，辉煌了34年的东京陵从此冷落了下来，逐渐被人们所忽视，甚至被一些人所遗忘。

三、今天的东京陵

东京陵位于今辽阳市太子河区东京陵乡东京村的杨鲁山上。现在的东京陵只存有3座园寝，即舒尔哈齐园寝、褚英园寝、穆尔哈齐园寝。

舒尔哈齐园寝是三座园寝中规模最大的，位于最北面，坐东北朝南西，有前后两进院落。前院的单檐歇山顶碑亭内的石碑上用满汉两种文字镌刻着顺治帝追封舒尔哈齐为庄亲王的御制碑文。后院有宝顶一座，环以围墙。舒尔哈齐死后，最初葬在新宾满族自治县的赫图阿拉附近，天命九年（1624年）随同景祖和显祖迁葬到东京陵。

褚英的园寝在舒尔哈齐园寝的左边，相距仅四五米左右，也是坐东北朝南西。褚英的园寝比舒尔哈齐的园寝小得多，只有一进院落，院内有宝顶一座。

在距两座园寝东100多米的地方是穆尔哈齐和他的儿子大尔差的园寝。穆尔哈齐是努尔哈齐的同父异母弟，他骁勇善战，颇有勋劳，被赐号“青巴图鲁”，位列贝勒，顺治十五年（1658年）追谥为“勇壮”。穆尔哈齐的长子大尔差也葬在这座园寝内。大尔差生前被封为辅国公，死后谥“刚毅”。该园寝坐西北朝东南现有大门三座，门前并列石碑三统（同通，清宫档案下同）。中碑为“多罗勇壮贝勒穆尔哈齐碑”，左碑为“刚毅辅国公大尔差碑”。两碑均为康熙十年（1671年）建。右碑是穆尔哈齐十世孙宝熙、熙治于伪满洲国康德三年(1936年)立。院内有宝顶二座，右侧为穆尔哈齐宝顶，左侧为大尔差宝顶，父子同园，环以围墙。

东京陵在1988年被公布为辽宁省重点文物保护单位，20世纪90年代初对其进行了维修，现在东京陵已成为当地的重要旅游景点之一。

东京陵穆尔哈齐和大尔差的宝顶

四、东京陵之惑

为什么又将景祖和显祖迁回永陵

既然景祖和显祖迁到东京陵已有34年之久，为什么又将二祖迁回永陵呢？

关于景祖和显祖迁回兴京的事，在《清实录》中有所记载。书中是这样记述的：顺治十三年（1656年）六月十六日，议政大臣、巴图鲁、公鳌拜等大臣上书顺治帝说："兴京景祖翼皇帝、显祖宣皇帝陵自克取辽东后，迁至东京，原以便展谒伸祭享也。今据钦天监地理官奏称，兴京皇陵风水实系第一福地，请仍迁景祖、显祖陵于肇祖原皇帝、兴祖直皇帝陵旁，庶与风水有合等语。夫果旺气所钟，福祥攸萃，宜如所请，将各陵界内坟墓、房屋俱应迁移，被迁地亩应交户部拨补。"鳌拜等人建议迁回的理由，简而言之，就是永陵的风水比东京陵的好。然而顺治帝对于鳌拜等人的这个理由并不认可，顺治帝在奏章上驳斥说："东京二祖陵自太祖、太宗时择吉恭迁，安奉已久，展谒致祭，孝慕可伸。今以地理之言，又议迁移，恐未合理。况本朝诞膺天眷，国运昌隆，移陵东京之后，肇基一统，垂裕万年，言乎福地，允推至善。至于周围界内臣民坟墓安集多年，议令改迁，亦属未协。其另议以闻。"顺治帝当时只有19岁，但对这件事看得很准，分析得很透彻，对鳌拜等人的批驳很有力量。从这一批示中我们可以看出顺治帝是不太相信风水之说的，是比较务实的，也是比较关心百姓疾苦的。他的这一思想在二年后的给他的爱子荣亲王选择坟地时也有反映：顺治十五年（1658年）正月，顺治帝宠妃董鄂氏生的皇四子荣亲王死了，只活了104天。四月，他发现黄花山下为皇四子荣亲王建园寝所圈占的土地内有许多老百姓的坟墓、庙宇需要搬迁，他于心不忍，降旨不要搬迁，并一再嘱咐负责工程的大臣说：工程务必节省，不要劳民。作为一位皇帝，处理一件事情，能够考虑到老百姓的利益，并给予关照，这是难能可贵的。可是批驳鳌拜迁景显二祖之事仅过了两年，即顺治十五年（1658年）九月初八日，顺治帝却将景祖、显祖迁回了永陵。这次迁回，《清实录》中没有详细记载，只记载了“迁东京陵于兴京”7个字，清宫档案又严重缺失，所以是谁又重新提起这件事？迁回的理由是什么？顺治帝是怎么批示的？这些都是一个谜。

笔者认为，很可能还是风水原因，认为永陵的风水好于东京陵。但也可能还有另外两个原因，一是肇、兴、景、显四祖是一起追尊的先祖，原来又葬在一起，后来只将景、显二祖迁到东京，四祖分葬两地，明显厚此薄彼，情理上说不过去。二是减轻朝廷的负担，顺治十五年（1658年），清朝已将顺治帝的陵址确定在今河北省的遵化市境内，那么清帝的祖陵就有了4处：赫图阿拉的兴京陵、辽阳的东京陵、沈阳东郊的福陵、沈阳北郊的昭陵。这四座祖陵分在四处，每到祭祀之日，清廷都要派遣宗室王公去祭祀；每处祖陵都要设有一系列陵寝的管理机构和保卫机构，配备大量的官员、差役、兵丁；每一座祖陵由于自然和人为的原因，都要经常地进行修缮，以上这些都是清廷的沉重负担。将景、显二祖迁回兴京，减少了一处祖陵，自然能给朝廷减轻了很大的负担。

礼敦是哪年迁回永陵的

武功郡王礼敦是在天命九年（1624年）四月随景祖和显祖从永陵迁到东京陵的，可在东京陵的两次外迁中，都没有礼敦的名字，而礼敦又真的迁回了永陵。礼敦到底是什么时候迁回的？是顺治十五年随景祖、显祖一起迁回的，还是单独迁回的？为什么文献上没有记载？

舒尔哈齐之死

在东京陵建有舒尔哈齐的园寝。舒尔哈齐何许人也？他可是清初的著名人物，是显祖塔克世的第三个儿子、努尔哈齐的同胞弟弟。在努尔哈齐统一东北，建立后金政权的最初岁月里，兄弟二人同气连枝，患难与共，共创大业。舒尔哈齐性格坚毅顽强，勇猛善战，战功卓著，是努尔哈齐的左膀右臂，其地位与努尔哈齐平起平坐，成为后金政权中的赫赫有名的二号人物。但是随着兵力的壮大和权欲的增加，他开始居功自傲起来，渐渐不满足于自己的地位，意图扩大和培植自己的势力，树立自己

东京陵舒尔哈齐园寝大门

东京陵舒尔哈齐园寝碑亭

东京陵舒尔哈齐园寝墓碑

东京陵舒尔哈齐园寝墓碑下的龟趺

的权威，与兄长努尔哈齐分享权力和财产。他私下与明廷眉来眼去，与满洲其他部落结好联姻，与朝鲜暗中保持亲密关系。后来他甚至在战斗中，回避敌人，不投入战斗。努尔哈齐岂能容忍弟弟的这种分裂做法？于是努尔哈齐收回了舒尔哈齐的军事指挥权，将他逐出了最高领导层。

明万历三十七年（1609年）初，舒尔哈齐愤然离开了赫图阿拉，移居浑河上游的铁岭东南的黑扯木，在那里开辟新的根据地（今清原县北在家乡黑石木村），公开与其兄努尔哈齐决裂。努尔哈齐大怒，当即采取断然措施，没收了舒尔哈齐的所有家产，杀死了舒尔哈齐的两个儿子，舒尔哈齐的次子阿敏也险些被处死，又处死了舒尔哈齐的两名部将。舒尔哈齐与兄分庭抗礼，正需要援助之时，明朝驻守辽东的官员却置若罔闻，使舒尔哈齐心灰意冷，他深感自己力量薄弱，不是兄长的对手，只好又回到了努尔哈齐的身边。努尔哈齐却没有宽恕这位亲弟弟，一回来，便将他囚禁起来。舒尔哈齐在暗无天日的牢房内，仅有“通饮食，出便溺”的两个洞口，悲惨得很。两年之后，即明万历三十九年（1611年）八月十九日，舒尔

东京陵舒尔哈齐宝顶

哈齐死去，终年48岁。

舒尔哈齐怎么死的？说法不一。有的说是被努尔哈齐杀死的，有的说是囚禁死的，至今也没有一个明确的说法。笔者认为后者的可能性大些。为什么这样说呢？第一，他们毕竟是同胞手足。第二，舒尔哈齐功劳很多，知名度高。如果将他杀死，影响不好。第三，舒尔哈齐虽然犯了重大错误，最后毕竟还是回来了，不是死不悔改，顽固到底。第四，在天命九年，将舒尔哈齐也迁到了新建的东京陵，表明努尔哈齐仍将他视为弟弟。但舒尔哈齐毕竟是犯下了不可饶恕的大罪，被努尔哈齐杀死也不是一点可能性没有。

别看舒尔哈齐犯了严重错误，但是顺治帝对他的这位叔祖还是很够意思，在顺治十年（1653年）五月追封舒尔哈齐为和硕亲王，谥曰“庄”。

褚英之死

东京陵褚英园寝大门

在天命九年（1624年）东京陵建成时，也将褚英迁到了那里安葬，他死时只有36岁。

褚英为什么英年早逝？是战死的还是病死的？他既不是战死的也不是病死的，他的死同舒尔哈齐之死一样，也是一个谜。

褚英是努尔哈齐的长子，他的生母是努尔哈齐的嫡妻佟佳氏。褚英能征惯战，屡立战功，是清初的出类拔萃的青年猛将，被赐号广略贝勒。因为他是长子，又战功卓著，所以受到了努尔哈齐的喜爱和重视，赋予他处理国政的大权，将他置于自己接班人的位置。努尔哈齐的手下有 “四大贝勒”和“五大臣”。“四大贝勒”就是代善、阿敏、莽古尔泰、皇太极。代善是努尔哈齐的第二子，阿敏是舒尔哈齐的第二子，莽古尔泰是努尔哈齐的第五子，皇太极是努尔哈齐的第八子。“五大臣”是费英东、额亦都、扈尔汉、何和里、安费扬古。这些人都是多年跟随努尔哈齐东伐西讨、南征北战的开国元勋，战功著，名望高，权威重，握重兵，被努尔哈齐视为“柱石”

东京陵褚英宝顶

和“肱股”。而褚英自掌握了国政以后，处处树立自己的威信，不仅对他们缺乏恭敬之意，还总想削弱他们的权势，以巩固自己的位置，因此褚英与“四大贝勒”和“五大臣”之间产生了严重的矛盾。于是“四大贝勒”和“五大臣”便联合起来，一齐攻击褚英，纷纷到努尔哈齐那里告褚英的状，说褚英的坏话，褚英与这些人的矛盾越来越尖锐。努尔哈齐面对这种局面，怎么办？他经过反复斟酌，权衡利弊，决定采取疏远褚英的办法，有重大的战事，不派褚英出战，将他留在家中。褚英对父亲的做法很不满意，感到十分郁闷压抑，便在家中偷偷“焚表自诉”，进行“咀咒”。表上写的是什么，诅咒的是谁，文献上没有记载，所以至今也不清楚。褚英的这一做法被努尔哈齐发现后，十分生气，便将褚英拘禁起来。两年后即万历四十三年（1615年）八月二十二日，褚英死于禁所，年仅36岁。关于褚英到底是怎么死的，清朝的官书没有记载，别的书记载简略。目前史学界普遍认为褚英是被努尔哈齐处死的，但是怎么处死的？是杀死的还是赐令自尽的？现在还是一个谜。

穆尔哈齐、雅尔哈齐、巴雅喇的葬期

努尔哈齐共有弟兄五人，努尔哈齐是老大，他的四个弟弟都葬在了东京陵。这四个弟弟是二弟穆尔哈齐、三弟舒尔哈齐、四弟雅尔哈齐、五弟巴雅喇。其中三弟舒尔哈齐是于天命九年（1624年）迁葬到东京陵的。二弟、四弟和五弟是什么时候葬到东京陵的，到现在也不清楚，还是一个谜。

为什么不建享殿

通过实地考察并向当地老人调查，现存的这三座园寝都未建享殿。享殿是供放墓主人神牌的场所，是园寝的重要建筑，为什么这三座园寝不建享殿？难道这三座园寝不供设神牌吗？实在难以理解。

第二章 福陵

福陵，是清太祖努尔哈齐的陵寝，最初称先汗陵、太祖陵。又因福陵位于今沈阳市东郊，所以当地人称之为“东陵”。

福陵始建于天聪三年（1629年），翌年建成。崇德元年（1636年）四月十二日，皇太极尊太祖陵为“福陵”，这是清陵中第一个获得正式名称的陵寝。

福陵内除明文记载合葬有清太宗皇太极的生母孝慈高皇后孟古姐姐外，还葬有什么人？多尔衮的生母阿巴亥是否也葬其中？

福陵妃园寝是福陵的附属陵寝。

第一节　有关福陵的几个名称

福陵的俗称

“东陵”是福陵的俗称。为什么会有这个俗称呢？因为福陵位于沈阳城东郊，因此当地人才给它起了这个俗称。在沈阳市，甚至在辽宁省、东北地区，一提“东陵”这个名，可以说是无人不知，无人不晓，都知道指的是沈阳东郊的努尔哈齐的陵。但要提“福陵”这个名，知道的人就少多了，这说明“东陵”的知名度要比“福陵”的知名度高。但是这种称谓往往与关内河北省遵化市的真正的东陵相混淆，一提东陵，许多人往往都认为是沈阳的东陵。

太祖努尔哈齐像

笔者认为还是用“福陵”更准确、更合适些。沈阳的“一宫两陵”在申报世界遗产时就没用“东陵”这个名，而用的是“福陵”这个名，为什么？因为“福陵”才是正名。

福陵陵名的由来

为什么努尔哈齐的陵叫福陵，福陵这个名字是哪年命名的，恐怕知道的人不多。

关于陵寝的命名方法，在我国的陵寝史上也有一个发展变化过程。在秦朝和西汉初期，皇帝的坟墓既称“陵”又称“山”，如秦始皇的坟墓称既称“始皇陵”又称“骊山”，汉高祖的坟墓称“长陵”，又称“长山”，“山”和“陵”两种称谓并用。从汉高祖以后，将皇帝的坟墓称为“山”的就极为少见了。西汉时期，许多皇帝的陵名与附近的地名、河流的名称有关。如汉文帝的陵在霸河西岸，所以就称之“霸陵”。汉武帝的陵靠近茂乡，所以命名为“茂陵”。从东汉开始，一直到清朝，凡是皇帝的陵名都用吉祥词字，这就出现了一个弊病，就是容易出现重名。就以明清两朝为例。两朝重名的陵就有7个，明朝有永、昭、孝、景、泰、裕、定陵，清朝也有永、昭、孝、景、泰、裕、定陵，所以这种命名方法容易造成混乱。

据笔者分析考证，清朝皇帝陵的陵名，有三个方面的含意。一是对墓主人在位期间政绩的总结和评价。例如，乾隆帝在位期间，大清国达到了鼎盛时期，无论国家还是百姓都比较富裕，所以他的陵命名为“裕陵”。二是对国家未来的一种企盼和希望。比如，咸丰帝在位期间，内忧外患不断，国家动乱，民不聊生。咸丰帝逃跑到热河避暑山庄，最后死在了那里。从朝廷到庶民，无不企盼国泰民安，能过上一个安稳和平的日子。出于这种良好的心愿和企盼，将咸丰帝的陵命名为“定陵”。三是墓主人生前的一种要求和理想。比如，道光帝特别仰慕盛京三陵，欣赏盛京三陵的规制，所以仿照东北的盛京三陵营建了自己的陵寝，因此他的陵叫“慕陵”。

“福陵”这个名字是哪年确定的，为什么叫福陵，是什么含意？福陵这个名字是在崇德元年（1636年）四月十二日由太宗皇太极命名的，这时福陵已经建成7年了，这就是说，福陵建成以后7年里都没有正式陵名。

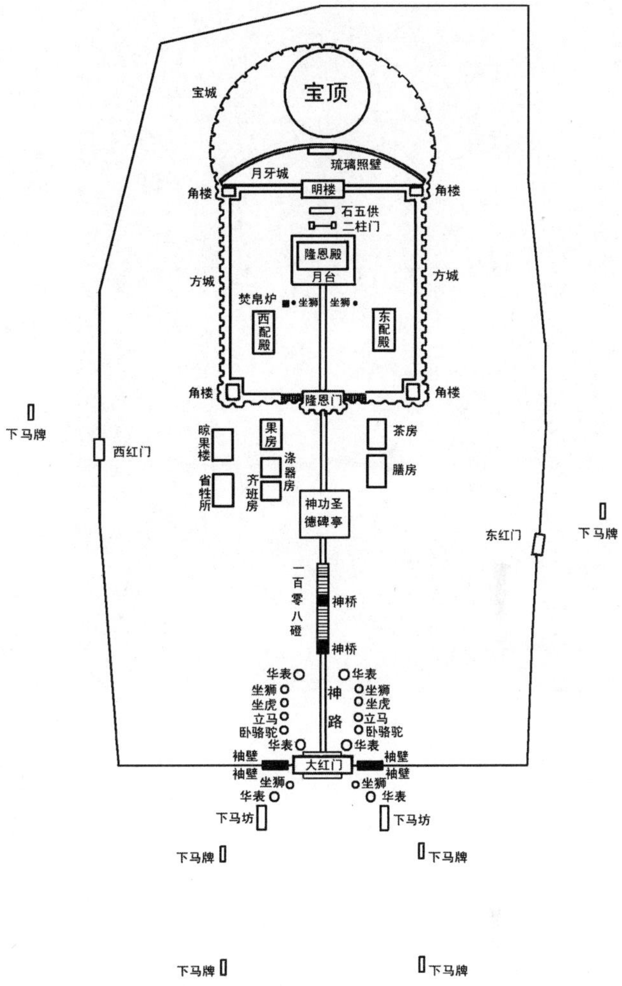

福陵平面示意图（徐鑫 绘）

新宾满族自治县的永陵比福陵建得早，可是永陵却是在顺治十六年（1659年）九月二十三日命名的，比福陵命名晚了23年。这表明，福陵虽然在排辈上位居第二，但在获得陵名上却位居第一。福陵是清陵中是第一个获得正式陵名的。永陵为什么比福陵晚命名23年，这个谜至今也未解开。

以“福”字为陵名，包含了二层意思：一是含有对努尔哈齐一生的总结。努尔哈齐一生，百战沙场，征战数十年，任何艰难险阻都奈何他不得，反而都被他一一战败，说明他福大命大、洪福齐天。二是包含了对他的企盼，企盼他的在天之灵能保佑子孙，造福于后代。据笔者考察，福陵这个陵名在历史上还真没有与它重名的。

福陵陵山的命名

根据《清太宗实录》记载，福陵选建在沈阳东郊的石嘴头山。为什么以后不叫这个名字了，而是叫天柱山了呢？这里面就涉及到“赐陵山以嘉名”的制度。

秦汉时期是堆土成山，这个山就是皇帝陵墓的坟头，形状为覆斗形。唐朝绝大部分

福陵全景图（乾隆时期清宫绘制）

皇陵是因山为陵。什么叫因山为陵呢？就是将自然山作为坟头，在半山腰挖山洞，将帝后的棺木放入山洞内，然后将山洞封堵死。到了明清时，除明初的皇陵和祖陵外，其他陵都是依山为陵，所谓依山为陵，就是依靠着山建陵，将山作为靠山。

明成祖朱棣的长陵首开“赐陵山以嘉名”的制度。陵山就是指这座陵的靠山。长陵的陵山原来叫黄土岭，在永乐七年（1409年）五月初八日朱棣将黄土岭改名为“天寿山”，这就叫“赐陵山以嘉名”。皇帝为什么要这样做呢，一是原来的名字听起来很不文雅，换一个又文雅又吉祥的名字，这样叫起来、写起来、听起来感到舒服。二是他们认为将陵山赐以嘉名，对于国家、帝运都有好处。

顺治八年（1651年）十月二十一日，顺治帝敕封福陵的石嘴头山为“天柱山”，同时封永陵陵山为启运山，东京陵陵山为积庆山，昭陵陵山为隆业山。天柱山的寓意是太祖的福陵就像擎天柱一样支撑着大清的江山、大清的基业。康熙二年（1663年）营建顺治帝的孝陵时，康熙帝封孝陵的陵山丰台岭为昌瑞山。乾隆元年（1736年），乾隆帝封泰陵的后陵山泰宁山为永宁山。

福陵三殿鸟瞰

福陵建成于天聪三年（1629年），为什么过了22年才封福陵的陵山呢，这是逐步受到了关内汉文化影响的结果。顺治八年（1651年），清朝已入关8年，对汉文化特别是对明陵制度慢慢有了较深刻的了解，借鉴其对本朝的陵寝制度加以完善，清朝封陵山不是满族固有的习俗，而是仿照明长陵封黄土岭为天寿山的例子进行的。而且清廷为每处的陵山设立了神牌，供奉于北京的地坛。每逢祭祀地坛时，将这些陵的陵山神牌摆出来，与地神一同祭祀。

第二节　颇具特色的福陵

笔者通过实地考察，总结出福陵的五个特色。

独特新奇的下马标志

在封建社会，为了显示威仪，也是为了安全，在皇宫、府邸、衙署等的大门外都要设置下马的标志。根据建筑的等级、官衔的高低，下马的标志也不一样，有下马桩、下马石，还有下马牌。

根据清朝陵寝制度，只有皇帝陵和皇后陵才有资格设下马牌，妃园寝只能设下马桩。帝后陵的下马牌全部用石件构成，形似石碑，竖长方形的牌身下部用4块抱鼓石戗倚着。清朝的12座皇帝陵中，有11座陵的下马牌都是石碑式的，牌身的前后两面用满、蒙、汉三种文字镌刻“官员人等至此下马”的字样，而福陵的下马标志却十分新奇：

福陵下马石坊

一奇，以牌坊当下马标志。我们知道，牌坊一般建在两种地方，一是庙宇、府邸、陵寝的大门前，二是建在街道的入口处。总之，牌坊起到提示、美化和壮威的作用。牌坊多为木结构的，也有砖瓦结构和石结构的。福陵的下马标志不是传统的石碑式的，而是四柱三间的石牌坊。以石牌坊当下马标志，这在清陵中是唯一的。

二奇，建两座牌坊。一般情况下，牌坊多为一座，与正门相对。有时建三座，正面一座，左右各一座，就是说牌坊不是建一座，就是建三座，这方面的事例很多。可是福陵的牌坊却建了两座，位于陵门前左右，相向而立。

三奇，牌坊只一面有字。在一般情况下，牌坊中间的正楼匾上如果有字，前后两面都有字，如果没字，两面都没字；清朝其他皇帝陵和皇后陵的下马牌的牌身上多数都是两面有字，可是福陵的这两座牌坊上都是朝外的那面有字，朝里的那面没字。

四奇，文字内容独一无二。清朝其他陵的下马牌的牌身两面，每面上都用满、蒙、汉三种文字镌刻“官员人等至此下马”，可是惟独福陵这两座下马石坊上却镌刻着“往来人等至此下马，如违定依法处”的字样，这在清朝陵寝中是唯一的。

五奇，其他陵的下马牌上的三种文字，都是满文居中，蒙文在左，汉字在右。不仅下马牌这样，陵寝的神道碑、朱砂碑和明楼、大殿、宫门上的斗匾上的三种文字也都是这样排列，这种排列的目的很明显，因为当时满族是统治民族，满文是满族的文字，满文就是国文，自然就要将国文放在最尊贵的中间位置了。惟有福陵的下马石坊上的三种文字却不这样排列，而是汉字在中，蒙文在左，满文在右，与其他陵的完全相反。这种排列与他们的上述理念是相违背的，与福陵宫门、大殿、明楼上的斗匾上的三种文字的排列也不一致的，这种排列实在太奇怪了。

福陵下马坊上的文字

用三种文字题写福陵陵名的明楼上的斗匾

独一无二的殿、门前设石狮

明十三陵和清东陵、清西陵的大红门前都没有设置石狮，只有清西陵大红门前设一对石麒麟。永陵和昭陵正红门前近处也没有设石狮，惟独福陵在大红门前和大殿前各设了一对石狮子，这在清朝皇帝陵中是绝无仅有的。

与众不同的石像生

清朝的12座皇帝陵中，有8座陵设有石像生，有4座皇帝陵没设石像生即永陵、道光帝的慕陵、同治帝的惠陵和光绪帝的崇陵。

什么叫石像生？就是设在陵墓前神道两侧的石雕像群。石像生的作用最初是驱邪避凶

福陵大殿前的石狮

福陵大红门前的石狮

福陵石像生之石马

福陵石像生之石狮

福陵隆恩殿

镇墓。后来演变成主要是为了象征墓主人的威仪、尊贵地位，起到肃威仪、壮观瞻的作用。在墓前普遍出现设置石像生，是在东汉时期。福陵在初建时没有石像生，是努尔哈齐的孙子顺治帝给补建的。为什么说这组石像生与众不同呢？表现在以下四个方面。

一是数量最少。福陵石像生只有4对，即卧骆驼、立马、蹲虎、蹲狮子各一对，是清陵中石像生石雕像数量最少的。

福陵大殿的斗匾

二是没有瑞兽。这组石像生中的骆驼也好，马也好，虎也好，狮也好，都是生活中真实存在的，没有人们想象出来的那些麒麟、獬豸之类的瑞兽、神兽。

三是有虎。虎是清朝皇帝陵石像生中唯一的，其他陵都没有，只有福陵有。

四是底座高大。这组石像生每一件石雕像的形体虽然不大，但下面的石雕的须弥座比清陵中任何一组石像生的都高大。为什么会有这种现象呢？这是事出有因的。福陵初建时是没有石像生的，是顺治七年（1650年）补建的。因当时福陵的规模很小，所以补建的石像生的规模也很小，石雕像的形体自然小。后来福陵不断增建扩建，规模越来越大，这样一来，石像生就显得矮小了，与陵寝有些不相称了。为了使石像生与整个陵寝规模协调一致，顺治十六年（1659年），在每座石雕像的下面增加了石须弥座，这就增大了整个石雕像的体量。但是这样做也有它的弊病，使得底座和雕像的大小有些比例失调，显得有些喧宾夺主。

福陵隆恩门

绝无仅有的一百单八磴

在讲清朝陵寝时，一提一百单八磴，人们立刻就会想到福陵。为什么呢？因为只有福陵才有，为什么福陵有一百单八磴呢？这既不是陵寝承修大臣的主观臆创，也不是设计大师的凭空设想，这是实际上的需要。福陵的主体建筑都建在了山上，而前导部分即下马坊、红门、石像生等都建在了山下的平地之上，两部分之间，在建筑序列上出现了一段空缺。为了连接两部分，于是在这两部分之间的山坡上修建了一条长长的台阶。这条台阶有108个台阶，从远处一看，就像一条天梯一样，十分壮观，因此称为“一百单八磴”，这是清朝任何一座陵所没有的。

这个台阶为什么恰恰是108级？在当地有许多传说。其中影响最大的说法是：相传天上有三十六天罡星和七十二地煞星，都是不吉祥的星宿。据说《水浒传》的108条梁山好汉就是这些星宿下凡的。把台阶砌成108级，目的是让人们在往来行走时，将这些天罡、地煞星踩在脚下，让他们永世不得翻身，以保大清社稷平安稳定、福运长久。还有人说这“108”之数出自佛教。“108”这个数在佛教中经常用，如挂在项上的佛珠是108颗，寺庙的钟要撞108下，和尚念咒要念108遍。还有的说，这“108”与天文、数学有关，种种说法，不一而足，充满了神秘色彩。登陟在这一百零八磴上去观赏福陵，给人以神秘、崇高、圣洁、渐入佳境之感。

玲珑剔透的石栏杆

福陵大殿周围的透雕石栏杆的栏板

我们到故宫、太庙、天坛等地游览的时候，经常会看到一些重要的建筑周围都设有石栏杆。这些石栏杆有什么用呢？它有显示尊贵、华美、保护建筑的三个作用。明清皇陵的建筑中，大殿周围多数设有石栏杆。石栏杆由栏板、望柱和地伏三部分组成。在一般情况下，栏板上很少有雕刻纹饰图案的。偌大的北京紫禁城，只有御花园内的钦安殿的石栏杆和断虹桥上的石栏杆，栏板上有图案雕刻。明清两朝的陵寝，只有清朝的福陵、昭陵和慈禧陵的大殿石栏杆的栏板上有图案雕刻，这在古建筑的石栏杆中已是凤毛麟角了，然而在这三陵中，福陵石栏杆的栏杆板上的图案竟是镂刻的，将栏板图案刻通、刻透、刻穿，就像窗花似的，玲珑剔透，非常精美，这在明清两朝的皇陵中是独一无二的。

第三节 福陵之谜

就如每个朝代都有宫闱之谜一样，每座皇陵也都有难解之谜，那么福陵有什么谜呢？

阿巴亥

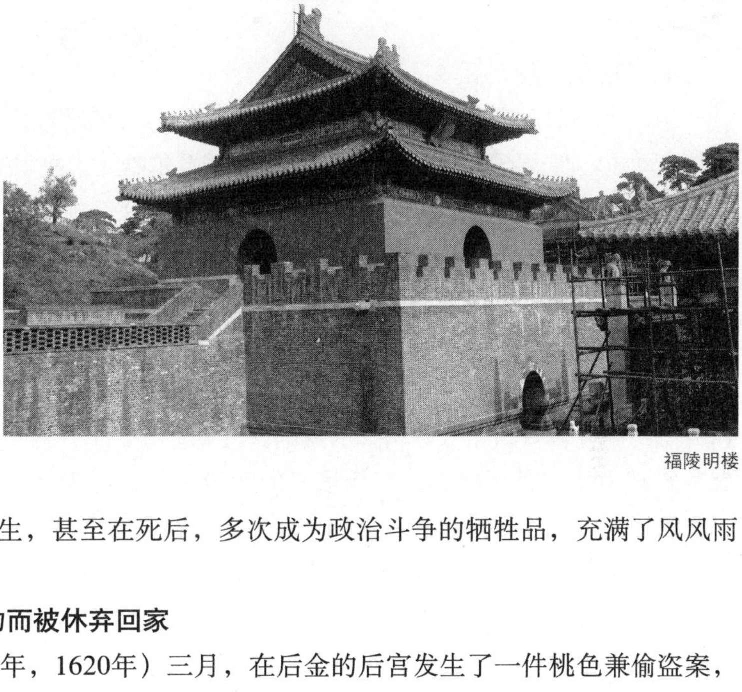
福陵明楼

阿巴亥何许人也？阿巴亥是努尔哈齐的第四任大妃，是大名鼎鼎的皇父摄政王多尔衮、英亲王阿济格、豫亲王多铎的生身之母。阿巴亥的父亲满泰是女真乌喇部的首领，她刚12岁的时候，作为政治筹码，嫁给了比她大31岁、已拥有多位妻妾、子女成群的努尔哈齐。她的一生，甚至在死后，多次成为政治斗争的牺牲品，充满了风风雨雨，有许多难解之谜。

1. 到底是谁因为偷财物而被休弃回家

天命五年（万历四十八年，1620年）三月，在后金的后宫发生了一件桃色兼偷盗案，其主要情节是：努尔哈齐的大福晋即大妃与努尔哈齐的次子大贝勒代善情意相投，关系暧昧，又查出这位大妃不仅私自将财物给人，而且还私藏了大量财物，于是努尔哈齐便将这位大妃休弃回家。有的人认为这位大妃是富察氏衮代，有的人认为是大妃乌喇那拉氏阿巴亥。尽管近年来有许多史学工作者经过研究考证，认为这位大妃应该是阿巴亥，但仍有一部分人认为是衮代。所以，被休弃回家的到底是谁，直到现在还不能说尘埃落定，仍是一个谜。

2. 令阿巴亥殉死，是努尔哈齐的遗嘱，还是皇太极的阴谋

努尔哈齐死于天命十一年八月十一日（1626年9月30日），第二天以皇太极为首的诸王告诉阿巴亥说，先帝遗嘱让她殉死，逼之再三，于是阿巴亥被迫殉死了，年仅37岁。

福陵角楼

死前，阿巴亥浓妆艳抹，穿上装饰着珠宝的华贵艳丽的衣服，非常悲痛地哀求诸王说："吾自十二岁事先帝，丰衣美食，已二十六年，吾不忍离，故相从于地下。吾二子多尔衮、多铎，当恩养之。"诸王泣而对曰："二幼弟，吾等若无恩养，是忘父也。岂有不恩养之理！"于是阿巴亥便死了。《清实录》中明确记载："后饶丰姿，然心怀嫉妒，每致帝不悦，虽有机变，终为帝之明所制，留之恐后为国乱，预遗言于诸王曰：'俟吾终，必令之殉。'"

可是这里的疑点很多：

其一，当时对殉死人是有一定条件限制的：为夫殉死的妻子一定要是爱妻，而且她膝下不能有幼子，与夫不睦的妻子不能殉死。这些努尔哈齐、皇太极都清楚。既然说阿巴亥"心怀嫉妒，每致帝不悦"，这就说明阿巴亥不是努尔哈齐的爱妻；而且阿巴亥还有多尔衮和多铎二个幼子，这两条都不符合殉死的条件，所以努尔哈齐不会留有令阿巴亥殉死的遗命。

其二，当诸王将努尔哈齐令她殉死的遗命告知时，阿巴亥"支吾不从"，有史书载："迟疑未决。"而后来纂修《太祖实录》时，这两句话都被删掉了，可见里面有鬼。阿巴亥为什么"支吾不从"？难道她不知道"当殉者，不容辞"的规定吗？这表明她怀疑努尔哈齐临终前并没有留下令她殉死的遗嘱。说她 "支吾不从"，实际上她想要对诸王讲明情况，据理力争，甚至揭露、怒斥诸王的险恶用心。后来修书时，不便公开实情，只得用"支吾不从"或"迟疑未决"来掩饰。后来可能觉得即使用这样的词句也会露出马脚，令人生疑，所以在重修《太祖实录》时，干脆把这两句删掉，以免节外生枝。

其三，从努尔哈齐有病到死，阿巴亥始终陪伴在努尔哈齐的身旁。努尔哈齐有没有令她殉死的遗嘱，阿巴亥应该最清楚。如果真有这种遗嘱，她不会"支吾不从"，更不会据理力争。她所以"支吾不从"，表明没有这种遗嘱。

其四，清朝官书，无论《太祖武皇帝实录》、《满洲实录》，还是《太祖实录》，都记载"上于国家政事、子孙遗训，平日皆预定告诫，临崩不复言及"，就是说努尔哈齐死前没留任何遗言。可此时又冒出了令大妃殉死的遗嘱，这不是自相矛盾吗？

其五，天命五年（1620年）三月，在处理大妃私藏私送财物、与代善有私情的事件中，盛怒中的努尔哈齐尚能怜惜三个孩子无人照看而宽赦大妃，而在他临终之时，怎会让毫无过错，又精心照顾、陪伴在身边的大妃阿巴亥为自己殉死而不顾年幼的孩子呢？这在情理上也难以说通。

其六，当时的风俗，殉夫者一般都是地位较低的妾，很少有正妻殉死的。阿巴亥是名副

福陵神功圣德碑亭

其实的大妃，所以努尔哈齐也不会让她殉死。

历史工作者们根据上述疑点，进行了深入的研究考证后，认为努尔哈齐没有留下让阿巴亥殉死的遗嘱，而是皇太极利用这一机会，假借先帝的遗嘱，故意将阿巴亥除掉，这是皇太极的一个阴谋。

有人会问：皇太极为什么要除掉手无缚鸡之力的阿巴亥呢？原因有三个：

其一，阿巴亥生的阿济格、多尔衮、多铎，虽然年幼，但都已显示出了非凡的才智，英武不俗，尤其多尔衮更是鹤立鸡群，“聪颖异常”，一旦长大成人，一定是十分了得的英雄。弟兄三人若同气连枝，团结一致，其背后再有一位极富机变、地位很高的母亲当后台，那将是一股强大的政治势力，对皇太极谋取最高权力威胁极大，所以必须抓住先帝驾崩的难得之机，在三个孩子尚在年幼之时，首先除掉阿巴亥，以绝后患。

福陵神功圣德碑

其二，努尔哈齐在预感到大限将至之时，特地将大妃阿巴亥召来，与她共同度过了人生中的最后5天。为什么要召阿巴亥？肯定会有重大的事情与阿巴亥商量，有重要的情况向她告知，有重要的话要嘱咐于她。据朝鲜史籍《春坡堂日月录》记载：努尔哈齐临终时，遗命将汗位传给多尔衮，由代善辅政。如果真有此事，那么这个决定很可能就是努尔哈齐与阿巴亥共同商定的，或是阿巴亥首先知道的。阿巴亥是努尔哈齐临终前所有情况的最知情者，这样一来，她自然就成了皇太极的心腹之患和谋夺汗位的最大障碍，势必除之，杀人灭口。

福陵华表

其三，可能皇太极内心长期隐藏着难以启齿的对阿巴亥的仇恨。皇太极的生母孟古姐姐是阿巴亥的前任大妃，尽管孟古姐姐年轻貌美、丰姿妍丽，但自比她年轻15岁、更为丰姿绰约、俏丽聪颖的阿巴亥来到努尔哈齐的身边后，努尔哈齐出于喜新厌旧的天性，将更多的爱倾注到了阿巴亥的身上，这就必然冷落了孟古姐姐，醋意、孤独、嫉恨交织在一起，使性格内向的孟古姐姐忧郁寡欢，竟至积虑成病，两年后撒手人寰，年仅29岁。

母亲的死，对于皇太极来说，无论从心理上、地位上，还是生活上，都是一个巨大的打击，皇太极认为母亲的死与阿巴亥有直接的原因。尽管当时皇太极只有11岁，但对阿巴亥的仇恨的种子已深深地埋进了他的心田，这次有了除掉阿巴亥的机会，皇太极岂能放过？

但这些毕竟是史学家们的分析和判断，尚未得到文献的证明，所以让阿巴亥殉死是努尔哈齐的遗嘱，还是皇太极的阴谋，现在还是一个谜。

3. 阿巴亥是怎么殉死的

在清朝的官书上只是记载阿巴亥“自尽”。怎么“自尽”的，没有说。自尽有多种方式，有用刀、剑刎颈的，有投环上吊的，有喝毒药的，有绝食的，有吞金的。阿巴亥用的是哪种形式？有的书上说是用弓弦勒死的。如果真的是用弓弦勒死的，则更说明阿巴亥不想殉死，是皇太极强行逼死的。

4. 阿巴亥死后，是与努尔哈齐同棺而殓，还是分棺而殓

据《太祖武皇帝实录》记载，阿巴亥死后，“乃与帝同柩”。柩就是棺，同柩就是同棺。可是《太祖高皇帝实录》却记载是“遂同时而殓”，这就意味着是分棺而殓。到底是同棺，还是分棺？

5. 阿巴亥为什么不追封为皇后

努尔哈齐前后有4个大妃。所谓大妃，就是正妻，也就是嫡福金、大福金（自乾隆朝将福金改为福晋），大妃这个称号是后人追加的，当时并没有这个称呼。努尔哈齐的第一个大妃是佟甲氏，努尔哈齐的长子褚英和第二子代善都是这位大妃生的。第二个大妃是富察氏衮代，她给努尔哈齐生了两个儿子即第五子莽古尔泰和第十子德格类。第三个大妃是叶赫那拉氏孟古姐姐，她给努尔哈齐生了第八子皇太极。第四个大妃是乌喇那拉氏阿巴亥，生了第十二子阿济格、第十四子多尔衮、第十五子多铎。按理说这四位大妃都应追赠为皇后，特别是第一个大妃佟甲氏是努尔哈齐的结发妻子，是原配，最有理由追赠为皇后。可是史实表明，只有第三个大妃孟古姐姐被追赠为了皇后。有人会说，因为她的儿子皇太极当了皇帝，她是皇帝的生母，这种说法站不住脚。在明清两朝，最重原配。特别是明朝，原配妻子不论有无生育，不仅要追赠为皇后，而且还要系皇帝的庙谥，继后和皇帝的生母是不能系皇帝庙谥的。在清朝，如果原配成婚时，夫君还不是皇帝，皇帝即位后，立即就册立原配为皇后，如果原配已亡故，也要追赠为皇后，而且其位置要排在继后和嗣帝生母的前面。清朝皇帝为什么不将努尔哈齐的原配妻子以及第二、第四任大妃追赠为皇后呢？如果说第二任大妃富察氏得罪过努尔哈齐而丧失了赠后的资格的话，那么佟甲氏和阿巴亥总该追赠为皇后吧？

6. 阿巴亥是否葬入了福陵

阿巴亥死后，其灵柩与努尔哈齐的灵柩都停在沈阳城内的西北角。天聪三年，努尔哈齐入葬福陵时，《清实录》等清朝官书只记载了随同入葬福陵的有孟古姐姐即孝慈皇后和第二任大妃富察氏，没有提到阿巴亥。阿巴亥到底入葬福陵没有？

假设阿巴亥入葬福陵了，那么顺治八年多尔衮获罪，追夺多尔衮及其生母、其妻所有封典，将其神牌撤出太庙时，是否将阿巴亥从福陵中迁出？清朝官书仍然只字未提。现在福陵内到底有没有阿巴亥？谁也拿不出令人信服的证据来。据笔者分析，阿巴亥应该是入葬福陵了，理由是：

第一，阿巴亥是第四任大妃，又是为努尔哈齐殉死的，死后其灵柩又与努尔哈齐一起停灵于沈阳城内两年多，入葬福陵顺理成章，天经地义。

第二，曾经得罪过努尔哈齐的第二任大妃富察氏衮代尚且葬入了福陵，同是大妃又深受宠爱的阿巴亥则更应该葬入福陵。

这只是笔者的分析和推测，到底入葬与否，现在还是一个谜。

7. 为什么不给阿巴亥恢复名誉和待遇

在顺治七年（1650年），多尔衮利用手中的权力，追尊他的母亲阿巴亥为孝烈武皇后，神牌升袝太庙，与努尔哈齐的神牌同室供奉，共享玉筵。可是好景不长，刚过半年，多尔衮获罪，阿巴亥受到牵连，所有封典被追夺，皇后位号被销除，神牌从太庙里撤出。过了128年以后，到了乾隆四十三年（1778年），多尔衮被平反昭雪，恢复了名誉，并且配享太庙，却没有给其生母阿巴亥平反昭雪，恢复名誉和待遇，这是为什么？

大妃富察氏

努尔哈齐的第二任大妃富察氏衮代原是努尔哈齐的族兄威准的妻子。威准死后，富察氏改嫁给努尔哈齐，成为努尔哈齐的第二任大妃。她一直很受宠，先后给努尔哈齐生了二子一女，清初著名的四大贝勒之一的莽古尔泰就是富察氏所生。富察氏的一生可以说是坎坷的一生，又是扑朔迷离的一生。

1. 富察氏是否偷过财物

前面在讲阿巴亥的时候，曾讲到努尔哈齐的大妃与大贝勒代善关系暧昧，又私赠私藏财物，因而被休弃回家。有人认为这位大妃是富察氏衮代，还有人认为是阿巴亥，现在这个谜团还没有完全解开。

福陵东西配殿及隆恩门

2. 富察氏犯过什么罪

富察氏改嫁给努尔哈齐以后，很受宠爱，被立为大妃，后来她的大妃位子被年轻漂亮的孟古姐姐所取代。清朝的官书记载后来富察氏因获罪而被努尔哈齐赐死。富察氏到底犯了什么错而竟将她赐死。这些宫闱秘事在清朝官书上均无记载。

3. 富察氏是怎么被赐死的

赐死的形式有多种，或赐白绫一条，让她上吊；或赐她毒酒一杯、毒药一包，将她毒死；或赐给刀剑一把，让她自刎而死；或将她口鼻封闭，气憋而亡。富察氏衮代是怎么被赐死的？现在不得而知。

皇太极继承汗位后，曾指责莽古尔泰暗中杀死其生母，这在《清实录》中是有明确记载的，这说明富察氏是被她的亲生儿子莽古尔泰亲手杀死的。莽古尔泰为什么要杀死自己的生身之母？是受努尔哈齐的指使，还是莽古尔泰的私自行动？

4. 富察氏最后葬在了哪里

富察氏死后，最初葬在了赫图阿拉附近，天命九年随景祖、显祖等人迁到了东京陵。天聪三年随孟古姐姐迁出，同努尔哈齐一起葬入了福陵。按说富察氏到这里可以画句号了，可事情并没有这么简单。15年后，到了顺治元年（1644年），以她曾在太祖时获罪而被赐死为理由，将她改葬到福陵之外。究竟将她葬到了什么地方？谁也不知道。

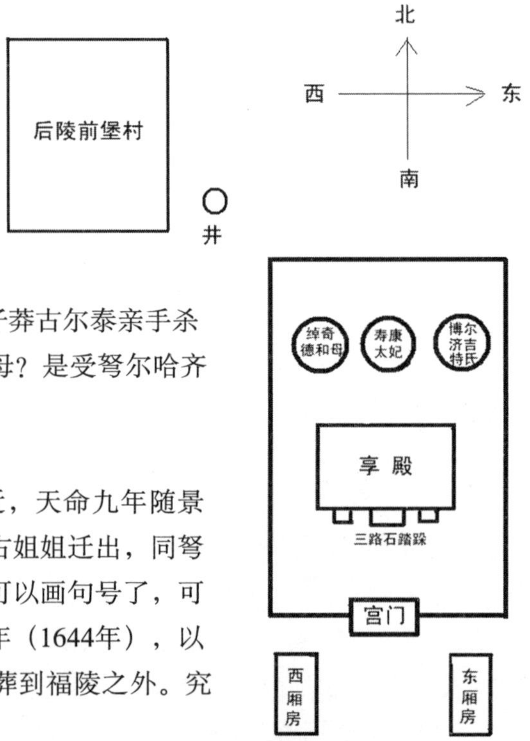

努尔哈齐众妃的葬地

根据《清皇室四谱》一书记载，努尔哈齐有后妃14人。将孟古姐姐、阿巴亥、富察氏除外，还有11名庶妃。按说这11名庶妃都应葬入福陵妃园寝中，可是这座妃园寝中只葬了3个人。那8个人葬到哪里去了呢？由于史料的缺失，现在这8位庶妃的葬地已成不解之谜。

福陵大红门

第三章 昭陵

昭陵，是清太宗皇太极的陵寝，始建于崇德八年（1643年）八月，同年九月建成。九月二十一日皇太极的宝宫奉安昭陵大殿内。顺治元年（1644年）八月十一日命名为昭陵。康熙二年（1663年）九月建昭陵地宫，同年十二月二十一日将皇太极和孝端皇后的宝宫正式葬入地宫。康熙二十七年（1688年）立神功圣德碑并建碑亭。昭陵历经百余年，经过多次改建、扩建、增建，才形成了今天的规模。

昭陵是盛京三陵中规模最大的。其附属陵寝有孝庄皇后的昭西陵和妃园寝。

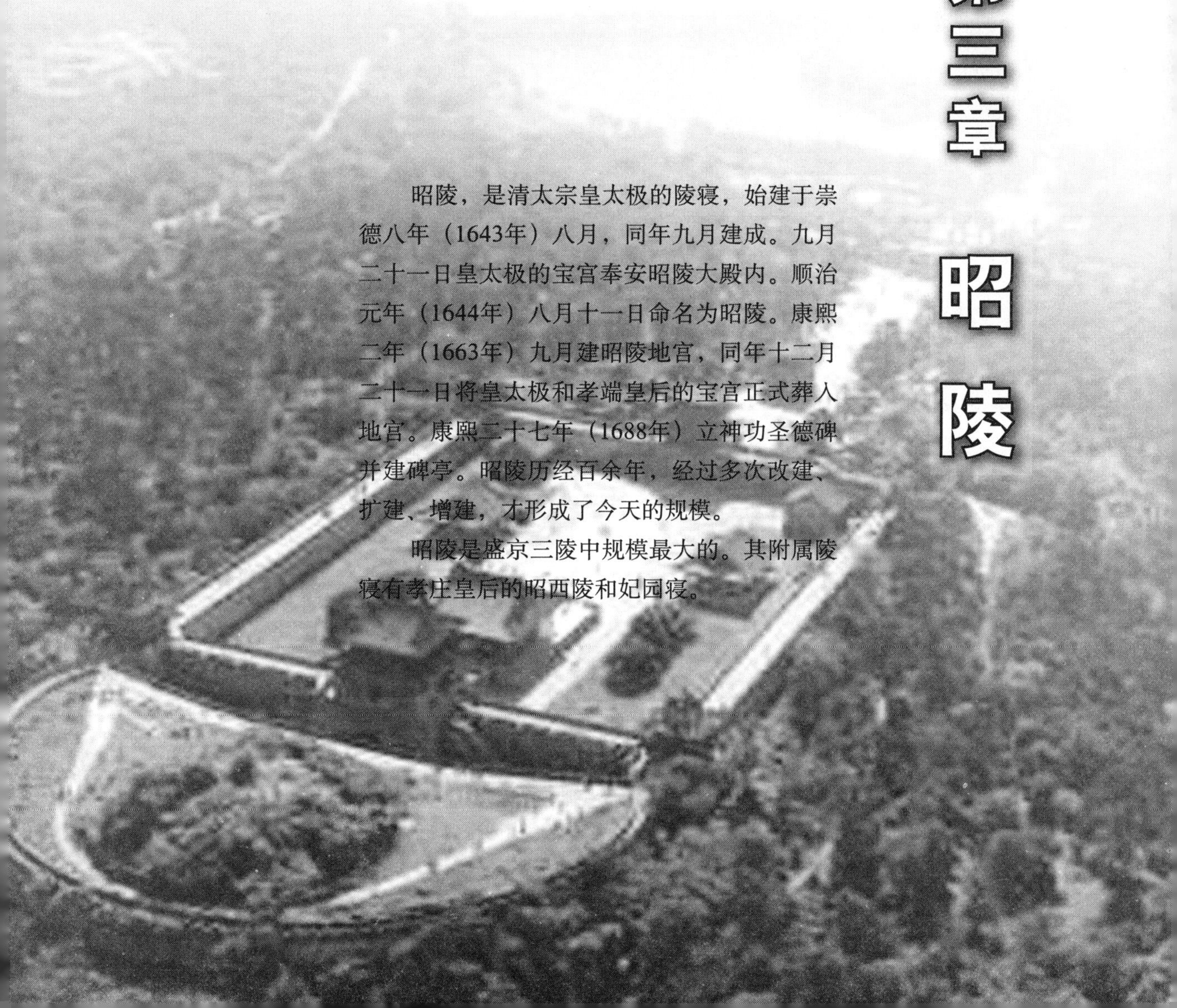

第一节 秘事多多的昭陵

太宗皇太极像

沿着大清皇陵营建的龙脉，我们从沈阳东郊石嘴头山的福陵，讲到了沈阳北郊的昭陵。

沈阳人将昭陵称为“北陵”，其原因和将福陵称为东陵是一样的，因为昭陵坐落在沈阳的北郊。不过这种称呼没有造成名称上的混淆，因为在其他的地方，没有叫北陵的。然而笔者还是觉得不如称真名、正名为好，这就跟人一样，本来有正式的名字，为什么非要叫别名、绰号呢?

如果从墓主人的真正身份上讲，昭陵才称得上清朝的第一皇帝陵，因为在昭陵的地宫里，埋葬着名副其实的清王朝的第一个皇帝——清太宗皇太极和清王朝的第一个皇后——孝端皇后哲哲。

昭陵自开放以来，许多的史学工作者对其进行了深入地研究和考察，发现昭陵有许多的鲜为人知的秘事。

隆业山是假山

隆业山是昭陵的后靠山。按风水理论要求，明清的每座皇帝陵的后面都要有靠山，就像屏风一样。昭陵的后靠山叫隆业山，是顺治八年（1651年）十月二十一日敕封的。谁也不会想到，隆业山不是天然形成的真山，而是用人工堆起来的假山。清朝的12座皇帝陵中，有11座陵的后靠山都是天然形成的，为什么单单大清王朝的创立者的陵山却用人工堆呢？这其中是有一定原因的。原来昭陵所在的沈阳北郊是平原，所选的陵址周围根本就没有山。无山可靠怎么办？于是清廷采取了一个通权达便的方法，用人工堆筑。堆山所用的土必须从陵区之外采挖，因此这种土称为“客土”。在当时运输交通工具十分落后的情况下，要堆起一座山来谈何容易！其工程量之大、工程之艰巨可想而知。隆业山坐北朝南，为正子午方向，也就是正南正北方向，高约20米，长约380米，山的两端向南弯曲，其山形如同一条弯曲的卧龙。山顶结成9个山峰，中间的主峰最高，两翼各有4个山峰，逐次低下，非常壮观，颇有特色。为什么建昭陵用了8年时间，主要费时就费在堆山了。在清朝陵寝中，有许多陵的砂山、案山是用人工堆的，但后靠山也用人工堆，昭陵还是唯一的一例。

功德碑文是大臣合写的

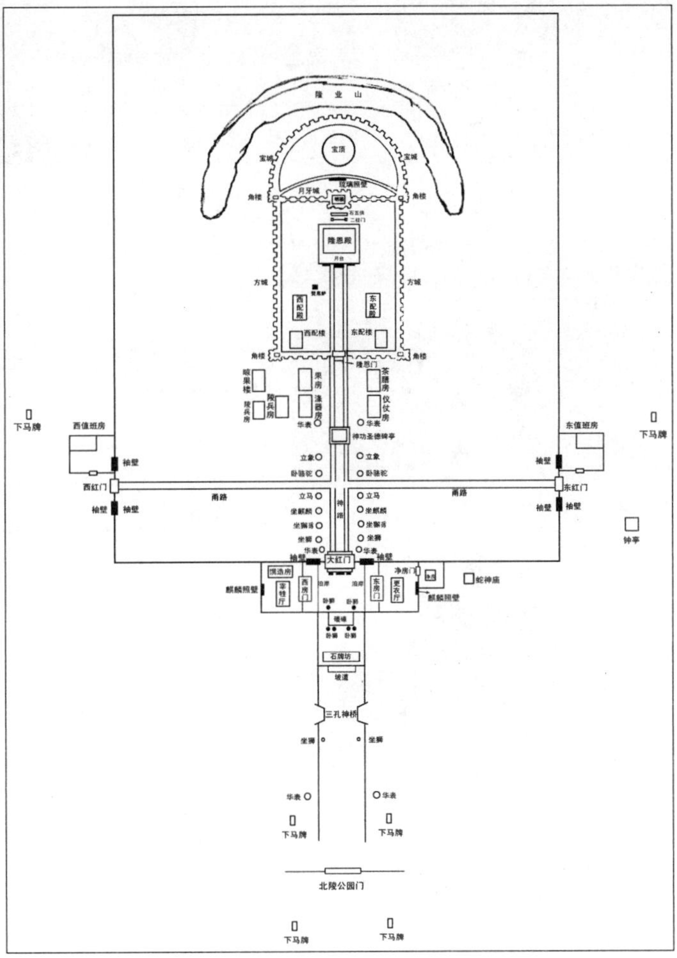

昭陵平面示意图（徐鑫 绘）

一进昭陵的红门，石像生北端正中就是一座重檐歇山顶的碑亭。黄色的琉璃瓦，五彩斑斓的彩画、朱红的墙体、白色的台阶、条石，将这座碑亭装点得宏伟壮观。在碑亭内巨大的石雕赑屃（多数碑的碑身都竖立在石雕的一种奇怪的神兽的背上。这种神兽的头，近似于龙的头，龟的背，有四爪，游于水波大浪之中，老百姓称之为“王八”，所以有王八驮石碑之说。在古建的档案中称之为“龙首龟趺”，野史和一些私人著述中又称之为“赑屃”，说它是龙的儿子，有的说它是第三子，有的说它是第五子。）背上竖立着一统高5.45米、宽1.76米、厚0.71米的石碑。因为这石碑上镌刻着太宗皇太极一生的“神功”和“圣德”的碑文，所以这统碑叫“大清昭陵神功圣德碑”，这座碑亭是专门为了保护这统石碑而建的，所以这座碑亭叫神功圣德碑亭。

按明清两朝陵寝制度，陵寝的功德碑的碑文要由嗣皇帝亲自撰写，称为“御制”。这种做法早已成为定制，也符合我国所说的“盖棺论定”的说法。昭陵的功德碑是康熙二十七年（1688年）立的，碑文的落款是“孝孙嗣皇帝玄烨谨述”，这就非常明确地告诉我们这篇碑文是康熙帝撰写的，三百多年来人们对此深信不疑。近年来经过专家们的认真研究、考证发现，这篇碑文并不是康熙帝写的，而是由多名著名文人出身的大臣合写的，这几位著名文臣有宋德宜、陈廷敬、徐乾学、张英、高士奇等。从康熙二十五年（1686年）就开始写，写成后康熙帝只不过稍作修改，签个名而已。

昭陵隆恩殿

昭陵隆恩门匾

昭陵神功圣德碑亭

昭陵神功圣德碑亭内的功德碑

有人可能有这样的怀疑：康熙帝多才多艺，诗词歌赋无所不通，文学功底极为深厚，写篇碑文对于他来说，可以说是轻车驾熟、毫不费力的，为什么还要让大臣代笔呢?

我们知道，对一个人做出全面、准确的评价是很不容易的，尤其是对于一位有影响的皇帝做出全面准确评价则更不易。陵寝的功德碑文是对先帝一生的高度概括、总结和评价，而且要流传后世，其碑文的重要性和难度可想而知，绝不是一个人就能写出来的。由当时朝中文化功底较高的重臣组成一个写作班子集体撰写，反复修改，然后由皇帝把关钦定，最后定稿，这是完全应该的。其实这种做法在清陵中并不是唯一的。早在20年前笔者就从清宫档案中发现雍正帝的泰陵功德碑文最初是由当时著名古文大家方苞代写的。以此推之，很可能其他陵的功德碑的碑文也是由大臣们代写的。

昭陵陵名由来的说法

在清朝，给皇帝陵命名，皇帝先发上谕，命相关大臣会拟具奏。大臣们经过商量，拟定出几个字，上奏给皇帝，然后皇帝从大臣们所拟定的这几个字中选出一个字，确定为陵名。为什么将皇太极的陵命名为“昭陵”，档案已无从查找，现在有三种说法：

第一种说法是乾隆帝的说法。乾隆帝认为这与唐太宗李世民有直接的关系，他的理由，一是李世民和皇太极都是本朝的第二代君主，实际上的王朝开创者，二是李世民和皇太极两人的陵内的石马都是仿照他们生前的坐骑雕刻的。表面看上，似乎很有道理，但稍加分析，则是牵强附会，很难成立的。为什么这样说呢？因为确定皇太极的陵名为昭陵时是顺治元年（1644年）八月，当时清朝还没有入关，刚刚建立的清王朝还是一个偏邦小国。这个小国能不能站住脚，能不能长久，能不能打败李自成农民起义军，能不能取代明朝，夺得天下，建立大一统的国家，这些还都是未知数。而且当时人们还没有皇太极是清朝第二代君主的概念，这时的皇太极怎么能与唐太宗李世民相提并论？怎么会因为李世民的陵叫昭陵而将皇太极的陵也命名为昭陵？

昭陵石马

昭陵石象

再说陵内所刻的石马。李世民昭陵内刻的六骏是李世民生前骑过的与他一起出生入死、患难与共、立下了汗马功劳的宝马良驹。文献上有明文记载是李世民生前决定将这六匹御用宝马分别用浮雕的手法刻在6块高1.71米、宽2.05米、厚0.3米的石屏上，以展现其雄姿，纪念其丰功伟绩。李世民并亲自为这6匹马的石雕像做“赞”。赞，是我国古代的一种文体，以颂扬为主，多为韵文。相传这“六骏”的形象是著名工艺美术家、画家阎立德、阎立本绘制的图样，李世民的“赞”是大书法家欧阳询用隶书书写的，因此昭陵“六骏”被称之为“三绝”。皇太极的昭陵没有这样的石雕艺术珍品，所谓“大白”和“小白”只是石像生中的一对石马。两马的体量微有大小的区别，当时设置石像生时，也没有将这对石马刻成皇太极乘坐的“大白”、“小白”形象的记载。将昭陵的这对石马说成是皇太极的“大白”、“小白”的始作俑者是乾隆帝。其实皇太极的昭陵的石像生中的一对马与“大白”、“小白”没有关系，因而与李世民昭陵的“六骏”更联系不上。

乾隆帝为什么总想把皇太极与李世民联系在一起呢？这是有他的用心的。我们都知道唐太宗李世民是中国封建社会中最著名的君主，声望很高。唐朝是中国封建社会的极盛时期，有“盛唐”之誉，把皇太极与唐太宗联系起来，就等于告诉天下臣民：我们大清朝就会像当年的大唐一样强盛、长久，无疑会提高皇太极的地位。乾隆帝这样说完全是出于政治目的，因此并不属实。

第二种说法是出自“昭穆制度”。什么叫昭穆？左为昭，右为穆。在古代的宗法制度中，在坟墓的位次和神牌的排列上常用昭穆。东北的三陵，永陵为首，其次为福陵，昭陵排第三。如果按昭穆排列，永陵应居中，福陵居昭位，昭陵居穆位。实际上，三陵的位置根本就未按昭穆关系选择，所以皇太极的昭陵名称从昭穆关系上看，怎么也联系不上，如果这种说法成立的话，位于穆位的陵就应该称“穆陵”了。所以这种说法是无稽之谈。

第三种说法是根据“昭”字的本意确定的。“昭”字有威仪恭明，功德彰显的意思。皇太极的陵称昭陵，应该说是按昭字的本意命名的，因为陵名一般是与墓主人一生的业绩

昭陵隆恩门

有关系。皇太极创建了大清国，树立了皇帝的绝对权威，制定了一系列的国家典章制度，为清朝入主中原，建立大一统的江山奠定了基础，对于子孙后代功德无量，将他的陵命名为昭陵是比较合适的。

孝端皇后死后14年才葬入地宫

孝端皇后是谁？她就是大清国第一位皇后，是孝庄皇后的亲姑姑。她姓博尔济吉特氏，本名叫哲哲。孝端皇后16岁时嫁给了皇太极，是皇太极的大福晋。皇太极称帝后将这位大福晋哲哲立为中宫皇后，所以孝端皇后是大清国名副其实的第一皇后。孝端皇后死于顺治六年（1649年），享年51岁，死后火化，顺治七年（1650年）将宝宫奉移到昭陵。多年来人们都认为孝端皇后的宝宫移到昭陵后不久就葬入了地宫，近年来的研究成果表明，这一认识是错误的。当时昭陵还未建地宫，孝端皇后的宝宫移到昭陵后，只是放到了大殿内的供案上，位于皇太极宝宫的右侧，这在《世祖实录》中有明确的记载。康熙二年（1663年）建昭陵地宫，当年才将孝端皇后的宝宫葬入地宫，这时距离她死已经14年了。其实皇太极的骨灰也是在康熙二年葬入地宫的，他是死后20年才葬入地宫的。福陵也是康熙二年建的地宫，以此推之，努尔哈齐是死后37年才入葬福陵地宫的。孝慈皇后比努尔哈齐早死23年，那么孝慈皇后是死后60年才葬入地宫的。

皇太极娶了两个寡妇

在民间，男子娶个寡妇当媳妇不足为奇。要是堂堂的皇帝也娶寡妇为妃，那就实在令人不敢相信了。然而这样的奇事还真有，就发生在历史上大名鼎鼎的清太宗皇太极的身上。他

昭陵明楼

不但娶了寡妇，而且一连娶了两个，这两个寡妇就是后来尊贵的麟趾宫贵妃和衍庆宫淑妃。

对于皇帝来说，普天之大，莫非王土，率土之滨，莫非王臣。作为一国之君的皇帝，娶什么样的女人没有，为什么偏偏要娶寡妇呢？皇太极有他的深谋远虑。

贵妃叫娜木钟，淑妃叫巴特玛·璪，她们都是察哈尔林丹汗的妻子，娜木钟称囊囊太后，巴特玛·璪称窦土门福晋。林丹汗与明朝结盟，与后金为敌。后来在后金八旗兵的多次打击下，林丹汗众叛亲离，逃到青海，得天花而死。娜木钟和巴特玛·璪审时度势，认为只有投靠后金才是出路，于是她们先后带领部下归附后金。在众人的劝说下，皇太极就把她们纳入了自己的后宫。

皇太极为什么要娶这两个女人。一来这两个女人长得花容月貌，冰肌玉脂，艳丽动人，皇太极一见面就打心眼里喜欢上了这两个美人。更主要的是出于政治上的考虑，是为了加强后金与察哈尔的关系。因为这两个女人是林丹汗的妻子，在察哈尔有很大的影响。把她们俩纳入后宫，成为后金的妃子（当时皇太极尚未称帝，其国号为大金），这对于团结和笼络察哈尔上层人物，加强和巩固与察哈尔的关系，有重要作用。皇太极虽然是一国之主，但他也是人，而且是非常重感情的人。皇太极并不因为她俩曾嫁过人而嫌弃她们，与她俩的感情都非常好。后来娜木钟为皇太极生下了一女一男，这个男孩叫博穆博果尔。后来有很多人认为顺治帝的董鄂妃就是博穆博果尔的妻子，是顺治帝霸占了博穆博果尔的妻子，博穆博果尔因此羞愤自杀而死。其实这种说法没有任何道理，细节这里就不多讲了，留在后面详述。巴特玛·璪从林丹汗那里带过来一个女儿，皇太极视为己出，关爱有加，但这个养女在玉牒和官书中都没有记载。皇太极创立五宫后，将娜木钟封为麟趾宫贵妃，地位仅低于宸妃海兰珠。封巴特玛·璪为衍庆宫淑妃，在五宫中位居第四，地位高于永福宫庄妃即后来的孝庄皇后。这两个妃子随着顺治帝入主中原，定都北京，都住进了富丽堂皇的紫禁城。她们的晚年生活很幸福，一直活到康熙年间才寿终正寝，死后葬入了昭陵的妃园寝。

中国的第一个水冲厕所

昭陵御厕外景（老照片）

昭陵御厕内景（老照片）

水冲厕所似乎只有我们现代人才能享用，清朝时代的人与水冲厕所是无缘的。可公元2003年，我们的考古工作人员竟然在皇太极的昭陵发现了一个水冲厕所，因为这个厕所是皇帝用的，所以人们称之为“御厕”。

这个御厕位于昭陵正红门外左侧（东侧）的小跨院，这个小跨院叫更衣厅。更衣厅是皇帝换衣服、临时休息的场所。皇帝远路而来，到了陵上，换换衣服，休息片刻之后，如厕则是必然的了。所以在更衣厅的后院建了一个厕所，专供皇帝使用。

北京的紫禁城里没发现过厕所，皇宫里的人一般都使用马桶，在清东陵和清西陵的更衣殿后虽然设有净房（即厕所），但也是使用马桶。从来未发现过净房内有蹲坑，而昭陵的御厕则是一座四角攒尖顶式的亭式建筑。三踩斗拱，施以彩画，为关外清早期建筑特点。台基长6.4米，宽6.2米，基本上是一个方形。东南北三面有槛墙，槛墙上安装着木制的窗户，西面是四扇隔扇门。在亭内地面用砖铺墁，在东墙根下的地面上嵌有一个东西方向的长条石，条石上凿有一个长约1米、宽不足0.5米的花生状便池，便池深约1米，底部北高南低，呈坡形，排水沟通向净房外东南角墙外。20世纪80年代御厕倒塌，现只存有遗址。

据专家考证，这座御厕建于康熙年间，距今已有300多年历史。这种水冲式御厕十分罕见，为清朝皇家建筑中唯一的一例。

第二节 昭陵之谜

皇太极的死因

崇德八年八月初九日亥刻（1643年9月21日夜9时多），清朝的创建人、清朝的第一个皇帝——清太宗皇太极的心脏突然停止了跳动，离开了人世，追随他的爱妃海兰珠去了，终年52岁。清朝官书上记载说他“无疾端坐而崩”。皇太极真的无疾而终吗？如果说在医学科学比较落后的封建社会还有人相信的话，那么到了医学科学已十分先进的今天，则根本没人相信了。那么皇太极究竟得了什么病呢？

昭陵正红门

昭陵宝顶

皇太极死得确实突然，因为在此之前的几个月里，在官书上没有记载他患有任何病症，在他死的前两天（初八、初九），他还精力充沛地处理了许多朝中大事，一点有病的迹象也没有，但他毕竟是真的死了。那么他的死因是什么？只能有两个可能：一个是被人刺杀而死，一个是有病而死。如果是前者，堂堂的大清皇帝被刺杀，实在丢人，为了遮丑，掩人耳目，只得说“无疾而崩”；如果是后者，由于医学落后，又确实不知得的是什么病，所以也只能说“无疾而崩”。

难道皇太极的死因真的就成了不解之谜了吗？《朝鲜李朝仁祖实录》为我们提供了有关皇太极死因的蛛丝马迹。据该书记载，皇太极患过“风眩”病，曾向朝鲜要过竹沥，竹沥是一种中药，味甘，性寒，有清热去痰的功效，主治中风、癫狂等症。清廷还曾向朝鲜请过名医，朝鲜方面派针医柳达、药医朴頵到清廷来给皇太极治过病，这表明皇太极确实患过风眩病。皇太极身为一国之君，政务十分繁忙，他又是一个勤政的皇帝，劳碌过度，心力交瘁，又遇上了爱妃海兰珠的离世，在精神上给了他巨大的刺激和打击，加之他身体过于肥胖，无疑会加重了他风眩病的程度。突然心血上涨猛升，目眩头晕，血压激增，造成猝死是很可能的。但这毕竟是分析和推断，皇太极究竟是什么原因死的，还是一个未解之谜。

海兰珠的婚姻

在皇太极的后妃中，有一位放射着奇异光芒的女人，她就是海兰珠。海兰珠何许人也？她就是当时的大福晋哲哲即后来的孝端皇后的亲侄女，永福宫庄妃本布泰（册封庄妃的册文称之为“本布泰”），即后来孝庄皇后的亲姐姐。海兰珠天生丽质，国色天香，虽然嫁给皇太极时已经26岁，花季妙龄已过，但更有一种成熟女人的魅力。皇太极一见倾心，天聪八年（1634年）将她纳入了后宫。皇太极从一个家庭中娶了3个女人，姑侄三人嫁一夫，这不仅在清朝，恐怕在中国历史上也是少见的。

昭陵东配殿

皇太极已娶了海兰珠的姑姑，又娶了她的妹妹，为什么还要娶海兰珠呢？史学界有这么一种说法：这很可能是她姑姑哲哲与娘家的有意安排。到了天聪八年，哲哲和本布泰虽然都已入宫多年，两人都只生了3个女儿，一个皇子也未生，而其他妃子已给皇太极生了5个皇子。这就意味着皇位将来有可能被这些皇子中的其中一位所继承，他的母妃就有可能成为后宫之主。这样哲哲后宫之主的位子就会不稳，她们的娘家在后金的地位就会受到严重威胁，于是决定将生育力正旺盛的海兰珠也嫁给皇太极。当时哲哲刚36岁，宝刀不老，正是生育旺盛之期，再加上更为年轻的海兰珠和妹妹本布泰，姑侄三人共事一夫，不愁生不出男孩来，就是出于这种考虑海兰珠才入宫的。海兰珠入宫以后，就像一颗放射着奇异光芒的明珠，照亮了后宫，更照亮了皇太极的心。皇太极宠爱海兰珠，把她视为红颜知己，精神支柱，把她封为宸妃，在后宫中位居第二，仅次于皇后哲哲。把她的寝宫命名为关雎宫。“关雎”一词源于《诗经》中的“关关雎鸠，在河之洲。窈窕淑女，君子好逑”的诗句，将海兰珠的寝宫命名为关雎宫，表明了皇太极对海兰珠的爱慕和器重。三年后，崇德二年（1637年），海兰珠果然生下了一个男孩。皇太极欣喜若狂，颁诏全国，大赦天下，大宴群臣，隆重庆贺，并准备将这个刚刚来到世间的婴儿立为皇储。无奈这个皇

昭陵石牌坊

子福浅命薄，来到世上不到6个月就因得天花而夭亡了。娇儿的夭亡给了皇太极以沉重的精神打击，但遭受打击更重的则是海兰珠。自从娇儿夭亡后，海兰珠郁郁寡欢，寝食失常，疾病缠身，久卧病床。崇德六年(1641年)九月，在松山上与明军激战的皇太极得知海兰珠病危的消息后，立即昼夜兼程，火速赶回，当他进入沈阳城时，海兰珠已玉殒香消，驾返瑶池去了，年仅33岁。皇太极悲恸欲绝，几度昏死过去，为她隆重治丧，赐谥海兰珠为敏惠恭和元妃，史称元妃。赐妃子以4个字的谥号，这在有清一代还没有第二例。

海兰珠比她的妹妹庄妃大4岁，却比妹妹晚出嫁9年，当时她入宫时已经26岁，就是在提倡晚婚的今天也算是大龄青年了，更何况是早婚的那个年代。她的姑母哲哲16岁结婚，妹妹庄妃13岁结婚，为什么海兰珠26岁才嫁给皇太极，以前她结过婚没有，如果结过婚了，为什么又嫁给了皇太极？

这个问题目前有两个说法：凌力著的《沧海珠——太后下嫁之谜》一书认为海兰珠有可能嫁给过察哈尔的林丹汗，朴月著的《玉玲珑》认为海兰珠嫁给了蒙古土默特部的贝勒。这个贝勒死后，海兰珠回到了娘家，以后才嫁给了皇太极。前一本书是由清史研究所的清史专家成崇德、张研主编的《清宫之谜》丛书之一，应该说有一定的史料价值，可以作为参考，后一本书文艺作品的成分大些。但无论哪种说法，都没有注明史料出处，所以还不能作为定论。

宸妃之名的消失

宸妃海兰珠虽然没有戴上皇贵妃的桂冠，实际上她的地位就相当于后来的皇贵妃，仅低于皇后，比麟趾宫贵妃、衍庆宫淑妃和妹妹永福宫庄妃地位都高，这是有目共睹、官方承认的。

海兰珠死后，由于还没有建妃园寝，所以先葬在了沈阳城北门地载门外五里的地方，皇太极为爱妃举行了非常隆重的安葬典礼。海兰珠入葬后，皇太极多次到那里祭奠她。海兰珠过世刚两年零三天，皇太极也追随爱妃而去。

皇太极的昭陵建成不久，在昭陵的西旁建了一座妃园寝，将宸妃海兰珠迁葬到那里。但迁葬的日期还不清楚，有待进一步考证。后来麟趾宫贵妃娜木钟晋升为懿靖大贵妃，衍庆宫淑妃巴特玛·躁晋升为康惠淑妃。她俩死后都葬入了这座妃园寝内。

有4位清朝皇帝先后10次到东北恭祭祖陵：康熙帝3次，乾隆帝4次，嘉庆帝2次，道光帝1次。在皇帝祭祀祖陵期间，无论是《清实录》，还是《大清会典》都有遣官祭昭陵妃园寝的记载，而且都用“宸妃、懿靖大贵妃、康惠淑妃园寝”这个名称，将宸妃之名列在首位。可是到了嘉庆帝谒祖陵时，却改变了这种称谓，将昭陵妃园寝称之为“懿靖大贵妃、康惠淑妃园寝”，宸妃的名字居然消失了，道光帝谒祖陵时也是这样。这究竟是为什么？是史官的疏忽和笔误吗？一次疏忽、笔误，难道几次都疏忽、笔误吗？那不可能。是将宸妃从妃园寝中迁出了吗？可是无论在官书上，还是在档案里都未发现有宸妃迁出的记载。是朝廷发现宸妃生前有重大违法乱纪的罪行，得罪过先祖而撤销了她的封号了吗？在官书和档案里也未找到这方面的任何记载。那为什么宸妃之名消失了呢？至今也是一个谜。

昭陵二柱门上的蹲龙（东）被铁链锁着

昭陵二柱门上的蹲龙（西）被铁链锁着

石柱上的铁链

在昭陵大殿的后面有一座二柱一门一楼的牌坊，叫二柱门。每根柱子的顶上都有一只小兽，满身鳞甲，似龙不是龙，像麒麟又不是麒麟，昂首向天，民间称它为望天犼，建筑档案上称它为蹲龙。细心人会发现，两柱上的望天犼的腿上都缠绕着一条铁链子。这是怎么回事？在当地流传着这样一个神话故事。说是当年石匠在雕刻这两只望天犼时，不慎将手指碰破，鲜血滴在了望天犼上，天长日久，望天犼承上天之雨露，受日月之精华，采天地之灵气，竟然成了精。从此这两只望天犼就不再安分守己，经常偷着下来，到陵前的浑河里去喝水。这件事被守陵的官员发现后，毫无办法，便上奏给了皇上。皇上闻知大怒，传旨将这两只望天犼用铁链子牢牢地锁住。从此这两只望天犼就再也没有下来。这个传说明显带有一些神话色彩，但望天犼身上的铁链子却是真的。明十三陵有12座二柱门，清陵中有7座二柱门，为什么单单皇太极昭陵的二柱门上的望天犼有铁链子呢，是人们故弄玄虚，有意而为，还是当年起吊安装这两只望天犼时，由于工匠一时疏忽，忘记将铁链子取下来了，这条铁链子又是什么时候缠到上面去的，这些谁也说不清楚。

第三节　众说纷纭的昭西陵

一、昭西陵是雍正帝建的

孝庄皇后便服像

清朝皇后陵内葬的皇后都是死于自己的夫君入葬之后的皇太后，所以在正常情况下，皇后陵都应该是由儿子辈的皇帝给建的。清朝的7座皇后陵中，有5座属于这种情况，但也有例外，嘉庆帝的孝和皇后的昌西陵是由她的孙子咸丰帝建的，而孝庄皇后的昭西陵最为特殊，是由她的曾孙子雍正帝给建的，这不仅在清朝是唯一的，就是在中国历史上恐怕也难以找到第二例。

昭西陵鸟瞰

聪明果敢的决定

康熙帝的梓宫是在雍正元年（1723年）九月初一日正式葬入景陵地宫的。就在入葬前21天的八月初九日，都察院左佥都御史陈允恭向雍正帝提出了一个非常棘手的问题：要求给孝庄皇后建陵，将孝庄皇后的梓宫尽快入土为安，这样可“上妥在天之灵，下安仁孝之心”。孝庄皇后的梓宫自康熙二十七年（1688年）停灵于遵化昌瑞山祖陵的暂安奉殿以来，到雍正元年（1723年）已停了将近36年了。孝庄皇后的陵寝问题困扰了康熙帝35年之久，一直未能解决，可以说是一个老大难问题。雍正帝刚刚即位，这个问题就摆在了他的面前。

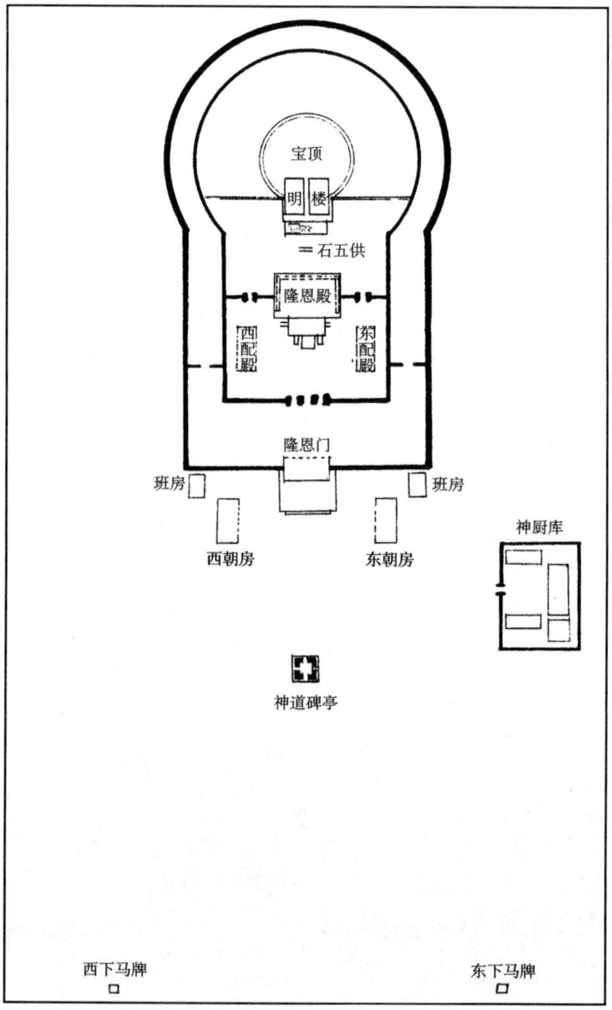

昭西陵平面示意图（徐广源绘）

雍正帝不愧是雍正帝，他接到陈允恭的建议之后，决定立即着手解决孝庄皇后的陵寝问题，这个问题的核心依然是陵建在哪里的问题。是建在皇太极的昭陵附近，还是建在关内遵化的孝陵附近？对于这问题，雍正帝已成竹在胸。雍正二年（1724年）二月初五日，他将诸王大臣召进宫来，对他们专门讲了为孝庄皇后建陵的问题。他首先高度称赞了孝庄皇后的伟大功绩和崇高圣德，又讲了孝庄皇后临终之时要求将自己葬在孝陵附近与子孙长期相伴的遗嘱，然后说：《礼经》上讲，合葬不是古来就有的。前代的大儒也说过，神灵有知，无所不通。合葬不合葬，只是个名义上的事。现在太宗已入葬昭陵多年了，即使在昭陵附近建陵也不算是合葬。孝庄皇后自停灵遵化的暂安奉殿以来，我圣祖仁皇帝在位时间绵长，国泰民安，多子多孙，人丁兴旺。由此看来，孝庄皇后在天之灵极为安妥；况且孝庄皇后临终之时一再叮嘱要将自己葬在孝陵附近，圣祖仁皇帝已经遵照遗嘱将孝庄皇后的梓宫停放在那里30多年了。圣祖仁皇帝将整个江山社稷都托付给我了，孝庄皇后的陵寝是一件大事，我们一定要把这件事办理得合情合理，尽善尽美，留给后世。你们诸王大臣把这件事好好议论一下，拿出个正确的意见来上奏给我。

尽管雍正帝在谕旨中没有说出自己的意见来，但他的意向已经很清楚了，他只是想征询一下群臣的意见，这一点谁都看得很清楚。群臣们经过认真的议论之后，在二月二十七日，由康亲王崇安领衔向皇帝奏报了群臣会议的结果。群臣的议论结果是这样的：自圣祖仁皇帝遵奉遗嘱，将孝庄皇后梓宫安奉在暂安奉殿30多年以来，我圣祖在位日久，四海升平，人民安居乐业，国家昌盛，这说明暂安奉殿这个地方是一处上吉佳壤，风水宝地，应该在这个地方建陵。群臣的意见正中雍正帝的下怀，于是雍正帝在奏折上朱笔一挥，批道：“是。著即择日兴工。”康熙帝30多年未能解决的难题，到雍正帝这里迎刃而解了。

雍正二年（1724年）十一月二十一日正式将孝庄皇后的陵命名为“昭西陵”。

雍正帝为孝庄皇后建陵的理由和方法可以说聪明果断，令人佩服。

停灵37年才入葬

将暂安奉殿改建为昭西陵的工程于雍正三年（1725年）二月初三日正式破土兴工。二月十三日将营建昭西陵这件大事分别遣官告祭了永陵、福陵、昭陵、孝陵、孝东陵。雍正帝特地对撰写祭文的翰林官说：将暂安奉殿改建为昭西陵，这是我仰体我皇父的孝心，遵照孝庄皇后的遗嘱办的。所以告祭景陵的祭文要单独撰写，将这件事的前前后后都要写进祭文里面去。这篇祭文的史料性很高，现抄录于下：

> 钦惟孝庄文皇后，躬备圣德，贻庆垂庥。隆两朝之孝养，开万世之隆基。及大渐之际，面谕皇考，以昭陵奉安年久，不宜轻动。建造兆域，必近孝陵，叮咛再三。我皇考恭奉慈旨，择地于孝陵之南为暂安奉殿，历三十余年。我皇考历数绵长，子孙蕃衍，且海宇升平，兆人康阜。胤禛祗绍丕绪，夙夜思维古合葬之礼原无定制，神灵所通，不间远近；因时制宜，惟义所在。即暂安奉殿建为昭西陵，以定万年之兆。卜吉于雍正三年二月初三日辛未动土兴工，十六日甲申恭移孝庄仁宣诚宪恭懿至德纯天启圣文皇后梓宫安奉享殿。恪遵圣母之遗命，仰体皇考之孝思，验吉兆于已彰，考旧章而允合。天开地设，储悠远之休征；峦耸川回，裕繁昌之庆祚。谨告。

因为昭西陵是由暂安奉殿改建的，隆恩殿、东西配殿、围墙等都已建成，不用再建，所以工程进度很快，到当年年底就完工了。雍正三年（1725年）十一月十三日，雍正帝亲自到昭西陵参加了告祭礼，同年十二月初十日，正式将孝庄皇后梓宫葬入了地宫。停灵37年，终于入土为安了，九泉之下的孝庄皇后一定会感到十分高兴的。

二、关于昭西陵的传说

孝庄皇后是清太宗的皇后，本来应该与皇太极合葬到昭陵，却没有合葬；昭西陵本来应建在昭陵旁边，却建在了1000多里远的关内的遵化；清东陵的5座皇帝陵、3座皇后陵、5座妃寝都建在了风水墙内，惟独昭西陵建在了风水墙外，再加上几百年来“太后下嫁”的

昭西陵方城明楼东南侧

昭西陵朱砂碑

昭西陵神道碑残碑南正面

传说，引发了昭西陵众多奇异的传说。

无颜见夫君，远葬遵化

有人说，孝庄皇后所以不与自己的夫君皇太极合葬，是因为自己下嫁给了小叔子睿亲王多尔衮，没有脸面再与夫君见面于九泉之下，不得不远葬关内的遵化。

这种说法对不对呢？如果孝庄皇后真的下嫁给多尔衮了，这种说法还有一定的道理。可是她下嫁没有呢？这个被列为“清初三大疑案”之首的疑案，已经争论几百年了，至今史学界还没有定论，而且现在多数人都认为孝庄皇后没有下嫁。这样看来，这个传说就站不住脚了。

给儿孙看陵门

有人说，孝庄皇后在皇太极死后不甘寂寞，不耐孤独，下嫁给了多尔衮，给大清皇室丢了脸，抹了黑，特将她的陵建在了清东陵大门外旁边，让她充当警卫，世世代代为儿孙看守陵门，以示惩处。

这个说法也是以太后已经下嫁为依据的。前面讲了，这个依据是靠不住的，所以这种说法也就靠不住了。即使孝庄皇后真的下嫁给了多尔衮，给皇家丢了脸，抹了黑，一来皇家不会花费巨资给她修建规模宏大的皇陵，二来也不会把皇家内部的丑闻秽事公诸世上，让天下人都知道这件事，让千秋万世都知道这件事，为后世留下笑柄。俗话说“家丑不可外扬”，更何况皇家！大清皇室能做这种傻事吗，稍有点常识的人都不会这样做的，所以这种说法实不可信。

没有资格葬入陵园

有人说，孝庄皇后下嫁多尔衮后，就成了睿亲王的王妃了，就不再是皇太极的皇后了，也就不是大清爱新觉罗氏的媳妇了，自然她也就没有资格再葬入大清皇家的陵园了。所以才将昭西陵建在了清东陵的风水墙外。

很显然，这个说法与前两个说法一样，也是以孝庄皇后已经下嫁为前提的，所以这个说法自然也就难以成立。更何况：

1.大清国皇帝，从康熙帝到宣统帝，对孝庄皇后对大清国作出的贡献一向给予高度的评价和赞扬，对她尊崇备至。每次到东陵谒陵，都先到昭西陵恭祭孝庄皇后；

2.大清皇家称她为“孝庄文皇后”，“文”字是皇太极的庙谥，这就表明大清皇家承认她是皇太极的皇后，不承认她是多尔衮的王妃。

3.孝庄皇后的神牌与皇太极的神牌在太庙、奉先殿都是同室供奉，共享玉筵。在寿皇殿，孝庄皇后的画像（称圣容或御容）与皇太极的画像也是挂在一起。既然这样，她也就完全有资格葬入皇家陵园之内。

综上所说，关于她没有资格的说法根本就不成立。

昭西陵隆恩殿、东西配殿遗址

昭西陵在风水墙外大红门东侧

那么有人会问：既然她完全有资格葬入陵园之内，那为什么不葬入陵园内呢？

这个问题很简单。我们可以先看看她的陵名，叫“昭西陵”。皇后陵是皇帝陵的附属陵寝，没有自己的独立名字，只能随着自己夫君的陵名和自己的陵与夫君的陵的相对方位来命名。从昭西陵这个名字来看，就知道：1.昭西陵是皇太极昭陵的附属陵寝。2.昭西陵的墓主人是皇太极的皇后。这也就说明昭西陵虽然远距昭陵1000多里，但也与昭陵是同一个体系。清东陵是以顺治帝的孝陵为主陵的另一个皇陵体系，与昭陵是两个不同的体系，两个体系的陵是不能“掺和”在一起的，所以孝庄皇后的昭西陵只能建在清东陵的陵园之外。

托梦定陵址

这纯粹是一个神话传说，但毕竟是一个说法，介绍于下，供读者玩味。大意是这样的：

孝庄皇后死后，清廷遵照祖制，决定将她葬入东北沈阳的昭陵，与太宗皇太极合葬。当孝庄皇后的梓宫途经东陵时，突然异常沉重起来，压得128名杠夫个个龇牙咧嘴，眼冒金星，寸步难行，只得就地将梓宫停放。休息两个时辰后杠夫想继续抬行，梓宫就像长在地上一样，纹丝不动。这下可急坏了送葬王大臣，于是飞报朝廷。康熙帝接到奏章，也是一筹莫展。当夜康熙帝梦见孝庄皇后对他说；“我决计不与太宗合葬。如今梓宫停放的地方就是风水宝地，可即地建陵安葬，切记吾言，休得违误。”康熙帝醒后，原来是一个梦。

他知道这是祖母在托梦给他，于是遵照嘱咐，决定择吉鸠工，即地建陵，这回再移动棺椁也不那么沉重了。

三、 昭西陵探秘

传奇式的墓主人，独特的陵寝规制，使昭西陵充满了神奇色彩，有许多地方令人猜测、令人迷惑。

康熙帝为什么不给祖母建陵

孝庄皇后死于康熙二十六年十二月二十五日（1688年1月27日），在临终前留下了一道遗嘱，她以皇太极入葬很久、留恋顺治帝和康熙帝为理由，要求将自己葬在遵化的孝陵附近。孝庄皇后的遗嘱，给康熙帝出了一个不小的难题：按遗嘱办吧，明显违背祖制；按祖制办吧，又违背了祖母的遗嘱。玄烨不愧是康熙大帝，他很快就想出了一个权宜之策，在遵化的孝陵之南建一座暂安奉殿，将祖母的灵柩先停放在那里，然后慢慢再想办法。这一停就是35年，直到康熙帝死也未给孝庄皇后建陵。

为什么康熙帝不给祖母建陵？是忘了吗？是日理万机，太忙，没时间、没精力，顾不上吗？都不是。康熙帝对祖母孝庄皇后的感情可以说刻骨铭心，终生难忘。在孝庄皇后停灵的35年时间里，康熙先后30次到东陵祭奠祖母，他能忘记给祖母建陵吗？康熙帝一生最紧张的时候莫过于康熙十二年到二十年的8年平定三藩叛乱了。就是在那么紧张的时期，为了安葬孝诚皇后，他还建起了景陵，更何况在孝庄死后不久，康熙帝就为仁宪皇太后（孝惠皇后）营建了孝东陵。因此说，康熙帝不会忘记给祖母建陵的，更不会因日理万机而顾不上的。

那么到底为什么康熙帝不给孝庄建陵呢？史书上没记载，档案上找不着。笔者认为，康熙帝确实是没有找到为祖母建陵的名正言顺的理由。他采取了向后推迟、等待时机的方

昭西陵三座门及方城明楼

昭西陵（老照片）

法，将这一棘手的难题留给后一代解决，也许会容易些。后来的事实证实了这一点，雍正帝即位以后，轻而易举地就解决了孝庄皇后的陵寝难题，但这毕竟是一种推想。

在37年里孝庄皇后的棺椁怎样停放

孝庄皇后的棺椁是于康熙二十七年（1688年）四月十九日停放到暂安奉殿里的，到雍正三年十二月初十日（1726年1月12日）正式葬入地宫，在暂安奉殿里停放了37年之久。她的棺椁是怎样停放的呢？有许多人认为就是将棺椁停在了大殿里。由于书上没有明确记载，相关的档案也找不到，所以这个问题一直困扰着人们。

笔者在多年的陵寝研究中，从《康熙起居注》和清宫档案的只言片语中进行认真分析考证，初步可以认定：梓宫不是停放在大殿内的地面上，而是在地下。虽然还没有找到直接的证据，但有重要的佐证。

理由一，死于康熙十三年的孝诚皇后和死于康熙十七年的孝昭皇后都是在康熙二十年入葬景陵的。尽管只停灵几年，但在京北沙河巩华城殡宫停灵期间，根据《清实录》记载，梓宫都是停放在地下，“与地宫无异”。以此推断，孝庄皇后梓宫也必然停放在地下。

理由二，在将孝庄皇后棺椁安放暂安奉殿和后来正式入葬昭西陵地宫的文献中，在字里行间出现“隧”字、“封掩”等字词。

理由三，从时间上推断，康熙二十七年四月十九日将孝庄皇后停放在暂安奉殿时，封掩竟用了4天。如果只将棺椁停在殿内而不是将梓宫放入地下，不用填砌隧道，不会用4天。

根据以上三个理由，孝庄皇后的棺椁在停灵期间放入地下是很可能的。是不是这样，还有待史料的进一步证实。

为什么有两道围墙

在关内的所有皇帝陵、皇后陵、妃园寝，都只建有一道围墙，而昭西陵却与众不同，它建有内外两道围墙，两墙之间只有十几米。第一道围墙的大门是隆恩门，第二道围墙的大门是三座琉璃花门。

明朝的嘉靖帝的永陵和万历帝的定陵以及部分妃子坟是两道围墙，难道昭西陵是仿照明朝这些陵寝？如果是这样，那为什么单单昭西陵的围墙效仿明陵？

关外的努尔哈齐的福陵和皇太极的昭陵都是内外两道围墙，难道昭西陵是效仿福陵和昭陵？也不是。因为福、昭二陵的外围墙是风水墙，大门是大红门，与清东陵的风水墙的大红门是一样的，而且两墙相隔数十米。昭西陵的外围墙的大门是隆恩门，与福、昭二陵不一样，到底昭西陵为什么设两道围墙，至今还不能解释。

重檐庑殿顶的隆恩殿

昭西陵的隆恩殿在清陵中可以说是最独特的。

昭西陵隆恩殿（1966年摄）

独特一，隆恩殿是重檐庑殿顶的，这在清陵中是独一无二的。为什么昭西陵有这一特殊之处，笔者分析，这与这座建筑的来历有直接关系，这座隆恩殿原来很可能是孝庄皇后生前居住的寝宫，孝庄皇后在世时，康熙帝曾特地为祖母在慈宁宫东旁建了一座五间寝宫，孝庄皇后搬进新居后，感到非常舒适，多次在皇帝面前称赞这座宫殿建得好，可是居住没有多长时间，孝庄皇后就病死了。为了表示孝心，让九泉之下的祖母住得遂心，康熙帝下令将这座新建的寝宫拆

五十年代初期的昭西陵，大殿正脊上安设着一个宝塔

运到遵化昌瑞山暂安奉殿处按原样重建。同时这样做还能节约开支，缩短工期，可谓一举三得。康熙帝对暂安奉殿工程非常重视，从各部院选调精明强干的官员组成工程处。从殿址的相度、图纸的设计绘制，乃至拆运、施工等许多关键环节，康熙帝都详加指示。在拆卸、运送寝宫材料时，康熙帝叮嘱负责工程的官员，要妥善保护好各构件，毋致缺损。在破土开槽时，康熙帝一再告诫，现在天气严寒，施工不便，一定要做到基址牢固。在康熙帝的关注和指导下，暂安奉殿工程从康熙二十七年正月开工，经过紧张施工，到三月底全工告竣，只用了三个月时间，可谓神速。暂安奉殿是一组建筑，主要有

昭西陵隆恩殿遗址及方城明楼

宫门、享殿、暂安永设殿等，环以围墙。原来的寝宫很可能就是重檐庑殿顶的，所以昭西陵的隆恩殿也就是重檐庑殿顶的。

昭西陵的大殿正脊上为什么有宝塔

独特二，隆恩殿正脊的正中有一座宝塔，这是清陵中唯一的。最早发现这一奇特现象的是天津大学王其亨教授，他是从一张老照片上发现的。笔者分析，这可能与孝庄皇后笃信佛教有关。我们知道，许多佛教寺庙的大殿的正脊上都有这种宝塔，比如承德普宁寺的大雄宝殿、西陵永福寺的普光明殿等。但陵寝隆恩殿毕竟不是佛教寺庙，为什么在殿的正脊上也安设宝塔？如果这座隆恩殿就是原来慈宁宫东面孝庄皇后的寝宫的话，那么原来的寝宫的正脊上是不是也有这个宝塔？

恭靖、淑惠二妃为何停灵暂安奉殿

葬在孝东陵内的顺治帝的恭靖妃和淑惠妃的棺椁是从暂安奉殿移来的，这说明这两个妃子死后将棺椁停在了暂安奉殿内。孝东陵内共葬了7个妃子，其中悼妃、贞妃、恪妃停灵于黄花山下的悼妃园寝内，端顺妃和宁悫妃停灵于北京北郊的曹八里屯。

为什么恭靖妃和淑惠妃要停灵在暂安奉殿内？是不是因为这两个妃子都是来自蒙古的博尔济吉特氏家族，与孝庄皇后属于同一家族？特别是淑惠妃是孝惠皇后的妹妹，也是孝庄皇后的侄孙女，她们是至亲，因为这层关系才将这两个妃子停灵在暂安奉殿？可是悼妃和端顺妃也是来自蒙古的这一家族，其中悼妃的父亲曼珠习礼是孝庄皇后的弟弟，那么悼妃则是孝庄皇后的亲侄女，悼妃与孝庄皇后的关系比淑惠妃与孝庄皇后的关系还要亲近，为什么不将悼妃也停灵在暂安奉殿呢？

另外，恭靖妃和淑惠妃两个妃子在暂安奉殿停灵期间，是将棺椁与孝庄皇后的棺椁停在一起呢，还是停在别的地方？这些现在还都是未解之谜。

四、昭陵妃园寝

昭陵妃园寝位于昭陵的右（西）侧，仿福陵妃园寝规制。该园寝坐北朝南，大门3间，门一，单檐硬山顶。院内正中有大殿一座，单檐硬山顶，面阔3间，有前廊。大殿前有垂带踏跺三座。大殿后面有11座坟头，正中有4座，分成两纵排，每排2座。左侧（东）纵排有3座。右（西）侧纵排有4座。这种纵向排列的形式入关后被摒弃，采用了横向弧形排列。

这座妃园寝有四个谜：

谜一，据老照片得知，这座妃园寝还有茶房和果房各2间，单檐硬山顶，在一侧，但不知在哪一侧。根据中国古建筑中轴对称的做法，在另一侧也应该有两座规制相同的建筑。但这一切还有待进一步考证。

谜二，根据《清皇室四谱》记载，太宗皇太极起码有13位妃子，而这座妃园寝却只葬了11人。不知那两个人是谁？葬到哪里去了？

谜三,宸妃海兰珠到底葬没葬在这座妃园寝内。康熙帝、乾隆帝到盛京祭祖时，都曾遣官祭“宸妃、懿靖大贵妃、康惠淑妃园寝”即昭陵妃园寝。可是后来嘉庆帝、道光帝到盛京祭祖时，却用的是“懿靖大贵妃、康惠淑妃园寝”，宸妃的名字没了，为什么？是否宸妃已不在这座妃园寝了？现在都还是谜。

谜四，这11座坟头，原来是夯筑的还是用土堆的？至今不详。

如今这座妃园寝地面建筑全部荡然无存。在密林中只能看到几座土坟头。

第四章 孝陵

清孝陵是顺治帝的陵寝，是清王朝入关后在关内依明陵制度建的第一座陵。孝陵位于今河北省遵化市马兰峪以西，昌瑞山南麓。

孝陵筹建于顺治十八年，始建于康熙二年，是清陵中规模最大、风水最好的陵寝，也是清东陵的首陵。孝康皇后、孝献皇后合葬于此。孝陵是关内唯一地宫里葬骨灰的皇帝陵，也是清东陵唯一未被盗掘的陵寝。孝陵有许多扑朔迷离的传说，耐人寻味的故事。

孝东陵位于孝陵东侧，是清朝历史上建的第一座皇后陵。

第一节　扑朔迷离的孝陵

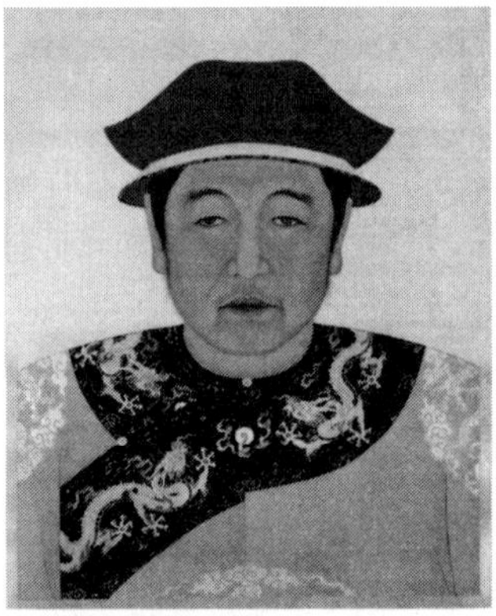

顺治帝吉服像

清王朝入关以后，定鼎北京，统一了全国。随着都城迁入关内，大清皇陵的龙脉也随着入关，延伸到了关内，首先伸到了当时直隶遵化县境内的丰台岭下。

清王朝在关内先后开辟了两大陵园，首先是遵化境内的清东陵，其后是易县境内的清西陵。应该说清朝陵寝制度的确立和清东陵的实际创建人都是康熙帝。

康熙二年（1663年）二月初八日，康熙帝遣官祭告丰台岭，封丰台岭为凤台山。不久又封凤台山为昌瑞山。这座昌瑞山就是孝陵的靠山。

孝陵地宫里安葬着3个年轻人：24岁的顺治帝、24岁的孝康皇后和22岁的孝献皇后。虽然他们在人世上存留的时间不长，然而他们以及他们的陵墓却给后世留下了说不完的话题、解不开的谜团。

一、孝陵的“之最”和“唯一”

建陵最早

孝陵的墓主人顺治帝是清朝入关后的第一帝，孝陵是清王朝在关内建的第一座皇陵，因此孝陵是清朝在关内营建得最早的陵寝。

孝陵石像生

规模最大

孝陵石像生之文臣

孝陵石像生之武士

为什么说孝陵是清陵中规模最大的呢？其一，孝陵有清陵中最长的神道。孝陵的神道南起石牌坊，北到明楼后哑吧院，长达12华里。神道之长，是任何一座清陵所不能比的。其二，孝陵的占地面积最大。孝陵的建筑序列最长，所以占地面积自然也就最大。其三，孝陵拥有规模最大的石像生。清朝共有8座皇帝陵设有石像生。福陵石像生4对，景陵、泰陵、昌陵、定陵各5对，昭陵6对，裕陵8对，而孝陵石像生则为18对，其数量是景、泰、裕三陵之和。景陵石像生序列长268米，裕陵长271米，定陵长157米，而孝陵石像生的序列长达870米，孝陵石像生是清陵中规模最大的。

这三点足以表明孝陵的规模是最大的。

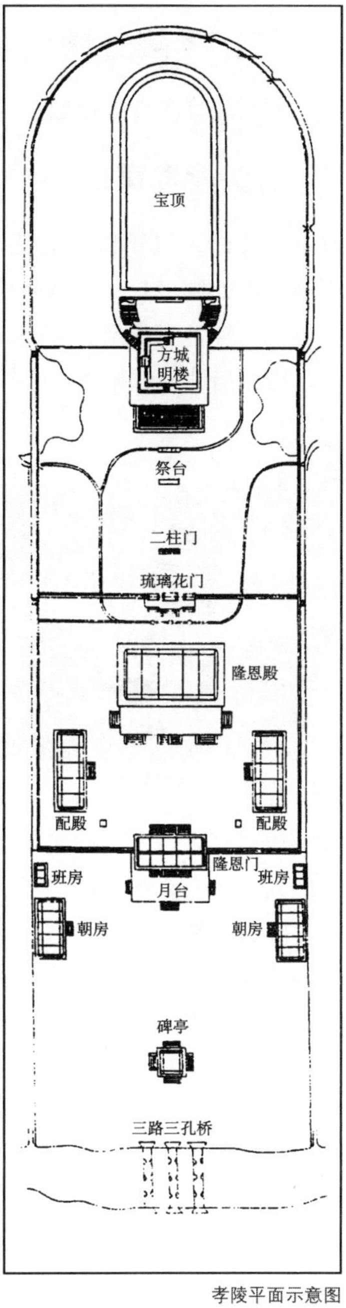

孝陵平面示意图

关内唯一葬骨灰的皇帝陵

人死后火化，将骨灰装入坛中，这是满族的旧俗。清朝入关前的永陵、福陵和昭陵及妃园寝，其墓主人死后都是火化，葬入地宫的都是骨灰坛子。清朝入关初期仍沿袭这一习俗。经专家学者们研究考证得知，顺治帝和他的孝康皇后、孝献皇后死后都是火化，孝陵地宫内安葬的不是棺椁，而是装着骨灰的坛子。后来的皇帝陵不再沿用这一旧俗，所以孝陵是关内唯一葬骨灰的皇帝陵。

孝陵石像生之立骆驼

孝陵石像生之立马

孝陵石像生之立麒麟

孝陵石像生之立象

二、孝陵之怪

孝陵有许多令人意想不到的怪现象，下面讲几个事例。

石头能发声

孝陵的一孔拱桥、七孔拱桥、五孔拱桥、三孔拱桥的石栏杆，只要轻轻敲击一下，就能发出如同敲打编钟编磬所发出的悦耳的声音来。不同的栏杆，不同的部位，发出的声音也不一样，有的清脆响亮，有的低沉浑厚。古代将声音分成宫、商、角、徵、羽五个音阶，因此当地人就将孝陵这些能发声的拱桥称之为“五音桥”。

孝陵七孔桥是五音桥

根据笔者对孝陵的多年实地考证发现，不仅孝陵的拱桥能发声，孝陵华表下的石栏杆也能发声。石头能发声，实在太新奇了。这种石头既不是名贵的汉白玉，也不是华美坚实的艾叶青，表面上看就是一种非常普通的石料，一点新奇的地方也没有，为什么能发声？实在匪夷所思。据有关部门初步化验得知，这种石料中含有将近一半的铁质方解石，这是不是就是发声的原因呢？还有待科学工作者进一步研究考证。经过笔者进一步考查得知，其实凡是孝陵原建时所用的石料都是这种石头。那为什么只有栏杆才发声呢？这很容易理解。能发声的金属，只有把它做成薄片、长条或空筒形状时敲打才会出声。如果做成一个实心的大方墩或大圆球，敲打能发出声音来吗？显然是不会的。同样道理，这种石头也是这样。石栏杆是扁长条形的，又将栏杆和华板之间掏空，所以敲打时才能发声。在清朝皇陵中，迄今为止，惟有孝陵初建时使用这种特殊的石料。这种石料采自哪里？尚是一个谜。

外国人帮助建孝陵

顺治帝的孝陵是清朝在关内营建的第一座皇陵。那个时候，清朝已经建有关外三陵即永陵、福陵和昭陵。清朝入关以后看到了规模宏大、富丽堂皇的明朝皇陵，自己关外的陵寝与明陵相比，简直有天壤之差，于是决定仿明陵规制营建自己的陵寝。这样一来，孝陵也要建石牌坊、神功圣德碑亭、华表等。这些巨大的石构件都采自北京的房山县西山大石窝，那里距遵化的孝陵有400华里，全靠多轮的练车用骡马拉运。当时都是很窄的土路，河流很多，运料极为艰难。特别是石牌坊的6根石柱、功德碑的碑身、碑身下的龙趺以及4根华表的柱身，每件都有数万斤，拉运这些巨大石构件困难之大可想而知。直到康熙十年（1671年），孝陵的石牌坊的6根石柱还没有运到工地。当时拉运这些石构件的最大困难就是如何过卢沟桥。我们知道卢沟桥是一座有11孔的大石桥，全长266.5米，桥面宽度为9.3米，桥身用巨大的青白石砌成。该桥设计先进，制造精良，始建于金大定二十九年（1189年），到康熙十年（1671年）已有480余年的历史，该桥是当时京西进出都城的唯一通道。康熙七年（1668年），一场大洪水把卢沟桥冲毁，第二年朝廷花了8万多两银子才将这座桥修好。如果载着10余万斤重石料的练车用300匹马拉着过桥，无疑会给桥造成巨大的破坏，不仅石料拉运不成，石桥还会被毁掉。出于保护石桥、维护交通的目的，康熙帝不同意从桥上过。不从桥上过就得从桥下过，怎样从桥下过？一般过河都是临时搭浮桥。应该搭什

巧运巨石过桥的南怀仁

南怀仁用绞盘牵引法将石料过卢沟桥示意图

孝陵隆恩殿石栏杆的栏板是拼接的

孝陵隆恩殿石栏杆的栏板长短不一

么样的浮桥才能承载这么重的练车？巨大坚固的卢沟桥尚不能通过，浮桥岂能通过？为此当时朝廷左右为难，束手无策。康熙帝忽然想到了在钦天监供职的博学多才的比利时人南怀仁。康熙帝把这件事交给了南怀仁办理，南怀仁可以说是“临危受命”。他不敢怠慢，马上行动。他到现场进行了多次考察后，运用他的聪明智慧和所学的知识，终于想出了办法。他决定仍从桥上通过，但不用骡马拉，而是采取用多组绞盘前拉后拽的方法。什么是绞盘呢？绞盘也叫绞磨，就是相当于一个大轮轴，绕着绳子的竖轴固定在坚固的木架里，轴的上端插着十字的推杆，每个绞盘由4名壮汉推转，绕在各绞盘竖向轴上的绳子的另一端拴在练车上。桥东设多个绞盘，往前拉，桥西设多组绞盘向后拽。向后拽就是防止练车向前冲，用来控制前行的速度，达到缓慢平稳前进。南怀仁任现场总指挥。康熙十年十月初九日即公元1671年11月10日，试拉第一根石柱，仅用3天时间，第一根石柱成功地拉过了卢沟桥。从此以后，凡重大石构件均用这种方法拉运过桥。康熙帝重赏了南怀仁，谁也不会想到外国洋人也参加了孝陵的营建。2000年1月15日，国际古遗址理事会秘书长、世界遗产专家、比利时人让·路易·鲁迅先生代表联合国教科文组织来清东陵考察时，在孝陵神功圣德碑亭内听了陪同考察的笔者讲解当年南怀仁为建孝陵巧运巨石过桥的故事后，非常兴奋，他为比利时人昔日为建清东陵做过贡献而感到骄傲和自豪。外国人参与了大清皇陵的营建，恐怕只有孝陵这一例。

维修中的孝陵隆恩殿

拆明宫，建孝陵

在历史上，明朝和清朝是敌对的。明朝认为努尔哈齐建的后金是以前金朝的后代，为了阻止后金的强大，明朝政府

孝陵隆恩殿今貌

曾拆毁了北京房山的金陵，以断其龙脉。后来清朝为了报复，多尔衮也曾下令拆毁了明定陵的大殿。民间和野史中关于拆明陵建清陵的说法，已经流传几百年了，许多人认为这样做是顺理成章的、合乎情理的。并且清朝的官方书籍明确记载孝陵是于康熙二年（1663年）二月动工，顺治帝和他的两个皇后于同年六月初六日入葬孝陵地宫，康熙三年八月二十二日孝陵工成，包括冬夏两次例行停工在内，施工时间只有一年半。孝陵建筑有数十座，序列长达12华里，怎么可能在一年多的时间里就建成呢？只有使用现成的旧料才行。但谁也拿不出真凭实据。

隆恩殿斗匾满蒙汉三种文字大小不一

1991年5月到1993年5月，清东陵文物管理处古建队对孝陵各建筑进行了全面维修，在拆卸隆恩殿和东西配殿时，发现木构件不仅全部是名贵的金丝楠木，而且这些木构件全部是用大件改成的小件，也就是说这些木件全是旧料。人们自然会想到高大雄伟的明长陵大殿以及巨大的楠木梁柱，这一发现更使人坚信了拆明陵建清陵的说法。难道孝陵真的是用拆的明陵旧料建起来的？正当人们狐疑难定之时，孝陵工地又传出了新的消息：孝陵隆恩殿的许多天花板的背面刻有文字，仅从明间拆下的部分天花板中就发现了18块字迹比较清楚的天花板。下面选录几块天花板背后的文字：

清馥殿三稍间中十二路东一块字头东

清馥殿明间龙井南一路东二块

清馥殿明间龙井南二路东十块字头朝东

清馥殿从西数明间龙井东一路四块字头东

清馥殿从南所左次间中井南十路东二块

隆恩殿天花板背后的文字

清馥殿右次间前南四路东七块字头东

清馥殿右稍间西中南六路一块字头东

没过几天，又发现孝陵神道碑亭的天花板背面也有文字：

锦芳亭东二禄向北九块

锦芳亭东七块向北外

这些文字皆为阴刻，很不规范，结合其内容可知，这些文字是当年工匠们为了防止安装天花板出现错位而作的记录。这些文字表明营建孝陵是使用了清馥殿和锦芳亭的旧料。

那么清馥殿和锦芳亭是哪里的建筑呢？《日下旧闻考》告诉我们，清馥殿是北京北海西岸的一座明朝建筑，坐西朝东，面阔9间，建于明嘉靖十年(1531年)。第二年三月，又在清馥殿前建丹馨门和锦芳、翠芳二亭，嘉靖帝经常在那里游玩、赋诗。明隆庆年间，这一带殿宇多倾圮毁坏。至万历年间，北海西岸众多建筑多已无迹可查了，“惟清馥殿整丽如故”，仙芳门、丹馨门、锦芳亭、翠芳亭尚存。康熙五年（1666年），在清馥殿旧址上建起了规模宏大的弘仁寺，这说明清馥殿在康熙五年就不存在了。清孝陵建于康熙二年至三年，与拆用其料建孝陵之事正好相合。

至此已真相大白：营建孝陵，拆用的是明朝清馥殿等建筑的材料，并没有拆毁明陵。事实上，清王朝定鼎燕京，统一全国以后，对明陵始终采取了保护政策。顺治、康熙、乾隆、嘉庆诸帝都颁发过保护明陵的谕旨，采取过许多切实有效的保护措施，恢复其祭祀。清帝还多次亲祭明陵。乾隆五十年至五十二年，清政府对明十三陵进行了一次大规模的全面维修。从这一点来看，清朝统治者为笼络民心，保持社会稳定，巩固自己的统治，不会干出拆明陵建孝陵这种蠢事来的。

地宫未盗

清东陵是清朝规模最大的皇家陵园，清朝的许多著名的皇帝、皇后、妃嫔都葬在了那里，所以清东陵的名气很大。俗话说“树大招风”，一点也不假。清朝刚灭亡18年，清东陵就发生了震惊世界的第一次大盗案，之后又发生了两次大盗案，小的盗案更是接连不断。中华人民共和国成立时，整个清东陵已破烂不堪，蒿草遍地、瓦砾成堆、满目疮痍，一片荒凉景象。不用说随葬品极为丰富的皇帝陵、皇后陵、妃园寝的地宫被盗一空，就是陵园外围的王爷、公主、大臣、保姆的坟墓都无一些幸免，全被盗掘。令人万万意想不到的是，清朝规模最大的、入关第一帝的顺治帝的孝陵地宫竟奇迹般地保存了下来，安然无恙。这究竟是为什么？

经过详细的分析研究，孝陵未被盗掘成功的原因有四个：

其一，无论当地居民，还是野史记载，都说孝陵地宫是空的，没有葬人。空地宫是不会有随葬珍宝的，靠盗宝发财的匪徒们自然不会去盗掘。

其二，孝陵的神功圣德碑上明确镌刻着“山陵不崇饰，不藏金玉宝器”。既然不藏金玉宝器，也就没有盗挖的必要了。

其三，经过一些史家的研究考证得知，顺治帝和他的两个皇后死后都是火化的，地宫里只有3个骨灰坛子。清陵的随葬品都是装入棺内的。没有棺木，没有放随葬品的地方，当然也就不会有随葬珍宝。

其四，在孝陵的神功圣德碑上刻着这样一段文字：

> 皇考未诞之先，太皇太后尝有红光绕身，女侍惊以为火，近则不见，众皆异之。又梦异人授一子曰：此统一天下之主也。次日诞生，宫内红光照耀，香气弥漫，经久不散。

这表示顺治帝是一位有神灵护佑的皇帝，是惹不起的，这样的陵是不能挖的，所以盗墓匪徒的魔爪未敢伸向孝陵。

其实，孝陵功德碑上的那段文字纯粹是大臣们有意神化、美化皇帝而杜撰出来的。但在那个时代，老百姓对这种说法深信不疑，这些传说和故事确实在某种程度上对孝陵起到了保护作用，最起码起到了延缓被盗的作用。

当盗匪将清东陵大大小小的所有地宫都盗掘后，他们怀着试试看的侥幸心理，终于将罪恶的魔爪伸向了孝陵。那些利令智昏、丧尽天良的不法之徒在夜间几次盗挖孝陵，由于当时东陵各村都已成立了民兵组织，加强了对各陵寝的保护，所以每次盗挖都被巡逻的民兵发现，惊吓而逃，只在哑吧院内的琉璃影壁下向北掏了2米多深的洞，地宫根本就没有进去。可以设想，如果新中国晚建立几年，孝陵也难逃被盗掘的厄运。

孝陵是不是空的？地宫里是不是有3个骨灰坛子？由于地宫至今也未打开，所以这些几百年来的疑案得不到事实的印证，孝陵愈加显得扑朔迷离。

孝陵神功圣德碑亭及华表

孝陵神功圣德碑

三、孝陵之谜

虽然如今研究清史、研究清陵的专家学者很多，孝陵又对游人开放了多年，可是孝陵的谜团仍然很多。

孝陵选址

经过史学工作者多年的研究考证，孝陵陵址是顺治帝生前亲自选定这一点基本已达成共识。但是有件事总是萦绕着人们的思绪，百思不得其解：孝陵选址为什么秘密进行。在封建社会，选择皇帝的陵址是国家的头等大事，是天经地义的大事，应该详加叙述，载入史册，可为什么由皇家主编的重要史书《清实录》以及《大清会典》对于顺治帝亲选陵址一事只字不载，避而不谈呢？

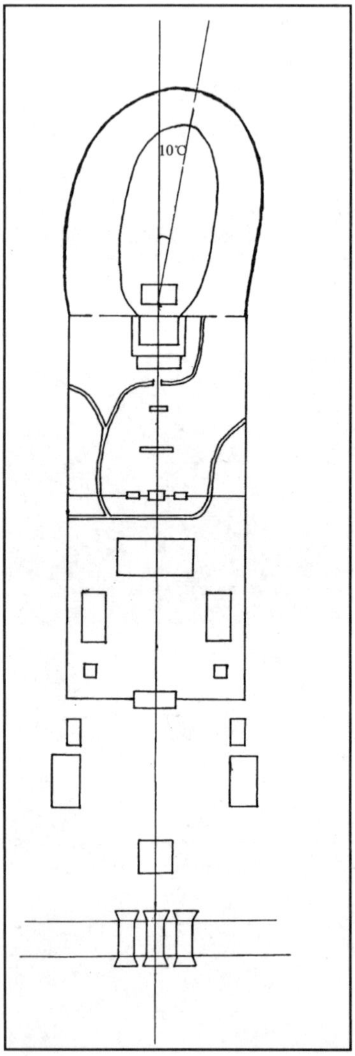

孝陵建筑轴线与宝城宝顶轴线形成10度夹角示意图（徐广源绘）

顺治帝生前到遵化去过两次：

第一次是顺治八年（1651年）十月十九日离京，十二月十七日返京，出巡长达近两个月，可在《清实录》中却一字未提。

第二次是顺治十六年（1659年）十一月初九日出京，十二月十二日回京，在外地活动了一个多月。这次出巡，《清实录》中有了记载，但只是说外出校猎，相度陵址的事也是一字未提。选陵址是正大光明、堂而皇之的国家大事，《清实录》为什么不记载？实在令人不解。

孝陵的宝城为什么是歪的

天津大学建筑学院王其亨教授在勘测孝陵的时候发现宝城宝顶的方向偏离中轴线，向东北方向偏离了约10度左右，从孝陵的航拍照片上也能明显看到这一现象。在正常情况下，清朝陵寝的主体建筑都要建在建筑的中轴线上，每座单体建筑的纵向轴线方向要与总体中轴线不仅要一致，而且还要相重叠。宝顶就是坟头，是陵寝的重要建筑，所以宝顶和宝城自然要建在陵寝的中轴线上。宝城相当于宝顶的外围墙，宝顶是什么方向，宝城也就是什么方向。所以宝顶歪斜了，宝城自然也就歪斜了。这么重要的建筑为什么会歪斜？难道是工程的失误吗？如果歪斜1－2度，有可能看不出来，歪斜10度，那是用肉眼都可以明显看出来的。再者说，皇陵工程在当时是天字第一号的国家工程，工程设计人员、施工人员都是千挑万选的国家级

从石牌坊看金星山

孝陵石牌坊及朝山金星山纳入了大红门的门洞中

人员，每座建筑开工前都要进行详细的测量、划线。如果不是有意的话，不可能会出现歪斜。建陵工程称为“钦工”，出现失误，轻者判刑，重者有可能掉脑袋，所以失误的可能性几乎等于零。

那么为什么让宝顶和宝城歪斜呢？这很可能出于风水的需要。孝陵用了两个方向，从石碑坊到方城明楼的一系列地面建筑用的是朝向金星山的方向，地宫、宝城、宝顶用的是与朝向金星山方向偏离10度的另一个方向，所以造成了宝顶宝城方向与总体建筑中轴线不一致的现象。这只是笔者的推测和分析，尚未得到文献的证实。因此，孝陵宝顶宝城歪斜的问题还是一个谜。

孝陵是不是空的

在野史里，盛传孝陵是空的，地宫里没有葬人，充其量地宫里只有一把扇子两双鞋。孝陵为什么是空的，难道顺治帝没有葬入孝陵吗？

清初三大疑案之一的“顺治出家”是这一传说的源头。只要弄清了顺治帝是否出家的问题，孝陵是不是空的问题也就解决了。那么顺治帝到底出家没有呢？这不是一两句话所能讲清的。

应该说顺治出家之说绝不是空穴来风。当顺治帝的爱子荣亲王和爱妃董鄂氏先后去世后，顺治帝在精神上受到了极大的打击，他痛不欲生，万念俱灰，于是弃江山如敝屣，决定遁入空门，到五台山出家为僧。他让玉林琇起了“行痴”的法名，并让一个叫茚溪森的和尚剃了发。大清皇帝出家当和尚那还了得！大臣劝不听，皇太后劝不听。正当皇太后和群臣束手无策的时候，茚溪森的老师玉林琇来到了京师，于是朝廷让玉林琇劝皇帝蓄发，不要出家。玉林琇知道直接劝说也无济于事，于是就声扬，如果皇帝不答应蓄发，坚持出家，就将茚溪森烧死。在这种情况下，顺治帝才不得不放弃了出家的念头，答应蓄发还俗。顺治十八年春节前后，顺治帝染上了可怕的天花，正月初七日子刻病死于养心殿，虚岁24岁，实足年龄只有22岁零11个月。在顺治帝死后第100天，即顺治十八年四月十七日，由茚溪森为他举行了火化仪式。关于顺治帝得天花病死、火化等情节，清廷编纂的《世祖实录》、为顺治帝草拟遗诏的王熙所写的《自撰年谱》、亲眼目睹并为顺治帝守灵的中书舍人张宸著的《青琱杂记》以及《玉林国师年谱》、《五灯全书·茚溪传》、《茚溪语录》都有记载。顺治帝和他的孝康皇后、孝献皇后的宝宫（骨灰坛子）于康熙二年（1663年）六月初六日葬入了孝陵地宫。

顺治帝没有出家，他是得天花而死的，死后火化，葬入了孝陵，这在史学界已成定论。因此说，孝陵不是空的，里面安葬的是3个骨灰坛子。但这毕竟是史家的分析和论证，孝陵至今还未打开，上述结论还没有得到事实的证实。我们只能寄希望于打开孝陵地宫后，看看里面究竟是什么样。

顺治帝霸占了弟媳吗

董鄂妃就是葬入孝陵地宫的孝献皇后。如果说孝献皇后这个名，知道的人还不多的话，若说董鄂妃这个名，可以说闻名遐迩，差不多人人知道。下面咱们就以董鄂妃称之。

关于董鄂妃的身世，有两种说法：一种是董鄂妃是秦淮名妓董小宛，另一种说法是顺治帝的兄弟媳妇。

第一种说法也称“名妓说”。其大意是这样的：野史盛传董鄂妃是秦淮名妓董小宛。董小宛确有其人，她是秦淮名妓，名白，字青莲，生于明天启四年（1624年），比顺治帝大14岁。董小宛19岁从良，嫁给了江南名士冒襄（辟疆）。传说清军南下时，降清明将洪承畴得到了董小宛，得知其为辟疆之妾，为泄私愤，将她改名董鄂氏，送进皇宫。顺治帝对董宠爱非常，封她为皇贵妃，她死后追封为孝献皇后。

董鄂妃是不是董小宛呢？经过许多专家学者的考证后得出的结论是：董鄂妃不是董小宛。主要理由如下：

其一，顺治帝出生时，董小宛已经15岁。作为大清皇帝的顺治帝来说，绝不会纳一个比自己大14岁的汉族妓女为妃。

其二，有关学者考证，董小宛从良后一直到死，始终与丈夫生活在一起，夫妻二人为躲避战乱，颠沛流离，相依为命，从未分开过，最后董因劳累过度病死，葬于影梅庵。

其三，董小宛的丈夫冒襄写的《影梅庵忆语》清楚地记载着董小宛于顺治八年（1651年）去世。当时，海内无数名流以诗词相吊，这时董鄂妃还未进宫。

关于董鄂妃是董小宛这个说法，现在已经基本无人相信，只存其说。

另一个说法也叫“弟媳说”。目前有相当一部分人认为董鄂妃原是顺治帝的弟弟襄亲王博穆博果尔的福晋。襄亲王是清太宗皇太极的第十一个儿子，他的生母懿靖大贵妃原是皇太极五宫中的麟趾宫贵妃，也就是原林丹汗的福晋囊囊太后娜木钟。襄亲王是顺治帝的同父异母弟。

持这种说法的依据是：清初有命妇轮番入侍后妃的制度，董鄂氏作为命妇经常到后宫入侍，这便给顺治帝与董鄂氏的相识、相恋提供了机会。董鄂氏的美貌和才情深深地吸引了这位多情少年天子的心，而闺中寂寞的董鄂氏也对顺治帝产生了好感。两个情意相投的

孝陵的正门大红门

年轻人迅速坠入了爱河。皇太后发现了董鄂氏与顺治帝的私情后，立即取缔了这一制度。

持这一观点的另一个重要依据就是《汤若望传》。这本书中有这么一段记载：

> 顺治帝对于一位满籍军人之夫人，起了一种火热爱恋。当这一位军人因此申斥他的夫人时，他竟被对于他这申斥有所闻知的天子亲手打了一个极怪异的耳掴。这位军人于是乃怨愤致死，或许竟是自杀而死。皇帝遂即将这位军人的未亡人收入宫中，封为贵妃。这位贵妃于一千六百六十年产一子，是皇帝要规定他为将来的皇太子的。但是数星期后，这位皇子竟而去世，而其母于其后不久亦薨逝。皇帝陡为哀痛所致，竟致寻死觅活，不顾一切。

文中提到的满籍军人就是襄亲王博穆博果尔，满籍军人之夫人就是董鄂妃。

持弟媳说观点的还有一个依据，就是顺治十三年，礼部择吉于八月十九日册妃（董鄂氏），顺治帝以和硕襄亲王薨逝，不忍举行。持这一观点的人认为这是顺治帝觉得夺了弟弟的妻子，心中有愧才不忍举行。

“弟媳说”的这三个依据，表面上看很符合情理，颇令人信服，但细加分析，又难以成立。

首先，命妇是指朝廷命官的有封号的妻子，当时被服侍的对象不仅是皇宫内的皇太后和后妃，还有皇室中的亲王、郡王、贝勒、贝子、公的福晋、夫人。襄亲王福晋不仅不是命妇，不去服侍别人，反而是命妇服侍的对象。因此襄亲王福晋不会以命妇的身份入宫服侍后妃。

到底是谁取消了命妇入侍后妃的制度？《清实录》等官书说得十分清楚，是顺治帝首先提出了取消入侍制度，顺治帝在向皇太后奏请这件事时，得到了皇太后的赞同和大力支持，取消命妇入侍后妃制度并非是皇太后首先提出的。

顺治帝提出取消命妇入侍制度是在顺治十一年四月初五日，而董鄂氏是在两年后的顺治十三年八月才入宫的，更说明取消入侍制度与董鄂氏入宫没有任何联系。

因此说，董鄂氏在进宫入侍后妃时与顺治帝相识之说是站不住脚的。

其次，《汤若望传》中的那段记载，说这位夫人的丈夫是一位满籍军人，并没有说是襄亲王。汤若望长期在皇宫供职，他对于皇家封爵、官职制度非常熟悉，他与当时的皇太后和顺治帝关系极为融洽，他绝不会将一位和硕亲王说成是满籍军人。况且博穆博果尔从未领过兵打过仗，更未立过军功，他所以被封为亲王，是因为他是太宗的幼子、当今皇帝的御弟，并非有什么勋劳。所以说襄亲王不是满籍军人，汤若望所说的满籍军人也不是襄亲王。那么这位满籍军人的妻子也就不是襄亲王的福晋，董鄂妃也就不是顺治帝的弟媳。

再次，顺治帝霸占了弟媳后，心中有愧，不忍在襄亲王丧期中册封其福晋为皇妃，这种说法也很牵强，顺治帝既然敢公然夺人之妻，还何愧之有。既然有愧疚的良知，也不会做出霸占人妻之举。退一步说，如果真的是因有愧而不忍举行册封妃礼，那么，七月初六日“上移居乾清宫，以和硕襄亲王丧，免行庆贺礼”又怎么解释？其实襄亲王之死与册封董鄂妃在时间上完全是一个偶然的巧合。顺治帝与襄亲王关系很好，感情很深，不忍册妃，完全是出于对幼弟的感情。

董鄂妃既是内大臣鄂硕的女儿，那他是不是将他的这位女儿嫁给了襄亲王为福晋了呢？《爱新觉罗宗谱》明确记载襄亲王的福晋是博尔济吉特氏，是和硕达尔汉巴图鲁亲王曼珠习礼的女儿，与顺治帝的悼妃是同胞姐妹。我们知道曼珠习礼是皇太后的亲弟弟，是顺治帝的舅父，吴克善是曼珠习礼的哥哥。顺治帝既娶了吴克善的女儿为皇后，也娶了曼珠习礼的女儿为妃子，顺治帝的弟弟娶了曼珠习礼的另一个女儿为福晋。这样，襄亲王的福晋既是顺治帝的表妹，也是顺治帝的小姨子，这表明襄亲王的福晋根本就不姓董鄂。另外《爱新觉罗宗谱》还告诉我们，襄亲王只有一位福晋，没有侧福晋。

由此看来，董鄂妃根本就不是襄亲王的福晋，强加在顺治帝头上的不实之词可以休矣。

董鄂妃遭冷遇

董鄂妃生前备受顺治帝的宠爱，可以说是“三千宠爱在一身，六宫粉黛尽失色”。她与顺治帝是“在天愿做比翼鸟，在地愿做连理枝”，入宫后就被封为贤妃，刚一个月又晋升为皇贵妃。可以说是炙手可热，红极一时。顺治帝曾想立她为皇后，董鄂妃竭力阻拦才作罢。她死后不久，顺治帝追封她为孝献皇后，为她隆重治丧，让二三品大臣为她抬棺椁，还命30名太监、宫女为她殉死，以免她在另一个世界孤单，后经大臣们劝阻，30条性命才得以保全。可是顺治帝一死，董鄂氏的待遇急转直下，受到了一系列的冷遇，几乎来了一个180度大转弯。顺治帝死后的“遗诏”是她受到冷遇的先兆和信号。据有的史家分析，顺治帝的这篇遗诏不是由顺治帝口授、由王熙执笔写的那个原作，而是经皇太后及辅政大臣改写的。

这篇遗诏无异于一篇“罪己诏”。顺治帝给自己列了14条罪状，其中第10条是这样说的：孝献皇后的“丧葬典礼过从优厚，不能以礼止情，诸事逾滥不经，是朕之罪一也”。就是说在办理董鄂妃即孝献皇后的丧事时，由于顺治帝的头脑发热，感情用事，致使有许多的地方超过了规定的标准。这篇遗诏是让董鄂妃遭到一系列冷遇的理论依据。

那么董鄂氏到底遭到了哪些冷遇呢?

第一，没有按皇后的标准拟定谥号。清制，皇后的谥号最终以16个字为满，最后4个字应为“×天×圣”。如孝贤皇后的谥号是“孝贤诚正敦穆仁惠徽恭康顺辅天昌圣纯皇后”。可是给董鄂妃上的谥号是“孝献庄和至德宣仁温惠端敬皇后”，没有“×天×圣”字样。而且后代子孙也不给加增，始终是初上的这12个字。董鄂氏的谥号不仅是不标准的，而且也是清朝皇后中字数最少的。

第二，不升祔太庙，不系世祖谥。在正常情况下，皇后死后，神牌要升祔太庙、奉先殿，要系皇帝的庙谥，可是孝献皇后死后这三样都未实现。所谓系世祖谥号，就是把顺治帝的庙谥“章”字加在皇后谥号的后面，如康熙帝生母佟佳氏系谥后称“孝康章皇后”。孝献皇后未系谥，不能带“章”字。所以不能称“孝献章皇后”，只能称孝献皇后或端敬皇后，孝献皇后的神牌只供奉在孝陵的隆恩殿内。

第三，祭祀降格。自乾隆朝开始，皇后忌辰均为大祭，这一日由皇帝钦点王公前往山陵恭祭。膳品桌上摆放18盘碗，饽饽桌上摆放65盘碗，而孝献皇后的忌辰则是小祭，祭日不遣官，由护陵大臣致祭。供果品12盘碗，酒2瓶。献奶茶一碗，酒三爵，设匙箸，在祭祀等级上明显低于其他皇后。

第四，神牌不与皇帝神牌同供于中暖阁内。按正常做法，皇后神牌与皇帝神牌同供于陵寝隆恩殿内的中暖阁内。而孝陵隆恩殿中暖阁内只供顺治帝、孝康皇后的神牌，却将孝献皇后神牌供放于西暖阁内。西暖阁是供放祔葬帝陵内的皇贵妃神牌的地方，很明显，这是将孝献皇后与皇贵妃等同看待了。

第五，死后没有推恩外戚。在清初，追封为皇后以后，要推恩外戚，晋封皇后之父为一等公。而孝献皇后之父鄂硕只是在董鄂妃册封为皇贵妃时，被晋封为三等伯。董鄂氏被追封为皇后以后，推恩之事一字未提。

第六，丧仪未列入《大清会典事例》。在《大清会典事例》中，各皇后的丧仪均有翔实的记载，惟独没有孝献皇后的丧仪。这表明她的丧仪不能作为后世效法的成宪，所以没有将她的丧仪载入《大清会典》。

董鄂妃作为一名满洲正白旗下的名门淑女，以德、色独承帝宠，她没有恃宠而飞扬跋扈，欺压群芳；更没有恃宠而干预朝政，危害国家。相反，董鄂妃是受宠而不骄，尊贵而不傲，谦恭有度、淑慎贤明。她的一言一行、一举一动都完全符合封建礼教，既然如此，为什么还受到如此之多的冷遇呢?笔者推想，可能是皇室和朝臣认为顺治帝给她戴的这顶皇后的桂冠，只凭个人情感，不顾祖制家法，是硬给戴上的，名不正言不顺，难孚众望，因此引起了朝中大臣们的强烈不满。顺治帝是董鄂妃的靠山，顺治帝在世时，皇室及朝臣还不敢对董鄂妃有半点不恭之举。顺治帝一死，靠山倒了，所以才受到那么多的冷遇。

气势磅礴的清东陵（徐广源摄）

第二节　孝东陵——清朝的第一座皇后陵

清朝的陵寝制度与明朝的陵寝制度相比，最主要的区别就是清朝建有皇后陵，而明朝则没有。清王朝共营建了7座皇后陵，即昭西陵、孝东陵、泰东陵、昌西陵、慕东陵、普祥峪定东陵、菩陀峪定东陵，第一个建的则是孝东陵。

孝惠皇后朝服像

清朝入关以后，看到明朝皇家陵寝的雄伟高大，壮丽辉煌，于是决定摒弃关外自己祖陵的原有规制，仿照明陵制度营建自己的陵寝。既然这样，明陵不建皇后陵，清朝为什么要建皇后陵呢？这位大胆改革明陵制度，独创清朝陵寝制度的又是哪位？要想知道这些，只要知道清朝建的第一座皇后陵的营建背景、营建原因，是谁建的孝东陵，就一切都清楚了。

一、孝东陵的营建

为什么要建孝东陵，首先应该知道孝东陵的墓主人是谁，也就是说是为谁建的孝东陵。孝东陵的墓主人是顺治帝的第二个皇后孝惠皇后博尔济吉特氏。在孝东陵内还祔葬了顺治帝的28位妃嫔，即7个妃、4个福晋、17个格格。

孝东陵营建的背景

明朝为什么没有皇后陵？因为明朝的皇后，无论死于皇帝之前，还是死于皇帝之后，都葬入皇帝陵内。在孝东陵之前，清朝已建了4座皇帝陵。永陵内葬的4位皇帝都是后来追尊的，所以该当别论。努尔哈齐的4位相当于皇后的大福晋，有3位死于努尔哈齐之前，有1位为努尔哈齐殉死，所以都有机会葬入福陵，不必另建皇后陵。孝

孝东陵正前面

端皇后虽然死于皇太极之后的顺治六年，但由于那时皇太极的宝宫尚未葬入地宫，所以孝端皇后得以与皇太极合葬昭陵地宫。孝东陵约始建于康熙二十七年（1688年），那个时候，身为皇太后的孝惠皇后已年近50岁，她是顺治帝的名正言顺的中宫皇后，将来一定会遇到归葬到哪里的问题。孝庄皇后的陵寝问题就已使康熙帝大伤了脑筋，不得不将孝庄皇后的灵柩暂时停在孝陵之南的暂安奉殿内，其陵寝问题待以后慢慢解决。因此孝惠皇后的归葬于哪里的问题康熙帝不会不考虑，孝东陵就是在这种背景情况下营建的。

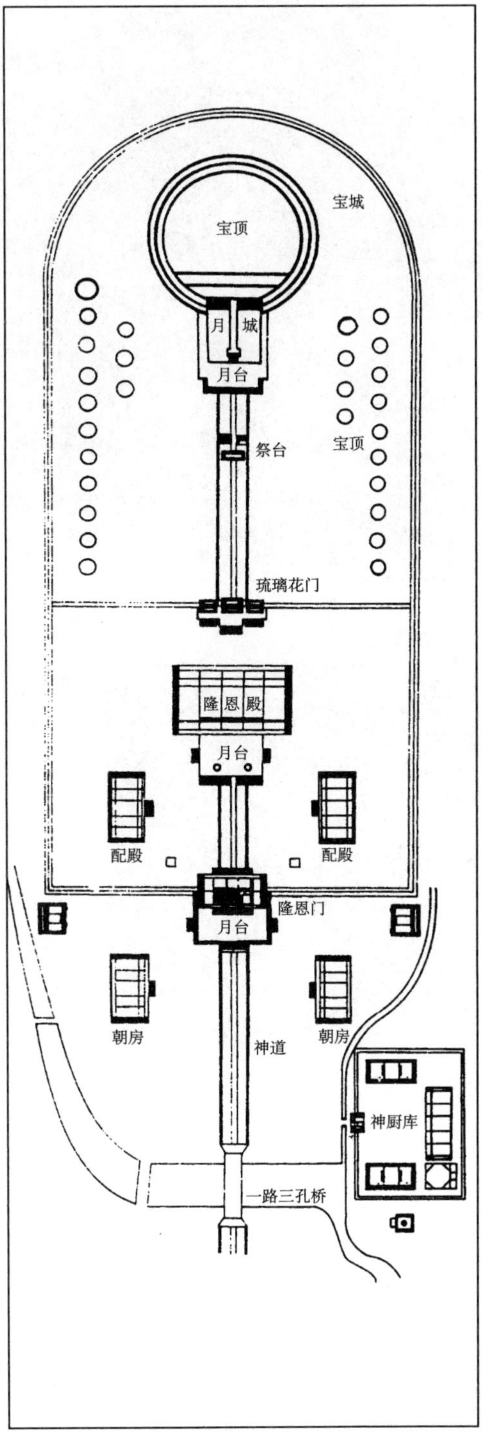

孝东陵平面示意图

建孝东陵的原因

关于建孝东陵的原因，无论宫书，还是清宫档案，乃至私乘稗史，都没有提及。笔者认为康熙帝为孝惠皇后建孝东陵，首创清朝建皇后陵之制，可能出于以下几个原因。

第一，受“卑不动尊”思想的影响。

什么是“卑不动尊”？简单地说就是如果地位尊贵的人已先葬入了地宫，以后如果地位低下的人再葬入这座地宫，就会惊扰了地位尊贵的人，就是对尊贵人的极大不尊敬，这就是以卑动尊。如果地位比较低下的人先葬入了地宫，地位尊贵的人再葬入这座地宫，就名正言顺，天经地义，合情合理，就不存在惊扰的问题。“卑不动尊”的理念在中国很早就有。唐朝的武则天，在遗诰中做出让步，以去帝号，只称则天大圣皇后为条件，要求死后将她葬入乾陵，与丈夫高宗李治合葬。这时唐高宗李治已葬入乾陵多年，如果这时再将武则天葬入乾陵，显然是以卑动尊，因此遭到了以严善思为首的大臣们的坚决反对。这些大臣的主要理论依据就是“卑不动尊”。虽然最后由于武则天的儿子中宗的许可，武则天还是堂而皇之地葬入了乾陵，但是在封建社会，“卑不动尊”仍被人们奉为不成文的法律。谁若违背

孝东陵隆恩门

孝东陵隆恩殿斗匾

了这一条，就会受到社会的谴责。对于皇家来说，皇帝是至尊无上的，谁也不能惊扰皇帝，即使是母仪天下的皇后也不能以卑动尊。康熙帝的祖母孝庄皇后就以“卑不动尊”和留恋子孙为理由，提出不与丈夫皇太极合葬，要求将她葬在关内儿子顺治帝和孙子康熙帝的陵寝附近。顺治帝于康熙二年入葬孝陵后已关闭了地宫石门，如果将来孝惠皇后葬入孝陵，显然是违背了“卑不动尊”的法理。所以很可能康熙帝出于这种考虑，在孝庄皇后停灵暂安奉殿以后，很快就着手为皇太后营建陵寝。

第二，汲取了祖母生前未建陵的教训。孝庄皇后在皇太极死后长达44年的时间里，顺治帝也好，康熙帝也好，都未给孝庄皇后建陵，致使孝庄皇后死后，在陵寝问题上使康熙帝大伤脑筋。康熙帝很可能是汲取了这一教训，皇太后健在的时候，在祖母停灵暂安奉殿的当年就开始为皇太后建陵了。

第三，棺椁与骨灰不宜同葬地宫。前面已经讲过，顺治帝和孝康、孝献两位皇后都是死后火化的，在孝陵地宫里安葬的是3个骨灰坛子。清朝入关以后，在康熙十三年（1674年）就已在皇家范围内废止了火化，改用棺椁，实行土葬，死于康熙十三年的康熙帝的原配皇后孝诚皇后就是首例，以后去世的康熙帝的孝昭皇后、孝懿皇后都是照此办理。不言而喻，将来孝惠皇后死后也必然要使用棺椁，实行土葬。如果将考惠皇后葬入孝陵地宫，与三个骨灰坛子怎么安排摆放？怎么摆放也不合适，所以只能为孝惠皇后单独建陵。

第四，报答孝惠皇后的抚养之恩。清朝皇帝都是比较注重感情的。康熙帝的孝懿皇后曾抚育过雍正帝，雍正帝即位以后，在谕旨和为孝懿皇后加谥的册文中，多次提到孝懿皇后对自己的抚养之恩，还将孝懿皇后的妹妹由贵妃晋升为皇贵妃。乾隆帝为了报答曾抚养过自己的康熙帝的两位妃子的抚养之恩，不仅晋升封号，而且专为这两个妃子建了超过标准的妃园寝。嘉庆帝在乾隆帝死后第二天就追封抚养过自己的庆贵妃为庆恭皇贵妃，这方面的事例很多。康熙帝更是知恩必报的人，康熙帝的生母孝康皇后在康熙二年（1663年）就死了，当时康熙帝只有10岁，抚养康熙帝的担子就落到了祖母孝庄皇后和孝惠皇后的肩上。特别是在孝庄皇后死后，康熙帝与孝惠皇后的关系更加密切，他们之间结下了深厚的感情。康熙帝为了报答这位皇太后的抚养之恩，在皇太后生前曾特为她营建了宁寿宫，让她有一个舒心的颐养天年之所。在皇太后死后，为了让她有一个如意的另一个世界，康熙帝完全有理由，更有可能为她单独营建陵寝。

第五，怕泄孝陵地气。过去从迷信角度讲，地宫在关闭之后，最怕再次开启。如果打开，容易泄漏地气，破坏风水，对墓主人、对皇家甚至对国家都没有好处。这方面的事例很多。比如，在营建明孝宗泰陵，开挖金井时，忽然泉水涌冒。金井有水是建陵最忌讳的，也是最不吉利的。吏部主事杨子器如实将这件事向朝廷做了汇报。承修大臣为了逃避责任，偷偷将泉眼堵上了。当朝廷派人到地宫验证时，见金井没水，于是就想治杨子器谎报之罪。这时有一位新被启用的叫邱泰的知县上书朝廷说，杨子器上奏金井有水是件好事。如果现在不说，等皇帝梓宫葬入地宫了，关闭了石门，那时再说，怎么办？不打开地宫吧，会抱恨终生，留下永久的遗憾。打开地宫吧，又会泄漏地气，更不好。经邱泰这么一说，杨子器不仅保住了性命，还官复了原职。笔者举这件事的目的是想说明地宫关闭后不能再打开，以免泄漏地气的说法。这种说法在古代社会是比较普遍的，博学多闻的康熙

孝东陵隆恩殿

帝不会不知道。孝陵在康熙二年葬入顺治帝和二位皇后，而当时刚23岁的孝惠皇后离世不知还要等多少年，如果将来孝惠皇后葬入孝陵，就必须重新打开地宫，这就很可能泄了孝陵的地气，破了风水，那可是件大事。康熙帝有可能出于防止泄孝陵地气的考虑，决定为孝惠皇后另建陵寝。

第六，是康熙帝勇于破旧创新的性格所决定的。康熙帝是一位勇于破旧俗，敢于创新的皇帝。他的这一性格在他在位期间多有表现，在办理孝庄皇后和孝惠皇后的丧事上表现得更为突出。明朝不建皇后陵，清朝也不能建皇后陵吗？更何况在明朝以前的汉朝、宋朝等朝代，都有建皇后陵的先例。历史上的先例、制度，好的可以沿用，不好的可以修改或革除；历史上没有的，可以创新。正因为康熙帝有这种勇于创新的精神，才开创了建皇后陵的制度。

孝东陵鸟瞰

孝东陵的特点

孝东陵因为是清朝的第一座皇后陵，没有前例可循，总的说来有以下两个特点：

一是虽然是皇后陵，却又葬了28名妃嫔，形成了皇后陵兼妃园寝的性质。在清朝皇后陵中，这种情况还有另外一例，那就是道光帝的慕东陵。慕东陵是孝静皇后的陵寝，但陵内还葬了16位妃嫔。然而慕东陵的这种皇后陵兼妃园寝的格局出现，与孝东陵的情况大不一样。孝东陵始建时就按皇后陵建的，而慕东陵是由妃园寝升格为皇后陵的。

二是这些妃嫔的宝顶不是在皇后宝顶的后面横向排列，而是在皇后宝顶的前面两侧纵向排列，这种格局是关内清陵中唯一的。为什么要出现这种格局呢？这可能受明朝一位大臣观点的影响。明嘉靖十五年（1536年），礼臣曾给明世宗朱厚熜上了一道奏章，向皇帝陈述了他们所设计的一种帝后妃安葬形式。奏章说：皇后与皇帝合葬，妃嫔陪葬，这是从古至今经常用的制度。臣下以为，众妃嫔陪葬，从道理上讲，不应该使用隧道，与帝后葬在一起。这些陪葬的妃嫔应该葬在外围墙之内，皇帝的宝城之前，明楼之下，左右相向，按照一定的尊卑顺序安葬，这就符合礼制了。明世宗同意了这种葬制，不知为什么后来没有实行。孝东陵众妃嫔的安葬形式与上面明朝礼臣所设计的妃嫔安葬形式大同小异，孝东陵的设计者有可能受到了这位明朝礼臣观点的影响。

二、孝东陵陵名的由来

孝惠皇后的陵因为是清朝建的第一座皇后陵，所以陵名的确定经历了一个曲折的过程。该陵建成以后，最初叫“新陵”，它是相对孝陵而言的，意思是孝陵东旁新建的陵。很明显，“新陵”并不是正式陵名。康熙五十七年（1718年）四月初七日，孝惠皇后入葬以后，改称“孝惠章皇后陵”，这个名称也不是正式陵名，这个名称只使用了不到一年时间。康熙五十八年（1719年）二月二十一日，礼部专为孝东陵的命名一事向康熙帝上了一道本章，说：

> 古来帝后有不合葬而自为陵者，俱就方位定名。今孝惠章皇后陵即在孝陵之东，不必另立陵名。臣等恭拟‘孝东陵’字样，仰候钦定。

康熙帝对礼部的命名方法及所拟定的陵名表示同意，挥笔朱批道：“是”。从此，孝惠皇后的陵正式称“孝东陵”。

礼部所说的命名方法，具体地讲是这样的：因为清朝皇后陵都建在皇帝陵的东旁或

孝东陵俯视

西旁，是皇帝陵的附属陵寝，没有必要另立陵名，皇后陵的名称应随着皇帝陵的名称而命名。第一个字用皇帝陵的第一个字，第二个字用皇后陵与皇帝陵的相对方位字，如果位于皇帝陵的东旁，则用“东”字；位于西旁，则用“西”字。自孝惠皇后的陵用这种方法命名后，以后清朝所建的皇后陵均按此种方法命名，成为定制。

这种给皇后陵命名的方法有许多的好处：

1.凡皇后陵的陵名都是3个字，从陵名上就可以知道这座陵是皇后陵。

2.从陵名就可以知道这座皇后陵内葬的是哪位皇帝的皇后。比如“泰东陵”，因为泰陵是雍正帝的陵，所以泰东陵内葬的是雍正帝的皇后。

3.从陵名就知道这座皇后陵在皇帝陵的东旁或西旁。比如昌西陵，我们不用到现场去，就知道这座陵位于嘉庆帝的昌陵西旁。

4.皇后陵的这个名称也明确表明，皇后陵是皇帝陵的附属陵寝，它没有自己的独立名称，皇后陵是与皇帝陵为一个体系的。

因此说，这种给皇后陵命名的方法是很合理的，之所以能够被后世所接受并沿用，其原因也在这里。这种命名的方法在过去的朝代是没有的，这是清朝的独创。

三、传奇的内葬人

葬在孝东陵的29个女人，其中有许多传奇式的人物。下面介绍几位。

当了半个多世纪皇太后的女人

清朝有11位皇太后，在皇太后宝座上坐的时间最短的是康慈皇太后，也就是恭亲王奕䜣的生母、道光帝的孝静皇后，她只当了9天皇太后。许多人认为当皇太后时间最长的是慈禧。她在同治朝当了13年皇太后，又在光绪朝当了34年皇太后，合计当了47年皇太后。其实在清朝当皇太后时间最长的并不是慈禧，而是顺治帝的孝惠皇后，她死于康熙五十六年十二月初六（1718年1月7日）。顺治帝是顺治十八年（1661年）正月初七日去世的，当月孝惠皇后就取得了皇太后的资格。这样算来，孝惠皇后实际当了57年皇太后，超过了半个

孝东陵后院东（左）侧宝顶

孝东陵后院西（右）侧宝顶

世纪。当皇太后时间如此之长，这在中国历史上也是罕见的。

在孝庄皇后去世以后的30年里，康熙帝与皇太后之间的感情之深，比与太皇太后的感情一点儿也不逊色。

孝惠皇后究竟是怎样一个人？她在长达50多年的皇太后生涯中，是怎样与康熙帝结下了深厚的母子深情的？

孝惠皇后，蒙古族，博尔济吉特氏，崇德六年(1641年)十月初三日出生在蒙古科尔沁大草原的一个官宦家庭。她的父亲绰尔济是科尔沁的贝勒，顺治帝的第一个皇后是她的姑母，这就等于说孝惠皇后嫁给了自己的姑父。

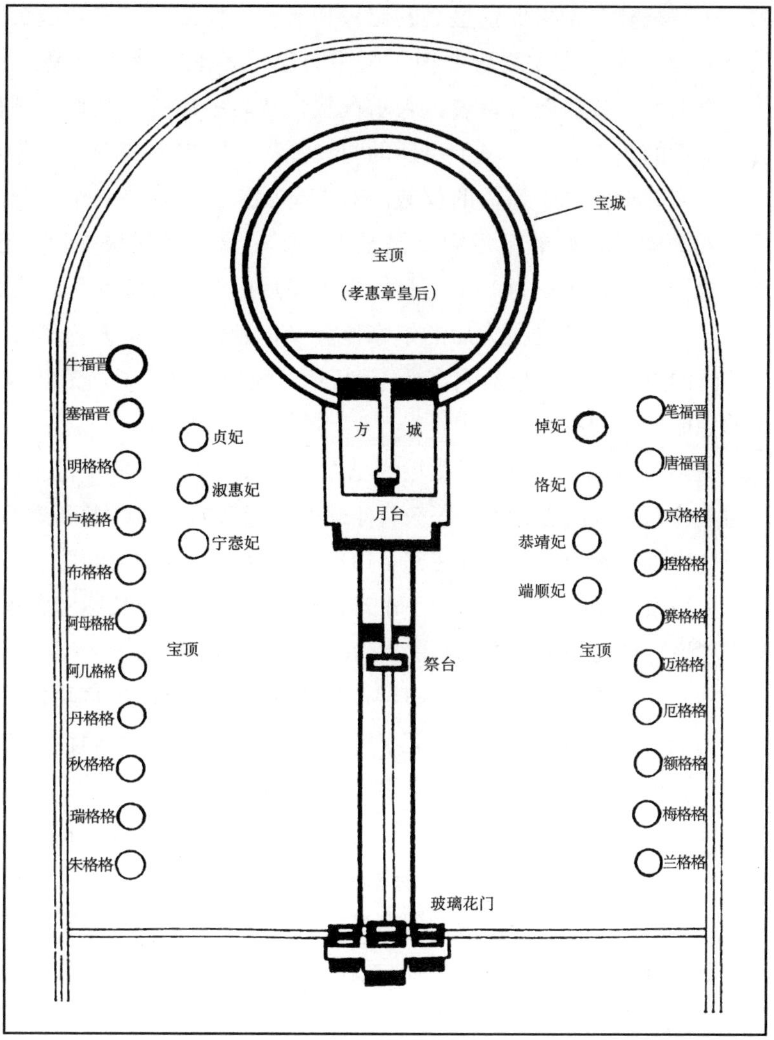

孝东陵葬位示意图

姑母被废的第二年，孝惠皇后被选入宫，年仅14岁，初入宫即被封为妃，一个月以后就被立为皇后，接替了她姑母的位置，那年正是顺治十一年（1654年），顺治帝17岁。顺治十三年（1656年），姿色绝世的董鄂妃入宫，顺治帝将董鄂妃视为红颜知己，把全部的感情和爱都倾注在了董鄂妃的身上。孝惠皇后虽然身为皇后，但过于忠厚，不会来事，又没有一技之长，本来顺治帝就不喜欢她，董鄂妃这次入宫，更使孝惠皇后备受冷落。顺治帝几次想废掉她的皇后之位，让董鄂妃取而代之，但都被董鄂妃暗中劝阻了。顺治十四年（1657年）入冬以来，皇太后（即孝庄皇后）有病在身，在南苑养病。顺治帝和董鄂妃等妃嫔及大臣们，经常前去侍奉或问候。可是这位中宫皇后不仅一次也不去伺候，就连问候的话也没有，可把顺治帝气坏了。皇太后的病到了腊月底就好了，顺治帝对皇后的不孝短礼行为并没有放过。就在顺治十五年（1658年），新年刚过3天，顺治帝以孝惠皇后对皇太后“礼节疏阙”为借口，停止了她的“中宫笺奏”，只保留皇后的位号和册宝。什么叫“中宫笺奏”呢？在那个时候，逢年过节和国家遇有重大喜庆之事，朝中大臣，各地的督抚提镇、将军等封疆大吏都要向皇帝、皇太后、皇后敬呈贺表，表示祝贺，贺表中都是一些歌功颂德、溢美之词，呈给皇太后，皇帝的叫“表”，呈给皇后的叫“笺”、“中宫笺奏”。停止了孝惠皇后的“中宫笺奏”，实际上降低了皇后的权威。对于皇后来说，这是一个十分危险的信号，表明这位皇后已经失宠了，她的皇后宝座已坐不稳了。皇太后很快知道了这件事，于是出面进行干预，顺治帝被迫于三月二十五日恢复了皇后的“中宫笺奏”。皇太后为什么这么关照皇后呢？原来这位皇后是皇太后的娘家侄孙女，她们是一家人，孝惠皇后是孝庄皇后亲自为顺治帝选的皇后。孝惠皇后入宫还不到7年，顺治帝就死了，芳龄21岁的孝惠皇后便开始了漫长的独床孤寝的生活。

康熙帝即位后，尊孝惠皇后为皇太后。康熙帝10岁那年，生母孝康皇后就死了，孝惠皇后与孝庄皇后共同担起了培养教育年幼的康熙帝的重担。孝惠皇后把康熙帝当做自己的亲生儿子一样，将无限的母爱倾注到了康熙帝的身上，他们之间建立了深厚的感情。慈祥善良的皇太后在康熙帝的稚嫩心田留下了难以磨灭的印象，在长达50多年的皇太后生活中，康熙帝极尽孝道，全力报答这位母后的抚育之恩。孝惠皇后七十大寿时，康熙帝为她举行了隆重的庆祝活动。在盛大的宴会上，康熙帝恭请她升御宝座，命宫廷乐队高奏喜庆之乐，57岁的皇帝当着众大臣和内侍的面，跳起了蟒式舞，然后双手举着酒杯，跪着向皇太后祝酒，称“万寿觞”，此事被中外传为天家盛事。

康熙五十六年（1717年）十一月，孝惠皇后得了重病。正在京西畅春园的康熙帝知道了这件事以后，非常着急，不等沿途设好警戒，只带了少数近侍人员，急忙赶回皇宫，看望皇太后。他跪在皇太后病榻前，握着皇太后的手，深情地轻声呼唤着：“母后，儿臣在此。”皇太后在昏迷中听到呼唤声，强睁双眼，用一只手遮着光，微视康熙帝，拉着康熙帝的手久久不放，似乎有许多知心的话要倾吐，嘴动了几下，已不能说话，深厚的母子之情感动得

孝东陵陵寝门

在场的大臣、太监、宫女无不落泪。皇太后病重期间，康熙帝也身体有病，头晕脚肿，行动十分不便，但他不顾病痛和64岁的高龄，用软布裹着脚，坐着软轿坚持去看望皇太后。康熙五十六年十二月初六日(1718年1月7日)，孝惠皇后终因年事过高，医治无效，病死于宁寿宫，享年77岁，她的寿数在清朝皇后中仅次于乾隆帝的生母孝圣皇后，位居第二位。

康熙帝孝养孝惠皇后，总结一下，有5个“破例”。

1.破例为皇太后单独建皇后陵。这件事在前面已经讲了，这里就不多说了。

2.破例办丧事。康熙帝对皇太后的去世悲恸欲绝，带病坚持繁重的丧事活动。他毅然打破了过去为皇太后办理丧事的许多陈规旧律。比如：孝服由原来用白纺丝改为用布；皇太后死，皇帝不用剪掉发辫，康熙帝却毅然割掉了自己的发辫；丧期到百日这天就可以剃发了，孝惠皇后的丧期到三月十三日是百日，十四日就可以剃发，而康熙帝过了百日仍不剃发，直到康熙五十七年（1718年）四月初七日孝惠皇后入葬后才剃发。

3.破例为继后系皇帝的庙谥。在以前，系皇帝庙谥的只有皇帝的原配皇后和皇帝的生母，皇帝的继后不能系皇帝的庙谥，如前面说的孝献皇后董鄂氏就没有系顺治帝的庙谥。孝惠皇后是顺治帝的继后，按旧制不能系顺治帝的庙谥“章”字。可是康熙帝却破例为孝惠皇后系了谥，称孝惠章皇后。从此以后，凡继后都系皇帝的庙谥。孝惠皇后是第一例。

4.破例正尊位。太庙和奉先殿是供放皇帝、皇后神牌的地方。孝惠皇后是名正言顺的皇后，而康熙帝的生母孝康皇后原来只是一名普通的庶妃，只是因为她生的儿子当了皇帝，母以子贵，才得以被尊封为皇太后，取得了顺治帝的皇后的地位。按情理上讲，孝惠皇后应该在孝康皇后之前。可是有的大臣却主张将孝惠皇后的神牌放在康熙帝的生母孝康皇后的后边。然而康熙帝没有这样做。他以理止情，坚持将孝惠皇后的神牌放在了自己母亲的前面。

5.破例建新的皇太后寝宫。紫禁城内西侧的慈宁宫是皇太后的寝宫。康熙帝为了让皇太后生活得更舒适，在康熙二十八年（1689年）破例在紫禁城的东部为孝惠皇后营建了规制崇宏的宁寿宫。

孝惠皇后历经顺治、康熙两朝。她亲眼目睹了清王朝从贫弱到强盛的全过程。她亲历了康熙盛世，饱受过夫君冷遇的辛酸，遭遇过孝庄皇后去世的巨大悲痛，品尝过平定三藩叛乱、收复台湾的喜悦，最终得到了晚年天家之乐的幸福。

恪妃传奇

长期以来，人们总认为在清朝，满汉是严禁通婚的，只不过到了清朝晚期，慈禧太后颁发懿旨，才允许满汉通婚。这表明慈禧的思想开通，能跟上时代的前进。实际上这种认识是不对的。早在清朝入关后第五年即顺治五年（1648年）八月二十日，顺治帝就已颁布谕旨，允许满汉官民通婚，这是载在史册上的。从这点上说，清朝统治者还是比较明智的。可是清朝皇帝的老祖宗有一个私心，为了维持大清皇帝的满族血统，曾立下一个规矩，皇帝不得纳娶汉族女子。给皇帝选妃子，给皇子皇孙选福晋，都是从八旗秀女中选，不从汉人中选。清朝入关前，努尔哈齐和皇太极的后妃中还真的找不出汉族女子来。清朝入关以后，从表面上皇家仍然恪守这条老规矩，比如顺治十二年（1655年），一位叫季开生的大臣向顺治帝上了一道奏章，说他的家人在通州遇到一个朝廷官员，说是奉皇帝的圣旨去南方扬州买女子。这位大臣慷慨地讲述了这件事的重大弊端后，恳请皇帝收回成命。顺治帝对于买女子的事矢口不认，并表示一向遵从皇太后慈训，不仅现在不纳汉人的女子，就是今后天下太平了，也要严格遵守这条祖训。还有某清宫剧中，乾隆帝非要纳娶汉族女子莫愁为妃子，遭到了皇太后的坚决抵制。皇太后的理由就是大清皇帝不能纳汉族女子为妃，这是老祖宗立下的家法，万万不能更易。实际情况是不是这样呢？其实并非如此。

就拿说顺治帝来说吧。在孝东陵内埋葬的29个女人都是顺治帝的妻妾，至少其中的恪妃、唐福晋、牛福晋都是汉族女子。

恪妃就是今河北省唐山市滦县人，姓石，是吏部侍郎石申的女儿。作为汉人石申的女儿为什么能进入皇宫，成为大清皇帝的妃子呢？这里面有一个传说：据《池北偶谈》一书记载，石申的父亲叫石维岳，是明朝万历年间的进士，在某省当副按察使，主管刑事诉讼事务。有一个王爷被他手下的太监用毒药害死了，太监反诬是王妃害死的王爷。由于这个太监给各级政府官员送了大量金钱，行了贿，所以地方官府就将王妃定为死罪，准备上报将其处死。只有石申的父亲石维岳认为王爷不是王妃害死的，王妃是冤枉的，因此坚持重审此案。由于石申父亲主持正义，这位王妃终于得到了平反昭雪。后来，石申的夫人就生下了一个女儿。这个女孩儿长到十几岁后，有闭月羞花之貌、落雁沉鱼之容，而且知书达礼，精通翰墨，贤声远扬。这件事被清廷知道后，就将石申的女儿选入了皇宫，成了大清皇帝的妃子也就是恪妃。据说这个恪妃就是那个王妃为了报答石申父亲的救命之恩特地投胎到他家的。

据《永平府志》一书记载，石申的女儿被选入皇宫以后，很是受宠，不久就被封为妃，成了内庭主位，进入了皇家的高层。恪妃住在西六宫的永寿宫，在宫中可以穿戴汉族冠服。她的母亲赵淑人可以坐着肩舆从西华门进入紫禁城，与女儿会面，行家人之礼。恪妃于康熙六年十一月三十日（1668年1月13日）病逝。康熙帝为恪妃辍朝3日，丧礼十分隆重。同年十二月康熙帝追封她为皇考恪妃，其金棺临时停放在清东陵西侧的黄花山南麓的悼妃园寝内，康熙五十七年（1718年）四月初七日入葬孝东陵。

皇上也有童养媳

童养媳就是女子还不到结婚年龄，到婆家生活，等到了结婚年龄再结婚。清朝的皇家也有童养媳，但不叫这个名，而叫宫中待年，顾名思义，就是因不够结婚年龄，先接到皇宫中生活，等到了结婚年龄再行册封。葬在孝东陵内的悼妃就是顺治帝的童养媳。

悼妃，出生在我国蒙古辽阔的科尔沁大草原。她的家庭是一个非常了不起的家庭，她的姑奶奶是大清国名副其实的第一个正牌皇后即清太宗皇太极的孝端皇后，她的两个姑母一个是大清国入主中原后的第一帝顺治帝的生母、康熙帝的祖母即被誉为清初女政治家的孝庄皇后，另一个姑母是清太宗皇太极的宠妃——关雎宫的宸妃。她的亲堂姐是大清入关第一帝顺治帝的嫡皇后。她的两个侄女一个是顺治帝的第二个中宫皇后即孝惠皇后，另一个是顺治帝的皇妃即淑惠妃。她的父亲曼珠习礼是科尔沁达尔汉亲王，她的伯父吴克善是科尔沁部的卓礼克图亲王。她的家出过4个皇后、3个皇妃。她的家族中既有皇后、皇太后，还有亲王，可以说是任何一个家庭都不能比的。悼妃出生在这样一个家庭，然而她的命运与之极不相称。

当她的亲堂姐成为顺治帝的皇后不久，她也随着进入了皇宫，成了顺治帝的后妃队伍中的一个准成员，也就是“宫中待年”，令人遗憾的是这位还未到花季年龄的小美女，还没有见过皇上一面，在顺治十五年（1658年）三月初五日就成了历史的匆匆过客，驾返瑶池了。史书上既没有记载她的出生年月，也没有记载她的死亡年龄。她到底有多大岁数？笔者推算最大也超不过12岁。为什么这样说呢？因为努尔哈齐的大妃阿巴亥12岁就嫁给了努尔哈齐，孝庄皇后13岁嫁给了皇太极，孝康皇后15岁就生下了康熙帝。悼妃是在待年期间死的，所以她的年龄当不会超过12岁。

这位准妃子尽管还没给皇上侍过寝，还没有伺候过皇上，但她死后却受到了很高的待遇。顺治帝对他的这位未婚妻的过早离世非常悲痛，在她死的当天就颁发谕旨，追封她为“悼妃”。悼字含有追悼怀念、怜惜之意，封她为悼妃，充分表达了顺治帝对她的情意。

孝东陵东配殿

悼妃死时，顺治帝的孝陵虽然还没有营建，但陵址已经确定在遵化县的昌瑞山下，所以顺治帝特地在昌瑞山西侧的黄花山下专为悼妃修建了一座园寝。在当年的九月初八日将悼妃葬入了这座园寝内，第二天又派内大臣巴图鲁公鳌拜到园寝祭祀悼妃。康熙五十七年（1718年）四月初七日，悼妃同她的侄女孝惠皇后一同葬入了孝东陵。悼妃宝顶位于孝东陵左边（东边）内侧北数第一位，是孝东陵内28座妃嫔宝顶中最尊贵的位置。

姑侄四人嫁一夫

顺治帝福临的后妃中，有四个人是姑母与侄女的关系，两个是姑母，两个是侄女。顺治帝的废后的父亲吴克善与顺治帝的悼妃的父亲曼珠习礼是同胞兄弟，那么废后与悼妃则是一爷之孙的堂姐妹；孝惠皇后和淑惠妃是同胞姐妹，而她俩的祖父察罕与吴克善和曼珠习礼也是弟兄，这样被废的皇后和悼妃则是孝惠皇后和淑惠妃的姑母，正是姑侄四人。

孝惠皇后和悼妃在前面已经讲了，废后在下面还会专题讲。那么，淑惠妃又有着怎样的命运呢？

顺治帝的原配皇后被废以后，不久就迎娶了绰尔济的两个女儿入宫，一个被立为皇后，一个被封为妃。姐妹俩虽同年入宫，但是史书对妹妹的记载却不多。康熙十二年（1673年），康熙帝尊封妹妹为“皇考淑惠妃”。康熙五十二年（1713年）淑惠妃去世，死时大约70多岁，康熙五十七年（1718年）二月，葬入孝东陵。

姑侄四人同侍一夫的现象，在现代人看来绝对是奇闻怪事，那么在清朝，这种现象是否正常呢？

在17世纪中叶，我国中原地区早已进入了发达的农业社会，但在北部的少数民族地区仍然存在着原始社会的许多陋习和遗风。婚嫁比较随便，不讲辈分。父亲死了，儿子可以娶父亲的小老婆。哥哥死了，弟弟可以娶嫂子，这种风俗还比较普遍。长幼辈同嫁一夫的现象更是屡见不鲜，所以姑母、侄女同嫁一夫不足为奇，直到清末还残存着这种现象。比如同治帝立崇绮的女儿为皇后，同时又纳崇绮的妹妹为妃子。姑母、侄女同嫁一夫，侄女当皇后、姑母当妃子。随着一夫一妻制的确立，这种不分辈分的现象才彻底消除。

四、孝东陵之谜

由于孝东陵建的比较早，档案又严重阙失，所以悬而未解的谜很多。

为什么不建孝陵妃园寝

在孝东陵之前，清朝已经建了福陵妃园寝、昭陵妃园寝和景陵妃园寝（因当时康熙帝尚健在，还没有景陵之名，所以其妃园寝只称妃衙门）3座妃园寝，孝陵为什么不建妃园寝，而将顺治帝的28名妃嫔葬入皇后陵呢？

是为了节省而不建吗？那不可能。因为清朝入关之前国家财政更为紧张之时，尚能建妃园寝，入关了，财力相对大大雄厚了，反而不建，讲不通。再者，康熙帝的妃园寝那时已经建成，应该给自己的父亲建妃园寝。

是孝陵附近没有合适的地方了吗？也不是。因为在孝陵西侧有万年峪（即现在的万年沟）、胜水峪等，这些都是风水很好的吉地，乾隆帝的裕陵后来就建在了胜水峪。道光帝的宝华峪陵寝地宫出现渗水的时候，当时的大臣松筠就曾建议在万年峪建陵，所以不存在没有合适地方的问题。那么康熙帝为什么不建孝陵妃园寝呢？现在还是一个谜。

孝东陵为什么不设下马牌

清朝的陵寝制度规定，皇帝陵和皇后陵都设一对下马牌，全部用青白石雕制而成。长方形的牌身两面各用满蒙汉三种文字镌刻“官员人等至此下马”，下面四角各用一个抱鼓石倚戗着，妃园寝设下马桩。然而孝东陵却令人感到意外，既没有下马牌，也没有下马桩。

难道是战乱年代被人偷走了吗？这种可能性几乎是零。第一，下马牌不是历史价值和艺术价值很高的文物。第二，下马牌体量很大，每一个构件都很沉重，不便偷运。第三，孝东陵紧靠西沟村，村民很多，易被发现。第四，清朝所有帝后陵的下马牌，即使是处于荒郊野外，比较偏僻地方，也没有偷盗下马牌的情况，所以孝东陵没有下马牌不是因为被人偷走。

就这个问题，笔者走访过西沟村的老人。有的说因为孝东陵没建神道碑亭，所以不设下马牌。还有的说孝东陵原来是妃园寝，瓦是绿色的，后来才改为皇后陵，所以没有下马牌。对于第一种说法，笔者实在不敢苟同。下马牌与神道碑亭之间没有任何关系。清西陵的

孝东陵神道旁的下马牌其实是孝陵的东下马牌

泰东陵、昌西陵都没有建神道碑亭，可是这两座皇后陵却都设了下马牌，所以说第一种说法是没有任何道理的。对于第二种说法，笔者认为不太可能。在康熙三十二年（1693年）十一月，康熙帝陪着皇太后到遵化昌瑞山展谒孝陵。到孝陵行礼毕，康熙帝陪着皇太后“阅视孝陵东旁宝城”，这“东旁宝城”就是孝东陵。在一般情况下，只有皇帝陵和皇后陵才建宝城，妃园寝是不建宝城的。如果这个宝城不是为皇太后建的陵寝，建的是妃园寝，康熙帝何必陪着皇太后去阅视？所以说孝东陵初建时就是为皇太后建的皇后陵，绝不是妃园寝。但有一点值得我们思考：这位老人说孝东陵以前是绿琉璃瓦的，这有可能。因为孝东陵是清朝建的第一座皇后陵，没有前例可循，处于初创阶段，为了与皇帝陵有所区别，孝东陵有可能最初用的是绿琉璃瓦，到后来才改为黄琉璃瓦，但这都与下马牌没有关系。

总之，孝东陵为什么没有下马牌，一直是个谜。

孝东陵内葬的28名妃嫔是火化的还是土葬的

孝东陵内葬的7个妃的死亡和入葬日期，史书上都有明确的记载。如果是死于顺治年间或康熙初年，应该是死后火化的。如果是死于康熙十三年（1674年）以后，就有可能是使用棺椁，实行的土葬。她们的死亡日期是这样的：

悼妃死于顺治十五年

贞妃死于顺治十八年

恪妃死于康熙六年

恭靖妃死于康熙二十八年

宁悫妃死于康熙三十三年

端顺妃死于康熙四十八年

淑惠妃死于康熙五十二年

由此看来，悼、贞、恪3妃有可能死后火化，而那4妃有可能土葬。这只是7个妃子，另外还有4个福晋和17个格格。这21人的卒年和入葬日期，不仅史书和清宫档案上没有记载，就连她们的名字和封号都没有，所以难以判断这21人是火化还是土葬。这一问题只有打开她们的地宫才能真相大白，在打开之前只能是个谜。

顺治帝废后始末

顺治帝的原配皇后博尔济吉特氏是孝庄皇后的娘家侄女，也就是顺治帝的表妹。皇后天生丽质，美貌超群，而且聪明灵巧。万万没有想到，婚后刚两年，小夫妻就反目成仇，分宫而居。最后顺治帝毅然决然地废掉了这位大清国入关以后的第一个皇后。这究竟是为什么？其中有什么隐情和内幕？要想讲清这个问题，还得从顺治帝的大婚讲起。

1.为什么顺治帝14岁就大婚

当时身为皇太后的孝庄皇后需要利用皇太后的特殊身份，使朝政大权尽早地掌握在自己儿子的手中。为什么这样说呢？因为在顺治帝即位后的前7年，朝政一直掌握在睿亲王多尔衮的手中，自己的儿子福临始终处于无权的地位，形同傀儡。多尔衮在顺治七年十二月死后，原辅政王郑亲王济尔哈朗跃跃欲试，也想把朝政揽到自己手中，当第二个多尔衮。老谋深算的孝庄皇后岂能再让皇权轻易失去？要想让儿子亲政掌权，只有到了成年人才可以，而人到成年的标志就是成婚。结婚了，就是成年人了，就可以理直气壮地亲政了。可能基于这个考虑，孝庄皇后决定为14岁的儿子顺治帝举行大婚。其实孝庄皇后的这个想法早在多尔衮还未死的时候就已经成竹在胸了。

2.为什么选立顺治帝的表妹为皇后

顺治帝14岁的时候，皇室就为他选立了皇后，这位皇后来自蒙古科尔沁草原的博尔济吉特氏家族。她的父亲吴克善是孝庄皇后的哥哥，是顺治帝的舅父，所以这位皇后是顺治帝的表妹。孝庄皇后为什么要选立自己的娘家侄女为皇后呢？这是有她的深谋远虑的。她是为了使满蒙联姻的国策得以继续实行，借助强悍的蒙古铁骑来捍卫大清江山，另一方面也是为了巩固自己娘家蒙古科尔沁部博尔济吉特氏家族在大清国的皇亲国戚的显赫地位。顺治八年（1651年）正月，吴克善亲自把女儿送到了北京，这年的八月十三日在紫禁城举行了清朝开国以来的第一次皇帝的大婚礼，顺治帝与表妹博尔济吉特氏喜结良缘，成为伉俪。

3.废掉皇后的经过

顺治十年（1653年）八月二十四日，顺治帝命礼部官员到内院传达皇帝的谕旨，让他们查找前代废后的事例上奏。冯铨等6名大学士听到这件事以后，凭直觉预感到顺治帝有废后之意，觉得事情不妙，于是当天就联名上奏皇帝，进行劝阻。指出：皇后母仪天下，关系重大，前代有许多圣明君主都因为废后而影响了他们的圣德和声誉，劝顺治帝要深思熟虑，慎重行事。顺治帝表示：这位皇后不能母仪天下，我要废掉的是无用的人。顺治帝斥责这6位大学士沽名，并对他们严加申饬。

八月二十五日，顺治帝将废掉皇后的事奏闻皇太后，随即将皇后降为静妃，改居侧宫。

八月二十六日，顺治帝谕礼部，公布皇后已废，其理由是睿亲王因亲而定，未经自己选择。宫闱参商已三年，很难和好。

八月二十七日，礼部尚书胡世安、侍郎吕崇烈、高珩上奏，以废后未让诸王大臣公议，未经告祭太庙、天地，未宣示中外为理由，劝阻皇帝不要废后。

同一天，礼部仪制司员外郎孔允樾个人单独上奏，劝阻皇帝不要废后。他列举了历史上废后的种种弊病和危害后说，皇上就是天下人的父亲，皇后就是天下人的母亲。当父亲要废母亲的时候，当儿子的即使知道母亲有过错也要哭泣的，更何况不知道母亲有什么过错呢？当儿子的怎么会闭口无言，不替母亲说话呢？我就是冒着生命危险也要为母亲申辩的。顺治帝令大臣对孔允樾的奏折进行会议。

八月二十九日，以宗敦一为首的14名御史联名上书皇帝，要求皇帝收回废后的成命。顺治帝以明知有旨会议，渎奏沽名，下所司议处。

九月初一日，众大臣将会议的结果上奏，认为礼部和孔允樾所奏有理，应该恢复皇后的中宫皇后之位，同时再立东西二宫。顺治帝表示深知往代废后的弊病，也深深理解臣下的爱君之心，只是与皇后感情不和已久，实在不能再这样下去了。

九月初四日，和硕郑亲王济尔哈朗再次将会议废后的结果上奏，认为关于废后的理由皇帝已讲得很明白了。这件事就不用再议了，就按皇帝的意见办吧。

九月二十六日，以废后事，遣礼部尚书觉罗朗球颁谕朝鲜。

废后之事正式结束，历时一个月零二天。

4.废后原因

顺治帝为什么要废掉这位聪明美丽的皇后呢?公开的原因有3个：

这门亲事是因亲而定。

这位皇后未经皇帝亲自选择，是多尔衮包办的。

这个皇后无能。

很显然，顺治帝的这3条理由很牵强，很难让人信服。为什么这样说呢？第一，因亲而定是祖宗惯例。在他以前的皇帝后妃中很多都是因亲而定的，如他的母亲孝庄皇后与宸妃、孝端皇后来自一家，是典型的因亲而定。再说第二条，是多尔衮包办的，未经自己选择。在封建社会婚姻都是由父母包办婚姻，多尔衮在皇帝结婚前数月就把新娘送来了。早就知道因亲而定，早就知道多尔衮包办，为什么早不拒绝，过三年才提起？再说第三条“皇后无能”。在古代社会里，“女子无才就是德”，无能并没有确实的例证，根本成不了废后的理由。那么，废掉这位皇后的真正原因是什么呢?

4年以后，顺治帝在给董鄂妃写的《行状》中披露了废掉皇后的真正原因。原因有二个：

一是，醋意十足，嫉妒心特强。这位皇后一旦发现哪位妃嫔比自己漂亮，嫉妒之心顿

孝东陵的神道与孝陵的神道相接

生，想方设法陷害，置之死地而后快。她想独承雨露，夜夜专房，因而反对皇帝召幸其他妃嫔，这是顺治帝绝对不能容忍的。

二是，生活奢侈，挥霍无度。这位皇后所穿的衣服必须是用珠玉装饰的，她所用的餐具如果一件不是金质的，就大发雷霆。

顺治帝生性俭朴，皇后的这些生活习性与顺治帝正好相反，顺治帝起初尚能忍耐，但时间一长，顺治帝与皇后的感情逐渐破裂，婚后不久就分居了。到了第三年头上，顺治帝忍无可忍，终于下定决心，废了皇后。

5.被废的皇后哪里去了

这位皇后自从被废，降为静妃，改居侧宫以后，在官方的一切记载中便销声匿迹了。她到哪里去了？前几年，笔者从吴晗先生编辑的《朝鲜实录中的中国史料》一书中找到了废后的下落。原来这位皇后被废时已怀了孕，当时清朝皇室不知道，废后回了娘家。后来这位废后在娘家生了一个男孩，在废后和娘家的精心抚养下，这个男孩长到十几岁时就颇有贤名。因为这个男孩是顺治帝的龙种，是名副其实的嫡长子，最有皇位的继承权。清廷闻知后，深恐蒙古各部拥立这个男孩为皇帝，与清廷争夺天下，曾多次索要这个男孩，其娘家拒不送还。后来这位皇子下落如何、这位皇后是何时死的、怎么死的、死后葬在了什么地方，由于清初档案大部分遗失、毁坏，加之这些又是宫闱秘事，讳莫如深，所以这一连串问题都成了不解之谜。

贞妃殉死

在孝东陵内，安葬着一个年轻的痴情女子，她虽然未曾得到顺治帝的恩宠，却甘心为顺治帝殉葬。

顺治十八年（1661年）正月初七日，顺治帝龙驭上宾，全宫上下一片肃穆悲哀。正当人们都紧张忙碌地操办顺治帝的丧事的时候，后宫里又传出了一个令人震惊的噩耗：妃董鄂氏自杀身殉，悠悠亡魂追随顺治帝去了。两个月后，康熙帝追封这位自杀殉死的董鄂氏为贞妃。

这位贞妃到底是谁呢?有人说她和孝献皇后是同胞姐妹，事实果真如此吗？孝献皇后的父亲是鄂硕，贞妃的父亲是巴度，她们俩怎么会是同胞姐妹呢?

近年来，史学工作者经过认真研究后发现，说她两个人是姐妹还真不是空穴来风。原来鄂硕和巴度都是鲁克素的孙子，这样，贞妃和孝献皇后都是鲁克素的曾孙女。她们俩虽然不是同胞姐妹，却是未出五服的姐妹。

顺治帝的妃嫔有30多个，为什么贞妃要自杀殉死呢？康熙帝在谕旨中只是含糊地说：“感恩遇之素深，克尽哀痛，遂尔薨逝。”档案上更没有这方面的记载。笔者分析，不外乎以下三个原因：

一是，孝献皇后死时，顺治帝头脑发热，曾想令30余宫人殉死，幸被劝阻作罢，这表明当时人殉制度还存在。

二是，孝献皇后已死，在宫中已失去了知心人。这次顺治帝又死去了，唯一的靠山又没了，她彻底失去了继续生活下去的希望和勇气。

三是，孝献皇后死后，遭到了许多的冷遇、众多的非议。她可能预感到作为孝献皇后的姐妹，后果也不会好，有可能受到牵连，倒不如殉死，追随先帝而去，还落个好名声。

笔者推测，可能基于这些考虑，贞妃才决定为顺治帝殉死。花季年龄的她从容地走了，给后世留下了诸多的遗憾和不解。贞妃到底为什么殉死，是怎样殉死的？是自刎、上吊，还是服毒，这些都是谜。

孝东陵方城明楼及妃嫔宝顶

第五章 景陵

景陵是康熙帝的陵寝，是清王朝在关内营建的第二座陵寝，始建于康熙十五年（1676年）二月初十日，完工于康熙二十一年（1682年）。景陵无论在规制上还是在丧葬制度上，都有许多创新，对后世清陵有重大的影响，在清朝陵寝史上具有继往开来的作用。

葬在地宫内的除康熙帝外，还有孝诚皇后、孝昭皇后、孝懿皇后、孝恭皇后和敬敏皇贵妃。

景陵有两座妃园寝，这在清朝陵寝中是唯一的。

第一节　多灾多难的景陵

一、景陵晚建之因

按照中国封建社会的惯例，新皇帝一登极，就应该相度万年吉地，营建陵寝。可是康熙帝的景陵却是在他登极15后年才开始动工的，这是什么原因呢？

主要有两个方面的原因。

一是大事不断，财力不足。

二是斗争不断，精力不足。

首先讲大事不断，财力不足。

康熙帝即位以后遇到四件大事：

第一件大事就是办理他的父亲顺治帝的丧事，康熙帝即位以后首先要给他的父亲顺治帝办丧事。

第二件大事就是办理他母亲孝康皇后的丧事。孝康皇后是在康熙二年（1663年）二月去世的，他父亲的丧事还没有办完，又接着给他母亲办丧事。

康熙帝朝服像

第三件大事是营建他父亲的孝陵。他父亲虽然在生前选定了陵址，但没来得及营建就死了，所以营建孝陵的工程由康熙帝来完成。孝陵的工程是在康熙二年（1663年）二月十五日破土动工的，营建孝陵大约用了11年之久。

第四件大事就是统一全国的战争。康熙帝即位时，全国还没有统一，南明小朝廷还存在，许多反清势力还在与清廷分庭抗争，对清朝统治时时产生很大威胁。为了统一国家，为了国家安定，清政府就得派兵消灭南明小朝廷，镇压这些反清势力。

这四件大事可以说是耗银似水。清朝入关初期本来就财政紧张，又遇到了这四件大事，如同雪上加霜，造成了财力不足。

再讲斗争激烈，精力不足。

康熙帝即位之后，面临着来自两个方面的斗争。第一个方面是来自内部，就是与鳌拜集团的激烈斗争。

景陵全景

鳌拜早年跟随皇太极南征北战，屡建奇功，顺治帝去世时下遗诏，命鳌拜等四大臣辅佐年幼的康熙帝处理朝政。鳌拜虽然位居末位，但由于资格老，军功高，飞扬跋扈，日益骄横，开始走上专权的道路，并逐渐形成了一个与朝廷对立的集团，他的党羽遍布朝廷上下，这个集团直接威胁了皇权统治。当时以孝庄皇后为首的大清皇室绝不会允许鳌拜威胁自己的统治，他们全力以赴和鳌拜做殊死的斗争。

第二方面来自外面的与三藩势力的斗争。康熙初年以吴三桂为首的三藩势力日益膨胀，与朝廷分庭抗礼，成了清王朝的心腹之患，消除这个心腹之患成了当时朝廷要解决的重中之重。

当时三藩已经形成了一股割据势力，朝廷的命令可以拒不听从，公开跟朝廷对着干，对清王朝的统治威胁很大。这样当时清政府就要以很大的精力和以吴三桂为首的三藩势力作坚决的斗争。

正因为当时清廷面临着内外两个方面的斗争，致使当时的清廷没有更多的精力顾及陵寝的营建。

基于上述原因，营建康熙帝陵寝之事不得不向后推迟。直到康熙十三年的时候，一个意外事件的发生使得景陵的营建不得不提到了议事日程上来。

这个意外的事件就是康熙帝的嫡皇后孝诚皇后的去世。孝诚皇后是怎么去世的呢？原来她在生育皇二子也就是那个两次立两次废的皇太子允礽（原名胤礽，因避雍正帝胤禛之名讳，改名允礽）时，因为难产而死，年仅22岁。孝诚皇后是康熙帝的原配皇后，原配皇后是一定要与皇帝合葬的，要葬入皇帝陵的。孝诚皇后

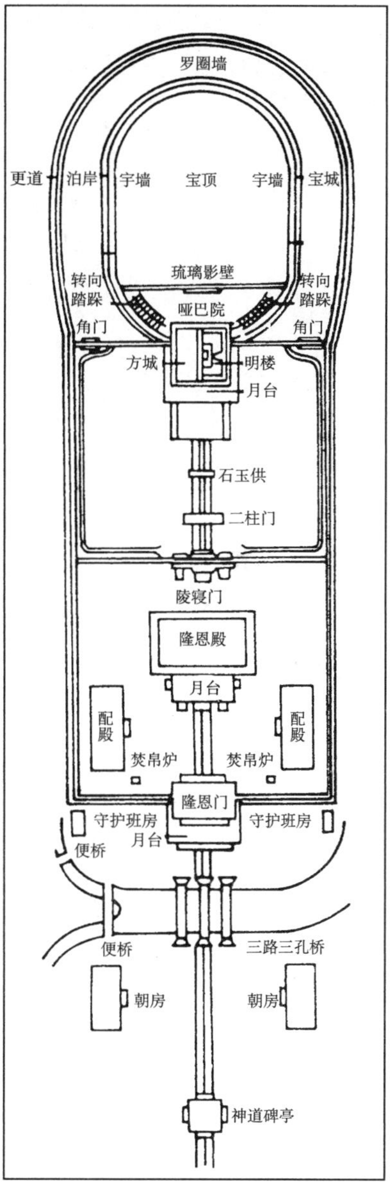

景陵平面示意图

不能长期停灵不葬，所以不得不马上营建陵寝。

景陵（景陵之名是在雍正元年命名的，为了叙述方便，下文都称景陵）正式营建是在康熙十五年（1676年）。当时平定三藩叛乱的战争刚进行到第4年，朝廷非常紧张，财政异常困难，精力不足，怎么办呢？康熙帝决定先建地宫，把地宫建成以后，先将孝诚皇后葬入地宫。等到以后国家经济条件好转，其他的建筑再次第营建。景陵始建于康熙十五年（1676年）二月初十日，到康熙二十年（1681年）孝诚皇后入葬的时候，景陵隆恩殿还没有建成，一直到康熙二十一年才最后完工。这说明康熙帝的策略还是比较英明和正确的。

景陵是清朝在关内建的第二座皇帝陵。如果说顺治帝的孝陵奠定了清朝陵寝制度的基本规制的话，那么康熙帝的景陵在孝陵的基础上又有了许多首创。这些首创无论在规制上还是在丧葬制度上，对后代的陵寝都产生了重要的影响。

二、景陵的首创

这里所说的首创，是指景陵在建筑规制、陵寝制度、丧葬制度方面有其祖陵甚至明陵所没有的创新，并被后世清陵所效法而成为定制。这些首创，虽有的是康熙帝所立，有的是雍正帝而为，但都是从景陵开始的，所以说是景陵的首创。景陵陵寝制度在清朝陵寝制度史上具有继往开来的重要作用。

景陵有八个“首创”：

首称功德碑名叫为“圣德神功碑”

景陵的功德碑是第一个称“圣德神功碑”的。

那么景陵以前的功德碑叫什么名称呢？景陵以前的七统功德碑都叫“神功圣德碑”。景陵只不过是将“神功”和“圣德”两个词的位置互换了一下，将“圣德”二字放在了“神功”的前面，其实还是那几个字。景陵为什么要给功德碑改名呢？是一时的笔误，还是立碑者有意为之呢？如果是有意为之，那么这种变化又蕴涵着怎样的含义呢？

对中国历史稍有点了解的人都知道，凡是开国的皇帝都是打江山，创基业的，以功为主，所以庙号称“祖”。比如，汉朝的开国皇帝刘邦称“汉高祖”，唐朝的开国皇帝李渊称“唐高祖”，宋朝的开国皇帝赵匡胤称“宋太祖”；以后那些皇帝是看家守业的，以德为主，所以庙号为“宗”。比如太宗、高宗、仁宗等，也就是“祖有功，宗有德”的意思。如果从清太祖努尔哈齐算，康熙帝是第四帝。如果从入关第一帝清世祖顺治帝算，是第二帝，康熙帝都应该称“宗”，可是康熙帝却称“圣祖”，这明显违背古制。为什么还要这样做呢？这是雍正帝的主张，为了表示对皇父的崇敬，他是这样解释的：如果从继承关系上讲，我的皇父是守成皇帝，应该称宗；但是我皇父一生开疆拓宇，业伟功丰，在历史上是少见的。如果论功业，是属于开创的皇帝，应该称“祖”。这样清朝就有三个皇帝称祖了，这在中国历史上是极为罕见的。为了在名称上有所平衡，所以才将功德碑的名称改了一下，将“圣德”放在“神功”之前，这样两方面都兼顾了。

自景陵的功德碑改称“圣德神功碑”之后，泰陵、裕陵、昌陵的功德碑也都称“圣德神功碑”了。

首创功德碑立双碑之制

景陵之前的清朝三座皇帝陵，都是一个皇帝立一统功德碑，永陵的功德碑用满、蒙、汉三种文字镌刻，福陵、昭陵、孝陵的功德碑均用满、汉两种文字镌刻，三种文字也好，两种文字也好，都是刻在一统碑上。可是景陵的功德碑却是双碑并立，东碑刻满文，西碑刻汉字。景陵的功德碑是雍正帝立的，雍正帝为什么将历朝历代立单碑的传统做法改为立双碑呢？这既不是雍正帝的故弄玄虚，也不是有意变更祖制，而是事出有因，迫不得已而为之。最初雍正帝并没有立双碑的想法，也是想和祖陵一样，将满汉两种文字刻在一统碑上。可是后来发现，景陵的碑文太长，洋洋4314个字，是孝陵碑文1446个字的三倍，即使将字体尽量缩小，可仅汉字就将碑面安排得满满当当，满文根本无处安排。聪明的雍正帝很快就想出了一个方法：立两统碑，双碑东西并立，一碑刻满文，一碑刻汉字。这个难题迎刃而解。自景陵立了双碑之后，雍正帝的泰陵、乾隆帝的裕陵、嘉庆帝的昌陵，都效仿景陵，功德碑均立双碑，成为定制。

被烧裂的景陵圣德神功碑亭内双碑（1952年被焚）

坍倒后的景陵圣德神功碑亭内双碑（1954年摄）

新粘接的景陵圣德神功碑亭内双碑

首创额、碑由嗣帝亲写并钤宝之制

什么是匾，什么是额，有许多人弄不清楚。匾和额是有区别的，简单地说，横为匾，竖为额，有时额也称“斗匾”。各寺庙的大雄宝殿等都是匾，北京紫禁城各主要建筑外檐上所悬挂的差不多都是额，比如午门、太和殿、坤宁宫、储秀宫等挂的都是额。清朝皇陵的明楼、隆恩殿和隆恩门上所悬挂的也是额。有的书上使用“匾额”一词，这是一种不准

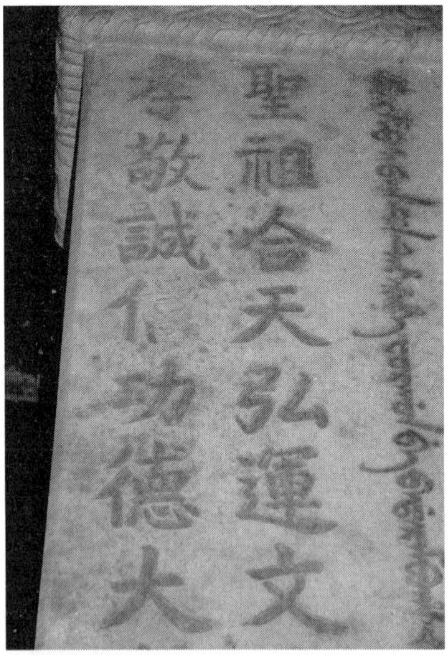

景陵神道碑碑文局部

景陵神道碑上〞雍正尊亲之宝〞宝文

确的表述。清朝帝后陵明楼上的额题写的是陵名。大殿上的额题写的是“隆恩殿”，宫门上的额题写的是“隆恩门”，明楼内的朱砂碑上镌刻皇帝的庙号和谥号，如景陵朱砂碑上镌刻“圣祖仁皇帝之陵”。皇后因为没有庙号，只刻谥号，如孝东陵朱砂碑上刻“孝惠章皇后之陵”，各陵神道碑上镌刻的是皇帝的庙号和谥号，皇后陵的神道碑上只刻皇后的谥号。额也好，碑也好，都用满、蒙、汉三种文字镌刻，满文在中间，蒙文在左边，汉字在右边。在景陵以前的四座皇帝陵及孝东陵，这些额和碑上的汉字都不是皇帝亲笔御书，而是由大臣或书法家书写的。额和碑上也不用“宝”（印），可是到了景陵就发生了变化。

陵寝3额2碑上的文字都是在墓主人死后，入葬前悬挂、镌刻的。有人会问：为什么不在墓主人生前书写、悬挂呢？道理很简单，皇帝、皇后生前不会有庙号和谥号的，也不会有陵名的。生前这些额和碑上的文字无法确定，自然也就无法题写、镌刻。康熙帝死于康熙六十一年（1722年）十一月十三日，当月的二十四日就确定了庙号和谥号，第二年的二月十七日确定了陵名。经钦天监选择，定于雍正元年九月初一日入葬地宫。可是到了雍正元年的八月，景陵的上述额和碑上的文字还没有写，距入葬日期不足一个月了。

雍正元年八月初十日这一天，雍正帝命康熙帝的皇三子诚亲王允祉、皇七子淳亲王允祐及善于书法的翰林官各恭写一份景陵碑、额上的文字。他自己手执御笔，也亲自书写了一份。随后雍正帝对他们说：“景陵碑匾事关重大，诚亲王、淳亲王素工书法，朕已令其恭写。翰林中善书者，亦令其恭写。朕早蒙皇考庭训，仿学御书，常荷嘉奖。今景陵碑匾，朕亦敬谨书写，非欲自耀己长，但以大礼所在，不亲写，于心不安。尔诸臣可公同细看，不必定用朕书，须择书法极好者用之，方惬朕心。”众大臣何等乖觉，他们都深知皇帝的用心，虽然皇上这么说了，哪能让皇上写的落选呢。他们装模作样地在阅看完每个人写的字以后，一齐向皇上奏道：“御笔之妙，天矩自然，而仁孝诚敬之意流溢于楮墨之间，正与陵寝大事相称。圣祖仁皇帝在天之灵实为欣慰。”雍正帝写的堂而皇之地中选了。所以景陵神道碑、朱砂碑和3块额上的字都是雍正帝的亲笔御书，并且在碑和额的右下方都钤盖（实际是镌刻）“雍正尊亲之宝”的宝文。“宝”就是皇帝的大印。自景陵

景陵神道碑亭

这样做以后，凡帝、后陵碑和额上的字除惠陵外都是嗣皇帝书写，并钤盖“××尊亲之宝”，成为定制。如果嗣皇帝年岁太小，尚未入学，不能书写，就由善书的大臣代写，但也钤盖宝文，比如慈禧入葬时，宣统帝溥仪只有4岁，还不会写字，但慈禧陵的额和碑上也盖上了“宣统尊亲之宝”。

首创陵寝额、碑上三种文字大小一致之制

在景陵以前的三座皇帝陵和孝东陵，朱砂碑也好，明楼、大殿、宫门上的额也好，上面的三种文字不仅满文排在了中间，体现了居中而尊的理念，而且故意将满文字体放大，目的是显示满文的尊贵。可是景陵这些额和碑上的字体大小就变了，三种文字大小一致。别看这是一个微小的变化，但它却反映了清朝统治者民族关系观念的改变，统治手段的提高，他们不再过分地强调满人的优越地位。不仅在口头上表示“满汉为一家”，而且也有了行动，自景陵以后，凡帝后陵额和碑上的三种文字都大小一致。

景陵隆恩殿斗匾

景陵之石象

景陵之文臣

确定了圣德神功碑亭、神路桥、石像生相对位置的基本格局

景陵以前的四座皇帝陵的圣德神功碑亭、神路桥、石像生相对位置不固定。自景陵将圣德神功碑亭建在陵的最前面，往北依次是神路桥、石像生、龙凤门（牌楼门），后来建的泰陵、裕陵、昌陵都是按照这种格局建的。自道光帝的慕陵始，各帝陵虽然不再建圣德神功碑亭，但依然按照这种格局设计，再也没有改变。

首创废止火化，入葬棺椁，实行土葬之制

火化是满族的原有葬俗。关外三陵和关内的孝陵，葬入地宫的都是骨灰坛子。清朝入关以后，受到了汉族习俗的影响，加上入关后的满族人也改变了关外时的游牧不定居的生活方式，所以他们的葬俗也随着有了重大改变。这个改变首先是从皇家开始的。死于康熙十三年（1674年）的孝诚皇后是第一个不火化的皇室成员。葬在景陵地宫里的另外3个皇后、1个皇贵妃，以及康熙帝都没有火化。景陵是清朝皇陵中第一个葬入棺椁的陵寝。从此以后，皇帝、皇后死后一律不再火化，使用棺椁，实行土葬。

这在当时，对于满族人来说好像是一个进步，但以现在的眼光看来，却是一个退步。

首创皇后死了先入葬，石门不关，等待皇帝之制

在皇帝陵内总不能只葬皇帝一人，需要有皇后陪葬，尤其是嫡皇后一定要与皇帝合葬的。那么皇后先死怎么办呢？在景陵以前，皇后如果先死，或先葬他处，或停灵殡宫，等待与皇帝同葬，从无先葬皇后的例子。景陵内的孝诚皇后、孝昭皇后、孝懿皇后都是死在康熙帝之前的，她们都先葬入了景陵地宫，但石门不关，隧道不填，只在地宫门口处安装一个木门，等待皇帝。到雍正元年九月初一日康熙帝葬入了地宫，才关闭了地宫石门，填平了隧道，永不开启。自景陵这样做以后，后世清陵纷纷效仿，成为制度。

首创皇贵妃祔葬皇帝陵之制

在景陵之前的四座皇帝陵没有祔葬皇贵妃的先例。雍正帝出于政治上的需要，在康熙帝入葬景陵时，也将敬敏皇贵妃章佳氏葬入了景陵地宫。从此开创了皇帝陵内祔葬皇贵妃的首例。后来的泰陵和裕陵都以景陵为例，地宫内也祔葬了皇贵妃。

被烧毁的景陵圣德神碑亭外景

雍正帝为什么要打破祖制，将敬敏皇贵妃葬入到景陵呢？他是出于什么目的呢？我们知道，康熙帝的皇子很多，个个都文武双全，博学多才，精明强干。他们差不多都想将来黄袍加身，位登九五。雍正帝城府很深，谙于权术，他是在十分激烈的储位斗争中登上皇帝宝座的。他的继位，他的许多兄弟都不服气，明里暗里与他抗衡。于是他采取了十分严酷的手段镇压了这些不服气的手足弟兄，所以雍正帝在继位的前后很是孤立。从始至终与他坚定地站在一起，为他出谋划策，成为他左膀右臂的只有康熙帝的皇十三子允祥。允祥对他忠心耿耿，勇于任事，为他排忧解难，对于雍正帝的皇位巩固起了重要的作用。雍正帝为了报答允祥的忠心，同时也是为了进一步笼络允祥，对他恩宠有加，多次施恩，封亲王，加护卫，增俸银。允祥的生母敏妃章佳氏早在24年前就已死去，当时只是一名普通的妃子。雍正帝即位以后，立即就将敏妃晋升为敬敏皇贵妃，一下子升了两级。雍正帝似乎觉得这样做还不够，于是决定将敬敏皇贵妃葬入景陵。能够葬入皇帝陵，与皇帝在另一个世界长期相伴，这对于一个妃子来说，是连想都不敢想的奢望。对于她的子孙后代，对于她的娘家人也是难得的旷典和殊荣。特别是敬敏皇贵妃首次葬入皇帝陵，对于她的亲生儿子允祥更是皇恩浩荡，荣耀无比。这样允祥自然更加效忠皇帝，为皇帝卖命。后来的事实果然证实了这一点。允祥为了报答皇恩，不分昼夜地干，特别是为雍正帝挑选万年吉地，披星戴月、顶风冒雪、呕心沥血，带病跋山涉水，终于为雍正帝找到了一块上吉佳壤、风水宝地——易县泰宁山下的太平峪。后来雍正帝的泰陵就建在了那里，从此有了清西陵。

三、多灾多难的景陵

不知道为什么，与清朝其他陵相比，景陵明显的多灾多难。

东西朝房的火警

无论是皇帝陵还是皇后陵，在隆恩门外都建有东西朝房各5间。大祭前，内务府员役在

景陵三路三孔拱桥

景陵二柱门曾被毁

已修复好的景陵二柱门

东朝房熬奶茶，做膳品，在西朝房打制各种饽饽。道光十二年（1832年）正月，景陵的东西朝房的房檐先后起火，幸亏扑救及时，未造成火灾。道光帝知道后，极为震怒，严令迅速查明火因，缉拿罪犯。但此案一直未破，火因也不清楚。道光帝无可奈何，只得狠狠地惩处了护陵官兵。

火烧隆恩殿

光绪三十一年（1905年）二月二十日，景陵隆恩殿突然火起，很快被烧毁。查不出火因，捉不到凶犯。最后不了了之（后面将会介绍，此处不再细说）。

二柱门石柱摔断

进陵寝门，院内有一座二柱门，两根四棱柱形的石柱，高约10米左右。柱顶上的蹲龙互相对望。在20世纪20年代，不知什么原因，西边的那根柱子竟向西扑倒于地，摔成两截。清陵中有七座二柱门，只有景陵的二柱门石柱倒折，1979年已将其修复。

牌楼门石柱倒地

景陵前面的牌楼门，五间六柱五楼，每根石柱的根部都用抱鼓石倚戗着，十分稳固。可是在20世纪20年代，不知是什么原因，西数第三柱向南扑倒，摔断数截。清陵中有16座各式牌楼，惟有景陵的牌楼有此灾难，此石柱1979年也已修复。

地宫被盗

1945年后半年，日本投降后，景陵地宫被盗，随葬珍宝全部被盗走。康熙帝及其4后1妃的骸骨扔满地宫，一片狼藉。

桥栏杆被毁

景陵隆恩门前建有三座三孔拱桥，桥的两侧安装着精美的石栏杆。可是在日本投降后，被一伙无知狂徒将三座桥的栏杆全部推倒砸碎，桥面光秃秃的。清朝帝陵中，唯有景陵的三路三孔拱桥被破坏得最为惨重，如今石栏杆已全部恢复。

神厨库毁坏惨重

清朝的帝、后陵的前左方均建有神厨库。院内建神厨房5间、南北神库各3间，省牲亭一座，库外为井亭。景陵的井亭已不复存在，神厨库如今仅存一座省牲亭及周围的院墙。在清朝的皇帝陵中，以景陵的神厨库毁坏最为严重。

景陵神厨库今貌

雷击圣德神功碑亭楼

景陵圣德神功碑亭是清朝第一座建双碑的圣德神功碑亭，高30多米，重檐歇山顶，十分巍峨壮观。不幸的是，1952年7月14日，在倾盆大雨中，因触雷电起火，被焚毁，仅存墩台。东碑烧倒，西碑也酥裂严重。2003年已将残碑粘接好。

康熙帝是一代令主，深受人民的尊敬，在我国历史上曾做出过重要贡献。可是为什么唯独他的陵寝却历经磨难呢？实在令人迷惑不解。

四、传奇的内葬人

景陵地宫里安葬着1个皇帝、4个皇后、1位皇贵妃。这6个人都各有奇异之处，令人颇感兴趣。

天花使玄烨当上了皇帝

顺治帝死前，由谁来继承皇位的问题使他大伤脑筋。当时顺治帝的皇子中，最大的9岁，最小的才2岁，都很年幼，难承重任，因此顺治帝最初想找一位成年的堂兄弟来即位。据有的专家推测，可能是太祖之孙、饶余郡王阿巴泰之子安亲王岳乐。岳乐在清朝入关初期，曾率八旗兵东征西讨，屡立战功，并参与政事，具有军政两方面经验，顺治帝死时，正值盛年，确实是皇位继承人的好人选。但孝庄皇后反对，众亲王也不同意，他们都愿意从皇子中选立一人。顺治帝一时也拿不定主意，于是便征询汤若望的意见。汤若望也同意从皇子中选立储君。汤若望认为皇三子玄烨最合适。顺治帝共有8位皇子，第一、四、六、八皇子都夭亡了，当时只有4位皇子。论年龄，皇二子福全最大，当时9岁。论出身地位，这4位皇子的生母都是庶妃，其中2人是满洲旗人，1人是汉军旗人，1人是汉人。福全的生母宁悫妃就是满洲旗人，而皇三子玄烨的生母则是汉军旗人。所以无论从哪一方面，福全继承皇位最有优势。可是为什么汤若望主张立皇三子玄烨而不主张立最具有优势的皇二子福全呢？汤若望的理由是玄烨生过天花，有了终身的免疫力。汤若望的理由一下子就征服了所有的人，玄烨顺利地被立为皇太子，继承了皇位。汤若望的理由为什么具有如此巨大的说服力呢？天花，也叫痘病，是一种非常厉害的传染病，死亡率极高，被人们视为比洪水猛兽还危险的病。谁要得了天花，立刻就能引起极大的社会恐慌。顺治帝生前多次到外地避痘，惟恐染上天花，最后还是没躲了，让天花夺去了他的年轻生命。玄烨出生不久，为躲避天花，曾在保姆的带领下离开父母，离开皇宫，住到了今天北京紫禁城西北长街路东的福佑寺，生过天花后才回到皇宫，据说还因此脸上落了麻子。正因为玄烨在他四五岁时得过天花，才意想不到地坐到了皇帝的宝座上，成为了享誉世界的康熙大帝。

孝诚皇后朝服半身像

难产而死的孝诚皇后

在旧社会，听到民间女人因难产而死，并不感到十分奇怪，如果堂堂皇后也死于难产，则实在令人难以相信。而恰恰有一位清朝皇后是因难产而死的，她就是康熙帝的孝诚皇后。

孝诚皇后是康熙帝的原配皇后，赫舍哩氏，满洲正黄旗人。她的祖父索尼是四朝元老、康熙初年的四大辅臣之首。她的父亲噶布喇是领侍卫内大臣。赫舍哩氏生于顺治十年十二月十七日(1654年2月4日)，比康熙帝大1岁，实际上只大3个月。康熙四年（1665年），深谋远虑的孝庄皇后冲破权臣鳌拜的百般阻挠，毅然决定立这位大清功臣的孙女为皇后，这一举措对于巩固大清的江山社稷、稳定康熙帝的皇位是有很大好处的。康熙四年（1665年）七月初七日行纳聘礼，九月初八日大婚，年仅13岁的赫舍哩氏正位中宫，成为皇后。婚后小夫妻格外恩爱，幸福美满。婚后4年，孝诚皇后生下了皇子承祜。因为是皇后所生，属于嫡出，又因为承祜天生的聪明、英俊，被康熙帝和孝诚皇后视为掌上明珠。未想到承祜命短，4岁就夭亡了，给了康熙帝和孝诚皇后很大的精神打击。两年以后，在康熙十三年（1674年）五月初三日上午10点左右，孝诚皇后又生下了一个男婴，由于难产，孝诚皇后耗尽了她的全部元气，于当天下午4时左右便失去了生命，年仅22岁。她生的这个皇子就是后来两立两废的皇太子允礽。孝诚皇后是清朝死时最年轻的皇后，同时还是清朝第一个死后不火化，实行土葬的皇后。

孝诚皇后死时，景陵还没有营建，梓宫只得暂安在京北沙河巩华城殡宫。康熙二十年（1681年）三月初八日葬入景陵地宫，和她一起入葬的还有康熙帝的第二个皇后孝昭皇后。

孝诚皇后最初的谥号是仁孝皇后，因“仁”字与康熙帝的庙谥“仁”字相重，于雍正元年（1723年）改谥为孝诚皇后，经累朝加谥，最后谥号全称是：孝诚恭肃正惠安和淑懿恪敏俪天襄圣仁皇后，简称孝诚皇后。

神秘无闻的孝昭皇后

孝诚皇后死后三年，康熙十六年（1677年）八月二十二日，康熙帝奉太皇太后之命，又立了一位皇后。这位皇后死后的谥号叫孝昭皇后，为了叙述方便，读者容易理解，下面就用她的谥号称呼她。

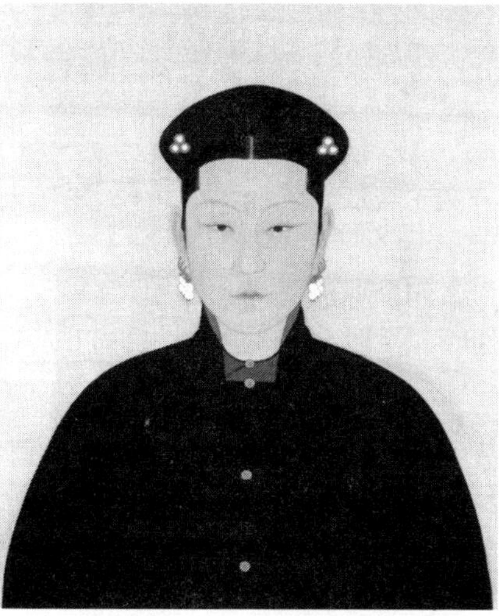
孝昭皇后常服半身像

孝昭皇后，钮祜禄氏，满洲镶黄旗人，她的父亲遏必隆可是位了不起的人物。遏必隆是清朝著名开国功臣额亦都的第十六子，是清初的著名将领，为清王朝的建立屡立战功。因此在顺治帝临死时，命他为四辅臣之一，在康熙帝亲政前处理朝政，康熙初年晋为一等公，加太师。孝昭皇后就出生于这样一个名门望族、功臣之家。

孝昭皇后受到过良好的家庭教育，娴于礼法，具有一定的文化功底。她被立为皇后刚半年，就于康熙十七年（1678年）二月二十六日离开了人世，死后谥为“孝昭皇后”，与孝诚皇后一起停灵于京北的巩华城殡宫，后一起葬入景陵。根据《张诚日记》记载，孝昭皇后也是死于难产。

为什么说孝昭皇后是一位神秘无闻的皇后呢？因为在她的身上有许多至今秘而不明的东西：

她是哪一年出生的？《后妃传稿》上说她“幼入宫为妃”。她是何时入宫的？她是哪年封的妃？是什么封号？她死时多大岁数？这一切，无论史书，还是清宫档案，都没有记载，所以说她是一位神秘而默默无闻的皇后。

当皇后时间最短的皇后

笔者统计，清朝一共有27名皇后，但生前真正享受过皇后待遇的只有16位。这16位当中，当皇后时间最长的是嘉庆帝的孝和皇后，她当了19年皇后。在她正式被立为皇后之前，曾以皇贵妃的身份代行皇后职务，主管后宫事务。要论当皇后时间最短的，当是康熙帝的孝懿皇后。如果从七月初九日皇帝发谕旨立她为皇后算，到她死，只当了二天的皇后。这不仅在清朝，就是在中国历史上也是极为罕见的。

别看孝懿皇后当皇后的时间短，但她的身世和经历却非同一般。她的父亲佟国维是汉军八旗。康熙帝的生母孝康皇后是孝懿皇后佟氏的亲姑母，这样算来，孝懿皇后是康熙帝的亲表妹。这门亲事属于“姑作婆”，是亲上加亲。在康熙帝立孝昭皇后时，佟氏被封为贵妃。当时在后宫里只有这一位贵妃，康熙十七年（1678年）二月孝昭皇后死后，康熙帝就不再立皇后，也未封皇贵妃，所以佟氏在后宫中地位最高，成了当时后宫中事实上的一把手。虽然没有明文让她主持后宫事务，但由于她的地位和表妹的特殊身份，后宫事务自然要由她负责。在当时，她上有太皇太后、皇太后，每天还要服侍夫君，下有众多的妃嫔，她还要抚养许多的皇子，其中包括后来的雍正帝胤禛在内。所以贵妃佟氏非常辛苦劳碌，活得很累。但她把各方面的关系都处理得很好，全宫上下和谐融洽，使康熙帝免除了后顾之忧，全力以赴地处理国家大事，平定三藩叛乱、收复台湾等国家大事都发生在她主持后宫事务期间。这些重大事件能被圆满的处理，应该说这其中也有佟氏的一份功劳。佟氏的卓越表现，不仅受到了太皇太后、皇太后的赞扬，也受到了康熙帝的由衷的敬重和宠爱。康熙二十年（1681年）十月二十五日，康熙帝受太皇太后之命，晋封佟氏为皇贵妃。康熙二十二年（1683年）六月十九日上午，皇贵妃佟氏为康熙帝生下了一个女儿，排行皇八女。当时康熙帝正陪着太皇太后在古北口一带避暑。内务府总管及时将佟氏生下皇八女的喜讯告诉了康熙帝。未想到皇八女降生不久就得了病，医治无效，竟于闰六月十四日夜间夭亡，只活了24天。一般人一定会认为，皇帝女儿死了，一定要大办丧事，隆重安葬。事实并不这样，内务府大臣遵照康熙帝的指示，当即用一条单被将皇八女遗体裹出，也不用棺木，送到一个僻静之处用火焚化掉，也不收殓骨灰，也不埋葬，自然了之。皇八女死时，康熙帝在古北口避暑还没有回来，父女俩还未见过面。对待皇八女之死，就像对待其他的早殇皇子皇女那样，康熙帝表面不动声色，这个消息谁也不告诉，严加保密，就像什么事也未发生一样，《清实录》中也未见记载，清初皇家丧葬的俭朴之风可见一斑。皇八女丧事的处理情况，是笔者在中国第一历史档案馆满文朱批奏折中发现的。从处理皇八女这件事情看，除了皇帝和皇后从康熙十三年废止火化，实行土葬外，起码早殇的皇子皇女，乃至皇孙和整个皇族的早殇子女仍在实行火化。从乾隆帝即位后，才正式下令全国满人禁止火化。

繁重的各种应酬，巨大的精神压力，亲生女儿早殇的痛苦，使得温柔内向的佟氏身体每况愈下，到了康熙二十八年（1689年）夏秋之交终于病倒了。同年七月初，病势已经十分沉重。佟氏的人品、作为，不仅赢得了全宫上下的一致称赞，就是朝中大臣也赞赏有加。所以几年来大臣们多次要求皇帝立佟氏为皇后，可是康熙帝迟迟没有答应。

康熙帝为什么不立佟氏为皇后呢？是康熙帝不喜爱佟氏吗？不是。是佟氏没有资格，不够条件吗？也不是。那为什么不立她为皇后呢？用康熙帝自己的话是“朕心少有思维”。什么叫“少有思维”？就是有一些“想法”。康熙帝有什么“想法”呢？康熙帝虽然是一位伟大开明的君主，但在他的头脑中也存有一些迷信思想。孝诚皇后22岁就死了，孝昭皇后刚立6个月又死了，于是他就认为自己命硬，“克妻”，谁当皇后，谁就会很快被他“克”掉，活不长久。他之所以迟迟不立佟氏为皇后，就怕一旦立她为皇后了，她也和前两任皇后一样很快踏上不归之路。正是出于对她的爱护，为了让她长期生活在自己的身边，朝朝暮暮，才不立她为皇后的。康熙帝的“克妻”思想是深深隐藏在内心深处的，不仅朝中的大臣们不知道，就是皇太后也不清楚。

皇贵妃佟氏的病情，深深地牵动着全宫上下人的心。特别是皇太后，她联想起佟氏多年来为抚育众皇子，勤勤恳恳，任劳任怨，又想到自孝昭皇后去世以来，中宫久虚，是佟氏担起了主管后宫的重任，为皇帝解除了后顾之忧。当佟氏的病情已十分危险的时候，皇太后实在沉不住气了，于是给康熙帝发了一道懿旨，几乎以命令的口气让康熙帝马上立佟氏为皇后。皇太后的懿旨是这样说的：

> 皇贵妃佟氏，孝敬性成，淑仪素著。鞠育众子，备极恩勤。今忽而遘疾，势在濒危，予心深为轸惜，应即立为皇后，以示恩宠。

康熙帝是大孝之人，皇太后的懿旨不敢不遵。这时康熙帝已预感到佟氏已病入膏肓，大限将至，克不克妻已无所谓。如果这时候立她为皇后，她一高兴，或许能减轻病情，这也就是民间所说的“冲喜”，于是康熙帝决定立佟氏为皇后。根据《康熙起居注》记载，皇后的册立礼是在七月初十日早晨举行的（《清实录》载为初九日。因《康熙起居注》是按日当即记载的，《清实录》是皇帝死后编写的，其可靠性远不如《康熙起居注》，所以本书以《康熙起居注》为准——笔者注），未想到当天下午4时左右佟氏就溘然长逝了。康熙帝是在七月初九日发布谕旨立佟氏为皇后的，如果按所占的天数来说，佟氏只当了二天皇后。如果按24小时为一天计算，她只当了一天多的皇后。佟氏是清朝当皇后时间最短的皇后。根据《张诚日记》记载，佟氏是死于流产。

佟氏死后，康熙帝悲痛异常，辍朝5日，穿孝服10天。康熙帝回忆起佟氏入宫20多年来温顺淑贤，尽心尽意地服侍自己，主持后宫事务，抚养众皇子，感慨万千，不觉悲从中来，情催御笔，制挽诗四首，以抒悼念之情：

一

月掩椒宫叹别离，伤怀始觉夜虫悲。
泪添雨点千行下，情割秋光百虑随。
雁断衡阳声已绝，鱼沉沧海信难期。
繁忧莫解衷肠梦，惆怅销魂忆昔时。

二

交颐泪洒夕阳红，徒把愁眉向镜中。
露冷瑶阶增寂寞，烟寒碧树恨西东。
旧诗咏尽难回首，新月生来枉照空。
鸾影天涯无信息，断弦声在未央宫。

三

音容悲渐远，涕泪为谁流。
女德光千祀，坤贞应九州。
凉风销夜烛，人影散琼楼。
叹此平生苦，频经无限愁。

四

淅沥动秋声，中心郁不平。
离愁逢叶落，别恨怨蛩鸣。
寂寂瑶斋隔，沉沉碧海横。
玉琴哀声辍，宵殿痛残更。

景陵方城明楼及石五供

康熙帝在这4首诗的序言中说："惊璇霄之月坠，伤碧落之星沉。物在人亡，靓遗袡而雪涕；庭虚昼永，经垂幕以怆怀。悲从中来，不能自已，握管言情，聊抒痛悼。"(《圣祖御制诗文集》二集)在皇后和皇贵妃死时，许多清朝皇帝往往会作诗赋以挽吊，但是一次就作4首挽诗的，只有康熙帝这次。

别看只当了两天的皇后，但她的丧仪完全照皇后级别办理。九月二十二日行册谥礼，谥号为孝懿皇后。孝懿皇后死后第16天，康熙帝加封孝懿皇后的父亲佟国维为一等承恩公，给予诰命，世袭罔替。孝懿皇后的梓宫停放在她生前居住的东六宫之一的承乾宫正殿，同年七月十三日将梓宫移到朝阳门外殡宫，十月十一日梓宫奉移山陵，康熙帝亲自护送。康熙二十八年（1689年）十月二十日上午十时，孝懿皇后梓宫葬入景陵地宫，康熙帝亲自为孝懿皇后奠酒。经雍正、乾隆、嘉庆三朝加谥，孝懿皇后的谥号全称是"孝懿温诚端仁宪穆和恪慈惠奉天佐圣仁皇后"，简称孝懿皇后。

生了6个子女的皇太后

清朝的11位皇太后中，有8位生育过子女。但论生育子女最多，当为仁寿皇太后，也就是康熙帝的孝恭皇后乌雅氏，她生了3个皇子，3个皇女，共6个，在清朝皇太后中没有超过她的。

乌雅氏虽然称孝恭皇后，又当上了皇太后，其实生前并未在皇后宝座上坐过，只是康熙帝的一名普通妃子。乌雅氏的父亲威武是护军参领，中级武官，她家隶属满洲正白旗。乌雅氏十几岁时就被选入皇宫。由于她在康熙十七年十月三十日生下了一名非同寻常的皇子，才使她改变了自己的命运，由一名普通妃子一跃成为大清国的皇太后，这位皇子就是雍正帝胤禛。《清实录》和泰陵圣德神功碑文中，对乌雅氏生育雍正帝作了神奇的描述：孝恭皇后“尝梦月入怀，华彩四照。诞生之夕，祥光煜爚，经久弗散，阖宫称异。”其实这是对雍正帝的神化。如果不是胤禛即了皇位，而是皇二子允礽当了皇帝，那么孝诚皇后生允礽时也会有类似的描写。孝恭皇后生育雍正帝时刚19岁，一年后被封为德嫔。这表明孝恭皇后生雍正帝时，只能是一名贵人。康熙十九年（1680年）乌雅氏又生皇六子允祚，康熙二十年（1681年）晋德妃。康熙二十一年（1682年）乌雅氏生皇七女，康熙二十二年（1683年）生皇九女，康熙二十五年（1686年）生皇十二女，康熙二十七年（1688年）生皇十四子允禵。在后妃成群、美女如云的皇帝后宫中，作为一名普通妃子的乌雅氏，她一个人就生了6个子女，这在一夫一妻的普通百姓家也是不多的。这一来表明她的生育能力很强，二来表明她长得很漂亮，三来也表明她深得皇帝的宠爱。康熙帝死后，因为乌雅氏生的儿子当了皇帝，母以子贵，乌雅氏一下子由妃子升为皇太后，给她拟定的皇太后的徽号是“仁寿”，还未来得及行上徽号礼，乌雅氏就于雍正元年（1723年）五月二十三日病死了，享年64岁，当年九月初一日与康熙帝一同葬入了景陵。

五、景陵之谜

康熙帝的景陵和顺治帝的孝陵一样，充满着神秘色彩，存在着许多难解之谜。

景陵的石像生

我们现在到景陵参观游览，走过雄伟壮观的五孔神路桥，迎面就是石像生。景陵石像生共有5对石雕像：文臣、武士、马、象、狮。排列在弯曲的神道两侧，杨柳荫护，溪水潺潺，环境幽静秀美，令人陶醉。谁也不会想到，这5对石雕像并不是景陵在初建时就有的，而是康熙帝的孙子乾隆帝给添设的。

东陵的老人也好，以前的东陵保管所的工作人员也好，清朝官书上也好，都未有景陵石像生是后来补建之说，几乎都一致认为现在我们看到的石像生是景陵初建时就有的。

那么是怎么发现景陵石像生是乾隆帝补建的呢？笔者在2000年春从浩如烟海的清宫档案中发现了监察御史玛起元的一件朱批奏折。玛起元在奏折中请求乾隆帝给康熙帝的景陵和雍正帝的泰陵补建石像生，由此才知道景陵初建时未设石像生的秘密。

景陵为什么初建时不设石像生？玛起元在奏折中是这样讲的：康熙帝考虑到自己的陵寝紧靠着皇父的孝陵，走同一座大红门，使用共同的风水墙，孝陵已设了石像生，自己的陵

景陵石像生及五孔桥

寝也就没有必要再设了，这是出于对皇父的孝敬之心。

景陵最初不设石像生的原因真的像玛起元所说的那样吗？笔者认为这只是玛起元的一种想象和推理，其中不排除有恭维之意。为什么这样说呢？因为他说的泰陵不设石像生的原因是不对的。（泰陵为什么不设石像生，后面专题讲，这里就不讲了）。那么景陵不设石像生真实的原因是什么呢？笔者认为，真实的原因可能是景陵没有设石像生的合适位置。为什么这样说呢？根据清朝陵制，石像生应建在五孔神路桥（或七孔神路桥）之北，牌楼门以南的神路两侧。凡是去过景陵的人都知道，景陵的五孔神路桥至牌楼门之间的神路不仅很短，而且是弯曲的。石像生的作用是肃威仪、壮观瞻的作用，所以将石像生建在笔直的神路上最为合适。按景陵的这段地理环境来说，是不适宜建石像生的。而且在弯曲的神路上设石像生，各石雕像之间显得参差不齐。在为泰陵补建石像生时，风水人员就曾以这个理由予以反对。当然这只是笔者个人的认为，景陵当初不设石像生的真正原因，还是一个谜。

景陵石像生后来毕竟添设了，但何时添设的，现在还未找到史料记载，有待考证。

孝恭皇后之死

孝恭皇后乌雅氏是雍正帝的生母，在康熙帝生前虽然比较受宠，但毕竟是一名妃子，距皇后和皇太后还差得很远。在皇宫，一向是母以子贵，妻以夫荣。作为皇帝的妃嫔，哪一个不想生皇子，又哪一个不想自己生的皇子能当上皇帝？可是妃嫔多如云，皇子有的是，而皇帝只有一个，怎么一定就能轮到自己生的儿子头上？可是乌雅氏就做到了，她生的儿子胤禛还真的就当上了大清国入关后的第三个皇帝。她的身价立刻倍增猛长，由妃子一下子就升到了顶级—皇太后。按说乌雅氏就应高兴得不得了，做梦都得乐，跟儿子亲得不知怎么亲才好。可是乌雅氏却大相反，她不但不高兴，还事事跟儿子闹别扭，处处跟儿子过不去，甚至闹到水火不能容的地步。康熙帝死了，她哭着闹着要自杀殉死，追随先帝而去；她当上了皇太后，就应该搬到慈宁宫去，可她赖在永和宫不走；她当上了皇太后就应该上徽号，可她高低不让上；她的儿子胤禛在举行登极大典前需要先到皇太后前行礼，然后再升御太和殿，接受文武百官的朝贺，可是乌雅氏却不冷不热地说与她没有关系，不想接受皇帝的行礼。

孝恭仁皇后朝服像

乌雅氏在雍正元年（1723年）五月二十二日得的病，第二天凌晨就死了。她得的是什么病？为什么死得这么快？当时在社会上有一种传说，说是乌雅氏想见一见刚刚被雍正帝从青海前线召回来的另一个亲生儿子皇十四子允禵,雍正帝就是不让见，母子二人越说越急，乌雅氏一气之下，猛地向旁边的铁柱子撞去，立时脑浆崩裂，当场气绝身亡。这个传言在当时确实真有，曾被雍正帝驳斥过。

不管怎么说，乌雅氏之死确实有一些令人生疑的地方，比如：乌雅氏为什么总与雍正帝闹别扭？乌雅氏为什么死得这么快？关于乌雅氏之死，为什么在民间有不同的传言？

隆恩殿失火

隆恩殿内供设皇帝和皇后、皇贵妃的神牌，是陵寝祭祀活动的最主要的场所，也是陵寝地面上最重要的建筑。景陵隆恩殿内供放着康熙帝和4位皇后、1位皇贵妃的神牌。

光绪三十一年（1905年）农历二月二十日早晨，景陵隆恩殿檐际突然起火，继而火势迅速蔓延。在陵上值班的八旗官兵和内务府官员赶来，打开隆恩门时，火势更加猛烈，金蛇乱舞，烈焰腾空，整个隆恩殿已变成了一座火山，难耐的高温，加之瓦砾乱飞，人根本就不能近前，所以眼睁睁地看着隆恩殿在熊熊的大火之中化成了一片灰烬。景陵隆恩殿这场大火是继光绪二年（1876年）孝陵神功圣德碑亭被烧后清东陵发生的第二次大火灾。祖陵隆恩殿被烧，事情何等重大！东陵守护大臣载泽、寿全和马兰镇总兵丰升阿急忙将这件事上报朝廷。光绪帝听说景陵的隆恩殿被烧了，非常震怒，立刻派户部尚书赵尔巽、军机大臣兼户部右侍郎铁良为钦差大臣专程到东陵查办此案。两位钦差大臣不敢怠慢，急急忙忙赶到了东陵，他们用尽了各种手段，折腾了十几天，既未查出火因，也未拿到凶犯，只得回京了。他们在写给光绪帝的奏折中无可奈何地说：火自上出，查无可疑形迹。对此光绪帝也无计可施，只得对守陵官员进行了一定的处罚，不了了之了。

隆恩殿到底为什么起火呢？是不是像孝陵神功圣德碑亭那样，触雷电起火烧掉的？景陵隆恩殿起火那天是农历的二月二十日，那天既没有下雨，也没有打雷。当时天气还比较严寒，也不是打雷的季节，雷击起火是不可能的。是不是前几天祭祀活动时遗留下了火患？在二月十五日曾在隆恩殿进行过小祭，可是已经过去5天了。如果真的留下火患，也不会5天以后才失火，所以这种可能性也不存在。

关于起火的原因，当时东陵地区还流传着另外两个说法：

有人说是有个江洋大盗多次作案，为躲避朝廷缉拿，藏身于殿内的天花板上。用殿里的蜡烛照明时，不慎引起火灾。笔者认为这个传说可能性不大。为什么呢？这个大盗躲到

景陵隆恩殿

天花板上面，可以说是神不知，鬼不觉，一般人不可能知道。至于用蜡烛照明，不慎碰倒引起火灾，那只能是一种推想，谁也没有亲眼看到。那个大盗也不可能将自己的藏身地点和照明方法告诉别人，所以这种说法不足为信。还有的说是守陵官员互相陷害，故意点的火。这只是一种传说，查无实据，书上也没有记载。

当时东陵地区还传说：隆恩殿被烧后，景陵官员非常害怕。因为隆恩殿内供奉着6块神牌，神牌烧了那还了得。景陵官员为了减轻自己的罪行，他们找来一个叫李子春的木匠，贿以重金，让他做了6个假神牌，用烟熏火燎做旧，就说是冒着生命危险从隆恩殿里抢救出来的。这个招儿还真灵，后来光绪帝果然以“景陵守护官员奋不顾身抢救神牌”为理由，对景陵的主要官员没有进行严厉的惩罚。

景陵隆恩殿到底因什么起火，当时皇帝都束手无策，到现在这个案子就更难破了，起火的原因恐怕已成不解之谜了。

地宫

清朝在关内的9座皇帝陵，我们已经知道了6座陵的地宫是什么规制。只有孝、景、泰3个陵的地宫我们还不清楚。孝陵是清朝在关内仿明陵建的第一座陵，其地宫很有可能接近明陵。景陵是第一座使用棺椁，实行土葬的陵寝，对泰陵肯定有较大的影响。景陵可以说承上启下，所以说景陵地宫是关键。裕陵地宫及其以后的地宫，除道光帝的慕陵地宫为四券二门外，其余均为九券四门，石门上有八大菩萨雕刻。景陵地宫什么样？是九券四门吗？石门上有没有菩萨雕刻？

据1952年探视过景陵地宫的李正先生回忆说：

> 第二个去看的是景陵地宫。和我一起下去的有遵化公安局的那位局长和东陵的巩所长。其余的人在洞口外拽绳子。我们三人是从地表的盗口钻进去的，洞口不大，里面仅有一块石料大的入口。我们也是一手持枪，一手举着松明子，用绳

子系下去的。第二道石门也是半开着的，顶门石都是错位的，有一扇石门也是错了位。第二个券里有水，到膝盖。第三个券里水很深，水齐胸深，凉得可怕。再往里是道圆券，圆券上面有石雕装饰。门上有个洞，顺洞往里看，券里全是水，水面与洞口平。所以最后的券未能进去，里面的棺椁也未看到。整个地宫是石券，石门上有雕刻，是什么雕刻记不清了。壁和券顶有没有雕刻，因天黑，记不清了。但最后的券门是圆的，上面有石雕装饰记得很清。

根据李正先生的回忆推测，景陵地宫是由多道石券构成的。其中所说的“圆券”是什么样？“圆券”上的“石雕装饰”什么样？他并强调石门上有雕刻，这些雕刻是八大菩萨吗？这些现在都弄不清楚。

棺椁喷火

1945年日本投降以后，清东陵发生了第二次盗陵大案。这次被盗的陵寝主要有康熙帝的景陵、咸丰帝的定陵、同治帝的惠陵和慈安皇太后的普祥峪定东陵。被盗陵寝之多，损失之大，超过了孙殿英制造的第一次大盗案。

1945年12月22日（农历十一月十八日）是景陵罹难的日子。这次盗陵，既不是官盗，也不是军盗，而是以土匪为主，拉拢一些当地不法分子、一些不明真相的群众盗掘的。当盗匪挖开景陵地宫，揭开康熙帝的棺盖时，突然从棺内喷出一团火焰来，立时就把正探头往棺内探看的田老七和关老七两人的脸烧坏了。这两个人都是东陵人，这一烧，给这两个人的脸留下了永久的伤疤。村上的人差不多都知道这伤疤的由来，至今还有一些老人记得这件事。

棺内为什么会喷火？是人为的防盗装置，还是磷火？如果是前者，到1945年康熙帝已入葬220多年了，况且每年地宫里都有一二月时间存有大量积水，火药及其喷火装置早已糟烂变质失效了，不会再喷出火来。如果是后者，磷火火力很弱，绝不会有这么大的烧伤力。那究竟是什么火？真是令人费解。

景陵陵寝门

第二节 景陵妃园寝——关内第一座妃园寝

一、景陵妃园寝的“之最”和“唯一”

建的最早

清朝在关内共建了8座妃园寝，景陵妃园寝是第一个，约建于康熙十五年（1676年）以后。

葬妃嫔最多

乾隆帝的裕陵妃园寝葬人36位，在妃园寝中位居第二。而景陵妃园寝中葬有1位贵妃、11位妃、8位嫔、10位贵人、9位常在、9位答应，共48位妃嫔，是清朝10座妃园寝中葬妃嫔最多的。

葬期延续的时间最长

裕陵妃园寝从乾隆十七年（1752年）首批葬入仪嫔起，到道光三年（1823年）止，前后延续了71年，可谓长矣。可是景陵的妃园寝比裕陵妃园寝更长，从康熙二十年（1681年）首批入葬慧妃起，到乾隆三十三年（1768年）止，前后延续了87年之久，在清朝妃园寝中延续的时间最长。

关内唯一没葬皇贵妃的园寝

清朝在关内共建了8座妃园寝，有7座都葬有皇贵妃，惠陵妃园寝竟葬了4个皇贵妃。而葬妃嫔最多的景陵妃园寝竟然一个皇贵妃也未葬。是关内唯一未葬皇贵妃的妃园寝。

唯一葬有皇子的妃园寝

景陵妃园寝内不仅葬了48位妃嫔，还葬了康熙帝的一个皇子即皇十八子允祄，这是唯一葬有皇子的妃园寝。

景陵妃园寝后院宝顶

二、妃园寝内故事多

景陵妃园寝内的48位女人，出身不同，经历各异，各有自己的喜怒哀乐，各有自己的辛苦甘甜，有的笑到最后，有的悲惨一生；有的高寿而终，有的少年早丧；有的风风光光，有的平淡无奇。然而她们的最后归宿是一样的，都葬入了这座皇家陵园。

康熙帝娶了4个小姨子

在今天一夫一妻制的社会里，要说一个男人娶了4个小姨子，那简直是天方夜谭，就是在一夫多妻制的封建社会也是难以想象的。可是康熙帝还真的做到了，他纳娶了4个美貌姑娘之后不久，又将这4位姑娘的妹妹也纳入了自己的后宫，成了自己后妃队伍中的成员。

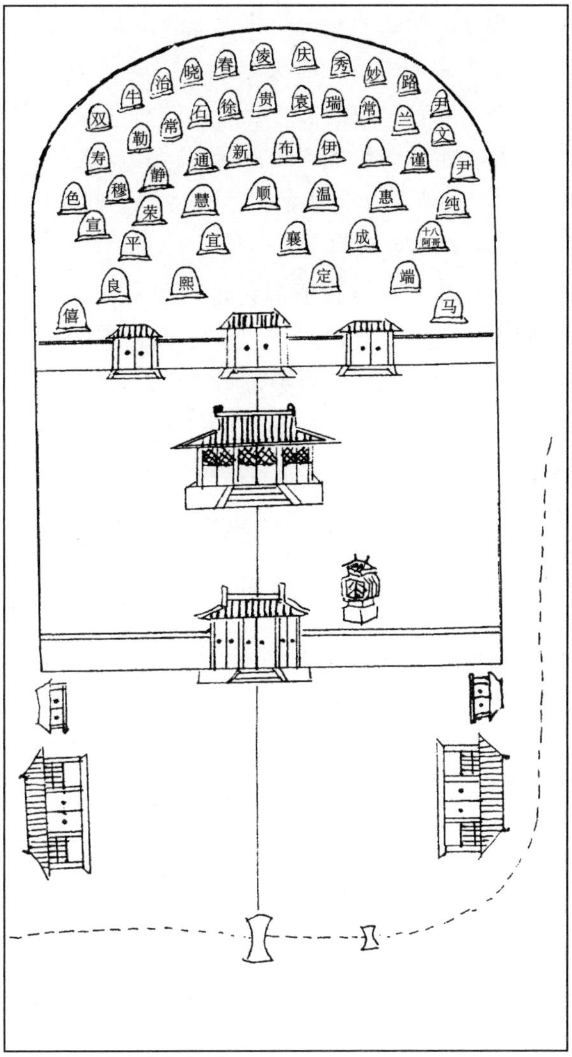

《陵寝易知》一书中的景陵妃园寝示意图（徐广源临摹）

葬在景陵妃园寝第三排西数第一位的平妃，别看她地位不算太高，可是她的姐姐却是个大名鼎鼎的人物，她的姐姐就是那位因难产而死的康熙帝的原配皇后孝诚皇后。姐妹俩双双入宫，都成了皇帝的妻子。姐姐给皇上生了2个皇子，妹妹给皇上生了1个皇子。然而妹妹的地位却远不如姐姐，可是姐姐却英年早逝，而妹妹到康熙三十五年（1696年）六月二十日才死，比姐姐多活了20多年。

景妃园寝内唯一的贵妃温僖贵妃是这座妃园寝48名妃子中的一把手，而她的姐姐曾是康熙帝整个后宫所有妃嫔的一把手。她的姐姐就是康熙帝的第二个皇后孝昭皇后钮祜禄氏。作为当朝太师、辅政大臣之一的遏必隆把自己的两个女儿都送进了皇宫，成了后宫中的主要人物。姐姐一生未生过一男半女，妹妹生了皇十子允䄉和皇十一女。别看姐姐地位比妹妹高，当的是皇后，却只当了半年，当时后宫的妃嫔最多也超不过40位左右，可妹妹死后管的妃嫔却有48位，又是永久地管着她们，而且妹妹还比姐姐多活了十几岁，这样姐妹也算扯平了。

葬在景陵皇贵妃园寝内东宝顶下的悫惠皇贵妃佟佳氏与只当了两天皇后的孝懿皇后是

同胞姐妹。姐姐死后，妹妹也被封为妃，康熙三十九年又被封为贵妃。别看不是皇后，也不是皇贵妃，由于当时贵妃在宫中地位最高，而且只有1个，所以她就成了事实上的一把手，在康熙帝执政的后三分之一的时间里，后宫事务一直由她管理，这在清朝后宫史上是唯一的。姐妹俩管理康熙帝后宫达32年之久，这也是极为少见的。康熙帝的这个小姨子还曾与当时的和嫔（后来的惇怡皇贵妃）共同抚养过年幼的乾隆帝，因此她得以与和嫔共同葬入逾制的皇贵妃园寝。

电视剧《康熙微服私访记》里有一个深受康熙帝宠爱的宜妃。历史上，在康熙帝的后宫中还真的有宜妃这个人，长得冰肌玉质、国色天香，确实惹人喜爱。宜妃还有一个妹妹，同样窈窕动人。康熙帝听说后，把这个小姨子也娶了过来，纳入了后宫。他的这个小姨子还真不软，给康熙帝生了1个皇子和一个皇女，但地位不如姐姐，在康熙帝生前宜妃的妹妹只是一名贵人，雍正帝即位后才晋封为嫔。在景陵妃园寝中的8位嫔中都有名有姓的，却没有宜妃的妹妹，康熙帝的这个小姨子的葬地现在还是一个谜。

清朝最长寿的妃子

清朝从太祖努尔哈齐算起，到光绪帝止，11位皇帝共有后妃236人。在已知年龄的后妃中，活的岁数最大的最高寿的就算康熙帝的定妃了，她活了97岁，将近1个世纪。定妃是怎样一个人？她的经历如何？

定妃，万琉哈氏，也有写成瓦刘哈氏的。她是上三旗的满洲正黄旗人，她的父亲拖尔弼是郎中。顺治十八年（1661年）正月初三日生，比康熙帝小7岁。康熙二十四年（1685年）十二月初四日寅时生皇十二子履亲王允祹。康熙五十七年十二月二十八日（1719年2月16日）册封为定嫔。雍正二年（1724年）六月初十日雍正帝晋尊她为皇考定妃。遵照康熙帝的遗嘱，允祹将自己的母妃接到自己的府中颐养天年。乾隆帝即位后，每逢节日，把她接进皇宫；每逢定妃生日，乾隆帝赋诗献寿，称为盛事。乾隆二十二年（1757年）四月初七日卯时定妃病死，终年97岁，是清朝后妃中最高寿的。定妃死时，乾隆帝正在南巡回銮途中，闻知定妃病逝的消息后，非常悲痛，派在京的皇子等亲往祭奠。定妃是死在履亲王王府的。金棺停在王府大厅内，丧事由王府备办，所需一应钱物有不够之处，由皇宫承担，丧事规格按妃礼办理。金棺暂安曹八里屯，乾隆二十二年十月二十五日葬入妃园寝。

生育子女最多的妃子

清朝后妃中生育子女的数量最多的是6个。而生6个子女的后妃只有3人，而这3人中只有一位是妃子，这个妃子就是康熙帝的荣妃。

过去，就是在一夫一妻的民间家庭，生育6个子女的已婚妇女，已属不多。而在妃嫔众多的皇宫里，一个人能给皇帝生6个子女的妃嫔更属罕见。然而康熙帝的荣妃真的给康熙帝生了6个子女，其中皇子5个、皇女1个。人们不禁要问：在皇帝的后宫中，恐怕有的妃子一辈子见不到皇上面的都有，怎么荣妃一个人就生了6个，她是怎么样的人。

荣妃，马佳氏，满族，她是员外郎盖山的女儿，她是最早被纳入后宫的嫔御之一。康熙六年（1667年）九月二十日早晨她生下了一个皇子。当时马佳氏也不过十二三岁，为康熙帝侍寝时也不过十一二岁。这个皇子的降生，使当时年仅14岁的康熙帝第一次尝到了当父亲的滋味，所以康熙帝非常地高兴。他认为皇子的诞生是上天给他降下祥瑞，是国家的吉祥的象征，因此给这个皇子起名为“承瑞”。承瑞是康熙帝55个子女中第一个来到世上的，他是名副其实的皇长子。可能是母亲年岁太小，还不到生育的成熟期的缘故吧，承瑞在世上只活了两年零8个月就夭亡了，所以康熙帝的皇子在大排行时，未将他排在内。康熙十年十二月二十五日（1672年1月24日）夜间，马佳氏又生皇子赛音察浑。未想到这个皇子还是享年不永，只活了两年零3个月，就追随他的哥哥去了。这个皇子如果大排行的话，应排行为皇四子，可大排行时还是未将他排在其中。就在赛音察浑还未夭亡的康熙十二年（1673年）五月初六日早晨，马佳氏又生皇三女荣宪固伦公主。虽然这个皇女大排行为三公主，因为她的两个姐姐都夭亡了，所以皇三女是实际上的皇长女。她19岁时被封为荣宪公主，下嫁蒙古。她的寿命比她的两个哥哥长，到雍正六年（1728年）才死，活了56岁。马佳氏在康熙十三年（1674年）四月初六日又生皇子长华，康熙十四年（1675年）六月二十一日又生皇子长生。长华、长生都因早夭，在大排行时都未排在内。康熙十六年（1677年）二月二十日，马佳氏又生皇三子允祉，按出生顺序他应排行皇十子。允祉后来被封为诚亲王，最后被雍正帝圈禁而死，死时56岁。马佳氏在生允祉的同年八月二十二日被册封为荣嫔，康熙二十年十二月二十日（1682年1月28日）册封为荣妃。雍正五年（1727年）闰三月初七日死，同年十二月初四日葬入妃园寝。按康熙五年（1666年）12岁入宫算，到雍正五年（1727年）应为73岁。荣妃的家庭既不是名门望族，也不是功臣之家，她一生能为皇帝生了5个皇子、1个皇女，表明她不仅长得很漂亮，深得皇帝的宠爱，也表明她的生育能力十分旺盛。她是清朝生育皇子最多的妃子，也是生育子女最多的妃子。

景陵妃园寝宫门

康熙帝妃嫔中的苏杭美女

俗话说“上有天堂，下有苏杭”，我国江南，特别是苏州、杭州一带多出美女。据中国社科院历史所清史专家杨珍研究员考证，在康熙帝的妃嫔中就有来自江南苏杭一带的汉族美女。据说清朝皇家有一个内部规定，为了保持满族血统，清朝皇帝不得纳娶汉族女子为妃。汉族女子如果能进入皇宫，成为大清皇帝的妃子，那她最大的长处和优势就是出类拔萃的美。在康熙帝的后宫中，顺懿密妃就是来自苏杭的汉族女子。

顺懿密妃，王氏，知县王国正的女儿，康熙二十九年（1690年）入侍宫中。杨珍研究员认为，康熙帝于康熙二十三年（1684年）和二十八年（1689年）先后两次南巡，都曾驻跸苏州。苏州向以出美女名闻天下。当地官员、缙绅为了讨得皇帝的欢心，一定会挖空心思，以各种形式向皇帝表示忠诚，向皇帝进献美女历来是讨好皇帝的最有效的方法之一。王氏很可能就是在康熙二十八年这次南巡时从苏杭带入皇宫的，所以《清皇室四谱》说她二十九年入宫当不会错的。长期周旋于满、蒙女子床第之间已觉得有些烦腻的康熙帝对于来自江南温柔之乡的婀娜多姿的汉族美女自然要多几分怜爱，备加宠幸。王氏入宫后，于康熙三十二年（1693年）十一月二十八日生皇十五子允禑。两年后，王氏又于康熙三十四年（1695年）六月十八日生皇十六子允禄。允禑后来封为愉恪郡王，允禄封为庄亲王。康熙四十年（1701年）八月初八日王氏又生皇十八子允祄。王氏入宫后连生了3个皇子，可谓颇有劳绩，所以于康熙五十七年十二月二十八日（1719年2月16日）册封为密嫔。康熙帝死后，雍正二年（1724年）六月初十日雍正帝晋尊她为皇考密妃。乾隆元年（1736年）十一月初三日乾隆帝又晋封她为皇祖顺懿密太妃。这位妃子入宫后，侍奉康熙帝30多年，历经康熙、雍正、乾隆三朝，到乾隆九年（1744年），已年逾七旬。由于她淑慎温恭，慈祥和易，诞育贤王，福德兼备，所以深受乾隆帝的尊敬。这年四月，顺懿密太妃染病在床，病势渐渐沉重。乾隆帝知道后，准备亲自探视病情，正要启驾前往，忽闻奏报，太妃已薨逝，这天正是四月十八日，乾隆帝辍朝三日，第二天，乾隆帝陪着皇太后到顺懿密妃寝宫灵前致奠。金棺暂安京北曹八里屯。乾隆十年（1745年）十月十六日入葬，其墓穴位于园寝的正中最尊贵的位置。她生的皇十八子允祄也葬在了这座园寝内。

在官书和档案中是看不到对皇帝妃嫔容貌的描述的。所以王氏长得漂亮不漂亮，我们难以知道。但是从一个亲眼目睹过康熙帝后宫中另一个来自苏杭的汉族女子风采的外国人的记叙中，可以推想出王氏之美只能在其上，而不会在其下。

在清宫任画师的意大利人马国贤神甫在他写的回忆录《京庭十三年》里记载了这么一件事：康熙六十年（1721年）夏，他随皇帝居住在避暑山庄。他很想看一看活佛是什么样子。太监告诉他，当活佛路过他的住处时，让他从窗纸孔中偷看。没想到他看错了方向，没看到活佛，却看到了一位如花似玉的年轻美貌的妇人坐在对面的湖岸边上，身上披着深红色的斗篷，头上戴的珠宝熠熠发光，耀眼夺目，宛如一位圣洁的女神。一个大约5岁的小男孩正跪在她的腿边与她说话。马国贤惊异地说："一个如此年轻、美丽之人，竟学会这种能将一个人变得不正常的诡术，并且竟使自己被陛下的一个孩子当做神一样崇拜着。"太监告诉他，他所看到的那个美人是皇上的一个妃嫔。因为近日身体不爽，正在湖边休息闲坐，她身边的那个小孩是她的儿子。经杨珍研究员考证，这个年轻美貌的贵妇人就是来自苏州的汉族美女。当时她很可能是一名贵人，后来死于雍正年间，乾隆帝即位后追封她为穆嫔。穆嫔姓陈，她的父亲叫陈歧山。在《清皇室四谱》中一般妃嫔的父亲都注出官职，而穆嫔的父亲未注出官职，这只能说是个平民百姓。穆嫔生的那个儿子是康熙帝的皇二十四子允祕，后来被封为和硕諴亲王。

一名低级的贵人尚且如此貌美，那位位列妃位的王氏之美，也就可以想见了。

敏妃丧期剃发案

在清朝，男人头顶的前半部分的头发都要剃掉，如果在长达3个月的时间里不剃头发，本来早已习惯于光秃秃的头顶前半部长满了二三寸多长的头发，不仅极为难看，更主要的是十分闹心。但是在清朝，皇帝的妃子死了，皇宫内、宗室亲王以下人员在百日内不得剃头，以示哀悼。

康熙三十八年（1699年）七月二十五日，康熙帝的妃子章佳氏死了，这个妃子就是皇十三子允祥的生母敏妃。按照规定，皇族成员要在100天以后即十一月初五日以后才能剃发。这100天对于当时的男人可以说是度日如年，头顶很不舒服。康熙帝的皇三子诚郡王允祉实在受不了了，在100天之内就把头发剃去了。未想到这一举动在朝廷引起了一场轩然大波，使他受到了极大的损失。

允祉剃发的事很快就被皇父知道了。康熙帝对允祉擅自剃发极为震怒，于是在同年九月初一日向宗人府发了一道谕旨，谴责允祉在敏妃丧期未满百日就擅自剃发，认为是"殊属无礼"，命宗人府将允祉拘禁起来，对他严加议罪。同时指责办理王府事务的大臣、王府长史等对允祉剃发不行规劝，认为他们"甚属可恶"。命令将他们锁拿，严加治罪。宗人府很快就将拟定的结果上奏给了皇帝。宗人府拟定将允祉的郡王爵位革去，将办理王府事务的侍郎绥色、辛保、王府长史马克笃、一等侍卫哈尔萨俱革职，枷号3个月，鞭打100下，不准折赎。宗人府所拟定的处罚可谓非常严厉。

康熙帝为什么对允祉发这么大的火？难道允祉是一个不学无术的花花公子式的皇子吗？难道他们父子之间早有矛盾，康熙帝想借机泄愤吗？都不是。

允祉博闻多学，才华横溢，文化素质很高，擅书法，在天文、音乐方面都有较深的造诣。他的人品也很好，而且文武双全。在第二次征讨噶尔丹时，年仅20岁的允祉就执掌镶红旗大营，参战打仗。康熙三十七年（1698年）他与皇长子允禔一起被封为郡王。他是康熙帝众多皇子中最早封王的两人之一。他最突出的贡献是编书。他将康熙帝亲制的律吕、历法、算学编辑成百卷的《律吕渊源》，他还支持并参与了《古今图书集成》的修纂工作，可以说是康熙帝最得意最得力的左膀右臂，是众皇子中的佼佼者。康熙帝是一位善于以理止情的人，即使是心爱的皇子，犯了错误也不留情。但康熙帝觉得宗人府拟的是重了点，于是他从宽做了如下处理：允祉革去郡王爵，降为贝勒。辛保、马克笃、哈尔萨俱革职，鞭100，准其收赎。绥色自任侍郎以来，实心效力，从宽免罪，但从此不再让他管理王府事务。就因为提前剃了发，致使允祉在贝勒位上呆了11年之久，到康熙四十八年（1709年）才晋封为亲王。

这一剃发风波，反映了康熙帝对死去的妃子丧礼的高度重视，也起到了警示后人的作用，终康熙一世，再也未发生类似事件。

景陵妃园寝前景

景陵妃园寝一孔拱桥

景陵妃园寝园寝门

三、妃园寝之谜

景陵妃园寝不仅“之最”多，而且“之谜”也不少。那么，都有哪些谜呢？

敬敏皇贵妃的葬地

敬敏皇贵妃章佳氏是怡亲王允祥的生母。章佳氏死于康熙三十八年（1699年）七月二十五日，康熙帝谥她为敏妃，雍正元年（1723年）被追封为敬敏皇贵妃。前面在讲景陵“首创帝陵祔葬皇贵妃”时已经讲了雍正帝为什么追封敏妃为皇贵妃的原因。清朝官书记载，敬敏皇贵妃是在雍正元年九月初一日与康熙帝一起葬入景陵地宫的，这个日期与她死的日期相隔了24年。在这24年期间，敏妃的金棺是入葬了，还是停灵待葬？

在正常情况下应该是入葬了，因为没有任何理由不入葬而长期停灵。那么她葬在了哪里？既然已经入葬了，为什么又葬入了景陵？如果没有入葬，理由是什么？她的金棺停在了什么地方？雍正帝有一道谕旨似乎回答了这个问题。

雍正元年正月二十六日，雍正帝是这样说的：

昔日皇考建设妃园寝为母妃等殡所。惟敏妃母妃一位，皇考曾降旨暂安于陵寝琉璃花门之内，宝城近处，俟入宝城。今钦遵皇考原旨，奉敏妃母安于宝城内。在宝城内安放者只有敏妃母一位，应追封为皇考皇贵妃。

谕旨说得很明白，敏妃死后没有葬入妃园寝，而是停灵于景陵琉璃花门以内的院内。

笔者对这道谕旨颇有怀疑。

其一，景陵妃园寝内共葬了1个贵妃和11个妃，其中有4人死于康熙朝。比敏妃早死5年的孝昭皇后的妹妹温僖贵妃死后10个月葬入了景陵妃园寝，比敏妃早死3年的孝诚皇后的妹妹平妃死后4个月葬入了景陵妃园寝，比敏妃晚死12年的良妃死后3个月葬入了景陵妃园寝。为什么单单敏妃不葬入妃园寝而停灵景陵?

其二，皇帝陵内祔葬皇贵妃的制度是雍正帝首创的,不是康熙帝创立的，所以康熙帝不会将敏妃葬入景陵的。退一步说，如果康熙帝想葬入妃嫔，温僖贵妃和平妃也应该比敏妃优先，因为她们俩都是皇后的妹妹，又都比敏妃死得早。为什么比敏妃死得早，地位又高的温僖贵妃和平妃不葬入景陵，反而想将敏妃葬入景陵，这在情理上讲不通。

其三，康熙帝已开创了皇后先葬地宫，地宫门不关，等待皇帝的制度。敏妃死时，景陵地宫内已葬入了孝诚皇后、孝昭皇后和孝懿皇后。康熙帝既然想将敏妃葬入景陵地宫，为什么不直接将敏妃葬入地宫？何必停灵于陵院内，增加许多麻烦?

其四，如果确实想将敏妃葬入景陵，也不会停灵于景陵院内，而应该停灵于京城的殡宫。孝东陵的宁悫妃、端顺妃死后都曾停灵于京北的曹八里屯多年。

景陵妃园寝空券上的宝顶

其五，在琉璃花门之内，宝城近处怎么停灵？那里既没有房屋，也没有地下室。金棺绝不会露天停放吧，那就得盖房子，建殡宫。在陵内建殡宫，可能吗?

其六，康熙帝绝不会预知敏妃会在几十年后要葬入景陵而故意不将她葬入妃园寝，停灵于景陵。

由此可见，雍正帝的谕旨实在让人难以相信。可是这道谕旨确实存在，保存在中国第一历史档案馆里。难道是雍正帝故意假造的谕旨，为他将敏妃祔葬景陵制造舆论准备?这些我们现在还不清楚。

为什么有个空地宫

《陵寝易知》是清朝东陵守陵官员编写的带有工作指南性质的一部书。祭祀时，为了不将墓主人的葬位弄错，不仅画了葬位图，而且还编了一首葬位歌诀。这首歌诀是这样的：

景妃园寝主位多，四十八位式如何？
园寝门内左右审，左马贵人右僖嫔。
二层端嫔定妃位，西边熙嫔良妃对。
十八阿哥三层东，紧挨成妃襄嫔宫。
西边宜妃平妃是，宝顶相排如雁翅。
四层妃位更尊严，纯惠温顺慧荣宣。
五层尹贵和谨嫔，相接空券十分准。
伊布相隔新贵脉，通静穆嫔色常在。
六层文蓝二贵人，常瑞袁贵常在真。
徐常石常常勒贵，寿常在券下相随。
七层尹禄常在共，妙秀庆灵号答应。
西边春晓治牛双，五位答应紧靠墙。
若能熟悉此位歌，园寝奉祀不用说。

景陵妃园寝

根据《陵寝易知》上画的葬位图和上面的葬位歌诀知道，第五排东数第三个宝顶下的地宫是空的，没有葬人。为什么有空地宫？只能有两种情况：一是多建了一个，二是地宫内原葬有人，到后来迁走了。这个空地宫属于哪种情况？园寝内的宝顶地宫数是根据皇帝的妃嫔数建的，既不能少建，也不能多建，严丝合缝，可丁可卯，所以第一种情况不可能。不是第一种情况就只能是第二种情况，如果把敏妃死后的葬地之谜联系起来考虑，第二种情况还真有可能。在《陵寝易知》“神牌位次”部分，在敬敏皇贵妃名下记有：“七月二十五日薨，于三十八年十月奉安”。奉安就是入葬，这就表明敏妃是在死后的当年十月就入葬了。葬哪儿了？很明显，只能葬在景陵妃园寝。由此可以作如下推想：敏妃死后在当年十月就葬入了景陵妃园寝第五排东数第三个地宫内。24年以后，被追封为敬敏皇贵妃，从地宫中迁出，改葬到景陵。这样空地宫的问题就解决了，敏妃死后葬地之谜也解开了，两个葬期的问题也解决了。事实是不是这样呢？还有待文字的证实。

为什么将皇子葬入妃园寝

谁也不会相信，堂堂的大清皇帝的皇子死后会葬入妃园寝，可事实还真的有这码事。根据《陵寝易知》上的葬位图和葬位歌诀明确告诉我们，康熙帝的皇十八子允祄葬在了景陵妃园寝内。48名妃嫔、1名皇子，再加上一个空地宫，这座园寝内应该有50个宝顶（坟头）。可是实际一数，只有49座。这是怎么回事？为什么少了1个？真是太奇怪了。后来一次植树时，清东陵文物保管所工作人员在景陵妃园寝后院东墙根下发现了一个小地宫，在水里泡着一个小棺材，未敢动，马上就埋上了。根据葬位图和葬位歌知道，皇十八子正是葬在这个位置。皇十八子为什么不建坟头？原来在清初，早殇的皇子，都使用红色的小棺材，埋入地下后，在地面上不堆坟头，不栽树，不留任何痕迹。事实证明皇十八子死后就是这样办的。这样少一个坟头的谜就解开了。可是为什么要将皇十八子葬入妃园寝呢？

皇十八子允祄，生于康熙四十年（1701年）八月初八日，他的母亲是顺懿密妃。康熙帝对众皇子教育很严，从幼年就对他们进行骑射、国语(满语)等方面的教育。无论是行军征讨，还是围猎出巡，都让许多皇子陪驾随行，开阔他们的视野，增加他们的实践经验，锻炼他们的意志，让他们从小就接触社会，了解民情。康熙四十七年（1708年）五月，康熙帝到塞外巡视。这次随驾的总共有7个皇子，最小的就是皇十八子允祄，当时只有8岁，按实足年龄算，只有6岁零9个月。这么小的孩子就要骑着马，背着弓箭，跟随皇父长途跋涉，到塞外打猎，那可是金枝玉叶的皇子啊！现在谁舍得让6岁多的孩子受这些苦、这些累啊！这年的八月份，当他们行到永安拜昂阿这个地方时，允祄得了重病，不得不留在那里医治。虽经多方抢救，仍不见效，竟于九月初四日死在那里。后来将他葬入了景陵妃园寝，其墓位于第三排东数第一座宝顶的东旁。

康熙帝有35位皇子，短命夭亡的有15位。其中有在允祄前死的，有在允祄后死的；有比允祄岁数大的，有比允祄岁数小的，那14位早殇皇子都未葬入妃园寝，为什么偏偏把允祄葬入妃园寝呢？

有人说，允祄死的时候只有8岁，年龄太小，不值得为他单独建园寝，所以就葬入了这座妃园寝，这样既省事又省钱。这个说法对不对呢？不对。在康熙帝的15个早殇的皇子中，有的活了几岁，有的只活了几天，允祄活了8岁，在15个早殇皇子中还是年龄较大的呢。那14个怎么不葬入妃园寝呢？所以这个说法不成立。

还有人说，允祄的生母顺懿密妃葬在这座妃园寝内。为了让他母子二人在九泉之下也能在一起，长倚母亲的膝下，所以才将十八阿哥允祄葬在这座妃园寝内。这种说法也不对。因为康熙帝的早殇皇子的生母大部分都葬在了这座妃园寝内。为什么不将那些早殇皇子也葬在这座妃园寝内，与他们的母亲在一起呢？所以这种说法也不成立。

景陵妃园寝内这块长满草的地下埋葬着十八阿哥，墓上无封土

还有人说，允祄最受康熙帝的喜爱，所以把他葬在妃园寝，让他死后与父母长期在一

起。这表面上看似乎也有道理，实际上也不对。要论15位早殇的皇子中，最受康熙帝喜爱的莫过于孝诚皇后所生的嫡子承祜了。承祜死时只有4岁，康熙帝正陪着他的祖母孝庄皇后在赤城温泉疗疾，当他听到承祜死的消息后，悲痛万分，在行宫里白天很少出来。只有给太皇太后请安的时候，康熙帝在太皇太后面前故意装成若无其事的样子，不让太皇太后看出来，以免太皇太后伤心。可是给太皇太后行完礼之后，回到行宫依然是闷闷不乐。这足以说明承祜在康熙帝心中的地位，也表明康熙帝是多么喜欢承祜了。既然这样，为什么不把承祜葬入妃园寝呢？所以这个说法也讲不通。

到底为什么将允祄葬入妃园寝，至今也是一个谜。

慧妃最初的葬地

康熙帝一生有后妃55人，是清朝皇帝中后妃最多的，其实这只是累计数，同时存在的最多也不过40位左右。在这55位后妃中，最早死的就是慧妃。

慧妃之父阿郁锡骑马图（清朝宫廷绘制）

慧妃，是康熙帝后宫中仅有的两位蒙古族女子之一。慧妃来自蒙古科尔沁草原，与孝庄皇后同属一个博尔济吉特氏家族。她的父亲阿郁锡是三等台吉，她被选中后接进了皇宫，和顺治帝的悼妃一样，她在待年期间于康熙九年（1670年）四月十二日死了，估计年龄也不过十一二岁。慧妃是康熙帝后妃中第一个离世的。康熙帝对这位未婚妻很关照，追封她为慧妃。《昌瑞山万年统志》一书记载，慧妃于康熙十年（1671年）二月初九日未时入葬，可是这个时候康熙帝的陵还没有建。后来景陵及妃园寝建成，康熙二十年三月康熙帝亲自护送孝诚、孝昭两位皇后的梓宫去景陵入葬时，慧妃的金棺同时葬入景陵妃园寝。康熙二十五年十二月十九日（1687年2月1日），康熙帝在孝陵给皇父行完岁暮大享礼，到景陵祭祀完孝诚、孝昭两位皇后以后，专程到妃园寝慧妃墓前三奠酒，并举哀致祭。那么慧妃最初葬在了什么地方呢？是京城的殡宫，还是东陵（当时还没有东陵这个名字，为了叙述方便，读者容易理解，这里暂用东陵这个名称——笔者注）黄花山下的悼妃园寝？这件事一直是个谜。

葬位的混乱

清朝妃园寝内葬有多名妃嫔，上至皇贵妃，下至常在、答应，这些人共葬一座园寝内。那么她们的葬位按照什么原则安排呢？总的来说是：地位高的在前排，地位越低越往后安排；如果同一排，地位高的居中安排，地位低的往两侧安排。这些原则现在看来也是合情合理的。

可是景陵妃园寝却没有完全按照这些原则安排葬位。比如，第四排的地位最高，有6个妃、1个贵妃。按道理，园寝内的唯一的温僖贵妃应在这排的正中位置，居于园寝的中轴线上。可实际上，顺懿密妃却排在了正中，而温僖贵妃却排在了顺懿密妃的东侧。第一排安葬的却是马贵人和僖嫔。

总之，景陵妃园寝的葬位排列比较混乱，原因尚不清楚。

宜妃为什么死后4年才入葬

景陵妃园寝内安葬了11个妃子，大部分都是死后几个月就入葬，最长的也只有一年多。可是宜妃却特殊，她死于雍正十一年（1733年）八月二十五日，到乾隆二年（1737年）九月二十五日才入葬，相隔了4年零1个月。这是为什么呢？谁都知道雍正帝最恼恨宜妃。为什么呢？因为宜妃是皇九子允禟的生母。允禟是雍正帝的冤家对头，迁怒于其母是必然的。雍正帝曾在康熙帝大丧期间，曾借机责怪过宜妃失礼。宜妃4年停灵不丧，难道是雍正帝的故意报复？雍正帝报复，乾隆帝不会报复吧？乾隆帝即位后纠正了他父亲许多过激的做法。可即位后又过了两年才将宜妃入葬。真是令人捉摸不透。

安嫔、敬嫔葬到哪里去了

无论是清朝的官方史书，还是私人著述，在康熙帝的妃嫔中都有一位安嫔和一位敬嫔。安嫔，李氏，是总兵官刚阿岱的女儿，康熙十六年册封为安嫔。敬嫔章佳氏（《圣祖御制诗文集》为王佳氏）是护军参领华善的女儿，与安嫔同时封为嫔。在《昌瑞山万年统志》和《陵寝易知》两书中，景陵妃园寝的48位内葬人物都有名有姓，就是没有这两个人的名字。这两个人葬到哪里去了？现在还是一个谜。

14个早殇皇子葬到哪里去了

康熙帝的35个皇子中竟有15个幼年夭亡，死亡率达到了43%。我们现在已经知道了皇十八子允祄葬在了景陵妃园寝内。可那14名早殇的皇子葬到哪里去了？

《大清会典》记载："康熙年间定，凡皇子初殇，皆备朱式小棺，祔葬于黄花山园寝，惟开墓穴平葬，不封不树。"在康熙年间，黄花山下只有荣亲王园寝、裕亲王园寝和纯亲王园寝。是将这些早殇皇子葬在了这3座园寝之内，还是在这三座园寝之外？至今不得而知。

康熙帝到底有多少嫔妃

无论哪部记载清朝皇帝后妃的书，都没有比记述清东陵的专著《昌瑞山万年统志》和《陵寝易知》两书记得更全、更有权威性，因为书中所记的人和实际葬在那里的人基本是相互对应的。清东陵景陵葬了4位皇后，1位皇贵妃。皇贵妃园寝葬了2名皇贵妃。妃园寝内葬了1名贵妃、11名妃、8位嫔、10位贵人、9位常在、9位答应，共计55人。康熙帝的后妃数是清帝中最多的，但是《清宫述闻》中有一条史料，让我们认为康熙帝的后妃数远远不是这个数，这个数只是个零头。这条史料的内容是：

> 乾隆五十四年正月总管内务府奉旨查得：康熙四十六年乾清宫主位十六位，大答应十人。景阳宫大答应四十七人，小答应四十二人。毓庆宫主位三位，大答应七人，小答应二十二人。所内答应四十一人，学生三十八人，女子共一百三十二人。一年宫分分例等项，约计共需银三万七百九十八两一钱五分……

这条史料中仅大小答应就有169人。我们知道，皇帝的妻妾共分八级，由上到下依次是皇后、皇贵妃、贵妃、妃、嫔、贵人、常在、答应。上面史料中所提到的大小答应，是不是皇帝的最低妃嫔呢？“答应”是皇帝最低妻妾的正式名称，笔者认为不可能是宫女。宫女就是专门伺候帝后妃的女奴婢，不可能与皇帝的妻妾的名称相混用。如果这169名大小答应也是皇帝的最低嫔御的话，那么康熙帝的后妃数就不是55位了，起码是224位了。其实雍正、乾隆等朝都有这类大小答应。如果这些大小答应真的是皇帝的妻妾的话，那么清朝各帝的后妃数还得重新考证。还有那38名学生指的是什么？是不是那些宫中待年的准妃嫔？这些都待考证。

景陵妃园寝大殿遗址

第三节 景陵皇贵妃园寝——等级最高的妃园寝

在景陵东面约1公里的地方有一座妃园寝，坐北朝南，依山面水，左右有砂山夹护，地势平坦，红墙绿瓦掩映在苍松翠柏之中，显得格外幽静，这就是景陵皇贵妃园寝。

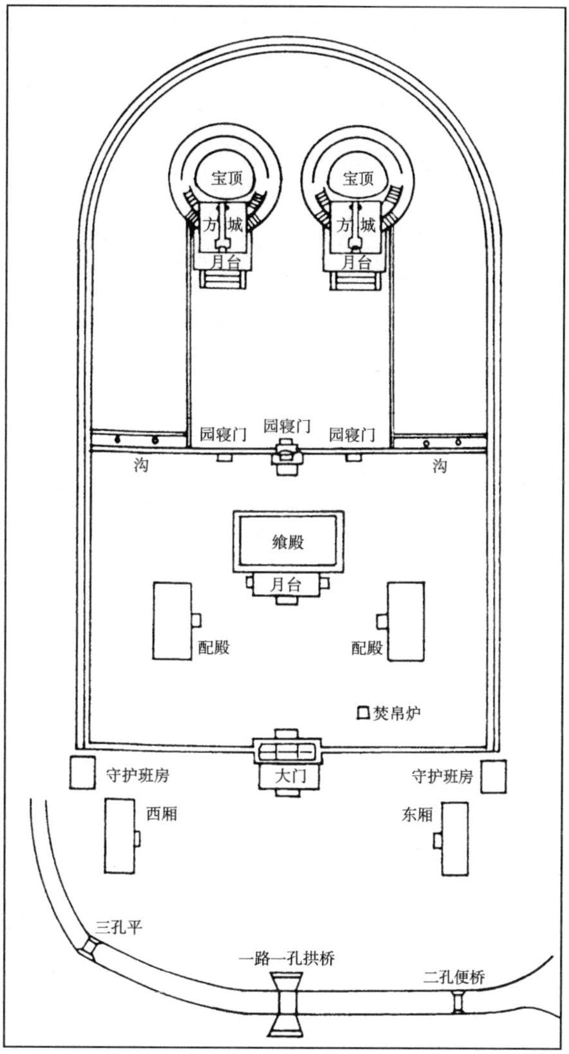

景陵皇贵妃园寝平面示意图

一、建双妃园寝的传说

清朝每一座皇帝陵旁大都建一座妃园寝，但有人会说孝陵和慕陵就没有妃园寝。这两座皇帝陵确实没有妃园寝，这是有原因的。因为顺治帝和道光帝的妃嫔都葬在皇后陵里了，所以才没有妃园寝。可是康熙帝却建了两座妃园寝。又有人会说：康熙帝的妃嫔多，一座妃园寝容纳不下，所以才建了两座。表面上一听很有道理。康熙帝的妃嫔确实不少，可在建造这座皇贵妃园寝的时候，妃园寝内还有许多的空位，当时根本不存在容纳不下的问题。还有人会这样解释：皇贵妃地位太高，仅低于皇后，如果与一般妃嫔葬在同一座园寝里会有损她们的地位和尊严。这种说法对不对呢？不对。因为皇贵妃虽然地位十分尊崇，但也只是妃，完全可以而且也应该葬入妃园寝。关内的八座妃园寝中有六座葬入了皇贵妃，惠陵妃园寝就葬了四位皇贵妃。那康熙帝究竟为什么要建两座妃园寝呢？东陵地区流传着有关这方面的两个传说。

第一个传说是这样的：这两个妃子是一对孪生姐妹，长得国色天香，艳丽动人。她俩不仅琴棋书画样样精通，更难得的是武功高强。她俩曾多次随康熙帝御驾亲征，冲锋陷阵，勇冠三军。她俩还经常陪伴皇帝行围打猎，箭无虚发，猎物最丰。这一对文武全才的美丽佳人，康熙帝怎不喜爱？因此她俩宠冠六宫，倍受宠幸。无奈红颜薄命，正当她俩红极之时，忽然双双谢世。康熙帝为了表达对她俩的思恋之情，特地为她俩单独修建了这座皇贵妃园寝，当地人都称之为双妃陵。

另一种说法是：葬在这座园寝的两个妃子是康熙帝的同胞姐姐，天生丽质，绝色佳人，六宫粉黛尽皆失色，皇帝爱恋不已，非娶不可。为了照顾大清皇帝的面子，提前将这姐妹二人偷偷地过继给远处的高官家，再由大臣推举，将这两个美人纳入了皇宫，成了康熙帝的妃子。后来这两个妃子死后，康熙帝为尽夫妻之情，姐弟之义，专为两位姐姐修建了园寝。俗话说，纸包不住火。这件事尽管做得十分严密，后来还是传到了社会上。于是有人写诗讽刺清廷统治者：“头戴飞禽羽，身穿走兽衣，父子不同姓，姐弟配夫妻”。所谓“飞禽羽”指的是清朝官员帽子上的孔雀翎，“走兽衣”指的是满族人穿的马蹄袖。“父子不同姓”指的是父子不是一个姓，如顺治帝叫福临，他的儿子康熙帝叫玄烨。其实这是误解，满族人父子同姓，因为姓的字数太多，再与名字联起来叫太麻烦，不方便，所以在日常称呼时只叫名不带姓。最后一句“姐弟配夫妻”据说指的就是上面这个传说。实际上这个传说根本就是牵强附会、子虚乌有，是那些民间不了解情况的人以讹传讹所致。

景陵皇贵妃园寝

二、为报恩而建园寝

据《清实录·高宗实录》记载，还是皇子的雍正帝为了加深父子之间的感情，知道皇父特别喜爱牡丹，所以就邀请皇父到牡丹台观赏牡丹，这是富于心计的雍正帝的一次精心安排。康熙六十一年（1722年）三月二十五日，康熙帝应邀来到了圆明园的牡丹台（后来

景陵皇贵妃园寝双明楼

牡丹台改名为镂月开云），雍正帝特意将自己的儿子弘历带在身边，并让弘历给康熙帝行礼。康熙帝来到牡丹台后，见到了盛开的牡丹花，姹紫嫣红，争奇斗艳，本来就已十分高兴，这次又见到了仪表贵重、举止不凡的弘历，更使他高兴万分，他万万没有想到自己还有这么个神童般的孙子，高兴之下，情不自禁地说："这个孩子的福分将来要超过我！"当即降旨，将弘历接入皇宫中，让主持后宫事务的贵妃佟佳氏和宠妃和妃抚养弘历。康熙帝在政暇时，经常教导弘历学习。到热河避暑山庄、木兰行围，都将弘历带在身边。这两位妃子非常了解康熙帝对爱孙的感情，将弘历照顾得无微不至，两位奶奶辈的妃子在弘历稚嫩的心田里留下了难以磨灭的良好印象。

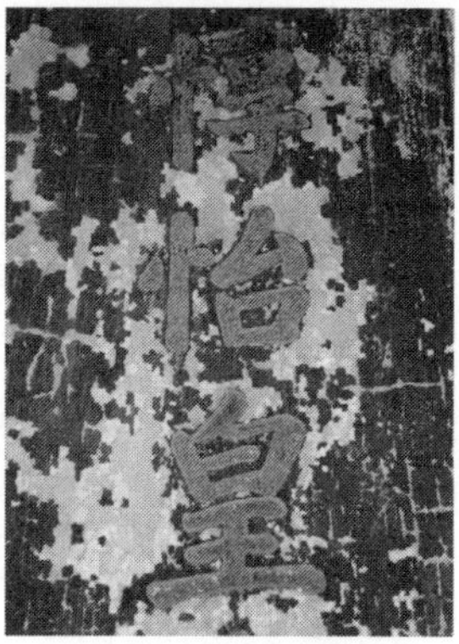

景陵皇贵妃园寝西朱砂碑之"惇怡皇"三字

弘历即位以后，为了报答两位妃子的抚养之恩，将佟佳氏尊封为寿祺皇贵太妃，将瓜尔佳氏晋封为温惠贵太妃，在生活上给予格外关照。他觉得这样还不足以报答这两位妃子对自己的抚养之恩，乾隆帝决定为这两个妃子单独营建妃园寝，并将这座妃园寝的规格提高。但他又担心这样做会违背古代旧例，于是他命大臣们遍查史书，看看古代有没有一个皇帝建两个妃园寝的先例。大臣们通过查阅史书后向皇帝奏称，建两座妃园寝古代有先例，不违背古礼。乾隆帝又将这件事告诉了皇太后，皇太后对皇儿的这种做法完全同意。于是，乾隆帝决定为两位奶奶辈的太妃单独营建超越一般

景陵皇贵妃园寝东碑文之"悫惠皇"三字

妃园寝规制的妃园寝。

三、园寝规制数第一

清朝共建了10座妃园寝，要论规制高，当属景陵皇贵妃园寝。为什么这样说的呢？有以下5个理由。

景陵皇贵妃园寝悫惠皇贵妃朱砂碑

建有两座方城、明楼

按标准妃园寝规制，妃园寝不建方城、明楼，可是这座景陵皇贵妃园寝不仅建了方城、明楼，而且建了两组，左右并排。为了与帝后陵有所区别，在规制上有所缩减，在总体上形体缩小：由双檐改为单檐，朱砂碑由三种文字镌刻改为用满汉两种文字，黄琉璃瓦改为绿琉璃瓦。

景陵皇贵妃园寝西配殿

建有东西配殿

按妃园寝规制，妃园寝不建东西配殿。而这座妃园寝建了各为面阔5间的东西配殿，比昌西陵、慕陵、慕东陵的配殿规制还高。

大殿前设有丹陛石

在景陵皇贵妃园寝的大殿前设有一块刻有“丹凤朝阳”图案的丹陛石。昌西陵和慕东陵尽管是皇后陵，但在大殿前都没有丹陛石，这是清朝妃园寝中唯一的。

景陵皇贵妃园寝丹陛石是清朝妃园寝中唯一的

东西厢房带前廊

只有皇帝陵和皇后陵的朝房才有前廊，妃园寝的厢房不带前廊。而景陵皇贵妃园寝的厢房却有前廊，这同样是妃园寝中的孤例。

一孔拱桥两侧建有两座平桥

清朝关内的8座妃园寝中，有6座在一孔拱桥东旁建平桥一座，而景陵皇贵妃园寝却在一孔拱桥两侧各建平桥一座。

因为景陵皇贵妃园寝具备了这5条，所以成了清朝规制最高的妃园寝。

景陵皇贵妃园寝西厢房带有前廊

四、不同凡响的双妃

葬在这座园寝内的两个妃子既不是孪生姐妹，也不是康熙帝的姐姐，那么这两个妃子到底是怎样的人呢？

既是表妹又是小姨子的悫惠皇贵妃

葬在东旁宝顶下的妃子的最后称谓叫悫惠皇贵妃，这是她死后的谥号。她姓佟佳氏，满洲镶黄旗，领侍卫内大臣佟国维是康熙帝生母孝康皇后的弟弟，他有两个如花似玉的女儿，都嫁给了她们的表哥康熙帝，一个是只当了两天皇后的孝懿皇后，另一个就是这位悫惠皇贵妃。悫惠皇贵妃，康熙七年（1668年）八月生，康熙三十九年（1700年）封为贵妃，她在康熙晚年主持后宫事务多年。雍正二年（1724年）晋为皇贵妃，乾隆元年（1736年）晋尊为寿祺皇贵妃，乾隆八年（1743年）死，享年76岁，谥为悫惠皇贵妃，同年葬入这座园寝内。

景陵皇贵妃园寝大殿遗址及丹陛石

康熙帝的最后未亡人惇怡皇贵妃

景陵皇贵妃园寝一孔拱桥

康熙帝的55位后妃中，最早离世的是宫中待年的慧妃博尔济吉特氏。那么最后离世的又是谁呢？她就是葬在清东陵景陵皇贵妃园寝内的惇怡皇贵妃瓜尔佳氏。

这位瓜尔佳氏在康熙帝的后妃中可是位不可忽视的女人。她是满族人，父亲祜满是三品协领。她出生于康熙二十二年（1683年）十月十六日，比康熙帝小29岁。康熙三十九年（1700年）九月二十八日，她被封为和嫔，当时为17岁。她很可能在十五六岁时就已入宫。在康熙帝的妃嫔中，有许多人宫多年也得不到册封，没有封号，甚至一直到死。据

景陵皇贵妃园寝园寝门

《世宗宪皇帝实录》记载，雍正帝即位以后，后宫中有一位年已七旬的康熙帝的低级嫔御，直至康熙帝死连个贵人都未熬上，一直是常在，雍正帝即位后才将她升为贵人。而瓜尔佳氏刚入宫不久就被封为嫔，成了主子，在册文中称赞她“德蕴温柔，性娴礼教”。她的封号又是“和嫔”，这表明她是一位性格温顺平和、知书达礼的女子，因而受到了皇帝的宠爱。瓜尔佳氏被封为嫔的第二年，就为皇帝生下了一个女儿，排行为皇十八女（生下来不久就夭亡了）。瓜尔佳氏入宫以后，久宠不衰，到康熙五十七年（1718年）四月十九日，她被晋封为和妃。我们知道，在康熙朝晚期，不再立后，也不再封皇贵妃。自康熙三十九年（1700年）以后，后宫事务由贵妃佟佳氏（后来与瓜尔佳氏同葬在景陵皇贵妃园寝的悫惠皇贵妃）主持。所以，当时妃子在后宫的地位很高。当时后宫中只有7名妃子，而和妃瓜尔佳氏就是其中的一位。康熙六十一年（1722年）三月，康熙帝交给当时主持后宫事务的贵妃佟佳氏和她一项重要使命，就是让她们俩在宫中抚育一个12岁的孙子。这个孙子就是皇四子雍亲王胤禛的第四子弘历，也就是后来的乾隆帝。当时和妃是40岁，和妃深深体会到皇帝对这位孙子的格外厚爱的用心，所以就以对皇帝的无比忠心和自己的无限母爱，将弘历照看得无微不至，给弘历留下了美好的印象。这件事对于和妃来说，可以说是改变了她后半生的人生旅途。雍正帝即位以后，晋封瓜尔佳氏为皇考贵妃。雍正帝即位时45岁，和妃当时40岁。和妃之美貌温柔是朝野皆知的，她与雍正帝可以说是年貌相当。因此当时宫廷内外盛传雍正帝霸占了和妃，将她纳入了自己的后宫。其实这只是一种谣言，不足为信。乾隆帝即位后，尊封瓜尔佳氏为贵太妃。乾隆帝为报答两位太妃的抚养之恩，为她俩营建了超越标准的妃园寝。瓜尔佳氏每次千秋之日，乾隆帝都隆重庆祝并赋诗祝贺。对于奶奶辈的双妃，乾隆帝极为尊重孝养。皇贵太妃佟佳氏在乾隆八年（1743年）死后，双妃只有一妃了，乾隆帝在悲痛之余，更感到贵太妃健在的可贵，应对这位太妃以更多的尊重和孝养，于是乾隆帝在佟佳氏死后不足3个月就晋尊瓜尔佳氏为温惠皇贵太妃，在妃级达到了顶级，仅次于皇后。佟佳氏死后，瓜尔佳氏又在宫中生活了25个春秋。乾隆三十三年（1768年）三月十四日下午，瓜尔佳氏走完了她86年的人生旅程，溘然长逝，她是康熙帝55名后妃中最后离开人世的。

瓜尔佳氏死后，乾隆帝给她上的谥号是“惇怡皇贵妃”，同年十月十二日葬入景陵皇贵妃西旁地宫中。乾隆帝在追悼瓜尔佳氏的诗中写道：

成鼎轩皇卅六春，懿恭奉养藉诚申。
太妃世上超群寿，圣祖宫中无一人。
为忆当年勤诲爱，那堪此日剧悲辛。
佳城双峙景陵近，志我追思恪念谆。

第六章 泰陵

泰陵是雍正帝的陵寝，坐落于河北省易县太平峪，与雍正帝合葬的有他的原配皇后孝敬皇后和敦肃皇贵妃。

泰陵是清西陵的首陵，是清西陵诸陵中建得最早的，也是规模最大的陵寝，位于清西陵的中轴线上。雍正帝远离昌瑞山建陵，地宫又尚未开放等等，使泰陵充满了神秘的色彩。

泰东陵和泰陵妃园寝是泰陵的附属陵寝。

第一节　清西陵第一陵——泰陵

雍正帝读书像

随着清王朝的入关，大清皇陵的龙脉也伸进了关内，首先伸到了遵化的昌瑞山下，在那里先后建起了孝陵、景陵、孝东陵、昭西陵。按照这个顺序，雍正帝的泰陵也必然要建在昌瑞山下。未想到事起波澜，雍正帝把大清皇陵的龙脉又引到了直隶易县的泰宁山下，他的泰陵第一个建在了那里，从此有了“西陵”。以后各陵分别在东、西陵两地营建，这样大清皇陵的龙脉由一干分成了两支，形成了以北京为中心的东陵和西陵两大皇家陵园。

清西陵位于今河北省易县梁格庄西。从雍正八年（1730年）始建泰陵，到1914年崇陵建成，历时184年。清西陵建有皇帝陵4座、皇后陵3座、妃园寝3座、亲王园寝2座、阿哥园寝1座、公主园寝1座，共14座，葬皇帝4位、皇后9位、妃嫔57位、亲王2位、皇子5位、皇孙1位、公主2位，共80位。陵园外围还建有王爷、公主、大臣等大量陪葬墓，清西陵是我国帝制社会最后一座皇家陵园。

一、雍正帝为什么不葬在东陵

清朝入关后的第一帝顺治葬在了昌瑞山下，第二帝康熙也葬在了昌瑞山下，顺理成章，第三帝雍正也应该葬在昌瑞山下。可是事实表明，雍正帝没有葬在那里，而是葬在了距昌瑞山600多里的易县泰宁山下。这是为什么呢？这个问题也是200多年来人们一直很关心的问题。

泰陵大红门及石麒麟

建陵的传说

雍正帝为什么不葬在东陵，主要有两种说法：

怕报复说

200多年来野史盛传雍正帝靠阴谋手段，害死了皇父康熙帝，篡改了遗诏，夺得了皇位，同时残酷地杀害了与他争夺皇位和与他作对的众弟兄。雍正帝颇有心计，他怕如果将自己的陵建在昌瑞山下，靠依皇父的景陵，入葬以后，一来九泉之下没有脸面与皇父见面，更主要的是怕皇父报复，使他长期昼夜不宁，惶恐不安，因此必须要远离景陵，远离昌瑞山。在这种逃避报复思想的支配下，才将自己的陵寝建在了远离东陵的易县。

独尊说

清朝入关以后，陵寝制度效仿明陵，许多陵寝都建在一起，用一道风水墙把这些陵围起来。其中最早建的、辈最大的陵是主陵（也叫首陵），位于最尊贵的位置。只有主陵才可以建石牌坊、大红门、更衣殿。雍正帝是一位雄心勃勃的一代英主，从不想屈居人下。他知道顺治帝的孝陵是昌瑞山祖陵的主陵，已建了石牌坊、大红门、更衣殿。如果他的陵也建在昌瑞山下，则只能屈居孝陵、景陵之下，上述建筑均不能修建，这是他绝对不能忍受的。雍正帝只有另辟新的陵园，以自己的陵为主陵，独尊一方，八面威风，上述建筑一应俱全了，所以雍正帝决定不在东陵建陵。

这两种说法对不对呢？都不对。就拿报复说吧，雍正帝怕死后遭报复，难道他生前就不怕遭报复吗？躲出600多里就能免遭报复吗？他长期住在北京，还多次到景陵祭祀皇父，所以怕报复的说法纯属无稽之谈。至于独尊说更没有任何依据，只是一种推想，不足为据。

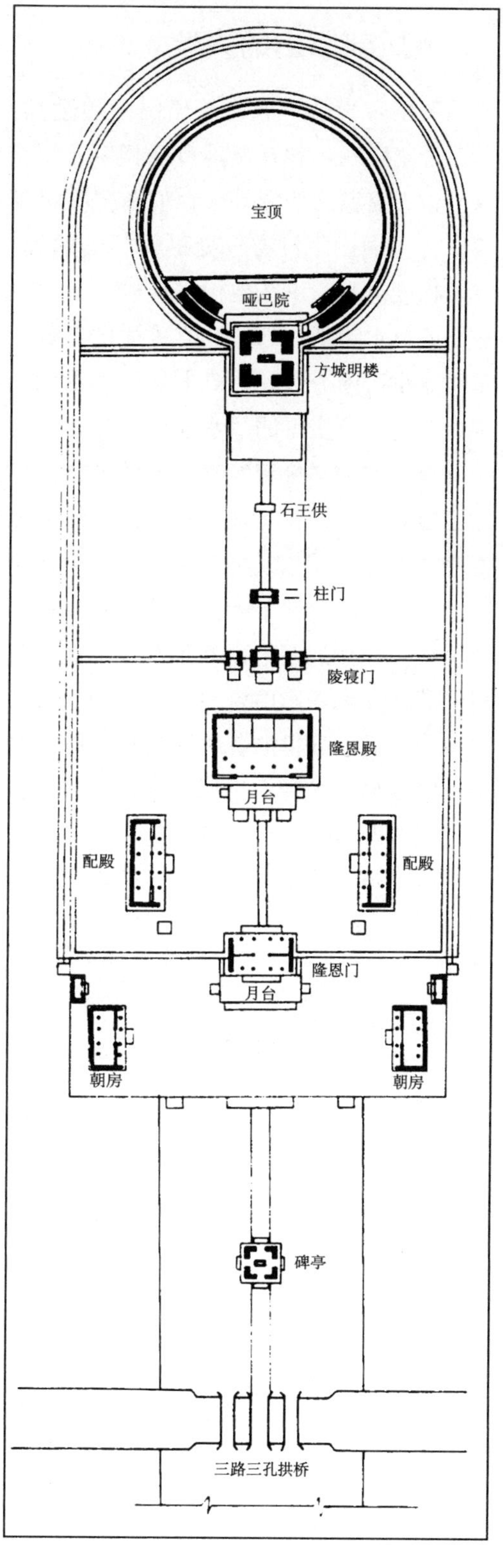

泰陵平面示意图

九凤朝阳山的兴废

雍正帝真的不想在昌瑞山下建陵吗？不是。在雍正帝为孝庄皇后建完昭西陵之后不久，于雍正四年就开始为自己相度万年吉地。参与相度的大臣官员有怡亲王允祥、总兵李楠、钦天监监正明图等，他们首先在昌瑞山下的孝陵、景陵附近地方进行了反复踏勘。他们认为昌瑞山下没有一处尽善尽美的上吉佳壤，都不适合建陵。在这种情况下，不得不扩大相度范围，不久他们发现遵化城北约30里的九凤朝阳山（现在遵化市侯家寨乡境内）是一处风水宝地。那里北靠雄峻的五峰山，山上有蜿蜒起伏的万里长城；山前地势开阔，明堂宽敞；南方远处以高大雄伟的龙山为朝山，左右有山丘夹护，众水环流，气势宏大，诚为一处不可多得的风水宝地。雍正帝对这个地方很是满意，于是决定将九凤朝阳山确定为万年吉地，紧接着营建陵寝的各项准备工作就紧锣密鼓地行动起来。正当各种建筑材料都已准备齐全，就等破土兴工的关键时刻，雍正帝接到了一个奏折，向他奏报了一个使他震惊的重要情况：九凤朝阳山吉地规模虽大而形局未全，穴中之土又带砂石，此地实不可用。这一情况引起了雍正帝的高度重视。万年吉地的风水好坏，关系到国家的兴衰、帝运的长久、子孙的繁衍，万年吉地岂能有如此重大的弊病存在！雍正帝很快就做出了重要决断：放弃九凤朝阳山吉地，重新相度万年吉地。热闹兴旺一时的九凤朝阳山一下子便冷落了下来，运到那里的各种建筑材料陆续被拉走，九凤朝阳山很快又恢复了往日的平静。后来乾隆帝和道光帝在选择万年吉地时，都曾派人到九凤朝阳山再度踏勘，但都未相中，可见雍正帝当年废弃九凤朝阳山并不是没有道理，说明他是颇有眼光的。

乾隆帝、咸丰帝、同治帝的陵寝及其皇后陵和妃园寝都建在了昌瑞山下，他们都将万

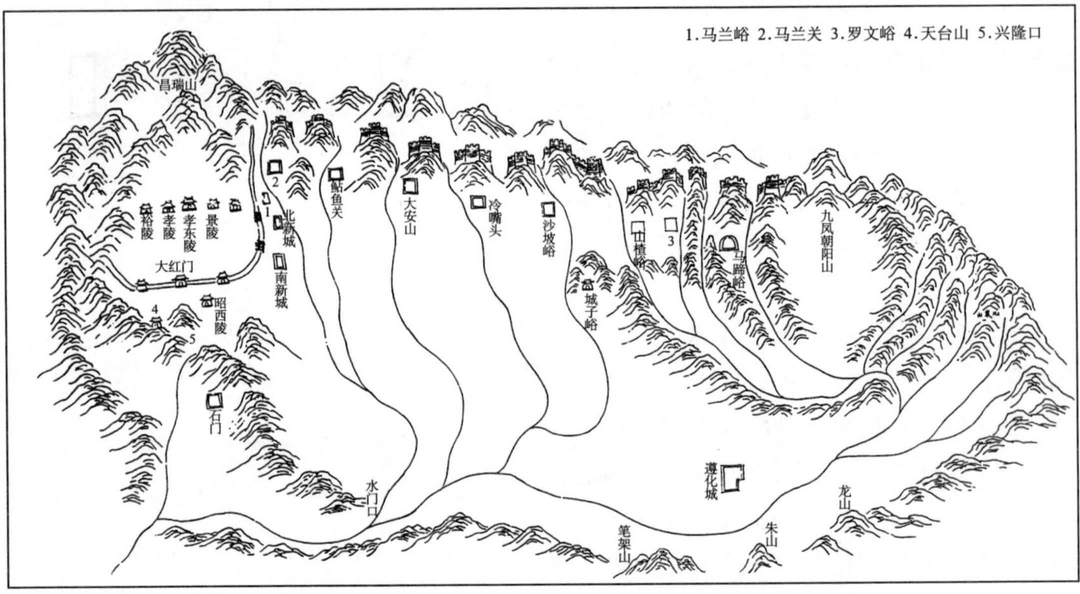

九凤朝阳山吉地与东陵的相对位置（王其亨提供）

年吉地选定在那里，为什么雍正帝偏偏相不上那里呢？其根本原因就是雍正帝对自己的万年吉地要求过严过高，条件过于苛刻，不容许有半点的毛病和缺憾。后来建在东陵的八座陵寝，虽然每一处都是经过风水大师们精心选择的，都称得上是上吉佳壤，但确实不是十全十美的，都有不同的缺憾。乾隆帝的裕陵所在的胜水峪，尽管被堪舆家们说成是“实最上之龙穴，全佳之砂水”，但也不得不承认存在着“惟左边贴身界气之砂稍低”的不足，承认胜水峪是“非万全完备之地”，因而使这些堪舆家们也感到“心犹未足”，致使相度大臣讷亲、海望曾有“前赴奉天一带相度”之请。钦天监监正进爱为了讨好皇帝，竟提出改卜的建议，由于乾隆帝以大局为重，不计较细枝末节，不吹毛求疵，不为他人所左右，坚持将胜水峪定为万年吉地，才避免了去奉天等地另卜吉壤的做法。咸丰帝的定陵位于平安峪，从咸丰元年就派人相度，特将著名堪舆家陆应穀调进京师，多次命他前往平安峪“覆加相度”。咸丰帝还利用谒陵之机，亲临实地反复阅视，直到咸丰九年才破土动工，这表明平安峪确实存在着一些不足之处，致使咸丰帝迟迟不能下最后的决心。同治帝的惠陵所在的双山峪，后宝山低矮，曾用人工培垫加高，两侧的护砂是人工堆筑的。在前面只有朝山而无案山，这些都是双山峪的不足之处。由此看来，雍正帝不在东陵建陵，不无道理。

泰陵全景图（乾隆时期清宫绘制）

相中了太平峪

九凤朝阳山被放弃以后，重新相度万年吉地，这次相度的范围扩大到京畿周围几百里之内。同时又派人到东北的发祥地盛京一带相度，在那里找到了11处备选吉地，供皇帝选择。这次重选吉地主要由怡亲王允祥和福建总督高其倬主持。他们为找到遂心如意的万年吉地，可以说是顶风冒雪，披星戴月，历尽艰辛。他们经过反复比较和筛选，认为易县泰宁山下的太平峪最为理想，那里可以称得上“龙穴砂水无美不收，形势理气诸吉咸备”，达到了无可挑剔的完美程度，于是允祥和高其倬便把太平峪这个地方上奏给了皇帝。雍正帝见了十分高兴，但随之他又产生了一个担心，他怕自己的陵远离祖陵，另辟新的陵园，有违古礼，于是他命大臣们查找历史上有没有这种先例。大臣们遍查史书，找到了许多这方面的先例。雍正帝这才放心了，于是太平峪便成了雍正帝的万年吉地。

在选择万年吉地一事上，允祥和高其倬立了大功，受到了雍正帝的高度赞扬，分别给予了奖赏，对那些参与相度的风水人员也进行了奖励。

话说到这里，我们就明白了，雍正帝并不是不想将自己葬在遵化昌瑞山祖陵，靠依自己的父、祖陵寝，而是那里实在没有使他称心如意的地方。

二、泰陵之谜

泰陵是清西陵的首陵（也称主陵），在清西陵诸陵中规模最大，建筑体系最完备，同时也是神秘色彩最浓的陵寝。

为什么建三座石牌坊

泰陵大红门及三座石牌坊（王其亨摄）

这里所说的石牌坊指的是位于陵园总大门大红门之外的五间六柱十一楼样式的石牌坊。据笔者所知，在皇陵的总大门前建立规模如此之大的石牌坊，最早始于明十三陵。明十三陵的石牌坊别看是属于明成祖长陵的，但却是明世宗朱厚熜在嘉靖十九年(1540年)建的。这座石牌坊巍然屹立在大红门外的陵园的中轴线上，为皇家陵园增加了威严和神秘气氛。清朝入关以后，仿明陵制度，也给顺治帝的孝陵前建立了几乎与明十三陵完全一样的石牌坊。明十三陵和清东陵都只建了一座，而清西陵却在大红门外建了三座。正面一座，东西两侧各一座，与大红门围成了一个方形的空间。为什么清西陵不仿明十三陵和清东陵，而要建三座呢？据南海胤子所写的《盗陵案》所载，清西陵这三座石牌坊是蒙古各部王公为了表示对大清皇帝的忠心和敬意，捐资营建的。这种说法至今未从官书和清宫档案上得到证实，还只能说是孤证。这一说法只是说了这三座石牌坊的营建者，并没有指明为什么建三座的原因。

北京的雍和宫曾是雍正帝即位前当雍亲王时的雍亲王王府。乾隆帝即位后，以雍王府曾为皇帝的龙潜福地，升为雍和宫，后改为喇嘛庙。雍和宫的大门前就设有三座牌坊，正面一座，左右两侧各一座。雍和宫曾是雍正帝的阳宅，泰陵是雍正帝的阴宅。阳宅有三座牌坊，阴宅也应该有三座牌坊，是不是出于这种想法呢?

在一些大型寺庙前建三座牌坊的很多，但多为四柱三间的木制牌坊或琉璃牌坊，建三座五间六柱十一楼式的石牌坊恐怕只有清西陵这一处。到底为什么泰陵建三座石牌坊，还有待进一步考证。

泰陵的建筑为什么不在同一条中轴线上

经过详细测量发现，泰陵的建筑不在同一条轴线上。从石牌坊南的五孔桥到案山蜘蛛山南端这一段是一条轴线，从蜘蛛山到宝顶是一条轴线，前后这两条轴线既不相重，也不平行，而是形成了一个约17度的夹角。按照正常情况下，一座陵寝，无论单体建筑有多少，建筑序列有多长，其主要建筑都应该建在一条中轴线上，这是中国建筑的一个显著特点，可是泰陵却没有按照这一传统设计理念设计，这究竟是为什么？据笔者推测，这绝不是设计和施工上的失误，很可能出于风水上的需要。这与孝陵的宝顶与陵寝中轴线方向不一致出于同一目的，只不过采取的形式不同而已。关于这一问题，将在后面的裕陵部分细讲。孝陵也好，泰陵也好，裕陵也好，都是一陵采用了两个方向，但尚未得到清朝官方文献和清宫档案的证实，所以泰陵用两个方向只能说还是一个未解之谜。

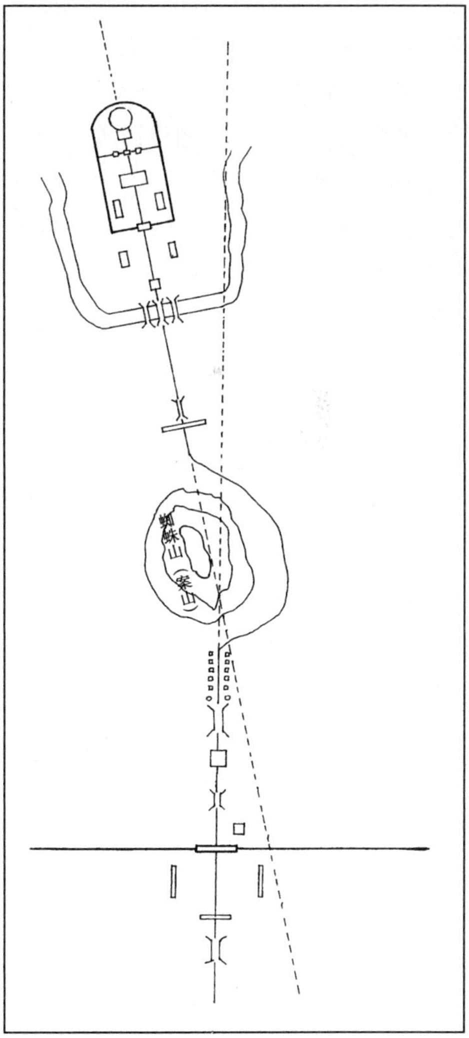

泰陵地面建筑前后用两个方向示意图（徐广源绘）

未开放的地宫

皇陵在人们的心目中是神秘的，而皇陵最神秘的部位则是地宫，因为那里是安葬皇帝和后妃棺椁的所在，所以人们非常关注陵寝的地宫。泰陵作为清西陵的主陵、规模最大的陵、作为一代雄主雍正帝的陵，它的地宫自然更备受关注。

顺治帝的孝陵是清朝关内唯一葬入骨灰的皇帝陵。景陵是清朝第一个废止火葬，葬入棺椁的皇帝陵。泰陵是继景陵之后的第二个实行土葬的皇帝陵。雍正帝先后8次去景陵，并参加过康熙帝的葬礼，他对景陵的地宫规制一定比较了解，所以说泰陵的地宫规制一定会与景陵地宫的规制有密切的联系，会受到景陵的影响。如果是这样的话，从泰陵地宫就可以看到景陵地宫的影子。泰陵以后的6座皇帝陵中已开放了裕陵和崇陵地宫，昌陵、慕陵、定陵、惠陵地宫虽然现在还没有清理开放，但是通过清宫档案，这4座陵的地宫规制我们都已清楚，惟有泰陵地宫是什么样子，我们现在还不了解。

在营建日期上，泰陵距乾隆帝的裕陵最近。裕陵地宫为九券四门，地宫的墙壁、券顶、石门上满布佛教内容的石雕图案，泰陵地宫是否也是这样？清朝自雍正帝加强档案管理，实行收回朱批奏折制度后，保存下来了大量的珍贵的清宫档案，雍正朝的档案明显增多，有关营建泰陵的档案也有相当一部分。笔者从事陵寝研究40多年，翻阅了大量清宫档案，但关于泰陵地宫规制的档案却极少。

前几年，笔者从清宫档案中找到了一份涉及泰陵地宫地面的档案。通过这份档案我们知道泰陵地宫地面，原来的设计方案是用青白石铺墁。后来，武英殿大学士马尔赛等建议地宫各券地面改用金砖铺墁，雍正帝采纳了他们的意见。整个地宫共用2尺见方的金砖500块，其中27块是备用砖。金砖之下用临清砖平墁五层，共用临清砖12519块。根据笔者初步推算，每块金砖的面积为0.4356平方米，473块金砖的总面应为206平方米（此面积不包括隧道券面积、金券内宝床面积和四道门槛、门枕石面积），与裕陵相差无几。由此推断，泰陵地宫有可能也是九券四门。这只是推断，还应以文字档案的记载为准。至于地宫内有无雕刻，更是无从知晓。

金头的传说

泰陵所以最具神秘色彩，最主要的原因就是200多年来民间和野史盛传雍正帝遗体上的头是用黄金铸的，不是本人的头颅，这是怎么回事呢？

传说雍正帝在处理吕留良一案时，将其家满门抄斩，只有吕留良的孙女（也有说是女儿的）吕四娘只身逃出，隐居深山，拜世外高人为师，潜心学武多年。在她学得了惊人的武功之后，潜身进入圆明园，杀死了雍正帝，取走了脑袋，报了深仇大恨。后来清廷铸了一个金头，安在了雍正帝的遗体上，才葬入泰陵地宫。此说已盛传200多年，影响极大，因此泰陵地宫颇受世人瞩目。到底雍正帝的遗体上安的是不是金头，因为地宫没有开启，所以现在还是一个谜。

石像生是补建的

我们现在去清西陵旅游观光，从大红门进入陵园，沿着神路北行，绕过圣德神功碑亭，走过七孔桥，迎面就是一组石像生，文臣、武士、马、象、狮各一对。谁也不会想到这组石像生是后来补建的，当初建泰陵时并没有设石像生。

当初泰陵为什么不建石像生？有三种说法：

雍正帝的说法

雍正七年十二月，雍正帝在正式确定永宁山下的太平峪为万年吉地的谕旨中说："一应所需工料等项，俱著动用内库银两办理，规模制度务从俭朴。其石像等件需用石工浩繁，颇劳人力，不必建设。"这表明雍正帝是出于节约才不设石像生的。

泰陵七孔桥

玛起元的说法

雍正帝刚驾崩28天，监察御史玛起元就上书刚刚即位的乾隆帝，要求为泰陵补建石像生。他是这样说的："伏思大行皇帝（指雍正帝）所以不用石像生者，必以景陵未经设立，不忍增加，此诚我大行皇帝仁孝之至意也。"就是说因为皇父的景陵未设石像生，雍正帝出于孝心，不忍心自己的陵超越父陵规制，所以泰陵未设石像生。

泰陵石像生是乾隆帝补建的

风水家的说法

乾隆帝认为玛起元要求为泰陵补建石像生的建议很合理，于是命总理事务王大臣议奏这件事。当时的总理事务王大臣共4人，即庄亲王允禄、果亲王允礼、大学士鄂尔泰、张廷玉。他们奉命后，便向当年相度太平峪万年吉地的大臣高其倬和随同相度、设计的风水家、时任户部员外郎的洪文澜询问当初泰陵不设石像生的原因。他们是这样回答的："泰陵甬道系随山川之形势盘旋修理，如设立石像生，不能依其丈尺整齐安供，而甬路盘旋之处，必有向背参差之所，则于风水地形不宜安设。是泰陵未议设石像生者，实由风水攸关，非典礼所未备。"总理事务王大臣将高其倬和洪文澜的话如实上奏。乾隆帝对此并

泰陵石像生之石马

泰陵石像生之石狮

泰陵大红门前的麒麟

泰陵石像生之文士

不认可，他提出，既然“因甬道前地势盘旋，难于安设，或将大红门、龙凤门展拓向外，俾地势宽敞，位置攸宜”。于是他命总理事务王大臣会同和亲王弘昼带领洪文澜到泰陵实地敬谨相度，妥协定议具奏。众王大臣遵旨到实地相度后，向皇帝回奏：“大红门正在龙蟠虎踞之间，护北面随龙生旺之气，纳南面特朝环抱之水，前朝后拱，天心十道，实天造地设门户，不便展拓向外。况石像生之设，古制未详，无大关典礼之处，似可毋庸添设。”乾隆帝面对有理有据、无懈可击的回答，只得作罢。

以上三种说法，哪个对呢？笔者认为第三种说法是真实可信的。为什么这样说呢？当年营建泰陵时，可能议及石像生的问题。当时就因为上述原因，认为不宜设置，上奏皇帝，于是雍正帝遂以“用石工浩繁，颇劳人力”为理由，作了批示，表示同意不设石像生。玛起元不了解内情，他所说的“不忍增加”只不过是一种推测或出于对皇帝的恭维。不过这只是笔者的个人看法，还有待文献的证实。

既然乾隆帝已经同意了风水家的意见，为泰陵增建石像生之事作罢了，以后又以什么为理由为泰陵增建了石像生了呢？是哪年增建的呢？在清朝官书和清宫档案上至今也未找到这件事的记载。天津大学王其亨教授推测是乾隆十二年（1747年），尚未得到文献的证实。

总之，泰陵石像生至今还笼罩着一团迷雾。

圣德神功碑亭的天花板为什么有孔

圣德神功碑亭俗称大碑楼。清朝陵寝的圣德神功碑亭、神道碑亭、隆恩殿、明楼的顶棚都是木制的格井天花。格井天花由天花支条和天花板构成，上面披麻挂灰，彩画。天花板为正方形木板，上面的彩画图案大多数为莲花水草。令人不解的是，泰陵圣德神功碑亭的每块天花板在圆形内的水草部位都有一个直径约十几厘米（因无法测量，用肉眼估计）的圆孔。每块天花板上的圆孔都在同一部位，大小也一致，总体看上去，成排成行，非常有规律，这种现象只有泰陵圣德神功碑亭才有。这种现象令人不明白的地方有三个：一是同是圣德神功碑亭，为什么孝陵、景陵、裕陵的圣德神功碑亭不这样？特别是近在咫尺的昌陵圣德神功碑亭。二是如果这是泰陵的独特做法，那么泰陵的所有建筑就应该都这样做，保持一致。为什么泰陵其他建筑的天花板不这样？三是这圆孔不在天花板正中心，而偏在一边，就这个问题笔者曾请教过清西陵文物管理处的专家，也说不清楚。如果说是为了通风透气，保护天花板以上梁枋等木构件不槽朽，为什么其他陵、其他建筑不这样？

泰陵圣德神功碑亭的天花板有圆孔

通风透气可以采用其他方式，没必要也不应该为了透气而破坏了天花板的完整性和美观效果，所以天花板为什么有孔、孔为什么偏向一边，现在还是一个未解之谜。

雍正帝死后棺内安放了哪些珍宝

人们关注陵寝的重点是地宫，而地宫的关注重点是棺椁。关注棺椁的重点不是帝后妃的遗体，而是棺内的随葬珍宝。

雍正帝死后棺内随葬了哪些珍宝呢？这是人们一直关心的问题。可是令人遗憾的是，迄今为止，无论清朝的官书，还是清宫档案，都未找到任何记载。然而一个意外的收获，使我们对这个问题有了突破性的进展。这个意外收获是什么呢？原来雍正帝在雍正八年（1730年）就把自己的后事做了周密的准备，其中就有棺内放置的随葬品。

雍正帝为什么这么早就为自己准备后事呢？

雍正七年（1729年）入冬以来，雍正帝得了一场大病。虽然太医院的御医们用尽了各种灵丹妙药，依然毫无效果。到了雍正八年（1730年）五月，病情愈加沉重，雍正帝预感到大限将至，死神就要降临，为了避免猝死而无准备，于是他开始为自己准备后事，其中最主要的就是确定棺内的随葬物品。

在五月初四日，雍正帝命将下面这三件物品在他死后放入棺内。

第一件是“番菩提小扁数珠”一盘。这件数珠是孝庄皇后赐给的，数珠的佛头、记念都是珍珠的，坠角是金质的。

第二件是“凤眼菩提数珠”一盘。这件数珠是他的皇父康熙帝赐给的，数珠是珊瑚的佛头，松子石的塔，青金石的记念一串，白玉的记念一串，碧玉的记念一串。敖其里一个，松子石钱一个，紫石碇一个，珍珠一颗，墨晶豆一个。

第三件是“玻璃鼻烟壶”。这件烟壶是怡亲王允祥的遗物。雍正帝命总管太监苏培盛、李英、张玉柱、王常贵把这三件物品交给自鸣钟处的首领太监郑忠保管，并立册建档，做详细的记录。

泰陵圣德神功碑亭及华表

泰陵二柱门及方城明楼

雍正帝为什么要将这三件物品放入棺内呢，这是有深刻含义的：

孝庄皇后是雍正帝的曾祖母。孝庄皇后病逝时，雍正帝已经10岁。他亲眼目睹过曾祖母的慈善面容，聆听过她的教诲，了解到她对大清的贡献，亲眼看见过皇父对曾祖母的孝敬。康熙帝死后小殓时，雍正帝遵照皇父的遗嘱，亲手将曾祖母缝制的衣服给皇父穿上，这一切一切在雍正帝心里留下了深刻的印象。孝庄皇后将番菩提数珠赠给曾孙胤禛，表明了胤禛与曾祖母的感情比较深厚。

雍正帝45岁才即位，他受皇父的教诲很多，父子感情深厚，尤其是皇父临终时，将皇位传给了雍正帝，更增加了对皇父的敬爱感激之情。所以将皇父所赐之数珠放入棺中。

怡亲王允祥是雍正帝的十三弟，在激烈的储位之争中，允祥始终坚定地站在雍正帝一边。雍正帝即位后，允祥成了雍正帝的左膀右臂。他担重任、挑大梁，勇于任事，任劳任怨，为雍正帝宝座的稳定和巩固做出了重大贡献。自允祥病逝后，雍正帝将这件玻璃烟壶珍藏在一件极为精致的黄匣内，随时带在身边，见物如同见人。

在确定随葬品时，雍正帝首先将这三件物品确定为棺内随葬品，表明了雍正帝与这三人的非同寻常的感情和关系，表明了这三个人在雍正帝心中的崇高地位。

五月十五日，雍正帝又命将《日课经忏》一部放入棺内。三天以后即五月十八日，雍正帝又降谕旨将“古钱”一个，随《日课经忏》一起放入棺内。

雍正帝这次准备后事，在清朝官书上是没有记载的，这是笔者从中国第一历史档案馆的档案中找到的。有一本《万万年之后随梓宫的东西》的簿册，清楚地记载了这件事。雍正帝在准备了自己死后棺内的随葬物品的同时，还准备了他死后在画像前和陵寝祭祀时祭用的杯盏。

雍正帝将自己的后事安排得十分周到、稳妥，似乎就等龙驭上宾了，未想到他在这场大病中并没有死，他闯过了这场大难，又活了5年，这场大病到雍正九年（1731年）秋天才痊愈。人们很难相信，堂堂的大清皇帝死后就这点随葬品。除此之外，棺内是否还随葬了其他物品，现在还是一个谜。

雍正帝的死因

雍正帝的死因之谜与雍正帝的金头之谜有紧密的联系。为什么这样说呢？如果躺在泰陵地宫里的雍正帝的遗体上真的是一个金头，那么他肯定是被吕四娘刺杀而死的了。但是雍正帝的遗体上安的是不是金头，现在还是一个谜。所以雍正帝是不是吕四娘杀死的，现在还不能下结论。

雍正帝到底是怎么死的，众说纷纭。概括起来，有以下三种说法。

1．病死说

这是清廷的官方说法。说他从八月二十一日得病，到二十三日夜就死在了圆明园，前后只有三天，也未讲得的是什么病，死的很快很急。最承雍正帝“宠眷”的汉臣张廷玉的《自撰年谱》提到的也是这种说法。

2．被害说

被害说有两种。主要是说被吕留良的后代吕四娘杀死，另一种是被湖南卢某之妻刺死。

3．中铅毒而死。

雍正帝后期迷信道教。他为了延年益寿，长生不老，在宫中养了许多道士，大炼丹药，丹药中有许多铅汞之类的元素，尤以铅毒最为厉害。中国第一历史档案馆的李国荣研究员对这方面有很深的研究。他运用了大量的清宫档案证实了雍正帝生前让道士炼丹药、他服用丹药的史实。长期大量服用丹药，必然要引起铅中毒，因此李国荣认为雍正帝很可能是铅中毒而死，许多清史专家也有同样的看法。这虽然是专家们的研究成果，但还没有得到文献的证实。如果有朝一日，将泰陵打开，看一看雍正帝的遗体上是不是金头，化验一下他的头发和其他相关部位，这个谜就迎刃而解了。

泰陵石牌坊及远处朝山

三、祔葬皇陵的敦肃皇贵妃

雍正帝在他的一生中只册封了一位皇贵妃，就是敦肃皇贵妃。

敦肃皇贵妃，年氏，她的父亲年遐龄是湖广巡抚，她的一位长兄年羹尧是川陕总督、抚远大将军，另一位兄长年希尧是广东巡抚，一家之中同时有两个巡抚、一个总督大将军，这是极为少见的。年氏出生于这样一个高官家庭，长期受到正统的教育和良好的文化熏陶，使她知书达礼，深明大义。她在雍正帝即位前就成了他的一名潜邸侧福晋，深受雍正帝的宠爱，先后为雍正帝生育了2个皇子、1个皇女。雍正帝即位后封年氏为贵妃，因当时宫中没有皇贵妃，所以年氏的地位在后宫中位居第二位。

泰陵鸟瞰图

年氏身体本来就虚弱，加之长期为年羹尧担惊受怕，寝食不安，体质越来越差，经常闹病，到雍正三年（1725年）十一月，终于病倒在床上。日理万机的雍正帝听说爱妃病势沉重，抽空去看望了一次，使他大吃一惊，他万万没想到年氏竟病得如此严重，大大超出了他的预料，他已预感到年氏的不妙，心情格外沉重和焦虑，不得不为爱妃的后事做准备了。他向礼部发出了一道上谕，对年氏多年来美言佳行和优秀品质给予了极高的评价，对自己因政务繁忙，忽视了对贵妃的照顾和疾病的治疗进行了深刻的反省。他决定晋封年氏为皇贵妃。他指示礼部，如果年氏一旦出现不测，其丧礼按皇贵妃办理。雍正帝的这道上谕，言真意切，充满了对年氏的爱怜之情。雍正帝忙于国事，连爱妃有病都顾及不上，只托付医生治疗，本来就孱弱的她，连生了3个儿女，后来又整日为兄长年羹尧担惊受怕，又缺少夫爱，长期心情压抑，郁郁寡欢，使身体每况愈下，加速了她的死亡，这方面，雍正帝是难辞其责的。年氏被晋封为皇贵妃刚7天，就于雍正三年（1725年）十一月二十二日病死于圆明园。年氏死后，雍正帝赐谥她为敦肃皇贵妃。自年氏死后，雍正帝不仅未再封皇

贵妃，就连贵妃也未封，表明了年氏在雍正帝的心中始终占据着重要位置。

敦肃皇贵妃头脑冷静，善于审时度势，判明是非。她并没有偏爱其兄，助纣为虐，而是坚定地站在夫君一边。深明大义是她受宠不衰的根本原因所在。

她的哥哥年羹尧与年氏相反。本来年羹尧是一个非常有本事的大臣，在康熙年间就深受皇帝的重用，被授为川陕总督。雍正帝即位初期，他被授为抚远大将军，成功地平定了青海的叛乱，他深受雍正帝的赏识和倚重。由于他居功自傲，飞扬跋扈，结党营私，欺压群臣，贪赃受贿，甚至威胁到了皇权，致使雍正帝对他产生了不满和忌恨，最后给他总结了92条大罪，就在年氏死后半个月后，雍正帝将他的这位大舅哥赐令自尽而死。

年羹尧的罪行丝毫没有牵连到他的妹妹年氏。乾隆二年（1737年）三月初二日，年氏随雍正帝和孝敬皇后的梓宫葬入了泰陵地宫，其金棺位于雍正帝梓宫的右侧（西侧）。她是清王朝第二个祔葬皇帝陵的皇贵妃，这在当时是难得的旷典和殊荣。被雍正帝痛恨至极的年羹尧在他的92条大罪中，应服极刑及立斩的就有30多条，但他没有被凌迟处死或杀头，是不是多少看在了其妹年氏的情分上呢？

第二节　泰东陵——规制最标准的皇后陵

提起泰东陵这个名字，知道的人可能不多，可是要提乾隆帝的生母孝圣皇后，知道的人就多了，泰东陵就是乾隆帝的生母孝圣皇后的陵寝。泰东陵位于清西陵境内，泰陵的东北约三华里的东正峪，靠山临水，地势平坦，堂局开阔，是一处风水宝地。

一、泰东陵的营建

为什么要建泰东陵

在康熙帝创建了清朝的第一座皇后陵——孝东陵之后，雍正帝又将暂安奉殿改建为昭西陵，从此清朝就有了两座皇后陵。这两座陵的不同之处是孝东陵是在孝惠皇后生前建的，昭西陵是在孝庄皇后死后建的。这两座陵也有共同之处，就是它们的墓主人都是死在她们的夫君之后，生前都当过皇太后。但同是当过皇太后的孝端皇后死后却葬入了昭陵，未建皇后陵，这表明清朝到了雍正朝末年，为皇后建陵的制度还没有确立。

孝圣皇后朝服半身像

泰陵始建于雍正八年（1730年），到雍正帝死时还没有完工。乾隆帝即位后，派恒亲王弘晊主抓泰陵工程，经过一年多的加紧施工，到乾隆元年（1736年）九月才全工告竣。经钦天监选择吉日，定于乾隆二年（1737年）三月初二日将雍正帝葬入泰陵地宫。在入葬前的乾隆元年九月初四日，恒亲王弘晊、内大臣户部尚书海

泰东陵前景

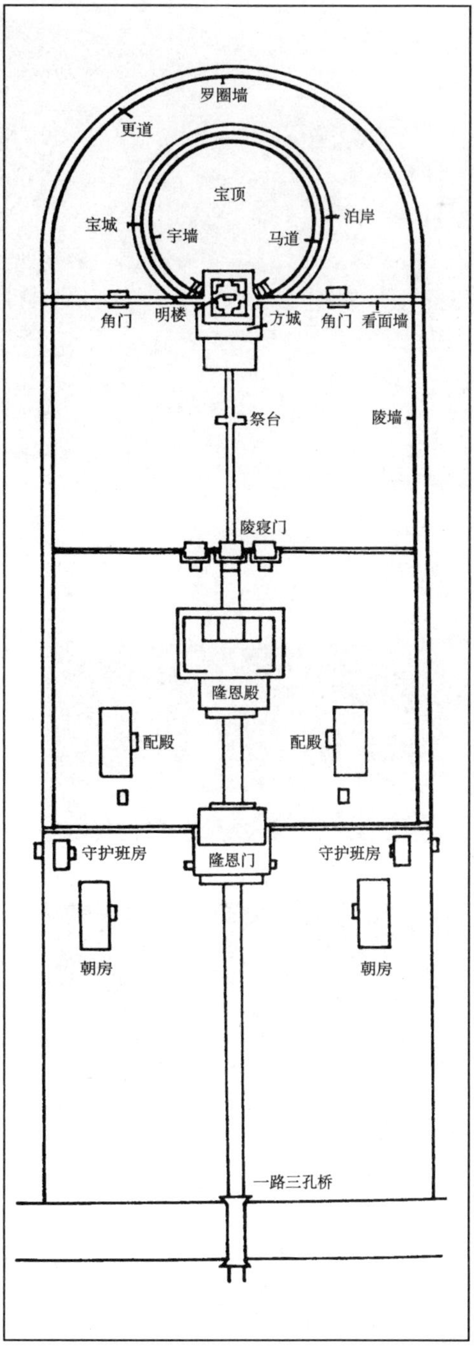

泰东陵平面示意图

望等向乾隆帝奏请在泰陵地宫内是否为当时健在的皇太后留出位置的事。恒亲王弘晊等为什么要奏请预留分位呢？当时葬入泰陵地宫的有雍正帝、孝敬皇后和敦肃皇贵妃。雍正帝位于棺床正中，孝敬皇后是原配嫡皇后，自然要安放在雍正帝的左旁。如果要为孝圣皇后预留分位，则要将雍正帝梓宫的右旁棺位空着不用，以待将来安放孝圣皇后的梓宫，而敦肃皇贵妃的金棺则要放在孝敬皇后梓宫的左旁。对于留不留位置这件事，因为涉及皇太后的百年大事，关系重大，乾隆帝也不敢擅自做主，于是奏请皇太后，皇太后很快便降下了一道懿旨：

> 世宗宪皇帝奉安地宫之后，以永远肃静为是。若将来复行开动，揆以尊卑之义，于心实有未安。况有我朝昭西陵、孝东陵成宪可遵，泰陵地宫不必预留分位。

皇太后的态度很明确，她不想葬入泰陵，与雍正帝合葬，她想让儿子给自己单独建一座陵。她的理由很冠冕堂皇，就是“卑不动尊”。在前面第四章讲孝东陵的时候，曾讲到了“卑不动尊”的事。当年孝庄皇后就是以这个理由不与皇太极合葬，要求为自己单独建陵的。这次乾隆帝的母亲再一次祭起了这个“卑不动尊”的法宝，要求为自己单独建陵。

因为不必为皇太后预留地宫葬位，所以就将敦肃皇贵妃金棺放在了雍正帝梓宫的右（西）旁，其位置比孝敬皇后的梓宫稍后些，以示尊卑有别。在雍正帝三人入葬泰陵地宫后，就关闭了石门，填砌了隧道。不久乾隆帝为皇太后相度了吉地，约于乾隆二年动工，营建了泰东陵。

既守规矩又有创新

清朝共建了7座皇后陵，无论按营建的顺序也好，按辈分也好，泰东陵都是第三。孝东陵的营建为后世皇后陵奠定了基本规制。皇后陵与皇帝陵相比，最大的区别就是皇后陵

泰东陵隆恩殿

泰东陵明楼上的题写陵名的斗匾

泰东陵中暖阁内神龛

泰东陵东暖阁内佛楼是单檐的

不建圣德神功碑亭、石像生、牌楼门、五孔拱桥、神道碑亭、二柱门。清朝的7座皇后陵，要论最守规矩，规制最标准，就数泰东陵了。为什么这样说呢？昭西陵因为远距昭陵1000多里，加之是由暂安奉殿改建的，规制比较特殊，增建了神道碑亭，所以昭西陵属于特殊规制的皇后陵。孝东陵因为是第一座皇后陵，没有前例可循，所以有一些不完善的地方。又由于葬入了28名妃嫔，形成了皇后陵兼妃园寝。以后建的昌西陵、慕东陵由于受当时国家财力的制约，连方城明楼都没有建，这两座属于收缩规制的皇后陵。慈安陵和慈禧陵都建了神道碑亭，属于超越规制的皇后陵。只有泰东陵最守规矩，圣德神功碑亭、石像生、牌楼门、五孔拱桥、神道碑亭、二柱门都没有建。这表明乾隆帝能够以理止情，完全按皇后陵的标准规制建的。我们可以设想，如果乾隆帝不能以理止情，不按规矩办事，以当时国家的雄厚财力，完全可以把泰东陵建成清朝规模最大、最豪华的皇后陵。

虽然泰东陵从总体规制上看确实是按皇后陵的标准规制建的，但在不逾制的前提下也有许多的创新，表现在以下三个方面。

1.地宫内雕刻经文、佛像。泰东陵以前的昭西陵和孝东陵的地宫内有没有雕刻，现在还不清楚。

清朝前期崇尚俭朴，地面建筑就是证明，估计地宫有雕刻的可能性不大。泰东陵以后的4座皇后陵，慈禧陵地宫已经开放，地宫里没有经文佛像的雕刻。慈安陵与慈禧陵是同时营建的，档案齐全，地宫内没有雕刻是肯定的。至于昌西陵和慕东陵是在清政府财政最困难的情况下营建的，地面建筑都大为收缩，地宫雕刻经文佛像更是不可能的，而且这两陵的档案也没有这方面的记载。所以泰东陵不仅是清朝皇后陵地宫内第一座雕刻经文、佛像的，也是清朝皇陵中第一座地宫内有经文、佛像雕刻的。

2.在隆恩殿前的月台上陈设铜鹿、铜鹤。在泰东陵以前建的昭西陵、孝东陵，隆恩殿前的月台上只陈设一对鼎式铜炉，没有铜鹿、铜鹤之设，只有皇帝陵才设鼎式铜炉一对、铜鹿一对、铜鹤一对。孝圣皇后入葬之前，乾隆帝命仿帝陵之制，在泰东陵隆恩殿殿前的月台上设鼎式炉、铜鹿、铜鹤各一对。从此以后建的皇后陵均设铜鹿、铜鹤，但均改为各一只，以示与皇帝陵的区别，成为定制。

3.隆恩殿东暖阁首建佛楼。这是清朝陵寝中建的第一座佛楼，在泰东陵之前，无论是皇帝陵，还是皇后陵，隆恩殿内均无佛楼之设。自泰东陵首建佛楼后，各皇帝陵均效仿之，凡东暖阁均设佛楼，成为制度。皇后陵中，除泰东陵外，只有慈禧陵建了佛楼。

泰东陵为什么会有这些创新呢？我们知道乾隆帝对母亲是非常孝顺的。他知道自己的母亲笃信佛教，他为了让母亲欢心，把母亲的陵寝在不逾制的情况下，尽量修建得好一点，让母亲遂心如意。更何况当时国泰民安，国库丰盈，财力雄厚，为母亲建陵多花点钱也算不了什么。

泰东陵东配殿

二、雍正帝的后妃之谜

别看雍正帝只当了短短的13年皇帝，可他的后妃之谜却不少，现在介绍4则。

嫡皇后的年龄

道光帝的嫡皇后孝穆皇后和咸丰帝的嫡皇后孝德皇后都是死在皇子嫡妃位子上的，也就是说自己的夫君还未当皇帝时就死了，生前根本就没有当过皇后。清朝官方史书和清宫档案对皇子妃的情况记载很少，这两个没当过皇后的嫡皇后不知道哪年生的，死时多大年龄，还是可以理解的，是正常的。作为大清入关第三帝的雍正帝的嫡皇后孝敬皇后那拉氏，在雍正帝即位前的康熙三十六年（1697年）就为他生育了皇长子端亲王弘晖，当了约30年的皇子嫡妃。雍正帝即位后，她又当了9年的中宫皇后。她的这顶皇后桂冠来得名正言顺、天经地义，是名副其实的皇后。她死于雍正九年（1731年）九月二十九日。因当时泰陵刚刚动工兴建，所以先将棺椁停放在京西的畅春园九经三事殿，乾隆二年（1737年）三月初二日与雍正帝同时葬入泰陵地宫。

就是这位堂堂的雍正帝的中宫皇后居然在清朝的所有官方书籍上和清宫档案上没有她的出生日期，更没有她死时的岁数，真是咄咄怪事！孝敬皇后死后，雍正帝在一道谕旨中有一句“皇后那拉氏作配朕躬经四十载”的话，如果按孝敬皇后与雍正帝同龄的话，孝敬皇后14岁就成了雍正帝的嫡妃，卒年为54岁。史书记载，那拉氏是康熙帝赐给雍正帝的，由此可知那拉氏是通过选秀女进入皇宫的。14岁正是选秀女的年龄，我们从《清实录·世宗实录》中查到了孝敬皇后的生日是农历的五月十三日，但其生年和享年还都是一个谜。

熹妃的姓氏

提到熹妃，知道的人可能不多，要提孝圣皇后知道的人就多了。熹妃就是后来的孝圣皇后、乾隆帝的生母。清朝所有的有关的官书以及《玉牒》，都十分明确地记载着熹妃是钮祜禄氏。本来熹妃的姓氏几百年来是没有争议的，可是中国第一历史档案馆编辑的《雍正朝汉文谕旨汇编》和肖奭的《永宪录》却给熹妃的姓氏蒙上了一层迷雾。

《雍正朝汉文谕旨汇编》第一册第36页是这样记载的：

> 雍正元年二月十四日奉上谕：“遵太后圣母谕旨，侧福金年氏封为贵妃，侧福金李氏封为齐妃，格格钱氏封为熹妃，格格宋氏封为裕嫔，格格耿氏封为懋嫔，该部知道。”

这道谕旨将熹妃说成是钱氏。这道谕旨载入《清实录》以后就变成了这样：

> 雍正元年二月甲子谕礼部：“奉皇太后懿旨：‘侧妃年氏封为贵妃，侧妃李氏封为齐妃，格格钮祜鲁氏封为熹妃，格格宋氏封为懋嫔，格格耿氏封为裕嫔。’尔部察例具奏。”

这道谕旨除了一些词语有了许多变化外，最主要的变化是熹妃由钱氏改为了钮祜禄氏。

无独有偶，肖奭的《永宪录》第176页也记载到：

> （雍正元年十二月）午刻，上御太和殿，遣使册立中宫那拉氏为皇后，诏告天下，恩赦有差。封年氏为贵妃，李氏为齐妃，钱氏为熹妃，宋氏为裕嫔，耿氏为懋嫔。

这里也将熹妃说成了钱氏。事情到了这里，熹妃姓钱似乎已成定案，未想到“柳暗花明又一村”，同是肖奭的《永宪录》，在第91页里又有一条这样的记载：

> 传皇太后懿旨：封侧福晋年氏为贵妃，李氏为妃，格格钮氏为妃，宋氏、耿氏为嫔。

这里又将熹妃说成了姓“钮”，很显然这里的“钮”就是钮祜禄氏。熹妃到底姓“钱”还是姓“钮”，被闹得有些混乱。笔者认为雍正朝汉文谕旨中的“钱”字是当时人传抄谕旨时误将“钮”字写成了“钱”字，不仅将熹妃的姓氏写错了，连宋氏、耿氏封嫔的封号都张冠李戴了。而《永宪录》176页的“钱”字很可能是受雍正朝汉文谕旨笔误的影响。如果说清廷有意将熹妃的姓氏改了的话，《永宪录》是绝不会为熹妃改姓的。当然这都是笔者的推断。笔者认为，孝圣皇后就姓钮祜禄氏。

第三节 泰陵妃园寝

泰陵妃园寝位于泰东陵东二华里许，坐北朝南，里面埋葬着雍正帝的21位妃嫔，在妃园寝中内葬人数上位居第三位。这座园寝是清西陵建的第一座妃园寝，这座园寝存在着许多难解之谜。

雍正帝的老贵人为什么葬到了东陵

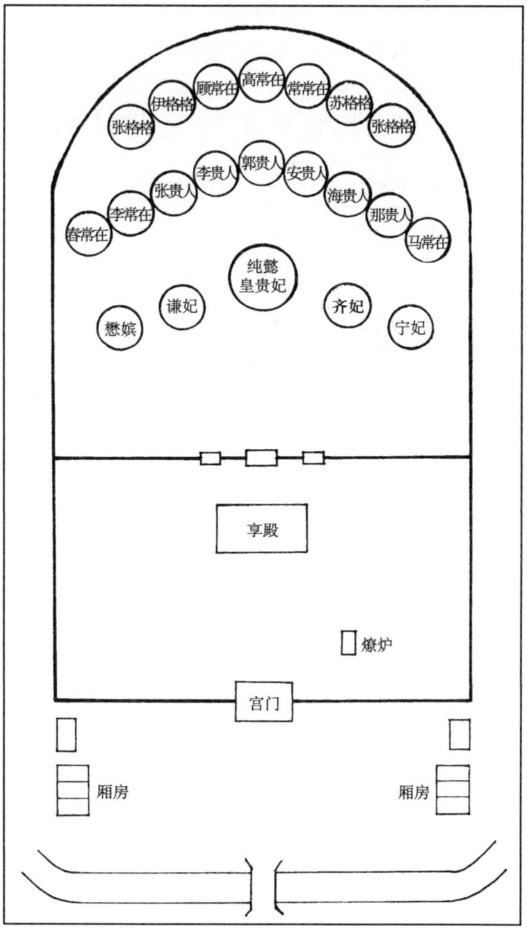

泰陵妃园寝平面示意图（徐广源绘）

在泰陵妃园寝里葬的都是雍正帝的妃嫔。按道理说凡是雍正帝的妃嫔都应该葬在这座园寝内。道理归道理，凡事情都有例外和特殊情况，都有情理之外的事情。本应葬入泰陵妃园寝的雍正帝的老贵人还真的就没有葬在泰陵妃园寝内，而是葬在了远在600多里远的遵化清东陵风水墙外的苏麻喇姑园寝内。

老贵人在雍正帝即位初期就已被封为贵人。老贵人的“老”字，既不是封号，也不是因为她年岁大，人老了，而是姓“老”。老贵人死于乾隆二年，为什么不葬入西陵而葬入清东陵呢？

在雍正六年发生了这么一件事：这年的四月，康熙帝的易贵人去世了。内务府总管向皇帝奏请易贵人死后入葬之事，雍正帝批道：

> 今日总管等所奏易贵人之事，似此贵人入陵尚可。陵内关系风水之地，嗣后尔等宜加意斟酌。如曾奉御皇考之贵人尚可，若随常加封者则不可。或在外围周方左右，或在苏麻里姑之左右另建园寝。尔等谨记，若遇事出，同内

泰陵妃园寝大殿

泰陵妃园寝纯懿皇贵妃宝顶

务府总管密议具奏。

雍正帝的话很隐涩难懂。什么叫“奉御”？什么叫“随常加封”？笔者认为“奉御”可能指的就是给皇帝侍寝，陪皇帝睡觉。所谓“随常加封”就是指随着惯例而自然晋封，既不是因为给皇帝生儿育女有功而晋封，也不是因为有出色的表现，深受皇帝宠爱而晋封。对康熙帝的这类嫔御这样对待，对雍正帝的属于未奉御过皇帝而随常加封的嫔御是否也这样对待呢？如果是这样的话，那么老贵人就有可能是未奉御过雍正帝而随常加封的贵人。那么不将她葬入泰陵妃园寝内，也就顺理成章，可以理解了。

这只是笔者的推断，是否如此，还有待进一步研究考证以及文献的证实。所以雍正帝的老贵人不葬西陵，却葬在东陵，还是一个谜。

泰陵妃园寝内的格格是什么人

在清东陵的孝东陵内埋葬了17位格格，她们都是顺治帝的低级妃嫔。当时还处在清初，后妃制度还不建全，将一些低级妃嫔称之为格格还可以理解。到了雍正年间，后妃制度已经健全，就不应该出现将低级妃嫔称之为格格的事了。在景陵妃园寝内葬了康熙帝的48名妃嫔，其中就没有格格。可是在泰陵妃园寝内却葬了4个格格，即苏格格、伊格格、张格格、张格格。这是为什么？这4个格格是什么身份的人？她们绝不是我们日常所理解的清皇室的小姐、女儿，只能是皇帝的侍妾之类的人。在这座妃园寝内除这4个格格之外，还葬有1个皇贵妃、3个妃、1个嫔、5个贵人、7个常在，这说明这4个格格绝不是贵人和常在。这座园寝内没有答应，这4个格格是不是答应？如果是答应，为什么不称答应？如果不是答应，又应该是什么？笔者认为这4个格格很可能是雍正帝即位前去世的王府格格。乾隆帝生母孝圣皇后在雍正帝即位前就是王府格格。而这4位格格死于雍正帝即位之前。雍正帝即位后对她们没有追赠位号，所以只能仍称格格。

雍正帝到底有多少妃嫔

雍正帝的后妃有多少，按说不是什么问题，只要将泰陵、泰东陵和妃园寝的内葬人加起来就知道了。泰陵葬2位、泰东陵葬1位、妃园寝葬21位，再加上东陵苏麻喇姑园寝内的老贵人，合计25人。实际上问题并不那么简单。笔者在清宫档案中又查到了吉常在、兰答应、德答应、云惠等4人，她们都是雍正帝的低级妃嫔。这4人在泰陵妃园寝中没有见到她们的名字，这4个女人葬到哪里去了？是不是属于那些未侍过寝而“随常加封”的人？现在这些还都是谜。

第七章 裕陵

位于清东陵境内胜水峪的裕陵是乾隆帝的陵寝，始建于乾隆八年（1743年）二月初十日，完工于乾隆十七年（1752年）。陪葬的后妃有孝贤皇后、孝仪皇后、慧贤皇贵妃、哲悯皇贵妃、淑嘉皇贵妃。

裕陵建于清朝的鼎盛时期，陵寝制度已达到最成熟最完善阶段，裕陵在清朝陵寝中无论在规模、制度、工艺等方面都是最高水平的。

裕陵妃园寝位于裕陵西侧，内葬后妃36人。

第一节　富丽堂皇的裕陵

乾隆帝朝服像

乾隆帝即位以后，又把由他皇父引向易县泰宁山的大清皇陵的龙脉引回了遵化的昌瑞山下。

大清王朝经乾隆帝的精心治理，达到了极盛。他的陵寝也和他的王朝一样，是清朝陵寝中制度最完善、最富丽堂皇的，达到了顶峰。他的裕陵可以用下面四句话概括：规制崇宏，多有创新，料美工精，富丽堂皇。

一、雍正帝给儿子出了一个难题

自雍正帝将自己的陵寝建在易县的泰宁山下太平峪以后，从此清王朝在关内出现了清西陵和清东陵两大皇家陵园，大清皇陵的龙脉便由一支变成了两支。不知雍正帝想到没有，他这一开辟新的陵园，给他的儿子乾隆帝出了一个难题，这就是：将陵寝建在东陵，还是建在西陵。

裕陵鸟瞰

中国人一向有“子随父葬”的习俗。不仅老百姓这样做，皇家也这样做。乾隆帝即位后，就遇到了这个难题。他确实想在自己皇父的泰陵旁建陵，长倚父母的膝下，子随父葬。可是他又想，哪一个做儿女的不想子随父葬，靠依自己的父母陵寝呢？我的陵建在西陵泰陵旁，我的儿子也会把他的陵建在我的陵旁边，我的孙子又会把他的陵建在他父亲的陵旁，这样一来，后代子孙的陵就都建在了西陵，这样就会使东陵的孝陵、景陵越来越疏远、冷清，这是对世祖章皇帝和圣祖仁皇帝的不尊敬。特别是乾隆帝与祖父康熙帝有着非同一般的感情，他不忍心冷落祖父，经过反复思考之后，决定在东陵境内选择自己的万年吉地。乾隆七年（1742年）三月十七日，正式将孝陵西侧的胜水峪确定为万年吉地，于翌年的二月初十日破土兴工，乾隆十七年（1752年）基本完工。

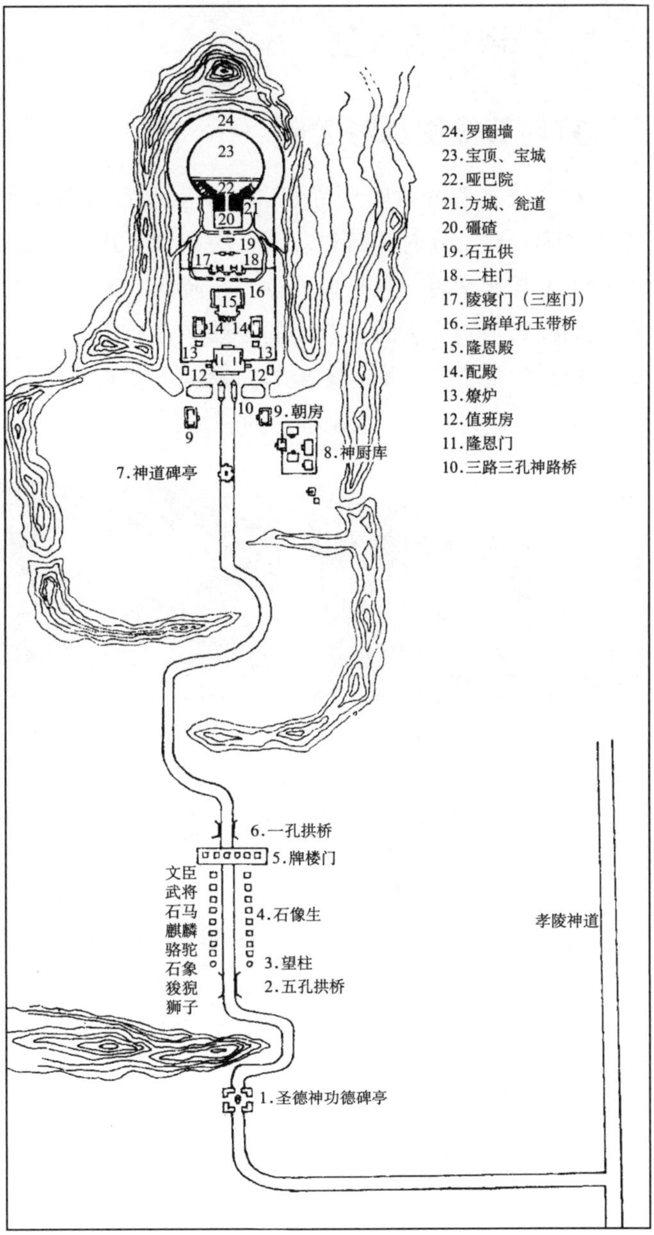

裕陵平面示意图

裕陵石像生

二、裕陵的首创

首创石像生八对之制

在裕陵之前的六座皇帝陵中，有五座设有石像生，规模最大的是孝陵，有18对。其次依次为六对、五对和四对，而裕陵则设了八对。虽然在数量上不如孝陵多，但在石雕像的种类上却比孝陵一点儿也不少。裕陵的石像生不仅在雕刻风格、技法上独树一帜，而且雕像的样式也别开生面。孝陵的石雕像古朴粗犷，而裕陵的则精美细腻。裕陵的石象、石狮、石狻猊都带有辔饰、銮铃等。象背上驮有宝瓶，寓“太平有象”之意。裕陵石像生八对之制在清陵是首创，也是唯一的。

裕陵石像生之骆驼

裕陵石像生之狻猊

裕陵石像生之麒麟

首创堆培内外砂山、蝉翼砂山之制

裕陵以前的清朝皇帝陵由于选址的余地多，空间大，所以周围的山基本上都是自然形成的，很少有用人工堆的。裕陵的陵址胜水峪虽然称得上风水宝地，但也确实存在着一些不足之处。裕陵距后面的靠山较远，建在了一片平地之上，这就需要有砂山围护。怎么办？于是就采取了起运客土、人工堆培的方法。既然用人力堆培，其规模、大小、高低、走向完全可以按照人的意志。裕陵的砂山十分完备，有外砂山、内砂山，还有蝉翼砂山。什么是蝉翼砂山呢？就是贴近陵寝两旁的砂山，因为像蝉的两只翅膀一样，所以称之为蝉翼砂山。裕陵以后，许多的陵寝都是根据自身陵寝的具体地理环境，采用人工的方法培堆了砂山。

裕陵三路一孔桥之靠山龙

首创三路三孔拱桥两侧对称建平桥之制

清朝的陵寝制度，皇帝陵隆恩门前的马槽沟上并排建三孔拱桥三座，皇后陵建一座。孝陵在三路三孔拱桥东旁建三孔平桥和一孔平桥各一座，西旁无桥。景陵和泰陵的三路三孔拱桥两旁未建平桥，这表明陵寝制度还不是十分完备。为什么呢？因为这三座拱桥各有各的用处。中间是

裕陵隆恩殿

神桥，是棺椁和神牌通行的桥梁。左边是君桥，供皇帝通行的桥。右边是大臣通行的桥，称臣桥。如果拱桥两边没有平桥，那些地位低下的兵丁、差役、太监、宫女从哪里通过？确实是个问题。在拱桥两侧对称地各建一座平桥，不仅使陵寝制度更加完善，同时也更尊卑有别，方便了通行。裕陵以后，除嘉庆帝的昌陵受邻近的泰陵影响未建外，其他皇帝陵在三路三孔拱桥两旁都建了平桥。

首创皇帝陵隆恩殿东暖阁建佛楼之制

在裕陵以前的清朝皇帝陵，隆恩殿的暖阁内均未设佛楼，第一个设佛楼的就是乾隆帝的裕陵。佛楼为上下二层，楼顶为毗卢帽形，有帘龙垂柱，上雕精美的如意云、工王云等，贴饰金箔。佛楼里，不仅供放大量的佛像，而且还陈设了大量珍宝、名人墨宝、御笔书画，五件乾隆帝悼念孝贤皇后诗的剔红挂屏也悬挂其间，这座佛楼无异于一间珍宝陈列室。自裕陵首建佛楼后，以后各皇帝陵（道光帝的慕陵除外）的隆恩殿东暖阁均设佛楼，成为定制。

唯一的三路一孔拱桥

在裕陵以前的关内清朝三座皇帝陵中，只有孝陵在陵寝门前有玉带河，河上设有三座小平桥。景陵和泰陵则没有玉带河，自然也就没有任何桥梁。裕陵在最初的设计方案中，也和孝陵的一样，在陵寝门前的玉带河上建三座小平桥，后来改变了设计方案，改为三路一孔拱桥。每座桥的桥面的两边安装青白石栏杆，龙凤柱头。更为新颖的是，桥栏杆的两端改变了传统的抱鼓石形式，而是每端各透雕一只蹲踞昂首的靠山龙。麟、蹄、鬃、嘴诸部位雕刻得十分精细，栩栩如生。桥栏杆采用这种样式，极为少见。这三座拱桥并排横跨

裕陵陵寝门前的三路一孔桥是清陵中唯一的

于玉带河上，显得格外玲珑精美，与以红黄为主色的庄重的陵寝门交相辉映，倍加赏心悦目。这是清朝陵寝中唯一的三路一孔拱桥。

首创石五供增加纹饰雕刻和紫砂石嵌件

什么是石五供呢？就是在一座巨大的长方形的石雕须弥座上摆放五件器物，即正中为石香炉、两侧依次对称地摆放花瓶和烛台。花瓶上插着灵芝花，烛台上插着蜡烛。不过香炉上不能焚香，灵芝花闻不到香味，蜡烛不能点燃。为什么呢？因为香炉、花瓶及花，烛台及蜡都是用青白石雕刻成的。既然这些都不能实用，为什么还要设置呢？这是出于礼制的需要。皇宫内是不设石五供的，只有皇家陵寝才设。据笔者考证，皇陵设石五供始于明十三陵中的明成祖的长陵。清朝陵制，只有皇帝陵和皇后陵才设石五供，妃园寝和王爷园寝不设石五供。裕陵以前的帝后陵的石五供，炉、瓶、烛台皆光素，没有任何图案雕刻，从裕陵开始，以后各帝后陵（昌陵因受泰陵影响，除外）五件器体上均雕刻兽面纹或万蝠流云的雕

裕陵石五供

裕陵石五供之香炉

刻；在裕陵以前，香炉的炉顶、花瓶上的灵芝花、烛台上的蜡烛与炉、瓶、台均用一块石料琢成。从裕陵开始，以后各帝后陵的石五供，无论炉顶、灵芝花，蜡烛及火焰均用马鞍山产的名贵的紫砂石雕刻，然后安插到炉、瓶、烛台上。经过裕陵的这一改创，使石五供更加精美豪华，雍容华贵。裕陵以后各帝后陵均沿此法，成为定制。

美轮美奂的地宫

将皇陵地宫全部用精美绝伦的石雕装点，变成佛教文化的世界，这是乾隆帝的独创。这不仅在清朝陵寝史上，就是在长达2000多年的中国陵寝史上也是独创。

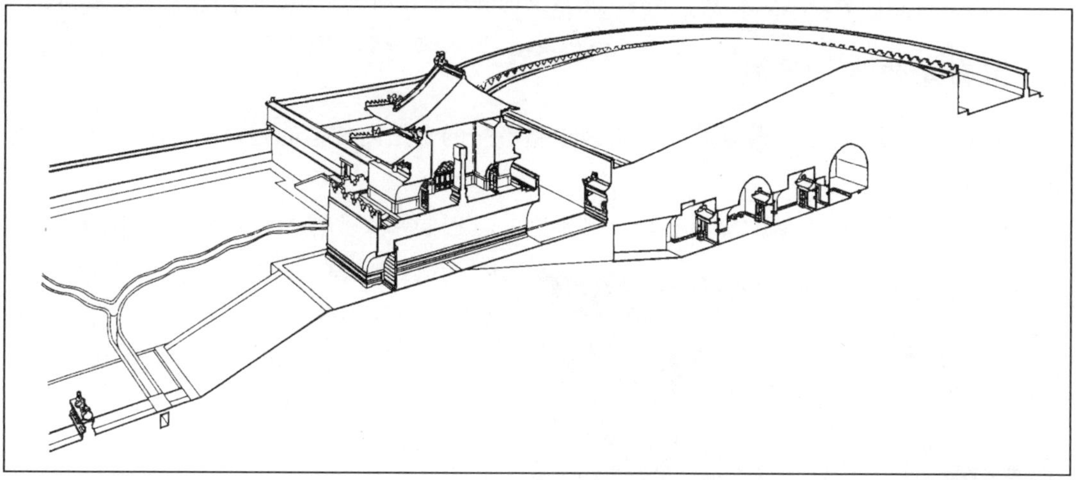

裕陵地宫透视示意图（王其亨绘）

裕陵地宫内布满了佛教题材的各式石雕刻图案，主要图案有八大菩萨、四大天王、五方佛、三十五佛、五欲供、狮子驮瓶、执壶、宝珠、八

裕陵地宫关闭石门全景

裕陵地宫乾隆帝的内棺（1975年摄）

裕陵地宫24尊佛像中的4尊佛像

裕陵地宫藏文文字

东方持国天王

宝、铃杵等以及29464个藏字和647个梵字。这些众多的图案和文字，根据它们的作用、内容而安排在不同的位置，采用不同的雕刻技法。这些图案和文字都安排得井然有序、恰到好处，给人以步移景换、引人入胜之感。裕陵地宫被誉为庄严肃穆的地下石雕艺术殿堂。更为重要的是，地宫内的这些图案蕴涵着极为丰富深奥的佛教文化。博学多识的原中国佛教协会会长赵朴初先生、十世班禅及其经师曾慕名观赏裕陵地宫，都被地宫内的精湛雕刻、博大精深的佛教文化而惊叹和折服。

三、裕陵之怪

裕陵有许多怪事都是令人想不到的，也是其他的陵所没有的。下面介绍几个，以飨读者。

皇贵妃棺内殓皇后

谁也不会相信，在裕陵地宫里，有一口皇贵妃的金棺内装殓的是皇后，真是非常奇怪的事。

皇贵妃的金棺与皇后的梓宫有什么区别呢？其形制和大小基本是一样的，用的都是楠木，其区别就在漆饰上。皇贵妃金棺漆饰35次，而皇后梓宫则漆饰49次；皇贵妃的外椁四面都彩画金龙，而皇后外椁则全部扫金，上面没有任何图案。

裕陵地宫龙山石

这位皇后死后为什么用皇贵妃的金棺？是皇后遭贬了，还是一时没有皇后的梓宫，迫不得已才用了皇贵妃的金棺。其实都不是，那究竟为什么？这位皇后是谁？

这位皇后就是嘉庆帝的生母孝仪皇后魏佳氏。原来魏佳氏死于乾隆四十年（1775年）正月二十九日，当时她是宫中唯一的皇贵妃，死后被谥为令懿皇贵妃。虽然当时她生的皇十五子永琰已被密定为皇位继承人，她作为生母将来一定会被追封为皇后，但当时还是在严格的保密之中，如果使用皇后的梓宫，就等于公布了皇位的继承人是谁，那是绝对不能暴露的，所以只能用皇贵妃金棺。乾隆六十年（1795年）九月初三日，乾隆帝宣布永琰为皇太子，翌年登极即皇帝位，同时追封令懿皇贵妃为孝仪皇后。这时令懿皇贵妃已入葬裕陵地宫整整20年了，虽然被追封为皇后了，但已不便再改换皇后梓宫，所以只能仍用原来的皇贵妃的金棺，这就是皇后用皇贵妃棺椁的奥秘。

龙山石是残破的

龙山石是位于棺椁四角的特制的固定棺椁的石构件。龙山石上有横向和竖向的石槽，分别卡住椁的横边和竖边。龙山石下面有榫，插入棺床石孔内，因榫头大根细，而孔口小下敞，所以榫从一侧插入孔中后推向一旁，榫就拔不出来了，这样棺椁就牢牢地固定在棺床上了。皇家设龙山石的目的就是固定棺椁，防止棺椁浮起。这说明皇家当时就想到了入葬时间一长地宫有可能出现渗水，浸泡棺椁。

孝贤皇后朝服像

裕陵地宫内的孝贤皇后残破的龙山石

裕陵地宫的龙山石上浮雕着龙、云和海水江崖，每一块龙山石都是十分精美的石雕作品。令人意想不到的是孝贤皇后梓宫东南角的龙山石是残破的，龙山石上有一道斜着的裂缝，将龙山裂为两块，用四个铁锔子（背后有一个）连在了一起，裂缝和铁锔处竟抹上了石灰和石粉做掩盖，使人看不出来。孝贤皇后是在乾隆十七年（1752年）入葬地宫的，可能是当时的石匠或工头，用这种方法蒙骗了皇帝。裕陵开放之后，每到雨季地宫里就有一人多深的积水，龙山石长年累月在水中浸泡着，这种水中又含有大量石灰，具有很强的腐蚀性，所以抹饰的石灰和石粉脱落了，露出了石缝和铁锔子，人们才发现了这一作弊现象。一向自认圣明的乾隆帝万万不会想到自己竟被欺骗了200多年。

一百多年的女尸面带微笑

1928年，孙殿英匪军盗掘了裕陵和慈禧陵之后，清逊帝溥仪派皇室成员和遗臣到东陵进行了重殓。他们在清理裕陵地宫时发现了一具女尸。这女尸皮肉俱存，丝毫未烂，面目如生。据重殓人员的日记记载，这女尸面带微笑，像一尊古佛。据考证，这具女尸就是嘉庆帝的生母孝仪皇后魏佳氏。

令妃就是后来的孝仪皇后

为什么死了153年尸体不腐烂？裕陵地宫里葬了六个人，那五个人有比她早死的，有比她晚死的；有比她地位高的，有与她同等地位的。那五个人都成了一堆白骨，惟独孝仪皇后尸体不烂。有人可能想：是不是她的尸体进行了特殊防腐处理？如果她的尸体进行了特殊处理，那么比她地位高的慧贤和哲悯两位皇贵妃也应该做防腐处理，乾隆帝和孝贤皇后的尸体更应该做防腐处理，为什么那五个人的尸体都烂了呢？

再者说，清朝不刻意追求尸体的防腐。孝仪皇后死时只是一名皇贵妃，不会专对她的尸体做防腐处理的。那究竟为什么153年尸体不烂，至今谁也解释不了。

地宫里有一个朝鲜女子

清朝皇帝的后宫中，汉族妃嫔也不在少数，但很少听说过清朝皇帝纳朝鲜女子为妃的。这究竟是怎么回事？由于清朝执行满蒙联姻政策，清朝初期皇帝的后妃，多为蒙古女子。到了清朝中期，满族女子逐渐增多。乾隆帝为了加强与新疆上层人物的团结，巩固已平定的新疆安定局面，纳了一位维族女子为妃，她就是著名的容妃即香妃。北京大学历史系徐凯教授是专门研究清朝与朝鲜关系的专家，他经过多年的研究后发现，乾隆帝的淑嘉皇贵妃是地地道道的朝鲜女人。

乾隆帝所纳朝鲜女子，并不是直接从朝鲜娶过来的，而是从在清廷为官的朝鲜人家通过选秀女的方式选入皇宫的。

乾隆帝为什么要纳朝鲜女子为妃呢？这与娶蒙古和维族女子为妃不同，那是属于政治婚姻，而娶朝鲜女子为妃不存在这种政治因素。

嘉妃就是后来的淑嘉皇贵妃

清初，许多朝鲜人来到我国，有的是因为与当时的朝鲜的统治者有矛盾，投靠到清朝，有的是自愿归附，有的是属于战争俘虏，有的是移民。乾隆九年（1744年）奉敕修竣的《八旗满洲氏族通谱》将满洲的朝鲜人收录了43个姓，金、韩、李、朴是其中的大姓，其中的金、韩为名门望族。淑嘉皇贵妃姓金，其祖先金辛达礼是朝鲜义州人，天聪元年（1627年）率其家族自愿归附清朝，后来被编入满洲包衣佐领。淑嘉皇贵妃的祖先为清王朝的发展、强盛作出了重要贡献，被封官晋级，进入了清王朝的领导层。淑嘉皇贵妃的父亲三保是上驷院卿，兄长金简在乾隆朝累官至吏部尚书。

淑嘉皇贵妃生于康熙五十二年七月二十五日（1713年9月14日），在乾隆帝即位前已是一名侍妾了。乾隆帝即位后，封为金贵人，乾隆二年（1737年）晋封为嘉嫔，乾隆六年（1741年）晋为嘉妃，乾隆十四年（1749年）晋为嘉贵妃。她先后为乾隆帝生了四个皇子。这在清朝后妃中是极为少见的。这四个皇子中有三个长大成人，皆封为和硕亲王。其中的皇十一子成哲亲王永瑆是乾隆时期著名的四大书法家之一，裕陵的圣德神功碑碑文就是永瑆书写的。乾隆帝共有17名皇子，她一个人就生了四个，这表明了她是非常受皇帝宠爱的。乾隆二十年（1755年）十一月十六日，嘉贵妃病逝，终年43岁，乾隆帝追封她为皇贵妃，赐谥号“淑嘉”，乾隆二十二年（1757年）入葬裕陵。

嘉庆四年（1799年）三月，嘉庆帝将其家族从正黄旗包衣抬入满洲正黄旗，成为上三旗，并赐姓“金佳氏”。嘉庆二十三年（1818年）正月，命《玉牒》内将“金氏”正式改写为“金佳氏”，以示对其家族的恩宠。一位朝鲜女人能够进入大清皇宫，被封为皇贵妃，成为皇帝的宠妃，地位仅低于皇后，最后又能祔葬皇帝陵内，这都是难得的旷典和殊荣，在清王朝仅此一例。

裕陵地宫第二道石门

裕陵地宫的第三道石门

乾隆棺椁两次顶石门

1928年7月，孙殿英军队制造了震惊世界的东陵第一次大盗案，他们利用七天七夜的时间盗掘了乾隆帝的裕陵和慈禧陵的地宫。当盗陵的匪兵盗掘裕陵时，顺利地打开了前三道石门。可是在开第四道石门也就是地宫的最后一道防线时却遇到了麻烦。他们无论如何也打不开了，最后不得不动用炸药，炸坏了石门，才得以进入。他们进了金券以后才发现，原来是一口巨大的棺椁顶住了石门，致使石门不能打开。后来溥仪派的重殓大臣从这口顶门的棺椁内找到了乾隆帝的头颅骨，才知道顶住石门的是乾隆帝的棺椁。重殓大臣们将乾隆帝的棺椁安放到棺床正中原位上，将乾隆帝的遗骨摆放在棺内正中，将一后三妃的遗骨摆放在乾隆帝遗骨的两侧，盖上棺盖，关闭了前三道石门，填砌了隧道。

1975年清东陵的文物工作者在清理裕陵地宫时，前两道石门都虚掩着（因顶门的自来石在1928年均被摔断），所以一推就开了。当推第三道石门时，用尽了力气也推不开。最后不得不利用千斤顶，才将石门顶开了一个仅钻进一个人的缝隙，进去一看又是乾隆帝的棺椁顶住了石门。因为第四道石门在1928年孙殿英盗陵时已被炸坏，所以第三道石门就成了地宫的最后的一道防线。

这件事怪就怪在：地宫里有六口棺椁，为什么两次都是乾隆帝的棺椁顶住了石门？棺椁的四角都被龙山石牢牢地固定在棺床上，怎么可能会在无人力的情况下移到了棺床之下。即使是地宫里出现渗水，这些渗水是从地面的石缝里涌冒出来的，水面是平稳缓缓上升的，不会产生波浪水流，更不会有一定方向的冲击力，为什么乾隆帝的棺椁会漂移到棺床之下，而且两次都是向石门方向漂动？乾隆帝是裕陵地宫里的唯一男性，其他五人都是他的妻妾，难道是乾隆帝在尽丈夫的天职，义无反顾地保护自己的女人吗？

石门口为什么支顶了两根石柱

1975年，清东陵的文物工作者在裕陵找到了昔日的地宫盗口，当他们钻进地宫，来到第一道石门时，见到门口顶着两根巨大的石柱。石柱在石门槛外，上面顶在石门楼的冰盘檐下平面，石门簪之间。因为当时急着探视地宫，顾不得多想，推开石门就进去了。可是他们在进入第二道、第三道石门时，同样的石门及门楼，却没有石柱。这时他们才意识到第一道石门的两根石柱不是建地宫时原来就有的，而是后来支顶的。经过他们仔细观察发现，门楼及上门槛裂开了一条大缝子，最宽处有2cm，很显然这两根石柱是为了防止门楼塌落才支顶的。

裕陵头道石门外层石柱不知是何年支顶的

这两根石柱是什么时候支的？是孙殿英匪兵盗掘裕陵时支顶的吗？那不可能。他们是为了盗宝才进入地宫的，不可能保护地宫。是溥仪派到东陵进行重殓的皇室成员和遗臣支顶的吗？这些人员在东陵重殓期间差不多每个成员都逐日写有日记，非常详细，每一个人的日记中都没有支顶裕陵地宫石柱的记载。再者说，这些重殓人员一共在东陵工作了24天。在这期间，在完成对两座地宫的清理、重殓工作之外，再支顶这两根石柱，在时间上是不可能的，所以说这两根石柱也不是重殓人员支顶的。那就应该是清朝时支顶的，或者在乾隆帝的棺椁入葬之前，或者在乾隆帝入葬之后。石柱为四棱柱形，高323.5cm，宽和进深都是39cm，两柱之间相距103cm。我们知道，帝后的外椁的宽度都在150cm以上。如果在入葬之前就支顶上了，棺椁根本不能进入，那就只能在入葬之后支顶。乾隆帝是在嘉庆四年九月十五日卯时（1799年10月13日早晨）入葬裕陵地宫的。从九月十六日开始，填砌隧道，成砌琉璃影壁，铺墁哑吧院内的神道及地面，到十月十一日完工。如果是在梓宫入葬后支顶石柱，只能在九月十六日至十月十一日这26天内施工。笔者专为这件事到中国第一历史档案馆查阅清宫档案。找到了负责乾隆帝葬后办理这项工程的绵课、弘谦、特清额、成林在此项工程完成后给嘉庆帝的奏折。在入葬前，绵课曾负责地宫内隧道砖券内斜坡墓道的工程。原计划筑打夯土，可是在施工前发现第一道石门的上门槛有裂缝二道，地宫内这时已安葬了五位后妃

裕陵地宫剖面示意图（王其亨绘）

的棺椁，其中孝贤皇后、慧贤皇贵妃、哲悯皇贵妃已入葬了47年之久。如果筑打夯土，声音及震动极大，这五位后妃的棺椁近在咫尺，不仅使这五位后妃不得安宁，对她们的棺椁也极为不利。更为严重的是石门上槛的裂缝会更为加大，其后果不堪设想。绵课建议将夯筑改为砖砌。绵课的建议很快就得到了嘉庆帝的同意。但绵课在上奏完成填砌隧道、成砌琉璃影壁，铺墁哑吧院内的神道及地面的奏折中，对石门上槛有裂缝怎样处置的事只字未提。是真的没有支顶，还是支顶了但绵课忘记上奏了呢。支顶石柱工程量很大，比砌隧道、影壁还重要，绵课能疏忽不奏吗？如果绵课没有支顶，孙殿英和重殓人员也没有支顶，那石柱又是谁支顶的呢？

金券是歪的

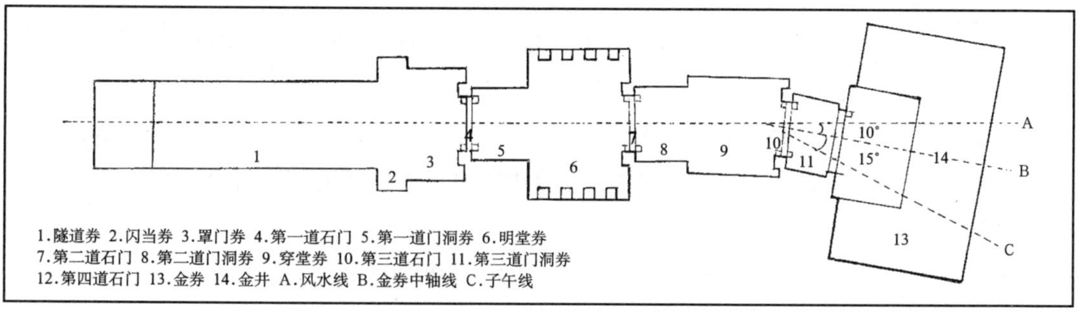

裕陵地宫平面示意图

在一般情况下，陵寝地上地下的建筑轴线应该用一个方向，是统一的。比如已清理开放的慈禧陵、光绪帝的崇陵地上地下用的都是一个方向。可是我们却发现裕陵地宫的最后的金券和第三门洞券却是歪的。为什么是歪的？原来裕陵是用了两个方向。一座陵用两个方向并非裕陵一例。前面已说过顺治帝的孝陵、雍正帝的泰陵用的都是两个方向，可是这两个陵的两个方向都体现在地面之上，一个在前部，一个在后部，而裕陵的两个方向却一个在地上，一个在地下。地上的方向是朝向金星山，也就是建筑的纵向轴线对准朝山金星山。地下的前七个券的方向与地面的方向是一致的，只有最后的金券和第三道门洞券用的是另一个方向，这两个方向形成了一个10度的夹角。

为什么裕陵要用两个方向

有人说金券的方向是子午方向。什么是子午方向呢？就是正南正北方向。经过实测，金券不是子午方向，而是与子午方向形成了15度的夹角，所以这种子午线的说法是不对的。

有人说本来金券方向与前八券一致，由于工程失误，才造成了两个方向，这更是不可能的。

裕陵地宫金券内棺椁

皇陵工程是当时国家的第一号工程，而地宫又是这一工程的核心部位，在几十米的施工线上出现10度的误差那是不可能的。况且地宫的券石都是提前在另一个地方的样制券（相当于一个仰置的地宫）内将券石砌好，将图案雕刻好，编好号码，拆出来，然后按照号码再砌到真地宫里。如果地宫方向出现了失误，这些券石就不能严丝合缝地砌到地宫里面去，图案也不会衔接得天衣无缝，所以工程失误的说法也是站不住脚的。

那究竟为什么用两个方向呢？其实这还是风水的需要。朝对金星山的地面方向是最佳方向，金券的方向也是最佳方向，用清宫档案上的原话说这个方向“脉气最盛”。就是说，裕陵将最好的两个方向全用上了。裕陵的两个方向与孝陵、泰陵的两个方向只不过采取的方式不同，但其目的是一样的。

圣德神功碑亭为什么不用条石发券

乾隆五十年至五十二年，清廷对明十三陵进行了一次大规模的全面维修，不仅将长陵、献陵、景陵、裕陵、茂陵、泰陵、康陵、昭陵、庆陵、德陵明楼的天花改为用条石发券成做，而且将长陵的神功圣德碑亭也改用条石发券成做。这样做，既能使建筑更加坚固，同时还能防火。明十三陵上述陵寝的地面建筑中全部毁坏无存，唯独明楼幸存，完全证明了这一点。

这一巨大工程的最高领导者就是乾隆帝。乾隆帝知道自已百年之后，儿子即位后要遵照定制给自已修建圣德神功碑亭。而以前的清朝圣德神功碑亭都是木制的格井天花，既不坚固又不安全，所以他在乾隆五十二年（1787年）三月十一日，维修明陵的工程还没有完工就迫不及待地发出谕旨，谕令将来给他修建圣德神功碑亭时一定按照新修的明长陵圣德神功碑亭的做法，用条石发券成做。可是在他死后，他的儿子嘉庆帝在给他修建圣德神功碑亭时，并没有按他父亲的谕旨所说的用条石发券成做，仍然采用的是木制的格井天花形式。

嘉庆帝为什么不听他皇父的话，难道他不知道他父亲这道谕旨吗？如果真不知道，满朝文武大臣都知道，为什么没有人向嘉庆帝奏明这件事呢？

圣德神功碑亭不在中轴线上

中国建筑布局的特点，主要建筑都应建在中轴线上，这是每一个人都知道的，裕陵地面上的主要建筑都应该建在朝向金星山的中轴线上。可是我们却发现裕陵的圣德神功碑亭向东偏离了中轴线，这是工程的失误还是有意而为？至今还没有答案。

四、乾隆帝死后为什么称“高宗”

皇帝死后，他的神牌要升祔太庙，要由嗣皇帝给先帝起个新的名称，这个新名称就是庙号。前面在讲康熙帝的庙号时讲了“祖”和“宗”的庙号之别。

在乾隆之前，清朝已有三位皇帝庙号称“祖”，这已经是破了先例的了。乾隆帝在位

60年，自认有“十全武功”，又当了3年太上皇帝，把大清国治理得空前强盛，疆土扩大，国泰民安，天下升平，完全可以与康熙帝相媲美。鉴于康熙帝称“祖”的先例，他担心自己死后，他的儿子也称自己为“祖”，这样清朝就有四个称祖的皇帝了。于是在他生前就对嘉庆帝和军机大臣们说，我死后“当以称宗为是”。后来在乾隆帝驾崩的当天，嘉庆帝在命大臣为乾隆帝拟定庙号的谕旨中就说，如果论功绩，我皇考本应称祖，但我皇考在生前已经有了“称宗为是”的谕旨，不便违抗，所以只能称宗。按谥法，“肇纪立极曰高。我皇考圣神文武，式廓鸿基”，所以庙号应该称“高宗”。就这样，乾隆帝死后就称高宗了。

裕陵圣德神功碑亭明显偏离中轴线

第二节　裕陵妃园寝——宫闱斗争的缩影

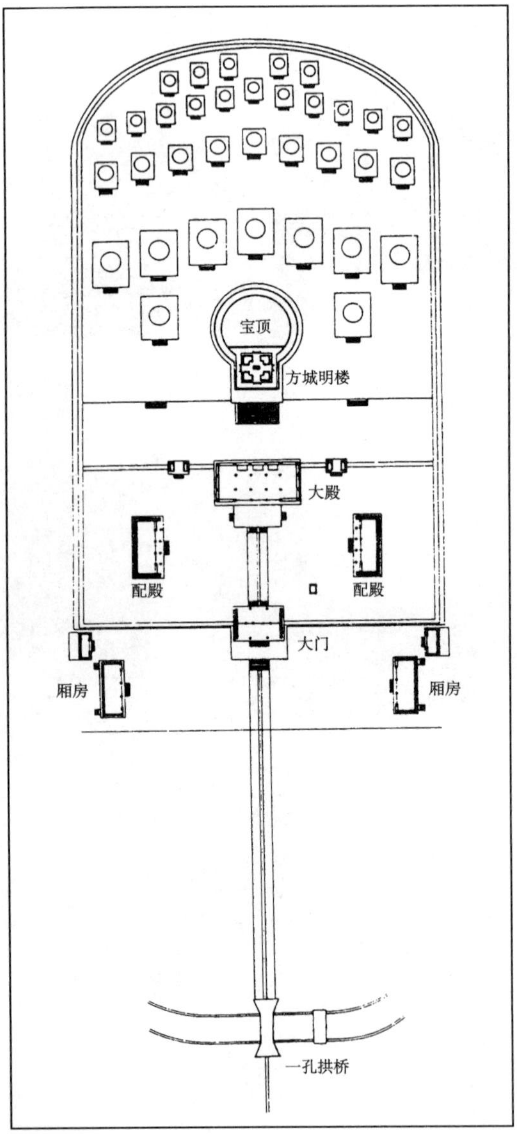

裕陵妃园寝平面示意图

位于裕陵西侧的裕陵妃园寝是清朝等级最高的两座妃园寝之一，里面安葬着乾隆帝的1个皇后、2个皇贵妃、5个贵妃、6个妃、6个嫔、12个贵人、4个常在。这36个女人，有的出身满洲名门望族，有的来自边疆少数民族贵族家庭，有的选自普通官宦人家，还有的是汉族女子；这36个女人，有的一生得宠，风风光光，笑到最后；有的从红极一时，突然跌入痛苦的深渊，终日以泪洗面，含恨而死；有的寿终正寝，有的殂谢他乡。有的死后追封，身后荣耀；有的一生默默无闻，耗尽了青春。虽然她们都是皇帝的女人，但她们在人生的舞台上却扮演着不同的角色，演出了悲欢离合的剧目，然而殊途而同归，最后她们都归葬在了这座妃园寝内。这座园寝的36个墓主人的人生轨迹合成了清朝宫闱内部斗争的缩影。

一、宠妃的荣耀

为宠妃改建妃园寝

裕陵妃园寝始建于乾隆十二年（1747年），到乾隆十七年（1752年）迎来了它的第一批墓主人仪嫔、秀贵人和张常在。乾隆二十二年（1757年）第二批墓主人怡嫔和揆常在又入葬了这座妃园寝。乾隆帝的这五个

裕陵妃园寝大殿及东西园寝门

早期离世的低级妃嫔未能长伴夫旁，多承雨露，已属不幸，乾隆二十五年（1760年），这座原本很平静的妃园寝忽然大兴土木，进行了大规模的改建和扩建，拆掉了大殿后面的三座园寝门和两侧的面阔红墙，将园寝门改建到大殿的两旁，在腾出来的空地处——园寝后院的前排正中最尊贵的位置建了一座六券一门的大型地宫，在地宫上建起了一座形似帝后陵的方城和单檐歇山顶的明楼，在方城后面建起了一座高大夯土宝顶并环以带垛口（像城墙的锯齿一样）的宝城，在前院的大殿前两旁增建了面阔各5间的东西配殿。乾隆二十七年（1762年）改建工程才结束，实际用银13.4万两，比原计划多用了5.2万两，从而使这座规制十分标准的妃园寝一下子跃居清朝10座妃园寝的第二位，成了清朝仅有的两座等级逾制的妃园寝之一。

裕陵妃园寝为什么忽然要大兴土木呢，是因为建筑出现了重大损破和工程隐患吗？不是。这座园寝建成不足10年，还算是一座新园寝，根本不存在工程质量问题。那究竟因为什么突然进行大规模地改建和扩建呢？原来这座园寝要迎来一位十分尊贵的新主人。

裕陵妃园寝宫门

乾隆帝第一妃

乾隆第一妃——纯惠皇贵妃

清朝皇帝的妻妾共分八个等级，最高的是皇后，属于正妻，以下七个等级均属妃嫔。在妃嫔中等级最高的就是皇贵妃，按规定只能同时有一位皇贵妃，就如同时只能有一个皇后一样。皇贵妃地位尊贵，相当于副皇后，所以皇贵妃称得上皇帝的第一妃。

按妃嫔的最后封号算，清朝关内的九个皇帝拥有皇贵妃最多的是乾隆帝。他有五个皇贵妃，然而这五个皇贵妃中，竟有三个是死后追封的，另一个是刚晋封两天就死了，还未举行删礼。真正生前举行过皇贵妃删封礼的只有一人，她就是葬在这座妃园寝的那位新主人纯惠皇贵妃。皇贵妃是皇帝的第一妃，苏佳氏又是乾隆帝第一个册封礼的皇贵妃，所以纯惠皇贵妃是乾隆帝的名副其实的第一妃。

纯惠皇贵妃地宫

纯惠皇贵妃为什么能坐在皇贵妃的宝座之上，受到皇帝的宠爱？我们有必要先了解一下她的身世。

纯惠皇贵妃苏佳氏是苏召南的女儿，生于康熙五十二年（1713年）五月二十一日，比乾隆帝小2岁，雍正年间就已经是还是皇子的乾隆帝的一名爱妾了。雍正十三年（1735年）五月，她为乾隆帝生下了皇三子永璋。乾隆帝即位不久，就封苏佳氏为纯嫔。乾隆二年十二月初四日（1738年1月23日），又册封她为纯妃，乾隆八年（1743年），她又生下了皇六子永瑢，两年后又生下了皇四女和硕和嘉公主。乾隆十年（1745年）十一月十七日，被册封为纯贵妃。随着为皇帝连生娇儿爱女，她的地位直线上升。到了乾隆二十五年（1760年）三月二十四日，因她“秉性温恭，持躬端慎，克娴内职”，又因她所生的皇子永璋、永瑢和皇四女皆已长大成婚，乾隆帝奉皇太后懿旨，晋封她为皇贵妃，在这年的四月十一日为她举行了隆重的册封礼，成为当时后宫中唯一的皇贵妃，地位仅次于皇后。册封礼刚过八天，苏佳氏竟于四月十九日病死了，享年48岁。如果从举行册封礼的日期算，苏佳氏只当了九天皇贵妃。

纯惠皇贵妃棺前的卡棺石

从苏佳氏的身世可以看出，她为皇帝生了两个皇子和一个皇女，而且都长大成人。能够为皇帝生儿育女是妃嫔得宠的重要条件，我们从苏佳氏的画像可以看出，她长得很漂亮，从册封她为皇贵妃的册文中，我们又可以知道她是一位非常温柔恭顺、通情达理、善体人意的女子，正因为苏佳氏具备了这些重要条件，所以她才深受宠爱，长久不衰。

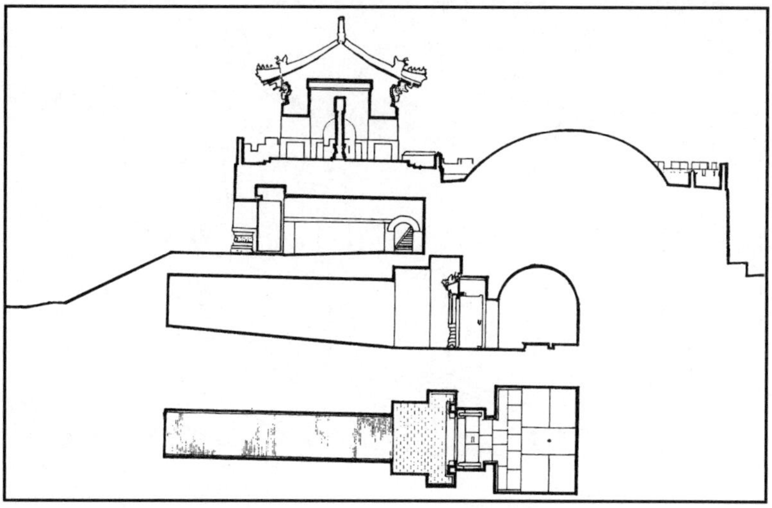
纯惠皇贵妃地宫剖面示意图（王其亨绘）

爱妃的逝世使乾隆帝十分悲痛，为她举行了隆重的丧礼，赐谥她为“纯惠皇贵妃”。为了表示对她的爱恋和怀念，乾隆帝特地下令仿照景陵皇贵妃园寝规制改建、扩建了妃园寝。乾隆二十七年（1762年）四月十九日纯惠皇贵妃葬入主宝顶下的地宫内，成了这座妃园寝的最高主人。为了纯惠皇贵妃入葬，仅搭盖金棺棚座、开填地宫隧道、油漆石碑、镌刻碑文等项工程就耗用白银6672.434两。从此，妃衙门改称为纯惠皇贵妃园寝。在明楼内的石碑上用满汉两种文字镌刻“纯惠皇贵妃园寝”字样，这个名字一直用了37年之久，到嘉庆四年（1799年）才改名为裕陵妃园寝。

纯惠皇贵妃为什么不祔葬裕陵

同是皇贵妃，为什么死于纯惠皇贵妃之前的慧贤皇贵妃、哲悯皇贵妃、淑嘉皇贵妃和死于纯惠皇贵妃之后的令懿皇贵妃(后来追封为孝仪皇后)都能够祔葬裕陵地宫,而作为乾隆帝第一妃的纯惠皇贵妃却不能葬祔裕陵,反倒葬入了妃园寝，不能与她的夫君陪伴在身旁?

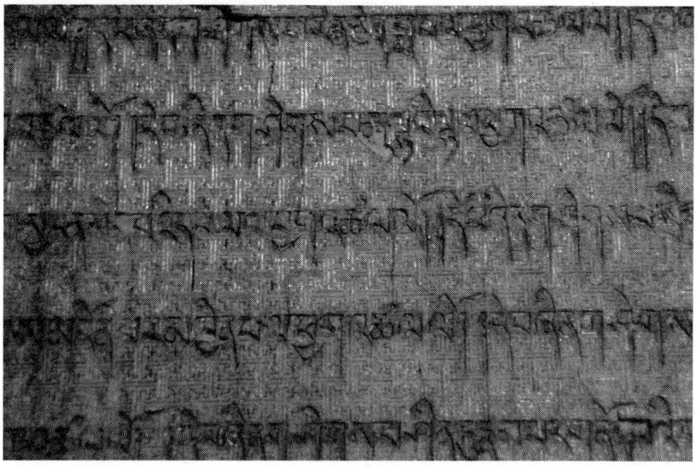
纯惠皇贵妃内棺上的雕漆藏文佛经

这个问题曾困扰了笔者多年,后来才悟出了其中的原因。裕陵地宫里共有七个棺位，到乾隆二十五年(1760年)纯惠皇贵妃死时，地宫里已入葬了一个皇后，三个皇贵妃。棺床正中是皇帝的棺位，是任何人不能占用的，这样地宫中

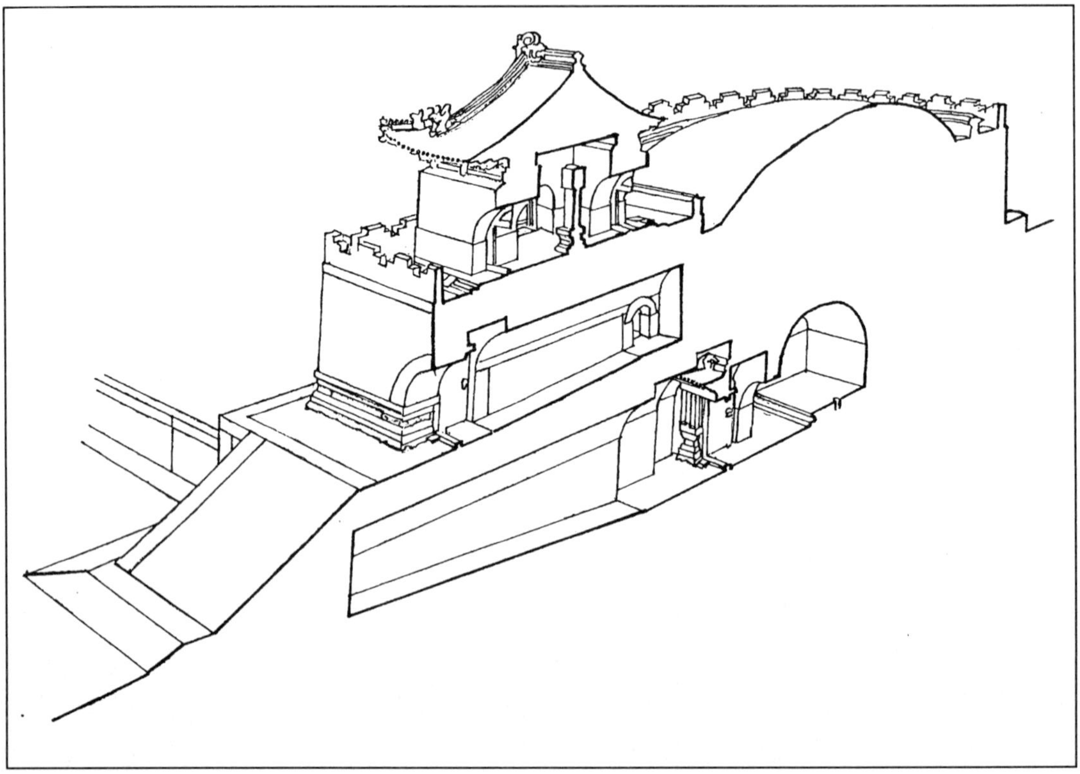

纯惠皇贵妃地宫透视示意图（王其亨绘）

只有两个空位。当时的中宫皇后那拉氏正受宠爱，红极一时。如果这位皇后一旦死于皇帝之前，是一定要葬入裕陵地宫的，要给她留一个棺位，这样还剩一个空位。当时立谁为皇太子还未正式定下来，如果所立的皇太子的生母不是皇后，而是妃嫔，那么这位皇子的生母将来则要晋尊为皇后的。如果皇太子的生母也死在皇帝之前，也要葬入裕陵地宫的，这样，地宫里就等于没有了空余棺位，这些情况乾隆帝必须要考虑到。很可能基于这些考虑，才决定将纯惠皇贵妃葬入裕陵妃园寝。

二、那拉皇后失宠之谜

皇后受到的不公正待遇

“乾隆休妻”在民间和野史里被炒得沸沸扬扬，说的是乾隆帝就像当年他的曾祖父顺治帝废掉原配皇后博尔济吉特氏那样，把第二个皇后那拉氏给废掉了。实际上是不是这样呢？不是这样。乾隆帝根本就没有废掉这位皇后。那为什么野史和民间有“休妻”之说呢？其实“休妻”之说也并非望风扑影，凭空捏造。乾隆对于那拉皇后，既没有将她赶回娘家，也没有将她的皇后之号废掉，她只是失宠了，生前和死后遭到了一系列不公正的待遇。

这位皇后遭到了哪些不公正的待遇呢？

1.撤减了宫女

那拉皇后于乾隆三十年（1765）闰二月十日在南巡途中提前被秘密护送回京城以后不久，乾隆帝就将她手下的宫女减少到了2人。按清宫规定，配置宫女数量为：皇后13人，贵妃8人，妃、嫔6人，贵人4人，常在3人、答应2人。对照这个标准，那拉皇后已降到了最低下的答应这一等了。

2.收回册宝

乾隆帝南巡回来以后，将那拉皇后手中的4份夹纸册宝全部收缴。这4份是娴妃1份、娴贵妃1份、皇贵妃1份、皇后1份，这是她权力的象征和凭据。收回了这4份册宝，等于收回了她的所有权力，这是对她的极大的精神打击和伤害。

3.皇后死皇帝不回京

那拉皇后被送回京城后，被打入了冷宫。她想到以前的尊贵、荣华、权力，再看看现在的处境，伤心极了，整日沉闷压抑，以泪洗面，不久便染病在床，到了乾隆三十一年（1766年）七月，病情已十分沉重。妻子生病，当丈夫的应守护在旁，可是在七月初八日，乾隆帝依然出发到承德避暑山庄了。七月十三日到达山庄，第二天即七月十四日未时那拉皇后在忧伤中默默死去，终年49岁。乾隆帝听到皇后死去的消息之后，一点悲痛的样子也没有。他并没有回京，只是将皇后的亲

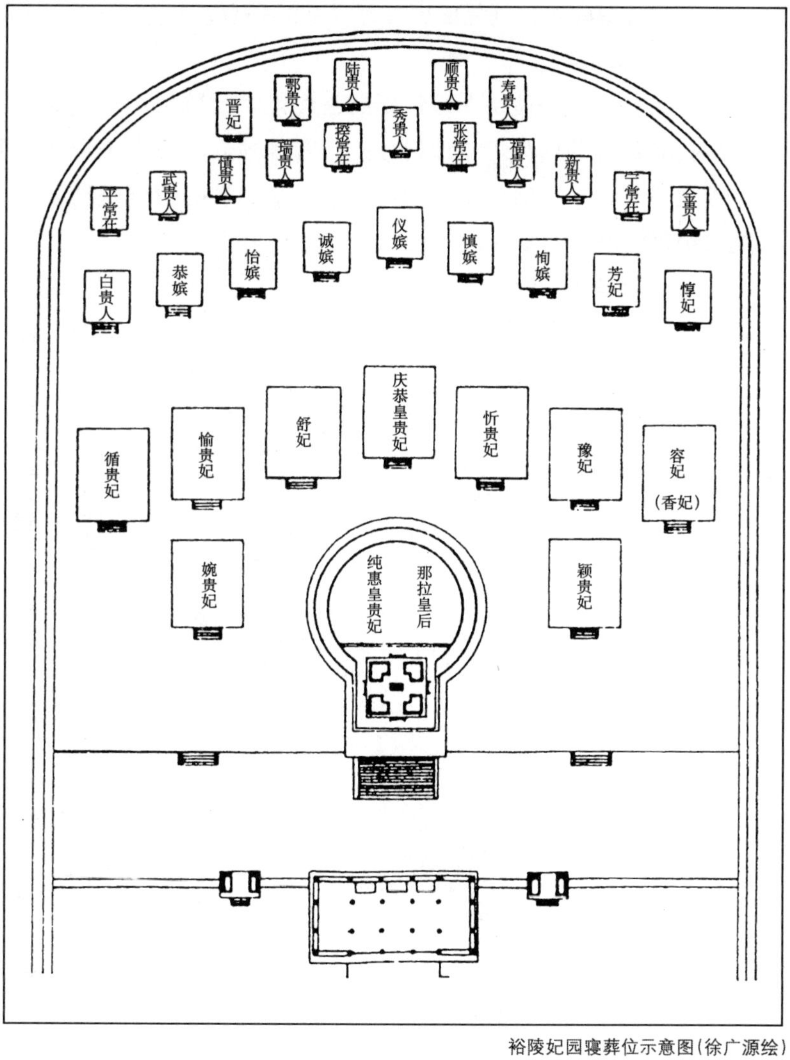

裕陵妃园寝葬位示意图（徐广源绘）

生子皇十二子永璂打发回京,料理他母亲的丧事。乾隆帝就像什么事也未发生一样，继续在避暑山庄游山玩水，到木兰围场行围打猎。

4.降格办理丧事

那拉皇后是正式册封的皇后，按老百姓的话说是明媒正娶。那拉皇后一直到死也是皇后，可是她死后却不按皇后的丧礼规格办理丧事，而是降级按皇贵妃治丧，由内务府办理。名义上是按皇贵妃办理，实际上比皇贵妃还低。

5.葬入妃园寝

那拉皇后死时，裕陵地宫里已葬入了1个皇后、3个皇贵妃。那拉皇后虽然丧礼按皇贵妃办理，但她毕竟还是皇后，怎么也比死后被追封的慧贤、哲悯、淑嘉3个皇贵妃地位高。这3个皇贵妃都可以入葬裕陵，那拉皇后更有资格入葬裕陵，况且地宫里有给她预留的棺位。可是乾隆帝却没有将那拉皇后葬入裕陵，也没有给她单建皇后陵，而是葬入了妃园寝。皇后葬入妃园寝，这是历史上都没有的怪事。

6.不单建地宫

在妃园寝内，即使是等级最低的答应也给她单独建一个地宫，有自己的宝顶，就是规制再低按老百姓的话说也是独门独院，有她独立的一个小天地。可是那拉皇后连这个起码的待遇也没有，没有给她单独建地宫，而是把她的棺椁塞进了纯惠皇贵妃的地宫，而且位于纯惠皇贵妃棺椁的东旁，其地位明显低于皇贵妃。

7.不设神牌

妃园寝的墓主人，皇贵妃、贵妃、妃均设神牌，供奉在园寝大殿的暖阁内。每逢大祭时，将神牌请出，放在宝座上，享受供品香火，接受行礼。嫔、贵人、常在、答应不设神牌，祭祀时，将祭品桌直接抬到宝顶前，上香行礼。而那拉皇后作为名副其实的皇后死后连神牌都没有，连一般的妃子都不如。

8.死后没有祭祀

即使是常在、答应，每年都有清明、岁暮二次大祭，供膳品14盘碗、饽饽45盘碗，焚素纸1000张、金银锞1000锭。而那拉皇后死后任何祭祀也没有。在民间，每逢清明、中元节、岁暮，子孙们都要给死去的亲人上坟，祭扫，跪拜行礼，那

纯惠皇贵妃内棺及那拉皇后外椁

裕陵妃园寝大殿

拉皇后连平民百姓都不如。

9.质量低劣的棺椁

1981年11月30日纯惠皇贵妃地宫开启，笔者是开启、清理地宫全过程的亲历者。笔者通过对地宫及棺椁的多次现场考察，并结合清宫档案进行了深入的研究考证后认为：那拉皇后的丧礼实际上比皇贵妃的低得很。其所用的棺椁也不是皇贵妃应该用的棺椁，不仅小，而且不是楠木的，而是杉木的。所以尽管那拉皇后比纯惠皇贵妃晚死6年，但在清理地宫时，那拉皇后的棺椁已毁坏糟烂，而纯惠皇贵妃的内棺外椁尚能成型。我们现在看到的地宫内的棺和椁，实际上都是纯惠皇贵妃的。

堂堂的大清皇后究竟犯了什么错落得如此悲惨的下场，现在已成了未解之谜。

曾是红极风光人

要想讲清那拉皇后失宠的原因，有必要先介绍一下那拉皇后的身世。

那拉皇后是佐领那尔布的女儿，生于康熙五十七年（1718年）二月初十日，比乾隆帝小7岁。她家隶属满洲镶黄旗，属于上三旗。雍正时，她被选中秀女，雍正帝将她赐给皇四子弘历当侧福晋，也就是副妻。弘历即位后封她为娴妃。乾隆十年（1745年）正月二十三日她被封为娴贵妃。乾隆十三年（1748年）三月孝贤皇后死后，皇后的位子空缺，皇太后见娴贵妃端庄惠下，有母仪之风，劝皇上立娴贵妃为皇后。乾隆帝与孝贤皇后婚配多年，感情深厚，乾隆帝觉得孝贤皇后刚死不久，尚在大丧期内就册立新皇后，于心不忍，为了不违背皇太后旨意，他先在乾隆十三年（1748年）七月把娴贵妃晋封为皇贵妃，摄六宫事，代行皇后职务。孝贤皇后丧期过后，于乾隆十五年（1750年）八月初二日正式册立那拉氏为皇后。那拉皇后先后陪着皇帝展谒祖陵，西巡嵩洛，五台进香，又江南巡视，她嫁给乾隆帝20年来也未有过生育，被立为皇后以后，乾隆十七年（1752年），生下皇十二子永璂，第二年又生了皇五女，乾隆二十年（1755年）又生皇十三子永璟，倍受宠幸，红极一时。

俗话说“月满则亏”、“乐极生悲”。乾隆三十年（1765年）正月，已当了15年大清皇后的那拉氏喜气洋洋地陪着乾隆帝第四次南巡，她万万没有想到这次南巡成了她命运的转折点，从受宠的巅峰一下子跌进了深渊。南巡初期，一切都很正常，在途中，皇帝还为她庆祝了48岁千秋。闰二月十八日，他们来到杭州，在风景秀丽的“蕉石鸣琴”进早膳时，皇帝还赏赐给了皇后许多膳品，但到了当天晚上进晚膳时，皇后就不露面了，陪着皇帝进晚膳的只有令贵妃（后来的孝仪皇后）、庆妃（后来的庆恭皇贵妃）、容嫔（后来的容妃即香妃）了。从那以后，皇后再也没有露面。后来才知道，在闰二月十八日那天，乾隆帝派额驸福隆安把那拉皇后由水路送回京师了。

关于皇后失宠的传说

堂堂的母仪天下的国母突然在政治舞台上销声匿迹了，朝野内外一片哗然。200多年来有关那拉皇后失宠的原因，众说纷纭，归纳起来有以下三种说法。

1.乾隆帝的说法

说皇后在皇太后前“不能恪尽孝道，举止尤乖正理，迹类风迷”。那拉皇后死后12年后，乾隆帝又进一步披露，说那拉皇后不顾国俗大忌，擅自剪发。乾隆帝为什么对剪发如此的反感呢？原来在清朝，只有皇太后、皇帝死了，后妃才剪发，剪发的意思是代人殉死。那拉皇后在皇太后和皇帝都健在的情况下剪了发，就等于诅咒皇太后、皇帝死，因此乾隆帝勃然大怒，皇后才失了宠。

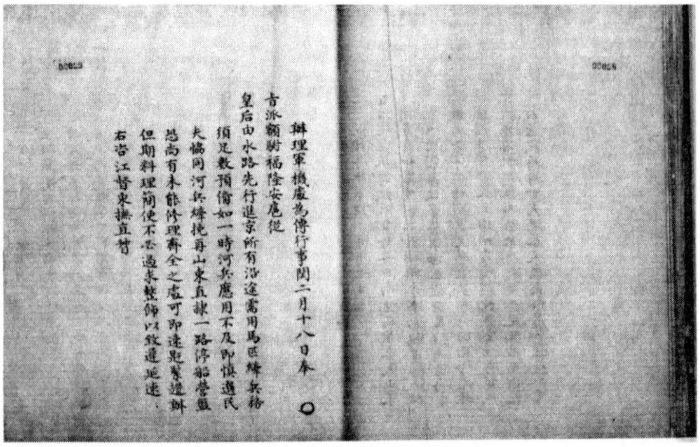
辦理軍機處為傳行事閏二月十八日奉
旨派額駙福隆安扈從
皇后由水路先行進京所有沿途需用馬匹縴兵務
須足數預備如一時河兵應用不及即慎選民
夫協同河兵縴挽再山東直隸一路停船營盤
恐尚有未能修理齊全之處可即速照式妥速辦
但期料理簡便不必過求整飾以致遲延速
右咨江督東撫直督

乾隆帝关于遣送那拉皇后先行回京的上谕

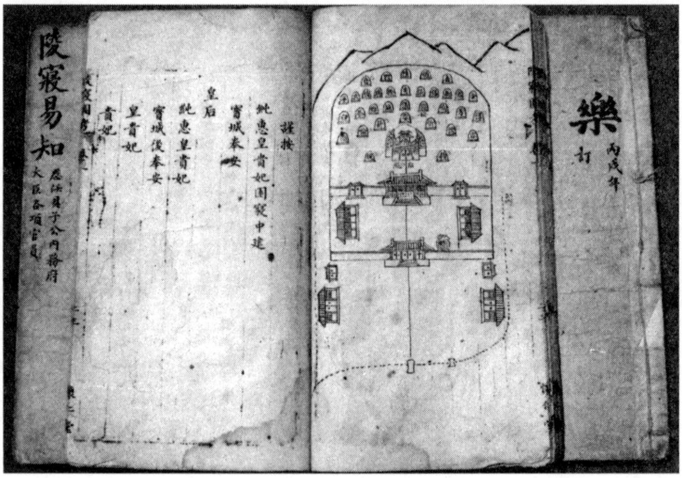

《陵寝易知》中裕陵妃园寝葬位图及内葬人明确标明那拉皇后葬在主宝顶下地宫里

2.野史说法

大概是这样的：乾隆帝是位风流皇帝，宫中的妃嫔他都玩腻了，总想尝尝“野味”，于是借南巡之机，到处拈花惹草。大臣和地方官员投其所好，从民间搜来大批美女和江南名妓进献给皇帝，皇帝乐不可支，不理朝政，整日陶醉在温柔乡中。那拉皇后是名门淑女，受过严格的儒家思想教育，深明大义。她对皇帝的胡作非为早有耳闻，曾多次婉言规劝，皇帝置若罔闻，我行我素。她见皇帝越来越不像样子了，担心这样下去，江山难保，皇帝的龙体也难以承受，于是决心冒死进谏。一天晚上，她手持谏章，闯进了皇帝的龙舟，见皇上正与几个一丝不挂的尼姑在宣淫取乐，皇后正颜厉色，喝退了尼姑。她双手高举谏章，口背祖训，跪在皇帝面前。乾隆帝正玩得高兴，见皇后闯进来，冲了他的“好事”，不由得恼羞成怒，一把夺过谏章，看也不看，撕个粉碎，斥责皇后管得过宽，醋意太浓。那拉皇后见皇上蛮不讲理，不由得气往上撞，反唇相讥说：“皇上既然喜欢没头发的女人，我也把头发剪掉，以博皇上一乐。”说罢，夺过身旁侍卫手中的刀，一狠心，把万缕青丝齐齐割断。皇帝一见，勃然大怒，命侍卫把皇后强行拉走，并降旨将那拉皇后废掉。那拉皇后在宫中生活了30多年，惟恐失礼犯忌，整天提心吊胆，如履薄冰，这种日子她早就过够了，她被废以后，一点儿也不感到后悔失意，反倒觉得十分清闲自在。她来到杭州某庵脱发当了尼姑，每天晨钟暮鼓，青灯相伴，以度余生。许多年后，那拉氏默默地离开了人世。她毕竟曾是皇后，所以皇帝命以皇贵妃礼把她葬在了裕陵妃园寝内。

3.民间说法

当时在民间流传着这样的一种说法：说乾隆帝在南巡途中，一天在与皇后闲谈时，说要晋封一个妃子为皇贵妃，那拉皇后坚决不同意，与皇帝越说越激动，最后一气之下，剪断了万缕青丝，从此皇后失宠。

这三种说法，哪一个比较真实合理呢？

第一种说法太含混不清，只说剪发，不说为什么剪发，在什么情况下剪的发。那拉皇后是正统的满洲镶黄旗人，出生于满族官宦家庭，受过严格封建礼仪教育，又在皇宫中陪王伴驾30多年，婉顺温恭，娴于礼法。她身为国母，母仪天下，什么是国俗大忌，她最清楚；剪发意味着什么，将产生什么后果，她也最清楚。是什么事情竟逼得这样一位温顺知礼的国母不顾国俗大忌，宁可冒着失宠被废的危险也要剪发呢？这说明这件事情对她的刺激太大、太严重了，已经到了忍无可忍的地步。那么这是什么事情呢？乾隆帝闭口不说，讳莫如深。乾隆帝为什么不说呢？恐怕有难言之隐。不说原因，只说皇后不应剪发，触犯了国俗大忌，只讲一面理，所以难说皇后有错儿。

第二种说法，笔者认为不大可靠。很可能是小说家们的游戏之笔，为了增加故事的趣味性、可读性而杜撰出来的，不必相信。

第三种说法证明了这位皇后剪发是确实的，但说是为了反对皇帝要封一个妃子为皇贵妃就剪了发，有些令人生疑。因为清朝对后妃的管理和约束很严，根本不允许后妃干预朝政，更绝对不允许她们干涉皇帝的活动。她们在皇帝面前只能是百依百顺，惟命是听，不允许有丝毫的违抗。深明大义、统率后宫的皇后怎会不懂得这个简单的道理？她根本不会也不敢反对皇帝封谁为皇贵妃。再者皇帝不会也没有必要与皇后商量封皇贵妃的事，所以第三种说法也不可靠。那究竟是什么事情把皇后逼得什么都不顾了？现在还是一个谜。

鸣不平的大臣遭殃

俗话说“一夜夫妻百日恩”。那拉皇后在乾隆帝即位之前就已是侧福晋，乾隆帝即位后又与他生活了31年，为他生了两个皇子、一个公主，为他管理18年后宫事务，可以说颇有劳绩，即使没有功劳还有苦劳。没想到一旦触犯龙颜，立刻祸从天降，悲惨至极，“伴

裕陵妃园寝方城明楼

君如伴虎”一点儿也不假。

“水不平则流，理不平则鸣”，对于乾隆帝的这种薄情寡义，满朝文武大臣都看得十分清楚，引起了许多正直大臣的愤愤不平。

御史李玉鸣发现内务府在办理那拉皇后的丧事时，对照皇贵妃的丧礼，缺少很多活动和内容，如官员和命妇定期齐集哭临等，于是他委婉地提醒皇帝礼节是否有遗漏。乾隆帝何等精明，一听就知道他是在为皇后鸣不平，不由得勃然大怒，下令将李玉鸣撤职锁拿，发配到新疆的伊犁为奴，赎罪充当苦力。刑部侍郎阿永阿是皇室成员，他对皇后的遭遇深表同情，对皇帝不通情理的做法深为不满，总想上书劝阻皇帝，但他又知道皇帝的脾气，弄不好，轻者丢官，重者发配边疆为奴，甚至有掉头的危险。他有一个高年的老母亲，他怕自己这样做会连累老母亲，成了不孝之子，为此他每天唉声叹气，犹豫不绝。他母亲知道了这件事后，指责他说：你作为大清皇族贵胄，劝谏皇上是你应尽的责任，怎能因为有老母亲就影响你的忠君报国的远大志向呢！你不要管我，该去就去。阿永阿大受感动，于是置酒，洒泪辞别母亲，概然上书。乾隆帝看了他的奏章后，果然大怒，斥责他想效仿汉人的恶习，以博得自己的好名声，于是召集群臣，把阿永阿的事向群臣讲了一遍。大学士陈宏谋说：这件事如果发生在我的家里，我也无可奈何。吏部尚书托庸不冷不热地说：皇帝、皇后就是臣子的父母，父母感情不和，闹矛盾了，当儿女的怎么能说父母谁对谁不对。户部侍郎钱汝诚对皇帝说：阿永阿家有老母，尽忠不能尽孝，暗含着对阿永阿不仅同情，而且大有表扬之意。本来乾隆帝就气不打一处来，听了钱汝诚的话后，立刻抓住了这个话茬，说：钱陈群年老有病在家，你是他的独生子，何不回家奉养你的老父亲去？钱汝诚马上叩谢，于是乾隆帝就以此为借口，把钱汝诚撤职赶回了家。乾隆帝本意想引起群臣对阿永阿的谴责，没想到不但没有一个指责阿永阿的，反而都替阿永阿说话。这下可气坏了乾隆帝，于是下令将阿永阿锁拿，流放到黑龙江为奴，充当苦力。李玉鸣和阿永阿这两个人最后都老死在了边疆。后来锦州的秀才金从善在乾隆帝从盛京回京的途中上书皇帝，也为那拉皇后说情，指责皇帝做得不对，要求皇帝下罪己诏，又把乾隆帝气坏了，下令将金从善砍了头。由于乾隆帝采取了高压政策，从此，朝野上下再也没有人敢替那拉皇后说公道话了。

三、容妃（香妃）之谜

乾隆帝的容妃就是传说的香妃，死后葬在了河北省遵化市境内的清东陵裕陵妃园寝内，现在基本在史学界达成了共识。裕陵妃园寝和容妃地宫已对外开放多年，但容妃其人及其墓至今仍有许多的不解之谜。

入宫时是否已婚

容妃生于雍正十二年九月十五日（1734年10月11日），她是在乾隆二十五年（1760年）二月进入皇宫的，当时她已经27虚岁了。不用说在当时早婚的时代，就是在提倡晚婚的今天，27岁也是大龄女子，属于晚婚了。那么容妃入宫之前结过婚没有？如果结过婚，她的丈夫是谁？在她入宫时，是与丈夫离婚了，还是丈夫死了？如果是离婚，原因是什么？如果入宫以前没结过婚，为什么27岁了还不结婚？

有椁无棺

1979年10月6日，清东陵文物管理处组成了一个六人小组，对容妃地宫进行了探视，笔者是这个六人小组的成员之一。在钻入地宫金券后发现，安放在石制的棺床上的只是一具空椁，没有内棺。为什么有椁无棺？难道是盗墓贼把内棺偷走了吗？盗墓贼是冲着

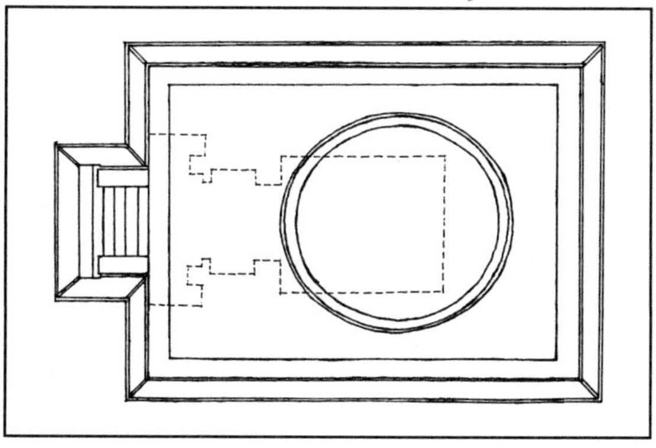

容妃地宫平面示意图（王其亨绘）

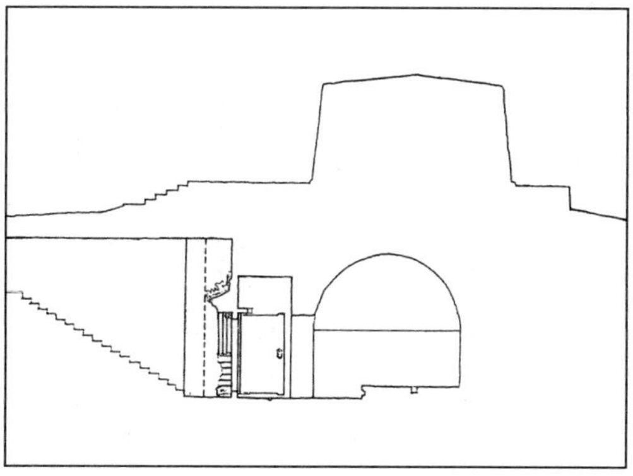

容妃地宫纵剖面示意图（王其亨绘）

裕陵地宫金券南壁石刻梵文

容妃椁（1979年10月6日摄）

盗宝想发财才盗墓的，绝不会把内棺盗走的。再者，想把内棺盗走，就得把椁盖打开，才能将内棺完整取出。通过对外椁观察，椁盖根本就没打开过，椁盖口缝处漆饰得完好无损，只是在椁的右帮上（现在所看到的东侧）有一个长175cm、宽60cm的盗洞。难道是从这个盗洞将内棺盗走了？那只能将内棺砍坏拆散，难度很大。无论从哪个角度上讲，盗墓贼也不会将内棺盗走。那为什么没有内棺呢？

这很可能与容妃的伊斯兰教信仰有关。据笔者所知，信奉伊斯兰教的人去世后均不用棺木，而是用白布裹遗体，然后直接葬入墓穴内。维吾尔族人信奉伊斯兰教，自然也不用棺木。据任一飞、雅森·吾守尔著的《维吾尔族》一书介绍，维吾尔族人死了，男性包白布三块，女性包白布五块，再将遗体直接放入墓穴。乾隆帝一向尊重容妃的民族习惯和宗教信仰，容妃入宫后，允许她穿本民族的服装，还专门给她配备了回族厨师。在赏赐妃嫔食物时，乾隆帝也总是考虑到容妃的宗教信仰，从不赏给她伊斯兰教禁用的食品。由此可以推想，在容妃的饰终典礼上，乾隆帝也一定会尽量尊重其宗教信仰和民族传统习惯的。

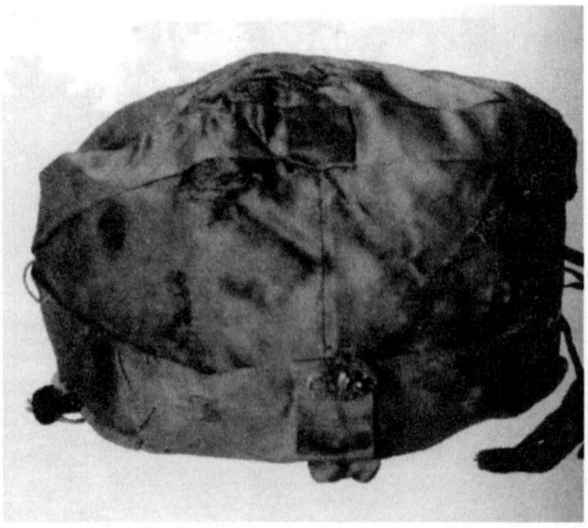

容妃地宫出土的吉祥帽

从地宫里出土的长85厘米的容妃发辫

在这种情况下，乾隆帝很可能采取了一种折中方法：表面上仍按照大清皇家的丧葬制度，但在具体处理上，不用内棺而只用外椁。这样既维护了皇家的尊严，又尊重了容妃的民族习惯和宗教信仰，可谓两全其美。当然，这只是笔者的分析和推断，还有待于专家学者们的进一步研究考证，也有待于文字档案的证实。

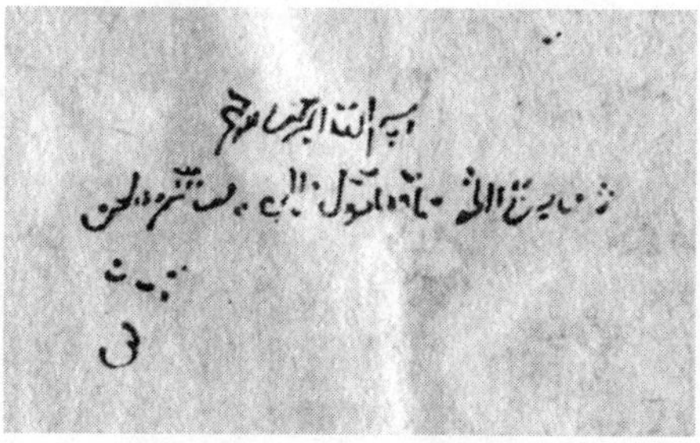

容妃地宫棺椁上的阿拉伯文字

容妃地宫出土的哈达残片

地宫内哈达上的文字

在容妃地宫出土的文物中，有一件黄地暗花八宝花绫哈达残片，机头上织有一种奇特的文字。笔者曾就这个问题请教过许多文字专家，但无人能够识别。直到现在，这一文字之谜也未解开。

容妃的画像

目前流传在社会上的容妃单人半身画像有四种。一幅是穿着满族红上衣，手戴两副镯子，耳戴坠子，左手放在桌面上，面部清秀俊美的旗装像。这幅像目前在社会上流传最广，影响最大。第二幅是顶盔贯甲，手握钢刀，英姿飒爽的戎装像。第三幅是头戴凉帽、一手挎花篮，一手持花铲，坐在山石上，一副悠闲自得神态的洋装像。第四幅是吉服像。据孟森教授考证，这幅吉服像是太仓陆夫人在清东陵裕陵妃园寝大殿内拍摄的，清宫档案也证实了东陵也确有容妃画像。这幅吉服像的画法、服饰、神态等与清宫所藏的“心写治

传说的容妃旗装像

传说的容妃戎装像（临摹本）

传说的容妃洋装像

太仓陆夫人照的容妃神像

容妃地宫石门门楼及石门内棺椁

容妃宝顶

平”画卷上的妃嫔是一样的。前三幅画像都只能说是传说的容妃像，没有准确的依据。第四幅吉服像还比较可信。据清宫档案记载，这幅吉服像在1925年已被马兰镇总兵张之庆携入总兵衙门，后来不知去向。有的说这幅像落到了孙殿英手中，后来他行贿，送给了宋美玲。这种说法真伪难辨。如今这幅画像仍不知去向。

既然裕陵妃园寝有容妃的画像，也就应该有其他妃子的画像。笔者从事清陵研究30多年，尤其对东陵更为熟悉，从未听说妃园寝大殿内藏有妃子画像的记载，也从来未听说过在祭祀时，张挂妃子的画像。可是清宫档案清楚地记载着容妃的画像被张之庆携入了他的总兵衙门，这究竟是怎么回事？目前还没有很好的解释。

四、惇妃打死宫女案

乾隆四十三年（1778年）十一月初七日，在西六宫的翊坤宫里发生了一件宫女被打死的人命案。这件事引起了68岁的乾隆帝的高度重视，案发的第二天，乾隆帝就对这件事做了处理。

打死宫女的元凶

打死宫女的元凶就是翊坤宫的主人惇妃。惇妃何许人也？她为什么胆敢在光天化日之下打死人？

惇妃在乾隆帝的晚年是一位炙手可热的人物。

惇妃，汪氏，满洲镶白旗，是都统四格的女儿。乾隆十一年（1746年），汪氏才出生，她比乾隆帝小35岁。18岁入宫，那时乾隆帝已经是53岁的老皇帝了。汪氏初入宫被封为永常在，以后又晋封为永贵人。乾隆三十六年（1771年）十月晋封为惇嫔，过了三年又晋封为惇妃。由于惇妃年轻、漂亮，又会逢迎，成了乾隆帝晚年最受宠爱的妃子。当乾隆帝65岁时，30岁的惇妃为乾隆帝生下了一位公主，因为排行第十，所以称十公主，是乾隆帝最小的公主。乾隆帝老年得女自然十分高兴，而且这位公主又是爱妃所生，颇似其母，长得十分俊俏，乾隆帝把她视如掌上明珠，在她6岁的那年，就决定将她许配给朝中第一权臣和珅的儿子丰绅殷德为妻。她13岁时，乾隆帝破例封她为固伦和孝公主。我们知道，在清朝，只有皇后生的皇女才能封为固伦公主，妃嫔生的皇女只能封为和硕公主。从嫁女儿、封公主这两件事上就可以看出乾隆帝对惇妃母女是多么宠爱了。惇妃恃宠而骄，脾气越来越大。正是在这种情况下，惇妃才敢在光天化日之下把人活活打死。

乾隆帝怎样处理这件人命案

打死宫女而受处罚的惇妃

案发后第二天，乾隆帝将众皇子和军机大臣们召进宫中，首先向他们通报了这件事情，对惇妃进行了谴责。乾隆帝特地叮嘱众皇子说："诸皇子各有福晋、格格，家庭之事当法朕，于宫闱不稍溺爱徇情。其下亦有官员、太监，即可以小喻大，当法朕心，于臣工不稍专恃偏护，家国一理，事可相通，诸皇子可不知所遵守乎？至若纵性滥刑，虐殴奴婢，不但福晋、格格不宜有，即诸皇子亦当切戒！且如朕为天下主，掌生杀之权，从未有任一时之气将阉竖辈立毙杖下，诸皇子岂不知之！"接着乾隆帝做了如下处理：将惇妃降为嫔，并罚银100两；将翊坤宫首领太监郭进忠、刘良革去顶带(在第一历史档案馆的清宫档案"朱批奏折"中，道光帝特意将奏折中的顶戴改为顶带。"顶"指帽子上的佩饰，"带"指腰上的玉带。玉带上的佩饰也分等级，与帽子上的佩饰应该是一致的。就如同一个军官肩章和领章的佩饰是一致的一样。许多人都不明白这一点，后来许多大臣还是写成"顶戴"，但我坚持用顶带，起码道光以前的史书大部分都这样用——笔者注)。罚钱粮二年。总管太监王忠、王承义、郑玉桂、赵德胜不能及时劝阻，各罚钱粮一年。以上太监获罪被罚因皆受惇妃牵连，所以他们的被罚钱粮一半由惇妃代缴；将罚惇妃的100两银子交给被打死的宫女父母，作为安葬费；命总管内务府大臣将上述谕旨遍晓宫内诸人，抄录两份，分别存记于上书房和敬事房。

乾隆帝特为惇妃打死宫女的事将皇子和军机大臣召进皇宫，向他们发表了一道很长的谕旨，大讲特讲自己平时从不依仗权力，轻易责打太监、宫女，更无打死之事，让皇子和大臣们都向他学习。虽然说了很多，就是不说惇妃因为什么要打死宫女。这个宫女到底犯了什么错儿竟被活活打死？这个宫女是谁？现在已成不解之谜。

俗话说"王子犯法与民同罪"，乾隆帝口口声声说"从重办理"，不存"歧视"，实际上是有意偏袒惇妃，敷衍了事。过了不久，惇嫔又升为妃，仍受宠不衰。100两银子对于一名大清皇妃微不足道。更何况惇妃的银子还不都是皇帝给的？所以乾隆帝的处理对于惇妃来说几乎毫无损失。惇妃死于嘉庆十一年（1806年）正月十七日，终年61岁，第二年十一月初三日葬入妃园寝。

五、几个鲜为人知的妃嫔秘闻

安葬在这座园寝的36个女人，表面上都那么温顺平和，波澜不惊，实际上每一个人都有一段鲜为人知的秘闻。下面介绍几则。

被淹死的诚嫔

裕陵妃园寝内的36位妃嫔，除那拉皇后外，每一个人都各自为券，共建了35座地宫，每座地宫上都建有一座宝顶。这35座宝顶共分成五排。第一排3座、第二排7座、第三排9座、第四排11座、第五排5座，每一排成雁翅形，整齐有序。在第三排的西数第四座宝顶，与其他宝顶没有什么两样。然而谁也不会想到，地宫里安葬的这位女人竟是被淹死的。在过去，民间的老百姓生活条件差，安全没有保障，经常出现淹死人的事，不足为奇。堂堂的皇妃深居九重宫禁，身边有众多的太监、宫女陪伴，怎么会被淹死？然而史实告诉我们，这个女人还真的是被淹死的，她就是诚嫔。

诚嫔是地地道道的满族人，姓钮祜禄，满族八大姓氏之一。她的父亲穆克登是皇宫大内的二等侍卫兼佐领。她在乾隆二十三年(1758年)入宫，被封为兰贵人。不知是什么原因，在她入宫后的近20年里一直未得到晋封，始终在贵人位上。到了乾隆四十一年(1776年)终于有了转机，这年的十一月她被晋封为诚嫔。

乾隆四十九年(1784年)正月二十一日，乾隆帝举行第六次南巡，也是最后一次南巡，这次随驾的妃嫔中有诚嫔。谁也不会想到她这次是活着出发，躺在棺椁里回来。在回銮途中，四月十一日这天夜间，诚嫔在船舱内可能感到烦躁闷热，走出船舱，来到船头乘凉，不知是由于船身的突然摆动，还是一时头晕，诚嫔竟跌落水中，在场的太监、宫女们慌乱一团。由于在夜间看不见，加之打捞工具很简陋，费了很大事，才将诚嫔打捞上船，这时诚嫔早已命归西天了，只得装殓起来，送往京师的静安庄殡宫停放。乾隆四十九年（1784年）九月初二日辰时（上午7−9时），诚嫔金棺及武贵人、宁常在的彩棺奉移遵化东陵的裕陵妃园寝，随同一起奉移的还有皇十二子永璂的福晋的金棺。永璂福晋葬入陵区西南的朱华山下的永璂园寝内。九月初七日，诚嫔金棺到达裕陵妃园寝，第二天葬入了地宫。

20世纪30年代，诚嫔地宫也未能逃出盗陵匪徒的魔掌。地宫被盗后，匪徒为了掩人耳目，又将墓前盗口虚掩上，表面上看不出来。1979年10月，清东陵文物保管所的古建队在维修这座妃园寝的各宝顶时，诚嫔宝顶前的盗口突然塌陷，盗口露了出来。当时省里派来监督指导清理香妃地宫的赵辉还没有走，经上级同意，在赵辉的监督指导下，决定对诚嫔地宫进行简单探视，不做清理。诚嫔地宫和香妃地宫一样，里面也有一人多深的积水，于是叫来电工宁志存，用潜水泵抽水，只用大半天就把水抽净了。领导决定让笔者钻进地宫探视，电工宁志存拿着临时拉上的电灯随同钻进，给笔者打下手。整座地宫为砖券，没有石门。砖券的南口砌有一道挡券墙。券内有一具棺椁，南北放置，棺椁翻了一个90度身，椁的帮（侧面）朝上。椁帮正中有一个边长约为40厘米的方形洞口。从洞口的边棱可以看出，洞为刀斧之类的利器砍成，不仅将椁帮砍透了，也将里面的内棺帮砍透了。因为潜水泵的水龙头是放在了椁的外面，所以棺内的水未能抽出，棺内满是积水。笔者把右胳膊的袖子挽起，将胳膊伸到棺内，在水中摸了一阵子，除了抓到了一些糟烂的织物和棉花之外，什么也没摸到。由于地宫地面还有很深的灰浆，棺床什么样，是石制的，还是砖砌的，都不能看清，只得爬出了地宫。古建队的工人们随即就堵砌了洞口，成砌了石台阶。至今，再也没有人进入地宫。诚嫔生前落水被淹死，死后又遭盗掘，遗体长年浸泡在水中，实在可怜。

顺妃哪里去了

曾是顺妃的顺贵人

俗话说“天威难测”，一般平民百姓可能体会不深，可是长期陪王伴驾的大臣、后妃们却体会颇深。他们不仅经常听到、看到这类的事情，而且不知时候就可能降临到自己的头上，乾隆帝的第二个皇后那拉氏就是一个典型的例子。在乾隆帝的后宫中还有一个女人与那拉皇后差不多，她就是顺妃。

顺妃，钮祜禄氏，她是总督爱必达的女儿，生于乾隆十三年（1748年），比乾隆帝小37岁。她19岁入宫，初封为常贵人，当时乾隆帝已56岁。两年后晋封为顺嫔，过了八年，乾隆四十一年（1776年）六月诏封为顺妃。册封礼的一切准备工作已经就绪，即将举行册封礼之际，未想到皇太后于乾隆四十二年（1777年）正月薨逝了。在大丧期间是不宜举行册封礼的，所以顺妃的册封礼被推迟到乾隆四十四年（1779年）十月二十日才举行。册封顺妃的正使是协办大学士英廉，副使是礼部右侍郎阿肃。妃在皇帝的妻妾中为第四等，可是自乾隆三十一年（1766年）那拉皇后死以后不再立皇后，自乾隆三十九年（1774年）庆贵妃死后不再封贵妃（颖贵妃是嘉庆三年册封的，那时乾隆帝已禅位，故另当别论），乾隆四十年（1775年）令懿皇贵妃死后也不再封皇贵妃，在当时的后宫中，妃就是最高的主位了，所以顺妃在乾隆四十一年（1776年）能够被封为妃已经很难得了。顺妃入宫10年就晋升到了妃位，说明她是很受皇帝宠爱的。笔者在中国第一历史档案馆藏的内务府敬事房档案中找到了这样一件档案，档案记到：一次乾隆帝打猎，打了两只野鸡，令都统德保带回宫去赏给有病的顺妃，并打探一下顺妃的病情。顺妃看到皇帝赏给的野鸡，想到皇帝远在外地依然惦念着自己，很受感动，托德保交差复旨时，替她给皇帝请安问好。德保回去复旨时将顺妃的感恩请安的话向皇帝说了，并回奏：“奴才看得娘娘自二十七日以来，神气渐好，说话明白，日间食粥四五半钟，夜间安静，惟身体仍软。”这件小事足以表明乾隆帝是很宠爱顺妃的。

俗话说“天有不测风云，人有旦夕祸福”。正当顺妃宠幸有加的时候，乾隆五十三年（1788年）正月初九日，新年刚刚过9天，总管太监王承义向顺妃传达了皇帝的一道旨意：

“将顺妃降为嫔，其妃份册、印撤出，交内务府大臣。”这对于顺妃来说就像晴天霹雳，五雷轰顶一样。一波未平，一波又起，刚过半个月，顺妃的心还没有平静下来时，在正月二十五日，王承义又向顺妃宣布了一道皇帝的圣旨：“将顺嫔降为贵人。其嫔份金册撤出，交内务府大臣。”从此顺贵人整日以泪洗面，夜伴愁眠，熬了两年多，于乾隆五十五年（1790年）八月初带着忧伤离开了人世，终年43岁，第二年的十二月十八日葬入了裕陵妃园寝。这接连不断的降级，到底是什么原因？官书中没有记载，档案上也未说，看来只有乾隆帝和顺妃心里最清楚。可是两人都已做古，此事只能是不解之谜了。

许多人都知道乾隆帝有一个顺妃，但不知道她后来被降的史实，所以对顺妃的去向都很疑惑，谁也不会想到裕陵妃园寝的顺贵人其实就是风光一时的顺妃。

死后被追封的皇贵妃

在裕陵妃园寝内安葬着乾隆帝的两名皇贵妃，一个是纯惠皇贵妃，葬在前排正中，是园寝中最尊贵的位置，而且为她特建了方城、明楼、宝城和高大的宝顶。另一个是庆恭皇贵妃。她的宝顶位于第二排正中位置。她的宝顶与同排的忻贵妃、舒妃、豫妃、愉贵妃、循贵妃、容妃的宝顶规制、大小完全一样。

死后追封的庆恭皇贵妃

有人会问：同是皇贵妃，为什么纯惠皇贵妃和庆恭皇贵妃的死后待遇如此悬殊？是不是庆恭皇贵妃失宠了？要解开这个谜团，有必要先看一看她的身世和简历。

庆恭皇贵妃是陆士隆的女儿，生于雍正二年（1724年）六月二十四日，比乾隆帝小13岁。乾隆十三年（1748年）四月十二日封为陆贵人，乾隆十六年（1751年）正月初二封为庆嫔，乾隆二十四年（1759年）十一月二十一日晋封为庆妃，乾隆三十三年（1768年）六月初五日晋封为庆贵妃，乾隆三十九年（1774年）七月十五日病亡，终年51岁，乾隆四十年（1775年）十月二十六日葬入裕陵妃园寝。

可见她生前最高的位号只是贵妃，她入葬时是以贵妃之礼入葬的。按贵妃的身份来说，将她葬在第二排正中之位，应该说对她是很关照很尊重的。因为在第二排的7个人中有4个人是贵妃，只有她位于正中最尊贵之位，可见她在皇帝的心目中地位还是比较高的。

庆贵妃又是什么时候变为庆恭皇贵妃的？她为什么死后还能得到晋封呢？

原来在嘉庆帝幼小的时候，曾被庆贵妃抚养过，她对嘉庆帝有抚养之恩。所以在乾隆帝死后的第二天，嘉庆四年（1799年）正月初四日，嘉庆帝发出一道谕旨，说：“朕自冲龄蒙庆贵妃养母抚育，与生母无异，理宜特隆典礼，加晋崇封，兹追封为庆恭皇贵妃。”此时距庆恭皇贵妃死已有25年了。刚刚亲政的嘉庆帝正在办理皇父的大丧，尤其是他正在谋划铲除和珅，非常忙碌紧张，依然没有忘记抚养过自己的庆贵妃，嘉庆帝可以说是知恩必报了，庆贵妃的抚养之力也没有白费。

乾隆帝的最后未亡人

乾隆帝的后妃有41位，在清朝的皇帝中后妃数仅次于康熙帝。别看这41位后妃都比乾隆帝年轻，却大部分都死于乾隆帝之前，只有九位死于乾隆帝之后，主要原因是乾隆帝太长寿了，他的这些后妃没有一个能超得过他的。即使死在他之后的，终年也没有超过他的岁数的。他的41位后妃中，最后一个离开人世的是谁呢？

道光帝即位以后，很快就发现他爷爷乾隆帝的未亡人就剩下晋贵人一个人了。于是在他即位后的第28天就发布谕旨，晋封这位奶奶辈的晋贵人为晋妃，一下子升了两级，成了内庭主位，在当时的后宫中辈分最高。这对于晋贵人来说可称得上是老来得福，沾了孙子的光。

裕陵妃园寝内的晋妃宝顶

晋贵人的父亲德克精额是一位主事，富察氏。通过查阅档案，到乾隆六十年时还未见到她的名字，这表明在那时她很可能是常在或答应。到嘉庆三年第一次出现晋贵人的名字。在嘉庆在位的25年中，她一直在贵人的位上，没有得到晋升，到了孙子辈的道光帝即位后，她才时来运转。可是好景不长，富察氏刚当了两年零4个月的妃子，就于道光二年（1822年）十二月初八日（1823年1月19日）溘然长逝。当时裕陵妃园寝只剩下最后排西数第一位的券位还没有用，是空位。这一排共5座宝顶，已葬入了4位贵人。在嘉庆朝的25年中她一直是贵人，很显然这个空位就是给富察氏留的。这个空位是一个砖池，就是一个用砖砌的一个长方形池子，棺椁入葬时，从上面垂直降落。因此砖池也称天落池。棺椁入葬后，用长条石将池口棚盖上，在上面成砌月台，在月台上成砌宝顶，这是最低等的地宫。因受地势限制，不能将砖池改建为石券，于是道光帝决定将砖池改建为石池。道光三年（1823年）四月二十六日卯时，乾隆帝的这位最后未亡人被葬入了石池，晋妃是乾隆帝唯一葬入石池的妃子。

乾隆帝的后宫里也有江南美女

前面在讲康熙帝的后妃时，就提到过顺懿密妃和穆嫔都是来自江南苏州和杭州的美女。康熙帝不顾祖制家法，将江南美女纳入后宫，风流多情的乾隆帝就不可以将江南美女充实自己的后妃队伍吗？清史专家从浩如烟海的清宫档案中爬梳出几条史料得知，乾隆帝的

裕陵妃园寝一孔拱桥

芳妃和禄贵人都是来自江南的女子，并且从这些史料中发现了乾隆帝关于这些来自江南女子的密谕。

据档案记载，明贵人陈氏（乾隆五十九年封为芳嫔，嘉庆三年晋封为芳妃）是扬州人，禄贵人是苏州人。乾隆四十一年十月十三日，明贵人非常惦念自己的哥哥，于是吩咐手下的太监王成到宫外家里看望自己的哥哥。王成说：看望父母还可以，如果看哥哥则不可以。明贵人就让王成去奏闻皇上，请求允许她派人去看望哥哥，结果遭到了乾隆帝的严厉拒绝。过了两年，明贵人的哥哥陈济到京城要求当差。总管内务府大臣福隆安将这件事上奏给了皇帝。乾隆帝命福隆安传谕两淮盐政伊龄阿：“朕于宫眷等亲属管束极严，从不容其在外生事，恐伊等不知谨饬，妄欲以国戚自居，则大可不必。” 同时这道密谕还提到：“陆常在系苏州籍贯，其有无亲属人等，亦当详细查明，严加管束。”上面提到的陆常在就是后来的禄贵人。从这些谕旨中我们可以看出乾隆帝对汉族妃嫔家属管束严厉，一方面是防止其家人依仗皇亲欺压地方，造成不良影响，另一方面也可能怕人知道大清皇帝纳娶汉族女子。

从档案中只找到的这两人的史料，后宫中还有没有其他江南女子，尚是一个未知数。

第八章 昌陵

昌陵始建于嘉庆四年（1799年）二月十九日，位于易县清西陵境内泰陵西侧的太平峪，内葬嘉庆帝和他的元配孝淑睿皇后。

昌陵是清西陵营建的第二座皇帝陵，其地面建筑仿雍正帝的泰陵而建，地宫仿乾隆帝的裕陵而建，地宫里也布满了各种佛教内容的雕刻图案。

昌西陵和昌陵妃园寝位于昌陵的西侧。

第一节　集泰陵、裕陵于一体的昌陵

乾隆帝即位后，把大清皇陵的龙脉从易县的泰宁山又引回了遵化的昌瑞山。在他临终之时，他又将龙脉引到了易县的泰宁山下。乾隆帝为什么将大清皇陵的龙脉引来引去？他的目的是什么呢？

一、平衡东西陵的妙策——昭穆相建

什么是昭穆

嘉庆帝朝服像

简单地说“昭”就是左，“穆”就是右。在古代，无论是上至国家的太庙，下至平民百姓，父母死了，后代人都要给父母制做神牌，行过点主礼后，供起来，一代一代地都这样做下去。代数多了，神牌也就多了。这些神牌怎么摆放呢？于是人们就想了个方法：将辈分最高的远祖作为第一代，摆在正中，一般都面向南。那么第二代的神牌就摆在第一代神牌的左（东）旁，第三代的就摆在第一代神牌的右（西）旁，第四代的摆在左旁第二代神牌的左旁，第五代的则摆在第三代的右旁。总是这样一左（东）一右（西）地按照顺序摆下去，这就形成了一个规律，以第一代为中心，凡是代数为偶数的都在（东）旁，凡是代数为奇数的，都在右（西）旁。于是人们就将左（东）位称为“昭”，将右（西）位称为“穆”，这就是昭穆。后来，不仅在神牌的摆放上用“昭穆”一词，在葬位上也讲“昭穆”关系。下面讲的“昭穆相建”中的“昭穆”就是以北京为中心，遵化昌瑞山祖陵就是“昭”，易县泰宁山祖陵就是“穆”。

昭穆相建的制定

乾隆六十年九月初三日（1795年10月15日）乾隆帝升御圆明园勤政殿宝座，向众皇子皇孙及文武大臣发布了一道非常重要的长谕，公布了秘藏了22年的立储秘旨内容：立皇十五子永琰为皇太子，于明年正月初一日举行授受大典，将把皇位禅让给永琰，同日永琰继承皇帝位，次年改元为嘉庆元年。

按照惯例，新皇帝登极即位，就要选择万年吉地，营建陵寝，嘉庆帝自然也要遵循办理。但是他面临着一个重大的不可回避的难题：是在东陵选吉地建陵寝，还是在西陵选吉地建陵寝？对于这件事，虑事周详的乾隆帝早已成竹在胸。嘉庆元年十二月二十二日（1797年1月20日），他宣布了一条后世皇帝选吉地建陵寝应该遵守的制度——昭穆相建。这制度在清朝陵寝制度史上占有重要的地位，为了让读者能够清楚地了解这个制度，现将乾隆帝的这道谕旨的全文抄录于下：

昌陵龙凤门

> 向例皇帝登基后即应选择万年吉地。乾隆元年，朕绍登大宝，本欲于泰陵附近相建万年吉地。因思皇考陵寝在西，朕万年吉地设又近依皇考，万万年后，我子孙亦思近依祖父，俱选吉京西，则与东路孝陵、景陵日远日疏，不足以展孝思而申爱慕，是以朕万年吉地即建在东陵界内之圣水峪。若嗣皇帝及孙曾辈因朕吉地在东择建，则又与泰陵疏隔，亦非似续相继之义。嗣皇帝万年吉地自应在西陵界内卜择。著各衙门即遵照此旨，在泰陵附近地方敬谨选建。至朕孙缵承统绪时，其吉地又当建在东陵界内。我朝景运庞鸿，庆延瓜瓞，承承继继，各依昭穆次序，迭分东西，一脉相联，不致递推递远。且遵化、易州两处山川深邃，灵秀所钟，其中吉地甚多，亦可不必于他处另为选择，有妨小民田产，实为万世良法。我子孙惟当恪遵朕旨，溯源笃本，衍庆延禧，亿万斯年相承勿替，此则我大清无疆之福也。

乾隆帝在这道谕旨中不仅对后世选吉建陵的方法做了明确规定，同时告诫他的后代子孙不要再开辟东西陵之外的新的陵园。嘉庆二年（1797年）三月十五日，乾隆帝又发布谕旨，再一次强调东西陵吉地很多，后世子孙千万不要开辟新的陵园。

乾隆帝为了使他制定的“昭穆相建”制度贯彻实行，他下令在西陵境内为嘉庆帝选择万年吉地，不久就确定了西陵泰陵西侧的太平峪。

二、昌陵的营建

昌陵陵名的由来

清朝的陵寝制度规定，陵寝即使在皇帝生前建成，也不命名，只能称万年吉地，前面冠以地名，只有等皇帝驾崩以后才由嗣皇帝给命名。命名时，先由大臣们拟定几个字，上奏给皇帝，供皇帝选择。皇帝根据每个字的含意，再结合先帝的一生情况，选用其中一个字。有时用圈字的形式，有时用批示的方式指定用哪个字。那么嘉庆帝的陵是怎么命名的呢？

嘉庆二十五年（1820年）七月二十五日嘉庆帝病逝于避暑山庄。道光帝即位，命东阁大学士托津等为大行皇帝山陵拟定陵名。九月初六日，托津等将拟定的六个陵名上奏给道光帝，这六个字是：昌、定、康、穆、惠、熙。道光帝选定了“昌”字，从此嘉庆帝的陵名称为“昌陵”，叫了20多年的太平峪万年吉地从此改名为昌陵。

建昌陵的指导思想

在古代，营建皇陵时，有一个不成文的规定，就是“逊避祖陵”。什么是“逊避祖陵”呢？简单地说就是陵寝在规模和规格上不能超过祖陵。如果超过了，就是对祖宗的不尊重，不礼貌，就会受到社会舆论的谴责。如果真的按这条规定做了，那各朝的陵规模就会一代不如一代，实际上这种“逊避祖陵”的规定在历朝历代都没有认真严格地执行过。

嘉庆帝对于祖父的泰陵和父亲的裕陵的情况非常了解。从他本心来说，他很仰慕父亲的裕陵。裕陵除了不具备首陵应有的石牌坊、大红门、更衣殿之外，其他部分都比泰陵强。比如石像生，裕陵的比泰陵的多了麒麟、骆驼、狻猊3对，在前后陵院内设置了玉带河，在陵寝门前设置了三路一孔玉带桥，在隆恩门前的三路三孔拱桥的两旁各设了三孔平桥，在地宫里雕满了经文、佛像，在隆恩殿内的东暖阁内设置了佛楼，这都是泰陵所没有的。因为裕陵远离泰陵，所以稍微超越祖陵也不易引人注意。可是嘉庆帝的昌陵就不同了。昌陵在雍正帝的泰陵西旁，靠得很近。在规模和规格上稍有超越，就会被人发觉。富于心计的嘉庆帝于是想出了一个妙策，就是“外式照泰陵，内式照裕陵”。这是什么意思呢？就是地面建筑布局、规格完全仿照泰陵建，而地宫仿照裕陵建。嘉庆帝为什么要这样做呢？地面建筑人人都能看得到，昌陵的地面建筑与泰陵的一样，而且还没有石牌坊、大红门、更衣殿，明显没有超越泰陵，从而避免了僭越之嫌，做到了“逊避祖陵”。而深在地下的地宫里布满了精美的石雕刻，超过了泰陵，但外面看不到，后世人更难以了解，这

昌陵鸟瞰

样既遂了自己的心愿，又不会背上超越祖陵的不好名声，真称得上一条妙策。因此按照“外式照泰陵，内式照裕陵”的指导思想营建的昌陵成了泰陵和裕陵的结合体。

和珅与昌陵

谁也不会想到嘉庆帝很讨厌的和珅也参与了昌陵的营建。

嘉庆帝在即位之前就对和珅贪赃枉法、欺压群臣、祸国殃民的罪行了如指掌，总想把他除掉，只不过碍着皇父的面子，不便下手。嘉庆帝很善于韬光养晦，他在即位之后，不显山不露水，对和珅装出一副敬重老臣的样子。因为和珅是文华殿大学士、首席军机大臣，朝中大事交他办理，不仅顺理成章，而且也表明对他既信任又尊重，从而不会引起他的戒心。所以，像营建万年吉地这样的大事也交他办。

陵寝营建之前，要由样式房的工程设计人员先画图纸，制作烫样，并做出文字说明，得到皇帝的同意才能动工营建，这项工作是营建陵寝的基础性工作，十分重要。营建昌陵的这项重要差使就是由和珅组织办理的。嘉庆二年（1797年）九月十八日和珅等将太平峪万年吉地图样等恭呈给皇帝，嘉庆帝看后，比较满意，当即降旨：“准其照样建造。其地宫照胜水峪。大碑楼将来在七孔桥之北建盖。其券外一切规制、妃衙门殿座、券池俱照泰陵式样建盖。”

嘉庆帝敢拆城楼却不敢拆庙宇

谁也难以相信，因为建昌陵，竟把北京东直门的城楼给拆了。北京的东直门离清西陵近300华里，城楼与昌陵有什么关系？建昌陵怎么会拆了东直门的城楼呢？

事情原来是这样的。明清两朝的皇陵，其建筑所用的木料绝大部分是楠木。楠木是一种名贵的稀有木材，产于我国的川、广、云、贵等西南各省的深山大川之中，采伐极为艰难。在嘉庆初年营建昌陵时，正赶上这几省闹白莲教民大起义，起义军势力非常强大，清政府全力镇压，屡屡失败。而这几省正是楠木的主要产区，因此建昌陵的楠木十分短缺，严重地影响了工程的进度。在这种情况下，昌陵的承修大臣不得不搜肠刮肚，苦想主意。他们忽然想到了北京东直门的城楼的木料是楠木的，于是向嘉庆帝奏请拆用东直门的木料。嘉庆帝在万般无奈的情况下，只得同意，于是偌大的北京东直门城楼竟被拆除。可是经过计算，这些楠木远远不够昌陵的使用。怎么办？于是承修大臣们又提议遍查京城内所有寺庙，凡是用楠木的全部拆除，拆下来的楠木运往万年吉地使用。对于这个建议，嘉庆帝犯了难，不敢轻易批准。北京城楼他当皇帝的有权管，可拆可建。可寺庙可不比城楼，里面供奉的不是神仙，就是佛祖，即使是身为天之骄子的皇帝也对其敬畏有加，日常还要向他们上香行礼，求他们保护呢。因此嘉庆帝这次没有批准拆寺庙的建议。

总不能因为没有楠木就不建陵寝吧，嘉庆帝经过反复思考，想出了一个方法。于是就把主持昌陵工程的他的大舅哥盛住（嘉庆帝的元配皇后孝淑皇后的哥哥）召进宫来，向他讲了他想出来的办法。他说：向来修建陵寝，殿宇的木料都要油饰彩画，木质不露在外面，改用松木也未尝不可。原来嘉庆帝的方法并不是什么高招妙计，说白了就是不用楠木了，改用松木，是迫不得已而求其次。这样做，说明了两个问题：一是表明嘉庆帝不是昏君、暴君，办事不拘泥陈例，可以通权达变，灵活机动。二是这样做可以节省了许多建陵费用，同时还能缩短工期，表明嘉庆帝是比较务实的。

昌陵真的与泰陵完全一样吗

嘉庆帝制定的建陵指导思想是“外式照泰陵，内式照裕陵”。但是昌陵的地面建筑与泰陵并不是完全一样的。

对于不搞清陵研究的人来说，站在这两座陵的前面一看，一模一样，还真的难以看出有什么不同来，因为这两陵确实是清朝12座皇帝陵中在规格和布局上最接近的两座陵。对于从事清陵研究的人来说，这两陵的差别还是有的，比如，泰陵的石像生南面是一座七孔拱桥，而昌陵则是一座五孔拱桥。本来由和珅负责在最初设计的昌陵方案中，建的也是七孔拱桥，不知在什么时候改成了五孔桥；昌陵的隆恩殿内地面是用花斑石铺墁的，这是清朝陵寝中唯一的一例，而泰陵则按惯例，铺墁的是金砖；昌陵隆恩殿内的东暖阁内设有佛楼，而泰陵则没有设佛楼；根据《大清会典》记载，昌陵的宝顶比泰陵宝顶高2尺，周长比泰陵长2尺；昌陵的圣德神功碑比泰陵的矮了1尺4寸，窄了3寸，薄了4寸。要细找还会有许多。

所以说在清朝陵寝，乃至明朝陵寝中，没有任何两座陵是完全一样的。

昌陵抄了裕陵地宫的图案

由于昌陵地宫至今保存完好，未被盗掘，我们进不去，看不到，难以知道是不是照裕陵地宫建的。清宫档案为我们提供了解开这个谜的钥匙。从档案我们知道，昌陵地宫里的雕刻图案是从裕陵地宫里抄来的。既然是抄的，就表明昌陵地宫的雕刻图案与裕陵是一样的，这就说明昌陵地宫与裕陵应该也是一样的。

那么建昌陵是怎么抄的裕陵的呢？如果在乾隆帝入葬以后才营建昌陵地宫，那就难办了。正可谓天赐良机，开始建昌陵地宫的时候，乾隆帝的梓宫还没有入葬裕陵，使他们有机会进入裕陵地宫抄样。乾隆帝的梓宫是嘉庆四年九月十五日入葬裕陵的。这年的六月，正在为乾隆帝梓宫入葬裕陵地宫督办龙山石工程的东陵守护大臣绵亿接到了嘉庆帝的一道密旨，命他将存在东陵的有关裕陵地宫的图样档案速交京师，如查找不到，就命他亲自将裕陵地宫内的佛像临摹下来，将经咒的头尾抄写下来。

清东陵也好，清西陵也好，都同时设两位守护大臣。在嘉庆四年，东陵的守护大臣除了绵亿之外，另一位守护大臣是弘谦。弘谦是康熙帝的第二十三子允祁的第五子，比绵亿大两辈，是绵亿的爷爷辈。他俩都是宗室，同为东陵守护大臣，为什么嘉庆帝只将密旨寄给绵亿，让他一人独自完成这件事呢？绵亿何许人也？原来绵亿是乾隆帝的孙子，是乾隆帝第五子纯亲王永琪的第五子，当时的爵位是荣郡王。绵亿是一位多才多艺的才子，他非常聪明智慧，博闻多才，尤其善于书法，让他完成这项差使最合适，嘉庆帝可谓量才用人。绵亿接到密旨后，不敢怠慢，立即到东陵各衙门查找裕陵地宫的图样档案，还真的从裕陵内关防衙门找到了一份胜水峪烫样图式，不过图纸已经糟烂不全，许多地方都看不清了。于是绵亿就利用在地宫督办龙山石的机会，将图内所有糟烂不全的和看不清的佛像

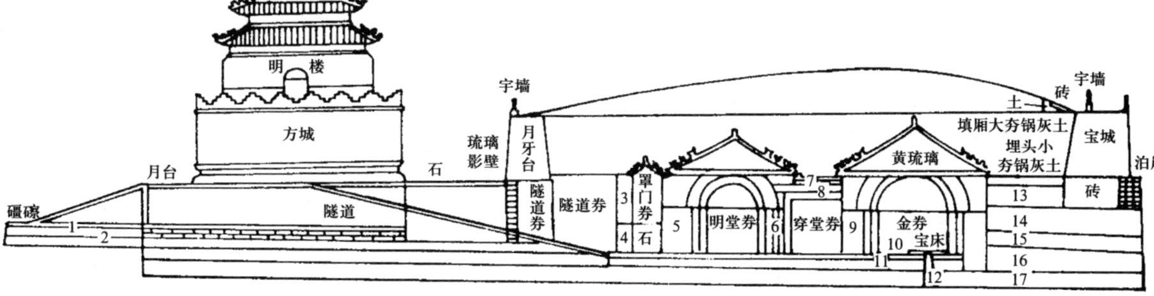

1.背底砖 2.小夯锅灰土 3.闪当券 4.砖 5.头层门洞券 6.二层门洞券 7.砖 8.石 9.三层门洞券 10.金井 11.海墁石 12.吉土 13.埋头小夯锅灰土 14.跳蹬小夯锅灰土 15.举溜小夯锅灰土 16.地脚小夯锅灰土 17.地脚小夯锅灰土

昌陵地宫剖面示意图（王其亨绘）

花纹，对照地宫实样全部临摹了下来。裕陵地宫内的梵文和藏文的经文多达三万字，各种佛像有数十尊，由于绵亿不懂梵文和藏文，在临摹时，恐怕有错误的地方。绵亿是一位办事非常认真细致的人，为了慎重起见，绵亿特地将东陵隆福寺的喇嘛传来，让他们查看所临摹的经文是否有错误之处，未想到这些喇嘛都不认识梵文和藏文。绵亿只好将找到的烫样图式和他临摹的图样派专人迅速送到了京师军机处，同时还写了一份奏折，将他查找图样、临摹经文、佛像的情况向皇帝作了奏报。嘉庆帝见到了送来的旧图式和临摹的图样，阅看了绵亿的奏折，感到很满意，在绵亿的奏折上批道："甚属详细，可佳。"

本来太平峪万年吉地工程处与管理京城喇嘛班第事务掌印处商定，派喇嘛到裕陵地宫踏勘佛像、经文，他们还没有动身，绵亿就将裕陵地宫的旧存图式和临摹图式送到了京师，于是便不再派喇嘛去东陵，而是从京城内各寺庙选找了几位善写番梵字、善于绘画的喇嘛，让他们在雷神庙里缮写经文，绘画佛像。太平峪万年吉地工程处根据这些喇嘛绘画的经文、佛像图式，制出烫样，恭呈御览，得到嘉庆帝批准后，就开始实施工作。

在地宫内镌刻三万多字的梵、藏经文和大量佛像及其他图案，实属不易。我国著名的建筑学专家、天津大学的王其亨教授经过潜心研究考证发现：地宫内的石雕图案，不是在地宫建成后雕刻的，而是先雕刻好后，再砌到地宫的。做法大约是这样的：在陵旁选择一个宽敞平坦的地方，挖一个比地宫稍大的地槽，就像一个倒置的地宫槽坑，用旧样城砖按地宫券形砌成曲面下凹的券坑，称样制券。券两端的垂直部分用砖砌好。样制券的内轮廓尺寸与将来地宫石券的外轮廓尺寸完全一样。然后将券石砌到样制券中，其砌法和精密程度与后来砌地宫时完全一样。砌好后的样制券的尺寸、形状与真地宫别无二致，就如同把地宫仰置过来一样。这时再令善写经文、善画佛像的喇嘛在样制券内，根据烫样和图式，在券石上写经文、画佛像。描写好后，核实无误，再令石匠镌刻。刻好后，将每一块券石按一定顺序编写上号码，拆出，再砌到地宫槽内，这样地宫就建成了。这是一项极其复杂而又精细的工程，容不得有丝毫的差错，否则图案就会变形、错乱，影响整个工程。这项工程显示了我国古代匠师卓越的创造才能和高超的技艺。

虽然昌陵地宫我们进不去，看不到，然而我们却可以从裕陵地宫看到昌陵地宫的样子。

昌陵是豆腐渣工程

一提豆腐渣工程，好像是现代某些工程的专利。其实豆腐渣工程由来已久，昌陵工程就是一个地地道道的豆腐渣工程。

为什么说昌陵工程是一个豆腐渣工程呢？只说两件事就足以证明。

昌陵竣工不久就进行了一次全面大修。

嘉庆十三年（1808年）六月底，总理西陵事务的康熙帝第六子允祐的孙子贝勒永鋆向嘉庆帝奏报说，新建成的太平峪万年吉地工程因连日阴雨，宫门、明楼等处均有渗漏，东配殿次间脱裂油饰一处，落下了小块碎木。永鋆的奏报立刻引起了嘉庆帝的严重关切。因为昌陵所用的都是新木料，竣工刚刚5年，何以竟致糟朽？他立刻命协办大学士、刑部尚书长麟赶赴西陵，查验昌陵工程，并将应行修理之处，令其诹吉，奏明办理。嘉庆帝还令军机大臣查明原明楼、东配殿等处的办工官员，严参具奏，绝不能让一个人漏网。

长麟到昌陵查看后发现：方城城身上部南北两面俱有水浸痕迹；二柱门夹垅灰有脱落，油饰也有损坏；陵寝门、配殿、宫门、朝房以及神厨库等建筑的脊根、檐瓦俱做不如式，有渗漏；东配殿望板脱落，是因为灰背被雨水浸透，以致望板糟朽，应揭瓦；明楼、大殿、神道碑亭虽然也做不如式，但尚未有渗漏痕迹；地宫头层石门檐头上蒸湿成珠甚多，上槛亦蒸湿成珠。第四层石门内右边有石一块微潮。铜上槛亦有浆痕十数道。另外长麟还奏报昌陵的营房、堆拨等也间有渗漏，墙垣也有闪裂之处。可以说整个昌陵没有一处没有问题的。长麟建议上述建筑应分期分批修理，并要求皇上派大臣前来勘估钱粮，以便备料。

昌陵石像生之文士

长麟的奏报，大出嘉庆帝的预想。他未想到自己的陵寝刚竣工五年，出现的问题竟如此严重！他根据长麟的要求，派东阁大学士禄康、吏部尚书邹炳泰、户部右侍郎英和、兵部右侍郎周兴岱四人前往勘估钱粮。这次派出的勘估大臣职位之高、人数之多，是极为少见的，表明了嘉庆帝对这次维修工程的重视。具体施工由长麟等人办理。

昌陵石像生之石狮

昌陵石像生之石象

昌陵石像生之石狮项下铃嵌槽

这次大修分两期进行。第一期是从嘉庆十四年开始。先维修穿堂一座，二柱门一座，琉璃花门三座；配殿二座，宫门一座，俱揭瓦头停（即屋顶）。穿堂两边添安雨搭各3间。方城台面、穿堂两边地面俱提溜拆墁，第一批工程共销算工料银19888两6钱9分5厘。第二期从嘉庆十五年开始，维修的建筑有东西朝房二座，神厨一座，神库二座，俱揭瓦头停，照旧油画，销算工料银15732两8钱5厘，两批共销算工料银35621两5钱。

对原承办各工人员，根据所列罪行等次，分别令其赔缴银两。

这次大修，明楼、大殿、神道碑亭虽做法不如式，但未出现渗漏，被列为缓办之列。到了道光初年，发现大殿老角梁沉坠，同柱、额枋牵闪，檩条脱榫，上下檐斗栱压卸，于道光六年（1826年）进行了一次拆除重修。咸丰六年对大殿又进行了一次大修。

昌陵竣工不久就出现如此严重的问题，这在清朝陵寝史上是少见的，反映了昌陵工程质量的低劣。

第二件事是石像生作假案。

嘉庆十四年（1809年）三月，协办大学士、刑部尚书长麟等大臣在查验昌陵工程期间，根据得到的一份秘密情报，揭发昌陵石像生右边武士头上盔缨小柱、右边石狮项下铃铛、左边石象左牙稍尖均是粘接的。于是长麟会同永鋆、永哲向皇帝奏报了这件事。他们要求皇上令内务府总理工程处传原办石像生的监督、商人迅速赶赴工次（施工现场），眼同拆看，如粘接属实，则令他们如式各赔修一半，并将他们严加议处。嘉庆帝采纳了长麟的建议。

这桩石像生作案在清朝官书上均无记载，是笔者从清宫档案中发现的。

以上两件事足以说明昌陵工程是一件豆腐渣工程。

昌陵圣德神功碑亭竟建了10年

圣德神功碑亭俗称大碑楼。按清朝陵制，只有皇帝陵才能建圣德神功碑亭，而且要由后代皇帝建，暗含了“盖棺论定”之意。

昌陵圣德神功碑

圣德神功碑亭一般在先帝入葬山陵地宫不久，先由嗣皇帝发布营建圣德神功碑亭的谕旨，然后相度地点，指派承修大臣，组建工程处，再实施工程。

一般圣德神功碑亭用四五年就可以建成。比如康熙帝的景陵圣德神功碑亭，历时四年，雍正帝的泰陵圣德神功碑亭历时五年，乾隆帝的裕陵圣德神功碑亭，历时三年半，嘉庆帝的昌陵圣德神功碑亭又怎样呢？

道光元年（1821年）四月二十日，就在嘉庆帝入葬刚27天，道光帝就向内阁发出了立圣德神功碑亭的谕旨，决定为昌陵建圣德神功碑亭。随即派工部尚书穆克登额、吏部尚书刘镮之为勘估大臣，设计规制、勘估钱粮。

道光元年五月初二日，任命郑亲王乌尔恭阿、定亲王绵恩、工部左侍郎穆彰阿、兵部左侍郎阿克当阿为承修大臣。以后又陆续添派了常福、敬征、果齐斯欢、庆惠、宝兴、永明额、武忠额为承修大臣。

道光元年（1821年）五月二十八日，东阁大学士托津、礼部左侍郎善庆、工部右侍郎陆以庄会同总理西陵事务的奕亨、景纶、弘善率领钦天监精通地理人员到昌陵相度，经道光帝批准，选定在昌陵的五孔桥南22丈5尺的神路正中，按子山午向建圣德神功碑亭。按例净估需工料银266856两1钱6分8厘。经钦天监选择吉期，于道光元年（1821年）九月初六日巳时动土兴工。

昌陵圣德神功碑亭的前期准备工作还是比较顺利的，可是自开工以后，工程进度极其缓慢，直到道光十一年夏才全工告竣，用了近10年的时间，到底是什么原因，使工程如此迟缓呢？

1.木料稀少，难以寻觅。

从顺治年间到道光年间，钦工不断，数工并举，所需用的楠木、柏木极多，连年采伐，大木已经很少，新树又未长大。而这次昌陵圣德神功碑亭所用木料，不仅大料多，而且数量大，仅分派给江苏省的木植就达800多根；尽管朝廷多次严催，另一被分派木植的湖南省直到道光四年六月仍未能完成派办的任务。

2.运输迟缓。道光四年六月，四川省的木植已采办齐全，朝廷命四川赶紧运赴工次，可是到了道光七年三月，才将木植起运。又过了一年多，木植尚未运到山东境内。道光帝多次降旨严催，直到道光九年七月，仍有一部分木植尚未运抵工次。四川省如此，其他省份可见一斑。

3.砖块不合格，重新烧造。昌陵圣德神功碑亭所用的46000块澄浆砖完全由山东临清烧造，工部要求于道光十年春季运到工次，可实际上到道光十年七月才运到。继而发现这些砖砖质粗松，砂眼太多，难以选用，不得已，改由京城重新烧造，再次延误了工期。

昌陵的圣德神功碑碑文由道光帝撰写，全文为2597个字，于道光十年（1830年）八月二十六日午时开始镌刻，道光帝特派东阁大学士托津、总管内务府大臣敬征、工部左侍郎奕经监刻碑文，后又改派协办大学士富俊监刻。镌刻工作历时20余天完成。道光十一年夏，历时近10年的昌陵圣德神功碑亭工程终于艰难地画上了句号，其工期相当于景陵和泰陵两座圣德神功碑亭的用时之和，可以说是旷日持久。

三、发生在昌陵的故事

嘉庆帝拒绝方城隧道改石券

什么是方城？就是位于宝顶（坟头）前面的方形城台。如果是皇帝陵，在宝顶和方城之间还有一个哑吧院。如果是皇后陵则没有哑吧院，宝顶与方城直接相连。方城为正方形城台，顶面的东西南三面砌垛口，北面砌宇墙，城台正中建明楼。在方城的下面，有一条南北相通的隧道券，穿过隧道券就可到达哑吧院。

明朝也好，清朝也好，方城的隧道券都是用澄浆砖（因为在山东临清制作，所以也称临清砖）发券成做。昌陵的承修大臣考虑用砖发券，天长日久，容易酥碱，为了坚固长久耐用，建议改用青白石发券成做。承修大臣是一番好意，本想一定会得到皇帝的采纳和夸奖，未想到事与愿违，竟受到了皇帝的严厉谴责和惩罚。嘉庆帝为什么拒绝用石发券呢？难道他不愿意自己的陵寝坚固吗？嘉庆帝的理由总结起来有三点：一是陵寝建筑的部位用石用砖都有定制，这是祖宗流传下来的，不能轻易更改；二是改为石券，花费更多，造成浪费；三是怀疑承修大臣借此贪污搞鬼，从中搂钱。为此，嘉庆帝下令将承修大臣、自己的大舅哥盛住交部严加议处，将其他承修大臣交部察议。

嘉庆帝说的确实有一定道理，但也有牵强之处。既然陵寝建筑的做法都有定制，不能随意更改，为什么昌陵隆恩殿不用金砖而改用花斑石？这难道不是变更祖制吗？用花斑石比用金砖花钱更多，这时为什么就不怕浪费了呢？就不怕承修大臣从中得好处吗？这实在不好解释。

建陵有许多的随意性，许多地方以皇帝的个人意志为转移，只要符合皇帝的心意、胃口，什么祖制、花钱多少，都可不考虑，在这方面有很多的生动实例。

嘉庆帝借机耍脾气

孝淑皇后是嘉庆帝的原配皇后，死于嘉庆二年（1797年），决定在嘉庆八年（1803年）十月葬昌陵地宫。在入葬前三个月，大臣们将拟定的奉安仪注（入葬礼仪程序）上奏给皇帝。嘉庆帝阅后，可气坏了。原来在仪注中有“掩闭石门，大葬礼成”八字。为什么这八个字就能使嘉庆帝大发雷霆呢？清朝自康熙朝开始，皇后先入葬地宫后，不关闭石门，等着皇帝。只有当皇帝入葬了，才关闭石门。石门只要关上了，就不能再开。因此，孝淑皇后入葬地宫后，不关闭石门。而仪注中竟有“掩闭石门，大葬礼成”，岂不是不让嘉庆帝将来葬入昌陵吗？这怎能不让嘉庆帝恼怒呢。

其实拟写这份仪注的官员们根本就没这个意思，也不敢有这个意思，只是由于照抄以前的现成文稿，未加详慎思考，纯属笔误。对于这一点，嘉庆帝心里比谁都清楚，但他就是不这样说。他硬说：“此吉地乃皇考赐朕之地，非赐皇后之地，若关闭石门，欲朕另卜吉地乎？朕遵皇考之旨，断不敢更易！”于是他借机惩处了许多大臣。

就此事本身来说，并非重大事件，也未造成任何损失，完全没有必要如此大动肝火，处罚大批朝中大臣。可嘉庆帝却借题发挥，竟说大臣有意要他“另卜吉地”，颇有点横推车、耍无赖的意思。嘉庆帝所以这样做，另有他的一番用意。在这年的闰二月曾发生了陈德行刺事件，他差一点把小命儿搭出去。白莲教大起义的烈火久扑不灭，朝廷损兵折将，耗银似水，加之发妻的亡故、入葬，这一系列事情使得嘉庆帝心情长期不好。他从这些事件中看到了朝廷上下大臣官员当差敷衍草率，疲玩怠忽，成了他的心病，使他“刻不能去”。他是想借机给官员们来一个下马威，敲山震虎，借机调换了一批官员。这种做法，对于皇帝来说是经常使用，屡见不鲜的。嘉庆帝的父亲乾隆帝就曾借孝贤皇后丧事期间官员不足百日剃发，大发了一通脾气，处罚、调换了一大批官员。有其父必有其子，真的一点儿也不差。

四、昌陵之谜

昌陵地宫到底有没有“龙须沟”

什么是龙须沟？就是在地宫的地面下设置的两条排水暗沟。这两条沟伸向前方左右的陵墙外，就像两条龙须一样，所以就称之为龙须沟。

根据迄今为止清陵的研究成果，清朝皇陵地宫下设置龙须沟的第一座陵是道光帝的慕陵。可是笔者在中国第一历史档案馆查到的一份内务府档案上却记载了这么一件事：嘉庆十三年（1808年）七月，嘉庆帝派皇二子旻宁（即后来的道光帝）到太平峪万年吉地（昌陵）查看地宫有没有渗水。旻宁遵命前往，查看的结果使嘉庆帝大为震惊。本来这年的三月份嘉庆帝已亲自查看过地宫，当时地宫里十分干燥，一点潮气也没有，可是这次旻宁却奏报说，地宫里很潮湿，有许多水珠、水痕。在旻宁的奏折里几次提到石门内左右角有小沟眼两个。已经开放的慈禧陵和光绪帝的崇陵地宫，龙须沟的漏眼都设在石门内左右。这两个小沟眼不可能是工程上的失误造成的洞，只有一个解释，这是龙须沟漏眼。是龙须沟漏眼，就有龙须沟。有龙须沟就必然有龙须沟出口。档案上的这一记载，虽然只有一句话，但对于搞清陵研究的人来说，可是一个极为重要的发现，十分珍贵。笔者根据这一记载，曾于1997年农历的正月初七日就匆匆踏上了去往清西陵的旅途，专门去查找昌陵的龙须沟出口。慕陵、慈禧陵和慈安陵的龙须沟出口都设在陵外两侧的马槽沟的内泊岸上。定陵、惠陵和崇陵的龙须沟出口都设在陵内的玉带河的泊岸上。昌陵陵院内没有玉带河，所以如果有龙须沟，其出口只能设在陵前和左右的马槽沟的内侧泊岸上。笔者在昌陵的马槽内，不顾杂草荆棘、垃圾粪便，往返仔细查看了多遍，也未找到龙须沟出口。到底昌陵有没有龙须沟？如果没有，为什么地宫里有两个小沟眼？如果有龙须沟，为什么找不到龙须沟出口？在东陵的宝华峪营建道光帝的陵寝时，曾有人建议在地宫下设置龙须沟，被当时的承修大

昌陵隆恩殿

臣英和拒绝，因此造成了地宫内的渗水不能排出，这说明在营建道光陵之前就已有地宫设龙须沟的做法。明陵至今尚未发现皇陵有设龙须沟的记载，那只能是清陵。在时间上，昌陵距建道光的宝华峪陵最近，所以昌陵设龙须沟的可能性相对来说最大。昌陵到底设没设龙须沟，现在还是一个谜。

为什么桥斜路弯

即使是粗心大意的人也会发现，昌陵圣德神功碑亭到五孔拱桥之间那段神道是弯的，五孔拱桥按昌陵的中轴线来说也是歪斜的。

在正常情况下，七孔拱桥、五孔拱桥、三孔拱桥都是陵寝的重要建筑，都应该建在陵寝的纵向的中轴线上。如果确实受地形地貌条件的限制，那只能通权达便。昌陵的五孔拱桥位于宽阔平坦之地，不存在受地形地貌限制的问题。五孔拱桥却偏向西南东北方向，与陵寝中轴线形成了约10度的夹角。这座桥与圣德神功碑亭之间仅有52米的距离，其间的神道不是直的，中间有一个明显的硬弯。歪斜的桥，带弯的神道，很不和谐，让人看了，感到很不舒服。这难道是工程的失误吗？不可能。因为这些太明显了。不是失误，又怎么解释？

有人会说：只要把通过昌陵五孔桥的那段河道改成与神道垂直不就行了吗？确实是这样。但在古代，皇家陵园内的河流走向和山的形状是不能随意改变的，否则会破坏风水，在陵园之内砍伐一棵树都要经钦天监选择吉日，乾隆二年乾隆帝曾下令：风水以内地方道路不必修理，并指出：今年谒泰陵时曾修理道路，于例不合。所以说通过昌陵神道的这段河道是不能用人力改变方向的。

笔者经过分析考证，认为桥歪，与河流的走向有关系。在正常情况下，桥是与河道是垂直的。因为昌陵五孔桥下的河道通过神道这段与陵寝的纵向中轴线不是垂直的，如果桥要与中轴线保持方向一致，那么桥就不能与河道方向垂直，这样不仅会加

昌陵神道远眺

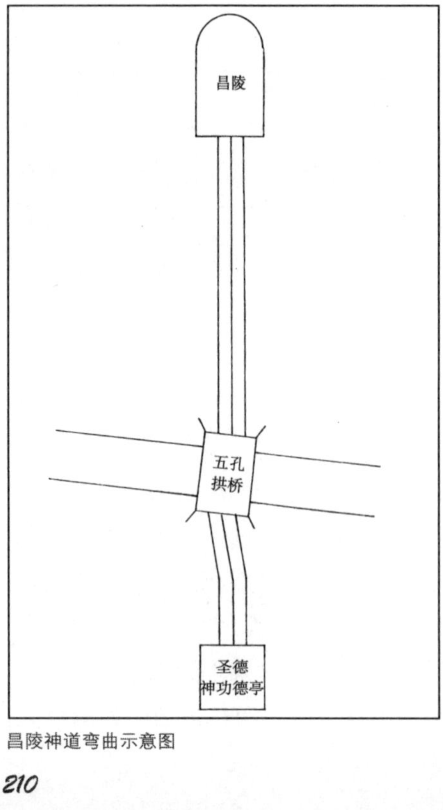

昌陵神道弯曲示意图

昌陵圣德神功碑亭，北面的神道是弯曲的

长桥的跨度，而且形成水流冲击桥墩，不是顺从地从桥孔流过。桥长了，还会增加工程费用，所以桥还是要与河道保持垂直，而与中轴线有所偏离。再说那段神道，如果直接将圣德神功碑亭和五孔桥相连，神道是直了，但圣德神功碑亭前的神道是斜接的，不仅观之不雅，更重要的是显得圣德神功碑亭是歪斜的，那更是不能容忍的。为了避免这一点，将圣德神功碑亭前的神道按着垂直的方向向北延长一段后，再与五孔桥相连，圣德神功碑亭就显得方正了，这样做的结果就形成了神道中间就出现了一个硬弯。

这只是笔者的个人考证和分析得出的结论，尚未得到同行们的认可，也未得到文字的证实。

为什么将七孔桥改为五孔桥

泰陵圣德神功碑亭以北，石像生之南，建了一座七孔拱桥。昌陵地面建筑既然是以泰陵为模式建的，就应该也建七孔拱桥，清宫档案也证实了原来的设计方案确实也是七孔拱桥，可是现在我们看到的却是五孔拱桥。昌陵五孔桥下的河与泰陵七孔桥下的河是一条河，而且两桥相距很近，河道宽窄差不多，为什么泰陵建七孔桥，昌陵改建成五孔桥？

是出于“逊避祖陵”的需要吗？如果真的是这样，昌陵的宝顶比泰陵的高大又怎么解释？到底是什么原因，在未找到文字依据之前，还是一个谜。

为什么只将隆恩殿铺了花斑石

与清朝各陵相比，昌陵的最大特色就是隆恩殿内的地面铺墁的是花斑石。

昌陵五孔拱桥

昌陵隆恩殿花斑石地面

清朝的皇陵，无论是皇帝陵、皇后陵，还是妃园寝，隆恩殿、东西配殿，乃至朝房、厨、库、碑亭的地面，铺墁的都是由江苏烧造的方形金砖，即使是皇宫各殿堂内的地面也都用这种金砖铺墁。这种金砖工艺复杂，十分坚硬，扣之有声，表面涂有烫蜡，十分名贵。可是昌陵的隆恩殿地面铺墁的不是金砖，而是花斑石，每块为正方形，边长62cm，方方正正，光亮平整，不滑不涩，表面烫蜡，总体上黄色为主色。石上有许多天然的花斑，所以称之为花斑石。这些天然的花斑纹饰，有的像竹笋，有的像花瓣，有的像绒珠，千姿百态，各有特色，没有任何两块是一样的，给大殿增添了一种别样情趣。

皇陵用花斑石并非昌陵首创。明十三陵的永陵和定陵的宝城和方城的垛口都是用花斑石砌的，但殿堂内都是金砖铺墁。

当年营建乾隆帝的裕陵时，乾隆帝曾降旨将裕陵的所有殿堂内的地面均用花斑石铺墁，不知是什么原因，后来取消了这一做法。嘉庆皇帝是否受了上述陵寝的启发呢？

隆恩殿和东西配殿是属于一组建筑，所用材料、装修样式、方法等都应该是一致的。慕陵的三殿，都用金丝楠木，都不披麻挂灰做地仗，都不彩画。其天花板、门窗、隔扇都是一样的，慈禧三殿更是这样。令人感到不可思议的是，为什么昌陵只有隆恩殿地面铺墁花斑石，而东西配殿仍铺墁金砖？这在建筑中是不规范的、超乎寻常的做法，实在令人匪夷所思。

第二节 充满怪异的昌西陵

昌西陵位于昌陵西面的望仙山下，是嘉庆帝的第二个皇后孝和皇后的陵寝。这座皇后陵别看规模小，规格低，却充满了怪异，不仅建陵史怪、建筑怪，墓主人也怪。

一、建陵史之怪

长达30年不给孝和皇后建陵

正常情况下，在皇太后生前就要选择万年吉地，营建陵寝。可是孝和皇后当了29年皇太后，与道光帝在位的时间几乎一样长，道光帝却一直也未给孝和皇后建陵，直到道光二十九年十二月孝和皇后死了，道光帝才为她相度陵址，任命承修大臣，操持建陵。道光帝为什么不在孝和皇后生前为她建陵呢？

孝和皇后朝服像

是道光帝把这件事忘了吗？一天两天忘了，有可能，在29年的时间里都忘了，那怎么可能呢？退一步说，即使道光帝真的忘了，还会有大臣们提醒呢。更何况道光元年，在嘉庆帝入葬昌陵之前，负责昌陵工程的郑亲王乌尔恭阿、定亲王绵恩等曾向道光帝请示过是否在昌陵地宫内给当时已是皇太后的孝和皇后留出位置的事。应该给孝和皇后建陵这件事，道光帝最清楚。

是道光帝与孝和皇后关系不好吗？更不是。道光帝虽然比孝和皇后只小6岁，不是孝和皇后的亲生儿子，但对孝和皇后非常孝敬，与生母一样。特别是当嘉庆帝刚刚崩逝，秘密立储的朱谕尚未找到的关键时刻，孝和皇后毅然决然指定还是皇子的道光帝继承皇位，这使得道光帝感激终生。

孝和皇后在道光年间受到了道光帝的格外尊重，先后六次给她上徽号。道光二十九年十二月，74岁的孝和皇后在病危期间，道光皇帝多次到寿康宫亲奉汤药。在孝和皇后崩逝时，道光帝也正在生病，当时道光帝已68岁高龄，道光帝不顾年高有病，号啕痛哭，挣扎

昌西陵隆恩门

着为孝和皇后大办丧事，每天无数次地跪拜行礼，坚持极其繁重的丧事活动，致使道光帝的病情益发严重，就在孝和皇后死后33天，道光帝也离开了人世。道光帝与孝和皇后的关系非比一般。既然如此，道光帝为什么不在孝和皇后生前建陵呢？

陵址定了又改变

孝和皇后崩于道光二十九年十二月十一日（1850年1月23日），死后一个月，道光帝才颁发谕旨，为孝和皇后选择陵址，确定陵名为“昌西陵”并指派定郡王载铨，吏部尚书文庆，工部侍郎灵桂、彭蕴章为承修大臣。这道谕旨发出两天后，道光帝便离开了人世。

道光帝为孝和皇后所选的昌西陵陵址在昌陵妃园寝的南面。在为动工运送木料而修垫道路时，发现陵址地下不仅有许多砂石，而且砂石下面还有水，这些都是建陵最忌讳的。承修大臣很快把这一重要情况上奏给咸丰帝。他们对皇帝说：“砂石之上建立工程，难期坚固，纵将砂石起净，深恐泉水难涸。”“陵寝要工自应备加敬慎，岂容稍为迁就？”承修大臣建议重新相度吉地。咸丰帝同意了他们的建议。承修大臣带着精通风水的甘熙等人在昌陵附近重新相度，跑了许多地方，认为只有昌陵妃园寝以西的望仙山比较理想。承修大臣在奏折中对皇帝说，望仙山那里“地势土脉高厚，主山端正，对岸得势，宜立癸山丁向，甚属合局，实堪建立昌西陵”。承修大臣的建议很快获得了咸丰帝的批准。

从这件事可以看出，昌西陵原来确定的陵址是在孝和皇后死后，在不足一个月的时间里仓促选定的，没有进行认认真真的挑选，地下土质情况也未做探勘，致使造成了陵址的重新相度。

昌西陵隆恩殿斗匾上的文字是咸丰帝的御笔，却没有“咸丰尊亲之宝”的宝文

昌西陵隆恩殿在清朝皇后陵中是最小的

孙子给奶奶建陵

在正常情况下，皇太后的陵都是由儿子给建。孝和皇后的陵本来应该由道光帝建，在长达29年的时间里，道光帝完全可以给孝和皇后建一个很称心的陵，可是不知什么原因，道光帝没有这样做，而是将本来应自己做的事情，留给了自己的儿子做。在这以前，有重孙子给曾祖母建陵的事即雍正帝给孝庄皇后建昭西陵，还没有孙子给奶奶建陵的，这次昌西陵的营建补上了这个空白。

二、陵寝规制之简

望仙山这个地方经咸丰帝批准后，钦天监敬选吉日，于咸丰元年（1851年）二月二十日兴工，仅用了一年半的时间，即于咸丰二年（1852年）八月全工告竣，仅用银44.8万两。从工期和用银数量上就可以知道昌西陵的规制是十分俭约的，主要表现在以下几个方面：

1．昌西陵以前已建了三座皇后陵。这三座陵都建了方城、明楼和带垛口、带马道的高大宝城和高大的宝顶，而昌西陵这些一样也没有。

2．昌西陵以前建的三座皇后陵，陵寝门的三个门都有门楼，而昌西陵的陵寝门与妃园寝的园寝门一样，只有中门有门楼，两旁门是随墙门。

3．在昌西陵以前建的三座皇后陵，隆恩殿都是面阔5间，重檐歇山顶，周围环以青白石栏杆，月台前正中设龙凤呈祥的御路石，而昌西陵的隆恩殿是单檐歇山顶，无围栏，无御路石，名为5间，实际是3间半。

4．在昌西陵以前建的三座皇后陵，东西配殿都是面阔5间，而昌西陵的配殿都是面阔3间。

5．在昌西陵以前建的三座皇后陵，隆恩门都是面阔5间，而昌西陵的隆恩门面阔是3间，与妃园寝的宫门一样。

6．昌西陵占地面积仅为标准规制皇后陵的一半。

7．咸丰帝的定妃园寝尽管用了很多旧料，仍用银64万两，而昌西陵只用银44万两。

8．一般皇后陵工期为四五年，而昌西陵只用一年半。

昌西陵的规制为什么这么低呢？

难道是孝和皇后没有资格吗？不是。孝和皇后是名副其实的大清国的皇后、皇太后，名正言顺，完全有资格。

是咸丰帝与孝和皇后的关系不好吗？更不是。咸丰帝是孝和皇后的孙子。孝和皇后死时，咸丰帝还没有即位，祖孙之间不会有任何矛盾和冲突。

那究竟是什么原因？答案既明显又简单，就是经济困难，国库空虚。说白了，就是没钱。俗话说：没钱难办随心事。昌西陵是在清王朝财政上最紧张、最困难的时期建的。

清朝从乾隆朝后期开始走下坡路。嘉庆帝即位后，镇压农民起义就花了二亿多两银子，元气大伤。道光帝即位后，第一次鸦片战争失败，割地赔款，国库空虚，财政紧张。咸丰帝即位后就没过过一天舒心日子，面临着一系列重大难题，需要办许多大事。

第一件大事，就是镇压太平天国农民起义。

咸丰帝刚刚即位就爆发了中国历史上规模最大的农民起义——太平天国农民起义。起义的战火风起云涌，遍及半个中国，严重地威胁着清王朝的统治。清政府在镇压农民起义时军饷奇缺，损兵折将。清廷为了筹款，把乾隆年间的三口大钟和圆明园的许多铜陈设都化了铸钱，可见清政府的财政到了何等紧张的地步。

第二件大事是办理道光帝的丧事。咸丰帝即位后面临的第一件大事就是皇父的丧事。皇父的丧事不办不行，必须得办。

第三件大事是办理孝和皇后的丧事。孝和皇后是在他父亲死前一个月去世的，其丧事刚开始，道光帝就死了，这样咸丰帝还得同时给孝和皇后办丧事，真够咸丰帝招架的。

这三件大事都势在必办，而且每一件事都花钱似水。对于本来就十分拮据的清政府的财政来说，犹如雪上加霜。那时清政府已拿不出几百万两银子来给孝和营建规模宏大的皇后陵。说实在的，能建成现在这样的规模就已经很不错了。

三、陵寝规制之奇

别看昌西陵规制简朴，却有许多奇特之处。

翔凤彩画的隆恩殿天花板

在昌西陵以前的清朝陵寝，无论皇帝陵、皇后陵，还是妃园寝，隆恩殿天花板上的彩画图案都是金莲水草，惟有昌西陵隆恩殿的每块天花板上彩绘一只展翅飞翔的彩凤，一反金莲水草的传统图案，给清陵彩画平添了一股清新之气。

铜沟嘴

为了排出宝顶与宝城之间的雨水，在宝城上都要设置挑头沟嘴，这些沟嘴一般都是石质的，但是昌西陵，在宝城的一周安设了6个铜质的挑头沟嘴，这在清陵中是比较罕见的。

昌西陵隆恩殿天花板的图案是翔凤的

回音壁

清朝陵制，陵院围墙的后部都是弧形的，称之为罗圈墙，昌西陵也不例外。如果紧贴昌西陵的后罗圈墙内侧的一端说话，远在76米的另一端就能清楚地听到传过来的声音，因此称之为回音壁。这在清朝陵寝中是唯一的。

昌西陵宝城铜沟嘴

一提回音壁，人们只知道北京天坛的回音壁，从未听说过清西陵的昌西陵也有回音壁。其实他们的回音现象是一样的，而且昌西陵的回音效果比天坛的还好。

回音石

昌西陵回音壁

如果站在昌西陵宝顶前神道的北数第七块中心石上说话或跺一跺脚，就会听到比原发的声音大数倍的回音，犹如空谷传响。其实如果站在第五、第六或第八、第九块的中心石上，也有这种回音现象，不过以站在第七块的中心石上回音最强烈，人们将这块中心石称之为回音石。回音石的回音原理是声音横向的垂直折射后汇合在一起，所以声音比原发的声音要大。昌西陵的回音石的回音效果非常好，人们如果有兴趣，不妨到那里亲自领略一下回音壁和回音石的神奇。

昌西陵回音石

笔者认为，昌西陵的回音壁也好，回音石也好，并非是当时陵寝工程设计人员的故意所为，而是偶然形成的。因为在那时，不

昌西陵陵寝门前设玉带河及石平桥，这是清朝皇后陵中唯一的

可能允许臣子和执事人员贴着墙、站在宝顶前大声呼喊，因为陵寝是庄严肃穆的地方，不允许喧哗。

有人总结中国古代有四大声学建筑，即北京的天坛、河南的蛤蟆塔、四川的石琴和山西莺莺塔，没有将清西陵的昌西陵算上，这是不全面的，应该说中国有五大声学建筑，其中应包括昌西陵。

院内设玉带河

什么是玉带河？我们都看到过北京天安门前的玉带河和紫禁城门内的玉带河吧，因为河道弯弯曲曲，形似飘带，故称之为玉带河。清朝的孝、裕、慕、定、惠、崇六陵都建有玉带河，这些陵寝的玉带河都在陵院之内。清朝的七座皇后陵，有六座陵不设玉带河，当然也就没有任何桥座。惟独昌西陵在陵寝门前设了一道玉带河，上面建了三座平桥。

昌西陵因为有了这些与众不同的项目，使昌西陵在平凡中感到神秘，在俭朴中显出新奇。正是这些神秘和新奇，使得昌西陵小而不卑、简而不俗，在清朝皇陵中占有不可忽视的地位。

四、内葬人之奇

昌西陵的墓主人是孝和皇后，她姓钮祜禄，满洲镶黄旗，父亲恭阿拉是礼部尚书。我们知道，钮祜禄氏是满洲八大姓之一，而且是八大姓中最主要的姓氏之一。钮祜禄氏的祖先额亦都是大清的开国功臣，驰骋疆场，功勋卓越，被封为弘毅公，并将他配享太庙。钮祜禄氏家族不仅在清廷累世是高官，更主要的是皇亲国戚。据笔者初步统计，清朝的27位皇后中，有6位是钮祜禄氏，其中乾隆帝的生母孝圣皇后、道光的孝全皇后、慈安皇太后等都是来自钮祜禄氏家族。皇帝的后妃中的钮祜禄氏那就更多了，所以说，钮祜禄氏是大清国的重要的皇亲国戚。满洲镶黄旗又是上三旗之首。孝和皇后就是来自这样一个高旗籍的名门高官、皇亲国戚的家庭，从幼年就受到了良好的正统教育。

孝和皇后生于乾隆四十一年（1776年）十月初十日，比嘉庆帝小16岁。她自幼聪敏贤淑，知书识体，15岁被选中秀女入宫，经乾隆帝指婚，成为皇十五子永琰（嘉庆帝）的潜邸侧福晋。嘉庆帝即位时，她21岁，被封为贵妃。嘉庆二年（1797年），嘉庆帝的嫡皇后孝淑皇后病逝后，太上皇帝认为这位原侧福晋 “端谨庄重，且能率下”，所以决定让她继位中宫，册为皇后。因当时孝淑皇后刚死，正在大丧期间，不适合举行册立皇后这样的庆典活动，所以先晋封她为皇贵妃，代行皇后职能，管理后宫事务，按原话说叫“摄六宫事”。“六宫”指的就是紫禁城内的东西六宫。在清朝，正式“摄六宫事”的皇贵妃有三个。第一个是乾隆帝的第二个皇后那拉氏，她在孝贤皇后死后，被封为摄六宫事的皇贵妃。第二个就是孝和皇后，第三个是道光帝的孝全皇后。这三个人的情况几乎是一样的，都是从贵妃升为皇贵妃。其实在清朝代行皇后管理后宫事务的皇贵妃不只这三个人，还有康熙帝的孝懿皇后和道光帝的孝静皇后。她们俩都曾以皇贵妃的身份管理过后宫事务，只不过没有用“摄六宫事”这个词。

本来过了孝淑皇后的27个月的丧期，到嘉庆四年（1799年）五月，皇贵妃钮祜禄氏就可以正式登上皇后的宝座了，未想到嘉庆四年（1799年）正月初三日太上皇帝驾崩了，又是一个27个月。所以孝和皇后的皇后册立礼一直拖到嘉庆六年（1801年）四月才正式举行，足足等了四年才把皇后这顶桂冠盼到手，当时孝和皇后已经26岁了，她是在清朝后宫当“一把手”时间最长的。

道光帝即位后，尊她为皇太后，她又在道光朝当了29年的皇太后。她在当皇太后期间，做了一件很受朝中大臣称赞的贤德之事：道光帝的东陵宝华峪陵建成的第二年就发现地宫里有了水。道光帝极为震怒，想杀几个承办陵寝工程的大臣，以解胸中的怒气，首当其冲的就是协办大学士、户部尚书英和，其次就是庄亲王绵课和大学士戴均元。当时的皇太后孝和皇后知道了这件事以后，劝阻道光帝说：建陵的事毕竟是家事，不是关系国家的大事，不要因为家事而诛杀国家大臣。道光帝认为皇太后的话有理，于是打消了杀大臣的念头。孝和皇后的一句话，保住了多名朝廷大臣的生命，使得朝廷上下盛赞孝和皇后的贤名。

道光二十九年十二月初八日（1850年1月20日），正是腊八这天，孝和皇后生了病。最初病很轻，道光帝认为这些小病经过治疗，过几天就会好，没往心里去。没想到三天后，腊月十一日，孝和皇后就去世了，终年74岁，谥为孝和睿皇后，咸丰三年（1853年）二月二十六日葬入昌西陵。

孝和皇后的一生正是清王朝由盛转衰的时期。她生于乾隆盛世，她参加过孝淑皇后的丧礼，经历过太上皇帝的训政，参加过太上皇帝的大丧，受到过神武门皇帝被刺消息的惊吓，饱尝过夫君殡天给她带来的巨大痛苦。在她当皇后期间，还听到过白莲教教民起义军的呐喊声，感受过天主教徒攻打皇宫激烈枪声的刺激，亲历了外国列强打开天朝大门，烧杀抢掠，强迫天朝割地赔款的耻辱。她是清朝由盛到衰的见证人。

孝和皇后有着非凡的经历，更有许多令人难以理解的奇怪之事。

秘密参加庄妃的丧礼

十几年前，笔者在中国第一历史档案馆所藏的《内务府来文》档案中发现了孝和皇后的一次秘密之行，这次行动是任何官书都没有记载的。她究竟干了什么？原来她秘密去西陵参加了庄妃的葬礼。

有人可能会认为孝和皇后的这次秘密之行是一次私人行为，其实不然，这次秘密行动从起程、路程安排、回京日期等，都是嘉庆帝提前50天就精心安排好的。根据嘉庆帝的安排，孝和皇后于闰三月十四日从圆明园出发，当天住黄新庄行宫，十五日住半壁店行宫，十六日住秋澜行宫，十七日到达西陵，住梁各庄行宫。十八日恭谒泰陵、泰东陵、孝淑皇后陵即后来的昌陵，然后到妃园寝大殿庄妃金棺前赐奠。第二天，孝和皇后亲自到妃园寝参加了庄妃的葬礼。二十日孝和皇后再到孝淑皇后陵行展谒礼后，又到妃园寝，与刚刚入葬的庄妃辞别，二十一日由梁各庄起程回京，二十四日还圆明园。

皇后谒陵，并不奇怪，奇怪的是这次皇后谒陵不是随皇帝同去，而是自己单独而行；不是展谒皇帝陵和皇后陵时顺便去妃园寝参加庄妃葬礼，而是专门参加一个妃子的葬礼，这在有清一代是空前绝后的。总之孝和皇后的这次西陵之行实在奇怪得很。

大胆指定皇位继承人

嘉庆二十五年（1820年）七月二十五日夜，刚到避暑山庄第二天，嘉庆帝突然驾崩，

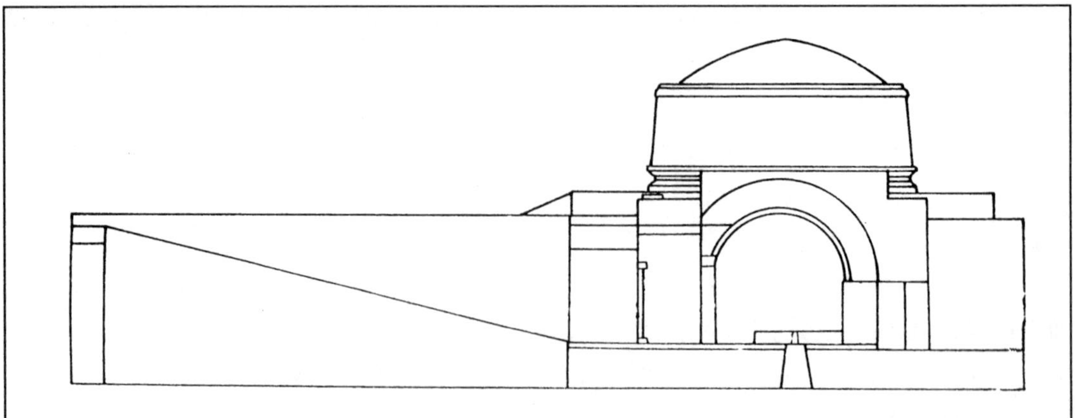

昌西陵地宫剖面示意图（王其亨绘）

当时最紧迫的事情就是由谁来继承皇位，由谁来当皇上，最有效最合法的方法就是尽快找到嘉庆帝生前写的立储密旨。

秘密立储是雍正帝创建的。雍正帝吸取了康熙帝公开立储的弊病，改为秘密立储。具体方法是将密旨放在匣内锁好，放到乾清宫内的正大光明匾后面，同时再写一份同样内容的密旨，放在一个小匣内，随身携带。这样做有两个好处，一是，一旦老皇帝死在外地，可以随时公布密旨内容，新君能很快即位。二是可以防止密旨被篡改，可谓虑事周详。七月二十五日深夜嘉庆帝驾崩后，随驾的大学士戴均元、托津、内务府大臣禧恩等马上在嘉庆帝的寝宫翻箱倒柜寻找密旨匣，翻了一天一夜，也未找到，这可急坏了众大臣。国不可一日无君，没办法，只得派吉伦泰以600里的速度，昼夜兼程，赶回京师。名义上是给孝和皇后请安，实际上是到北京寻找立储密旨，未想到在北京也未找到。就在这关键时刻，孝和皇后挺身而出，当机立断，颁发懿旨，命皇二子旻宁继承皇位。孝和皇后生有两个皇子即皇三子绵恺和皇四子绵忻，孝和皇后认为她的这两个儿子都不是当皇帝的材料。她不以个人的私利为重，而以国家为重，毅然选定了不是自己亲生的皇二子旻宁。七月二十九日避暑山庄的旻宁就接到了孝和皇后的懿旨，而这时避暑山庄方面也从嘉庆帝的一个贴身近侍身上找到了那个藏有立储密旨的小金盒。盒上着锁，无钥匙，托津用手拧开锁，拿出了御书密旨。这个密旨是在嘉庆四年四月初十日卯初立的，所立的人正是皇二子旻宁。孝和皇后指定的皇位继承人与密旨所立的皇位继承人完全一致。

昌西陵后院孝和皇后宝顶

清朝一向严格执行后妃不许干预朝政的政策，像决定皇位继承人这样重大的国家大事尤其不能让后妃出面参与，这些难道孝和皇后不知道吗？她作为中宫皇后岂能不知，但为什么孝和皇后还这样做呢，难道她就不怕背上后妃干政的罪名吗？再者，她是否想过，一旦找到立储密旨，密旨所立的储君与她指定的皇位继承人不一致怎么办？如果在她指定的皇位继承人继位之前找了密旨，还好办，可以以密旨为准，按密旨办。一旦她所指定的皇位继承人即位后，才找到密旨，与密旨上的皇位继承人不是一个人，如何收场？这些难道孝和皇后就没考虑到吗，那为什么她还要这样做呢？一百多年来一直是个谜。

死后停灵昌陵隆恩殿

在清朝，皇帝、皇后或妃嫔死了，因陵寝没有建成，停灵待葬的情况很多。在停灵期

间，或停灵于京师的殡宫，或停灵于陵寝附近的行宫，待陵寝建成后，将棺椁从停灵处奉移陵寝，葬入地宫。可是孝和皇后死后，既没有停灵京师的殡宫，也没有停灵于西陵的梁各庄行宫，而是停灵在了嘉庆帝的昌陵隆恩殿内。从道光三十年（1850年）三月到咸丰三年（1853年）二月，停灵整整三年，她的棺椁是从昌陵隆恩殿直接奉移到昌西陵葬入地宫的。

她的棺椁为什么不在京师殡宫或陵区行宫停灵，为什么不在西陵附近的永福寺停灵，偏偏要停昌陵隆恩殿？停灵昌陵，却未葬昌陵，而葬在了昌西陵，这在清朝是唯一的一例。

生日、享年与慈禧的一样

孝和皇后的生日是十月初十日，慈禧的生日也是十月初十日；孝和皇后享年74岁，慈禧死时也是74岁。两人生日和享年如此的一样，两人还都是大清国的皇太后，这种巧合在清朝还没有第二例。

昌西陵鸟瞰（王其亨摄）

第三节　规制缩减的昌陵妃园寝

营建昌陵的同时也营建了昌陵妃园寝，地点在昌陵的西南1公里的地方。那里地势平坦，背靠起伏的山峦，前临一条小河，坐北朝南。这座妃园寝是由当时的昌陵工程处监督达琳和万升承修的，园寝内共葬了嘉庆帝的17个妃嫔。

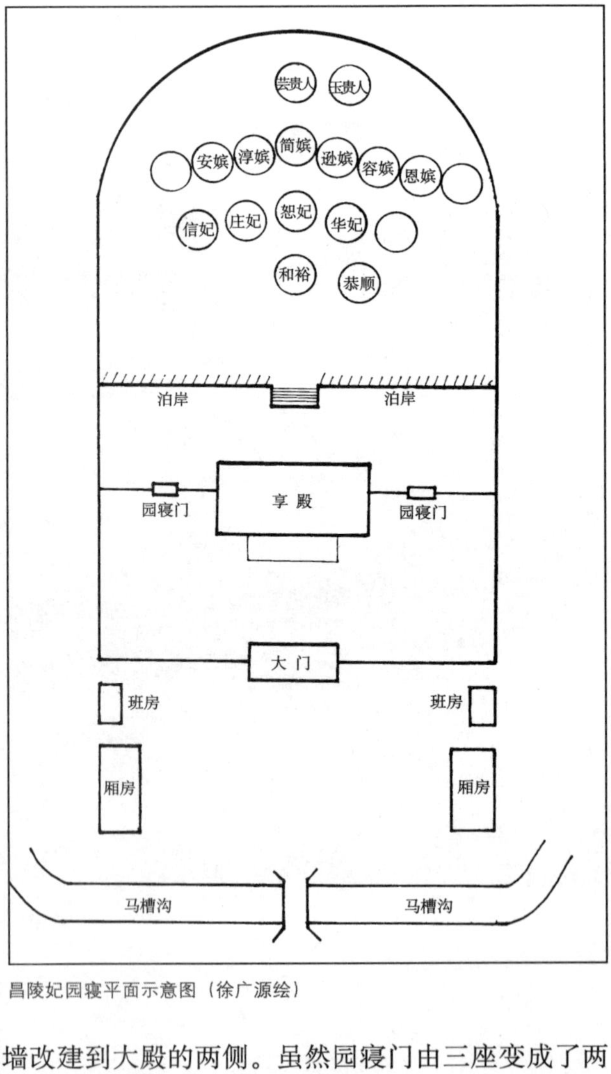

昌陵妃园寝平面示意图（徐广源绘）

一、园寝之简

昌陵妃园寝是清朝10座妃园寝中最简陋的，请看以下几点就知道了。

园寝门是随墙角门

按标准妃园寝规制，在大殿后建园寝门三座，中门较大，有门楼，门前有月台和踏跺。两侧门没门楼，也没有月台，只有踏跺，这种门叫随墙门。这三座园寝门用面阔红墙连接起来，作为“后寝”部分的门户，关内八座妃园寝中有六座都是这样。裕陵妃园寝原来也是这样，后来因为要在后院的最前面增建一座方城明楼，需要展拓地面才不得不拆除了三座园寝门及两侧的面阔墙，将园寝门和面阔墙改建到大殿的两侧。虽然园寝门由三座变成了两座，但这两座都带有门楼和月台、踏跺，而昌陵妃园寝的园寝门的设置虽然与裕陵妃园寝的位置一样，但这两座园寝门都是随墙门，都不带门楼，而且连踏跺都没有，规制较低。

厢房面阔三间

宫门外的东侧的茶膳房和西侧的饽饽房，是内务府员役制做祭品的场所，皇帝陵和皇后陵的称之为“东西朝房”，而妃园寝的则称为“东西厢房”，这是为了显示尊卑等级。标准妃园寝的东西厢房都是面阔5间，而昌陵妃园寝的东西厢房却是面阔3间，明显低于标准妃园寝。

一孔拱桥旁无平桥

清朝陵制，标准妃园寝最前面的马槽沟上正中建一孔拱桥一座，因为这座拱桥属于神路桥，是纯礼制性建筑，一般的人是不能走的，即使是贵为天子的皇帝也不能走。所以在这座拱桥东旁又建平桥一座，这是十分合情合理的。可是昌陵妃园寝却只建一孔拱桥，没建平桥。这是为什么？难道那些在陵上当差的官员、匠役、兵丁都走一孔拱桥吗？这很可能与泰陵妃园寝未建平桥有关。因为在营建陵寝方面，往往效仿前朝的做法。裕陵妃园寝虽然在这座妃园寝之前，却远在清东陵，而作为清西陵第一座妃园寝的泰陵妃园寝就近在咫尺，所以就效仿了泰陵妃园寝。不仅这一点是这样，笔者认为这座妃园寝的厢房为面阔3间也很可能是受泰陵妃园寝影响。

昌陵妃园寝一孔拱桥

昌陵妃园寝宫门南面

昌陵妃园寝东厢房

昌陵妃园寝东园寝门

园寝前院不是全部用砖铺墁

清朝妃园寝，从乾隆帝的裕陵妃园寝开始，前院地面全部用砖铺墁，而昌陵妃园寝的前院只铺墁了大殿前至宫门这部分地面，其他地面为土地。这与裕陵妃园寝及以后各妃园寝规制明显降低。

二、园寝之谜

庄妃的真实身份

在清朝妃子的葬礼中还从来未听说过身为国母的中宫皇后亲自参加妃子葬礼的。葬在这座园寝的庄妃在入葬地宫时，当时的中宫皇后竟然专程从北京赶到300多里外的昌陵妃园寝参加了她的葬礼。

一提起庄妃来，人们自然都会想起清太宗皇太极的永福宫庄妃来，永福宫庄妃就是大名鼎鼎的孝庄皇后。不过嘉庆帝的后妃中也有一个庄妃。嘉庆帝的这个庄妃比起皇太极的庄妃来，可逊色得多了。如果不是搞清朝后妃研究的人，恐怕很少有人知道嘉庆帝这个庄妃。

这位庄妃是王佳氏，父亲伊里布是举人，嘉庆帝即位的当年她已是春常在了。嘉庆三年（1798年）被封为春贵人，又过了三年晋封为吉嫔，嘉庆十三年（1808年）又晋封为庄妃，嘉庆十六年（1811）二月十五日去世。庄妃病逝后，经钦天监选择吉期，定于嘉庆十六年（1811年）闰三月十九日葬入昌陵妃园寝地宫。

嘉庆帝为什么要派皇后专程赴西陵去参加庄妃的葬礼呢？

是因为对庄妃特别宠爱吗?那是不可能的。如果真的如此，为什么在庄妃生前不晋封她为贵妃、皇贵妃呢?在她以前，受皇帝宠爱的妃子很多，从来未有派皇后亲自参加葬礼的先例。

是皇后与庄妃有一种非同一般的关系吗?无论官书、清宫档案乃至私人笔记中，均无这方面的任何记载。假设真的皇后与庄妃有着一种特殊的关系，一向循规蹈矩的嘉庆帝也不会容忍皇后有这种超越常礼的破例行动，更何况上文已经提到，皇后的这次行动是嘉庆帝亲自安排的。

庄妃到底是什么身份，至今还是一个谜。

有三个墓主人不知是谁

记载清朝后妃的书中，以唐邦治先生著的《清皇室四谱》记载的后妃数最多。嘉庆帝的后妃，该书记载了15位，其中孝淑皇后葬在昌陵地宫，孝和皇后葬于昌西陵，其余13位葬入妃园寝。而昌陵妃园寝实际上却葬有17位妃嫔，这说明这妃园寝中有四位妃嫔在《清皇室四谱》中未记载。笔者在中国第一历史档案馆所藏的清宫档案中，找出了一般史书中均未有记载的玉贵人，虽然关于玉贵人的史料还不多，但毕竟在这方面的研究有了进展。所以在昌陵妃园寝中的17位妃嫔中我们至今只知道14位是谁，那3位墓主人是谁还是一个谜。

三、园寝之奇

这座园寝别看规制不高，新奇之事却不少。

大殿后设石礓礤

这座园寝的大殿后面是一个高一米多的泊岸，泊岸上边沿砌一道宇墙。宇墙正中留有一个豁口，豁口前是一道石礓礤。在清朝妃园寝中，这种形式的设计还真没有第二例，实在新奇。为什么这样设计呢？如果与园寝门建在隆恩殿两侧的设计联系起来考虑就好解释了，这很可能受地势限制。这道泊岸距大殿只有八米远，如果将园寝门建在这道泊岸上，前面要成砌月台、踏跺就没地方了，所以才将园寝门建在隆恩殿的两侧，将泊岸做了上面的设计。当然这只是笔者的分析，是否这样，还有待进一步考证。

昌陵妃园寝隆恩殿后石礓礤

奇特的水沟漏孔盖

登上这道泊岸，向北就是一片平坦的开阔地，17座宝顶就建在这片开阔地上。这片开阔地上没有玉带河，雨水怎么排到园寝之外？这片开阔地北高南低，雨水自然都向南流，但泊岸南沿上有宇墙挡着，水流不过去，于是园寝的设计人员就在距宇墙不远的地方设计了四个水沟漏孔。漏孔下是通向泊岸外的平向水沟，这样雨水从漏孔垂直流下后就可以排出了。为了防止地面的杂物掩盖住漏孔，专门用青石雕刻了形似古代将军头盔状的荷叶作为漏孔盖。清朝皇陵，无论帝后陵，还是妃园寝都在后院设计了排水的漏孔，都有漏孔盖，但这种形式的漏孔盖还是唯一的。

盖着盖的漏孔

昌陵妃园寝漏孔

两次工程事故

昌陵妃园寝共建有17座地宫。在陆续营建这些地宫的过程中，曾发生过两次因工程失误造成工匠伤亡的事故。

一次是在嘉庆十七年(1812年)的三月，在园寝内添修石券工程中，在筑打地宫内地面灰土时，由于打夯震动力过大，造成坍帮，有六个工人因被砸埋而毙命。西陵泰宁镇总兵官穆克登额捐资，将这六人的尸体掩埋了。此事上奏朝廷，嘉庆帝令穆克登额等人“详细熟商，当如何修造方可无虞坍溜或竟当另为择地之处悉心筹画，奏明办理”，并对具体承修这项工程的监督等交部议处。

另一次是道光四年（1824年）九月，也是添建一座石券工程。这次虽然吸取了上次伤人的教训，在地宫及隧道的槽帮处都砌筑了砖墙，以阻沙土坍倒，还是未能抗住筑打夯土的剧烈震动，又造成隧道两侧槽帮坍倒，砸伤多人，承办官员受到了惩处。

这两次事故都是因土内含有砂石，土质松散而造成的，这表明昌陵妃园寝这块地方的土质不好，不是一块十分理想的佳壤，这不由使我们联想到昌西陵最初选择在这座妃园寝迤南，就因土内多砂石、泉水而被迫放弃，另择他处之事。

昌陵妃园寝大殿后泊岸

第九章 慕陵

慕陵是道光帝的陵寝，位于清西陵境内的龙泉峪。始建于道光十一年（1831年）十一月初八日酉时，完工于道光十五年（1835年）八月，用银243.43万两。与道光帝合葬的有孝穆皇后、孝慎皇后和孝全皇后。

最初道光帝的陵建在了东陵的宝华峪，因地宫出现渗水，道光帝以此为借口，废弃了宝华峪陵寝，改迁到西陵，从此打乱了乾隆帝制定的“昭穆相建”的顺序。慕陵经过道光帝的改革，规制最为特殊。

慕东陵是由妃园寝改建的，内葬孝静皇后和16位妃嫔。

第一节　规制奇特的慕陵

宣宗道光皇帝朝服像

如果按照乾隆帝制定的“昭穆相建”的方法，大清皇陵的龙脉本可以很有规律地东西“移动”。可是这一规律却被恪守祖制、敬天法祖的“楷模”道光帝勇敢地打乱了，从此以后，再没有“昭穆相建”这一说了，大清皇陵龙脉的位置只有随着大清皇帝的个人意愿而变动了。

慕陵是道光帝的陵寝，位于龙泉峪，是清西陵境内最西面的陵寝。慕陵的营建，耗费了道光帝的大量精力，经历了其他陵寝都没有的曲折，营建时间之长竟占了他在位时间的一半。

一、慕陵之最

建陵史最曲折

道光帝最初想在北京西南的王佐村建陵，后来改在东陵的宝华峪，最后以地宫渗水为

慕陵鸟瞰

理由，又搬迁到西陵的龙泉峪，反覆多次变动，为清陵之最。

工期最长

东陵宝华峪的陵寝始建于道光元年（1821年），道光七年（1827年）建成。宝华峪地宫出现渗水之后，又继续选址，于道光十一年（1831年）始建西陵龙泉峪，到道光十五年（1835年）完工。两次建陵前后用了15年，用时最长。

花钱最多

建宝华峪陵寝用了多少银子现在尚不得而知，估计不会少于300万两，而西陵龙泉峪陵用了243万多两，两项合计有500多万两，在清陵中用银是最多的。

规制最特殊

后面有专题讲解。

二、道光帝破坏了昭穆相建的祖制

嫡妻比祖制重要

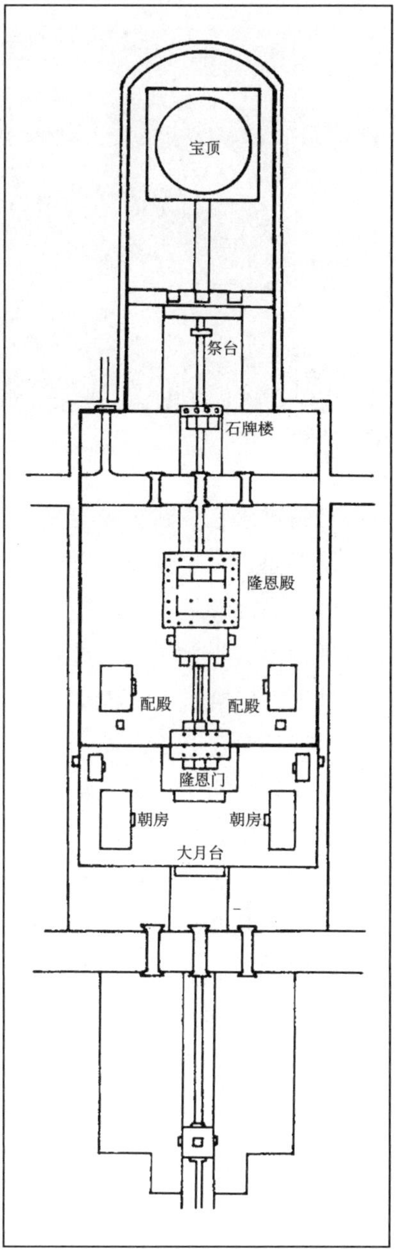

慕陵平面示意图

道光帝即位以后，马上就着手操持自己的百年后事，营建自己的陵寝。他决定将自己的陵寝建在北京西南（现在丰台区）的王佐村。道光帝为什么不想在东陵，也不想在西陵，偏偏选中了王佐村呢？原来王佐村安葬着自己的结发之妻钮祜禄氏（后来的孝穆皇后），钮祜禄氏早在嘉庆十三年（1808年）就病故了，葬在了京城西南郊的王佐村。道光帝想在百年之后与自己的嫡妻永远相伴在一起。他即位以后，命文渊阁大学士戴均元、户部尚书英和带领风水官员到王佐村相度，办理万年吉地的事。未想到在王佐村建陵寝并不像自己所想象的那样容易。在那里建皇帝陵，不仅风水不适合，而且在施工上有诸多的困难。大臣们建议遵照乾隆帝制定的“昭穆相建”的祖制，改在遵化东陵界内相度吉地，营建陵寝。道光帝面对大臣们合情合理的建议，自觉理亏，只得放弃王佐村，在东陵界内相度吉地，这才避免了清王朝在关内出现第三处皇家陵园的局面。由此看来在道光帝的心目中，嫡妻比祖制重要。

宝华峪陵寝宝顶遗址

父母比祖制重要

道光帝刚刚即位，还不好意思落一个不遵祖制的罪名，也不好意思与前朝的老臣公开对着干，所以被迫遵从“昭穆相建”的祖制，放弃了在王佐村建陵的想法，改在东陵界内选择自己的万年吉地。道光元年(1821年)四月，道光帝派文渊阁大学士戴均元、工部尚书穆克登额、工部左侍郎阿克当阿为相度大臣，带领风水官员到东陵相度万年吉地，只用了一个月的时间就找到了一处佳壤。这个地方叫绕斗峪，位于景陵皇贵妃园寝以东的一个山坡上，在东陵界内的最东端。道光帝看了相度大臣们的奏折、图纸和风水说帖以后，有些不放心，于是又派礼部右侍郎吴烜、工部左侍郎穆彰阿带领风水人员到绕斗峪覆勘。他们从东陵回来后，向道光帝回奏说绕斗峪确是一处上吉佳壤，可以建陵。道光元年(1821年)九月初二日，道光帝正式将绕斗峪确定为万年吉地，任命庄亲王绵课、文渊阁大学士戴均元、户部尚书英和、工部左侍郎阿克当阿为承修大臣，择吉于道光元年十月十八日卯时开工，开工后的第二年将绕斗峪这个不雅的名字改名为宝华峪。工程历经6个寒暑，到道光七年(1827年)秋全工告竣，同年九月二十二日将从王佐村迁来的孝穆皇后棺椁葬入了宝华峪陵寝地宫。未想到第二年地宫里就出现了渗水，于是道光帝以地宫渗水为理由，将宝华峪陵寝废掉，派大臣到包括西陵在内的京畿各地重新相度万年吉地。地方找了不少，其中有许多上吉佳壤，风水宝地，但都未能引起道光帝的兴趣，惟独对西陵境内的龙泉峪颇为满意。道光帝为什么单单相中了龙泉峪呢？他的一首诗及这首诗的注释泄露了天机。原来龙泉峪靠近他父母的昌陵，这样将来他在九泉之下可以长倚父母的膝下。道光帝还表示这是他一生的夙愿，他为了实现这一夙愿，“昭穆相建”的祖制也不顾了，毅然决定拆毁了宝华峪陵寝，在西陵的龙泉峪再建自己的陵寝，并将孝穆皇后迁到西陵龙泉峪陵寝。由此看来，父母比祖制还重要。

从此以后，“昭穆相建”的制度被彻底破坏。可叹乾隆帝苦心想出来的建陵妙策只实行了一代，就被他的孙子道光帝轻易打破了。

妾比儿女重要

在道光帝的心目中，妾比儿女重要。为什么这样说呢？这是有根据的。

在营建东陵宝华峪陵寝时，同时也营建了妃园寝和公主园寝。妃园寝位于宝华峪的西旁，在道光七年孝穆皇后入葬宝华峪陵寝时，也将平贵人葬入了妃园寝，让妻妾陪伴身旁。公主园寝位于东陵陵园以外的许家峪，内葬道光帝的皇长女、皇二女、皇二子和皇三子，让儿女长倚膝下。

在道光帝将东陵的宝华峪陵寝拆除，搬迁到西陵的龙泉峪重建的同时，也将妃园寝拆除，一同搬到了西陵重建。在奉移孝穆皇后到西陵时，同时将原葬在宝华峪妃园寝的平贵人也一起迁葬到西陵重建的妃园寝。可是道光帝却未将公主园寝搬到西陵，把他的两儿两女留在了东陵。这足以表明，妾在道光帝的心中远比儿女重要。

三、道光帝搞乱了陵制

别看道光帝对治国安邦不怎么在行，但对改变传统祖陵规制却有两下子，他的一生中，把许多的精力和时间都用在了营建自己的陵寝上。他先后三次改革陵制，将祖宗制定的传统陵制搞得不伦不类，造成了混乱。

道光帝也有建陵的指导思想

我们还记得吧，嘉庆帝在营建昌陵时曾有一个指导思想，就是“外式照泰陵，内式照裕陵”。道光帝可能受他父亲的影响，建陵也有一个指导思想，就是“总以地臻全美为重，不在宫殿壮丽以侈观瞻”。这是什么意思呢？就是选址建陵时，以风水为主，建筑为次。他追求的是好风水，不追求建筑的壮丽。但在实际中，他的这个指导思想并没有发挥多大作用。

第一次改革

道光帝第一次对陵制的改革是在营建东陵宝华峪陵寝时。他做了如下几方面的改革：

1.地宫内不雕刻经文、佛像。乾隆帝的裕陵和嘉庆帝的昌陵，地宫内都雕刻了四大天王、五方佛、三十五佛、八宝及数以万计的梵文和藏文佛经和咒语，石门上雕刻了八大菩萨。这次营建宝华峪陵寝时，除石门上仍雕刻八大菩萨外，其余佛像、经文一律取消。

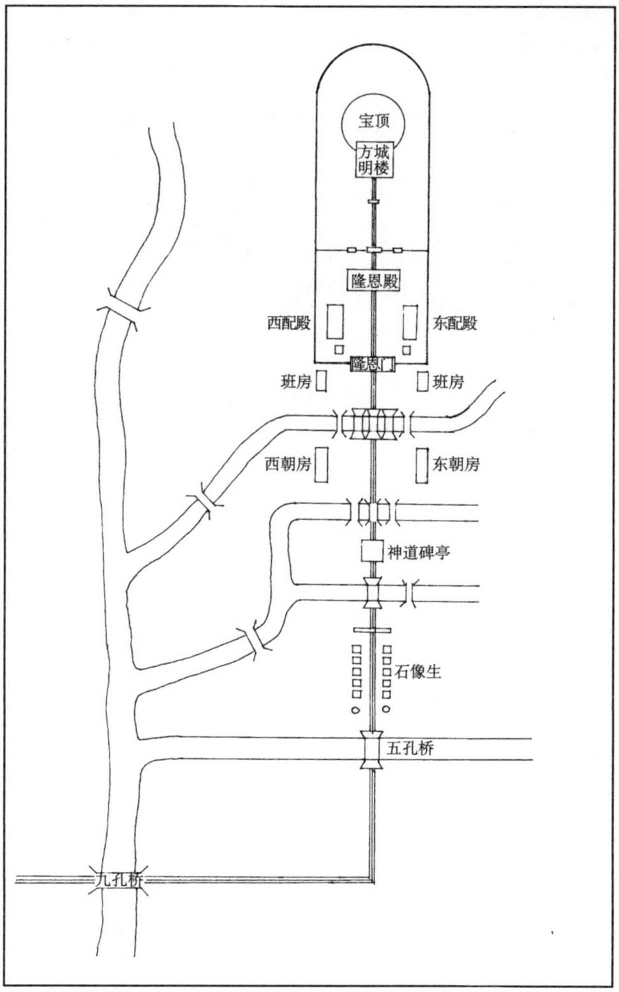

宝华峪陵寝推想平面示意图（徐广源绘）

慕陵隆恩殿是单檐歇山顶带回廊的

慕陵的配殿改为三间

宝华峪陵寝三孔桥如今已成大水坑

2.地宫顶部由琉璃头停改为蓑衣顶。从顺治帝的孝陵到嘉庆帝的昌陵，地宫的顶部都像宫殿的顶部一样，覆以琉璃瓦料。这次营建宝华峪陵寝，地宫顶部不再用琉璃瓦覆盖，而改用砖砌的逐步收缩的蓑衣顶。

3.取消二柱门。二柱门位于陵寝门北、石五供南的神道上，由二根石柱和一楼组成，没有实用价值，是纯礼制性建筑，是由明陵传下来的。道光朝以前的清朝七座皇帝陵都建了二柱门。这次营建宝华峪陵寝，取消了二柱门。

4.井台上不建井亭。

5.隆恩殿举架降低。

6.石像生体量收小。后来建咸丰帝的定陵石像生时用了部分宝华峪石像生的旧件。其中的一件石狮、两件武士就是宝华峪石像生的旧件，观其体量，确实是明显小于其他陵。

7.门窗隔扇上的铜饰件不再镀金，直接用素面黄铜。

从以上七项改革来看，宝华峪陵寝还基本上保留了祖陵的规制。这次改革都是为了节约，没有可指责的地方。面对日益衰败的国家形势，缩减陵寝规模，降低陵寝规格，还是必要的。

第二次改革

第二次是对慕陵规制的改革。这次改革主要在以下几方面：

1.裁撤了方城、明楼和带有雉堞和马道的宝城。其宝顶建在方形的月台上，紧贴宝顶周围外皮成砌了一道围墙，称之为“宝城”。

2.将地宫由传统的九券四门改为四券二门，在四扇石门上分别刻菩萨像一尊。仍取消地宫内的经文、佛像的雕刻，地宫顶部仍采用蓑衣顶形式。

3.地宫下设置了龙须沟。在营建慕陵时，吸取了宝华峪陵寝未设龙须沟的惨痛教训后才设置龙须沟的，这是清陵营建史上的一个重大进步。

4.裁撤二柱门。

5.将传统的三座门形式的陵寝门改为四柱三间的石牌坊，将陵名镌刻在石牌坊上。（见238页图）

慕陵五孔桥

6.清朝入关后的前五陵中，景、泰、昌三陵的陵寝门前无玉带河，孝、裕二陵陵寝门前有玉带河。孝陵的这道玉带河上设三座平桥，裕陵的这道玉带河上设三座一孔拱桥，而慕陵的陵寝门前的玉带河上，正中设一座带石栏杆的三孔平桥，两侧各设一座不带栏板的三孔平桥。

7.孝、景、泰、裕、昌五陵的隆恩殿都是重檐歇山顶，面阔5间，周围环以青白石栏杆，隆恩殿前的月台上设铜鹤、铜鹿各一对，梁枋上施以金琢墨旋子大点金彩画，天花板上彩绘金莲水草图案，柱子除中间的四根钻金柱上饰以缠枝莲和八宝图案外，其余均为红油漆饰。从乾隆帝的裕陵开始，隆恩殿的东暖阁内建佛楼，而在龙泉峪营建的慕陵，完全改变了前五陵隆恩殿的传统规制。慕陵隆恩殿为单檐歇山顶，面阔3间带回廊，取消了隆恩殿周围的石栏杆，月台上不设铜鹤、铜鹿，改设石制的日晷和石幢，石幢上镌刻着道光帝关于营建他的陵寝的两首御制诗。整座隆恩殿内外，无论梁枋还是柱子一律不施彩画，外露楠木本色。每块天花板上和隔扇裙板、雀替上都雕刻了立体的云龙，隆恩殿内不设佛楼。

8.东西配殿由传统的面阔5间改为面阔3间。内外檐装修同隆恩殿。

9.前五陵的传统做法，隆恩殿、东西配殿的山檐墙及陵院围墙，上身糙砖灰砌，抹饰红灰，提刷红浆，下碱澄浆砖干摆，而龙泉峪的慕陵上述墙体及隆恩门扇面墙全部用澄浆砖干摆到顶。

10.前五陵的隆恩门前的马槽沟上设三路三孔拱桥，而慕陵则改为中桥为三孔拱桥，两侧为五孔平桥。

11.前五陵均设置了石像生，而慕陵则裁撤了石像生。

12.前五陵中的非主陵的神道均与主陵神道相接，而龙泉峪慕陵则不与西陵的首陵泰陵神道相接。

慕陵围墙是澄浆砖干摆的

慕陵隆恩殿雀替上雕刻的云龙

13.陵寝门以后的后院面阔变窄。

14.前五陵的石五供的香炉、花瓶、烛台均雕刻兽面纹，而慕陵的石五供上则雕刻流云。

很显然，第二次对陵制的改变比第一次大多了，而且有的改变不是出于节俭，反而奢华。这次改制将传统的陵制改得面目全非，不伦不类。

第三次改革

慕陵隆恩殿天花板上的雕龙

道光帝崩于道光三十年（1850年）正月十四日。他在临终时，对陵寝制度进行了第三次改革。

1.不立圣德神功碑，不建圣德神功碑亭和华表。

2.嗣帝可将追忆、缅怀先帝的文章镌刻在神道碑的碑阴上。

第三次改革的内容虽然不多，但对后世影响很大，从此圣德神功碑亭遂成绝响。

道光帝的私心

从顺治帝的孝陵到嘉庆帝的昌陵，基本上都是一个模式，道光帝为什么对沿用了150多年的祖陵制度做如此大刀阔斧的改变呢？

按道光帝自己的说法是他非常仰慕东北盛京三陵的模式和风格。他认为这些陵朴实俭约，是后代子孙应该效仿的，他的慕陵是效法盛京三陵建的，之所以对陵制如此改革是为了永守纯朴家风。

道光帝说得很好听，实际真的是这样吗？慕陵比东北三陵增加了石牌坊式的陵寝门，隆恩殿和东西配殿的天花板上雕刻了立体云龙，隆恩殿用的都是名贵的金丝楠木，所有墙体都是澄浆砖干摆……这一切又怎样解释？

实际上道光帝是有他的私心的。如果说道光帝第一次对陵寝制度的改变还是为了保持满族的纯朴家风，是出于节俭的话，那么到了第二次改变陵寝制度时，道光帝的用心则更多地转到了个人的私心上了，他的一首御制诗泄露了这个天机。这首诗的其中一句是这样说的："岂敢上沿诸制度，或能后有一规模"。这就是说他所以改革陵制，目的是想使他创立的新陵制成为后世子孙效仿的模式。

也不能对道光帝陵制的改革进行全盘否定，也确有值得称道的地方，比如设龙须沟、地宫取消经文佛像雕刻、地宫顶部采用蓑衣顶、取消二柱门、不建圣德神功碑亭等做法都是必要的，有其一定的意义，所以被后世所采纳。但他所创立的新陵制并没有被后世完全继承下来。

道光帝对不建方城明楼后悔了

道光帝在临终时留下了这样一道谕旨："朕万年后，著于明楼碑上镌刻大清某某皇帝清汉之文，碑阴即可镌刻陵名。"清朝陵制，明楼内立朱砂碑，碑上用满蒙汉三种文字镌刻"某某皇帝之陵"字样，明楼的斗匾上题写陵名。道光帝明知自己的陵未建明楼，没有朱砂碑，为什么还要留下这样的谕旨呢？这只能表明他对自己的陵未建方城、明楼后悔了，他是在暗示自己的儿子在他死后要为他的陵寝补建方城、明楼。咸丰帝看出了他皇父的用心，即位后立即派大臣调查各陵的方城、明楼的情况，拟出了添建慕陵方城明楼的施工方案——《现拟慕陵宝城一座等节略》。这件档案现珍藏在中国国家图书馆。但后来慕陵还是没有添建方城、明楼。可能是因为当时国家财政困难，再加上所设计的方城明楼体量小于其他陵，添建后既显得卑于其他陵，又与慕陵总体格局不相协调，显得不伦不类，所以未补建。

四、内葬人轶事

道光帝预定随葬品

前面已经讲过，雍正八年，雍正帝因为得了一场大病，认为必死无疑，不得不准备后事，提前准备了棺内的随葬品，未想到道光帝也有同样的经历。早在道光十二年（1832年）九月，道光帝就确定了自己死后身上的穿戴和棺内的随葬物品。这件事无论在官书上还是私人笔记上都没有记载，是笔者从清宫档案中发现的。他在谕旨中规定，他身上的穿戴及随葬品如下：

天鹅绒绣佛字台冠一顶
石青缎绣八吉祥西番九如莲三宝当头黄缎绣九龙被一床
绣黄缎万字如意边五彩九龙虞书十二章大褥一床
绣黄缎万字如意边西番莲八吉祥中心如意大褥一床
绣黄缎万字如意边五彩九团龙红蝠流云大褥一床
石青缎绣八吉祥边黄缎绣蓝喇嘛字心龙凤呈祥顶枕头一个
黄绎丝棉金龙袍一件
月白春绸白纺丝里棉裤1件
雕珊瑚寿字朝珠一盘
月白春绸面白纺丝里棉套裤一双
青缎凉里尖靴一双
黄绎丝棉金龙袍一件
绣石青江绸二色金棉金龙褂一件
石青江绸长褂一件
月白春绸面夹袄二件
雕桃核朝珠一盘
带钩一个
月白春绸面白纺丝大棉袄二件
月白春绸裤腰带一根
金镶正珠红宝石绿牙玹四块带瓦一副
白纺丝里面棉袜一双
天鹅绒冠一顶
杏黄绎丝夹金龙袍一件
江山万代蓝江绸棉长襟袍一件
江山万代酱色江绸棉长襟袍一件
绿玉朝珠一盘
黄线软带一条
青白汉玉带钩一个

又过了18年道光帝才死，在这18年中上述规定有没有变化，在他死后是不是真的按他所定的这些物品随葬，这些已无从知晓。

道光帝亲阅吉地赐佳名

慕陵的陵寝门是一座四柱三间的石牌坊

道光帝的最初本意是将陵寝建在京西南的王佐村，由于大臣们的劝阻，才改在东陵的宝华峪，其实内心是极不情愿的，对宝华峪这个地方也是不遂心的，可是没有办法，因为有“昭穆相建”的祖制在管着呢。后来相度大臣相中了西陵境内的一块地方，建议将万年吉地定在那里。这回道光帝可不像上回选东陵宝华峪那样轻信大臣的话了，这次他决定亲自到实地看一看。道光十一年（1831年）二月十八日道光帝启銮展谒西陵。在二月二十二日，他在昌陵举行完敷土礼后，在相度大臣的带领下，到所选的吉地亲自阅视了一番，看后感到非常满意，当天就决定将那个地方确定为万年吉地。大臣们为这块万年吉地拟出了“龙泉峪”、“麟祥岫”、“兴安峪”、“毓芝岩”四个佳名供皇帝选用，道光帝当即决定选用“龙泉峪”，从此就称“龙泉峪万年吉地”。将万年吉地赐以佳名是道光帝的首创，早在道光元年在东陵选定绕斗峪为万年吉地时，在第二年道光帝就将这个不文雅的名字改成了“宝华峪”。名字改得很好听、很吉祥，可是地宫该渗水还渗水，与名字好听不好听一点关系也没有。

道光帝暗中为自己的陵命名

清朝的陵寝制度规定，每一座陵的陵名要在墓主人死后，由新即位的皇帝命名，也就是说皇帝生前是不知道自己的陵叫什么名的。这一制度，当皇帝的最清楚，当然道光帝也清楚，可是他非常仰慕关外的盛京三陵，而且自己的陵在某些地方也确实摹仿了盛京三陵的风格，所以他很希望自己的陵叫慕陵。可是碍于制度，自己又不好开口公开告诉自己的子孙，怎么办？道光帝经过长时间的冥思苦想，终于想出了一条妙计，于是开始施行。

道光二十八年（1848年）三月，道光帝展谒西陵，开始按妙计行事。三月十二日在谒完泰陵、泰东陵、昌陵之后，来到了自己的龙泉峪陵寝。道光帝升坐龙泉峪大殿宝座，将18岁的皇四子奕詝（咸丰帝）和17岁的皇六子奕䜣召到御座旁，命他二人恭读他早已写好的一份朱谕：“敬瞻东北，永慕无穷。云山密迩，呜呼！其慕与慕也！”读罢，命将朱谕珍藏在隆恩殿的东暖阁内。此事过后不到两年，道光帝就撒手西归了。新登上皇帝宝座的咸丰帝奕詝在道光帝死后第20天，命西陵泰宁镇总兵德春速将这道朱谕封送进京。咸丰帝反复恭读，“寻绎再三”，猛然醒悟，原来是皇父暗示将来要将他的陵命名为慕陵。道光三十年（1850年）二月初九日咸丰帝颁谕，正式命名龙泉峪陵寝为“慕陵”，将满、蒙、汉三种文字的“慕陵”字样镌刻在隆恩殿后面的石牌坊中门的南面，将那道朱谕刻在石牌坊中门的北面。幸亏咸丰帝没有忘记两年前藏在陵寝隆恩殿内的那道朱谕，又幸亏咸丰帝聪明颖慧，及时悟出了皇父的良苦用心。假如咸丰帝忘记了那道朱谕，或虽没有忘掉，但未悟出皇父的用意，或虽悟出来了，但陵名已经确定了，并已公之于世，甚至已刻在了石牌坊上面，那么，道光帝默定陵名的妙计就成了泡影，九泉之下的道光帝只得摇头叹气了。皇帝生前给自己的陵命名，在清朝还是独一份。

慕陵石牌坊上的陵名（南面）

慕陵石牌坊北侧道光帝遗谕

孝穆皇后托梦的传说

孝穆皇后是在道光七年（1827年）九月二十二日葬入宝华峪陵寝地宫的，没想到第二年地宫就出现了渗水。

道光帝远在京城的皇宫大内，他是怎样知道宝华峪地宫有渗水的呢？在民间有一个传说，大概情节是这样的：

处理了一天繁重政务的道光帝拖着疲倦的身子回到了养心殿寝宫，来不及脱掉龙袍，就倒在龙床上睡着了。他在朦胧中，只见自己的爱妻孝穆皇后在波涛汹涌的大水中一边拼命挣扎，一边大声呼喊救命，头在水面上一上一下，双手乱摇，眼看就要被水淹没，情况万分危急。道光帝急忙上前拉皇后的手，一把没拉住，自己仰身栽倒，不由得大叫一声救命，惊吓而醒，道光帝吓得浑身是汗，当他的惊魂定下来之后，猛然大叫一声："不好！这是孝穆皇后在托梦给我，向我报告宝华峪地宫出水了！"他当即派御前一等侍卫火速赶到东陵查看宝华峪地宫有没有水。很快道光帝就得到了报告：地宫内有大量渗水，把孝穆皇后的梓宫都泡起来了。道光帝听罢勃然大怒，狠狠地惩治了承修大臣。

孝穆皇后朝服像

很显然这是一个神话传说。可是这个传说流传得很久远，影响很大，许多人还颇为相信。

既然托梦的说法是神话，那么历史上真实的情况又是怎样呢？道光八年（1828年）九月，道光帝要到东陵谒陵，并到宝华峪陵寝祭奠孝穆皇后。按照惯例，各陵内务府人员要在皇帝到来之前将陵寝内外打扫干净，以迎接皇帝的到来。宝华峪内务府的人员在打扫地宫入口处时，发现木门外很潮湿，墙根下有水痕。内务府郎中立即将这一情况报告了东陵守护大臣，东陵守护大臣迅速将这一重要情况上奏给了皇帝。道光帝对这一情况极为重视，马上派一位宗室成员到宝华峪会同马兰镇总兵共同打开木门，到地宫内查看。结果发现地宫各券都有五六分深的积水，券顶和石门槛上都有水珠。道光帝最怕的就是地宫有水，越怕啥越有啥。道光帝听说地宫有水，又气又急。他利用谒陵之机，又亲自到宝华峪地宫查看了一次，他所看到的情况比听到的奏报还严重，极为震怒。他本想杀几个承修大臣，由于皇太后的劝说才未开杀戒。

用皇子福晋棺椁的皇后

皇家等级森严，什么人使用什么样的棺椁都有严格的规定，连名称都有不同的称呼。皇帝和皇后的棺椁用楠木，漆饰49次，称梓宫。皇贵妃、皇太子也用楠木，但漆饰35次，称金棺。贵妃、妃、嫔、贵人、皇子福晋皆用杉木，漆饰15次，称金棺，所用的杠夫，皇帝、后妃、福晋的也不一样。谁也不会想到，地宫内的清朝的一位皇后却用的是皇子福晋的棺椁，而且死后竟入葬过三次。这位皇后就是道光帝的结发之妻孝穆皇后。

嘉庆元年（1796年），道光帝刚15岁时，他的皇父嘉庆帝就为他娶了一个福晋，这个福晋就是后来的孝穆皇后。孝穆皇后钮祜禄氏，她的父亲布彦达赉曾任户部尚书。她可以说是大家闺秀，名门淑女。婚后小两口感情很好。嘉庆十三年（1808年），新年刚过，钮祜禄氏突然得了重病，卧床不起，到正月二十一日竟撒手人寰了，死时刚28岁。旻宁对爱妻的英年早逝十分悲痛，嘉庆帝也为贤惠的儿媳的早亡而伤感不已。嘉庆帝下令按亲王福晋之礼为儿媳办理丧事，使用的是皇子福晋的棺椁。嘉庆帝为什么对这位儿媳的丧事这么重视呢？原来早在嘉庆四年（1799年）嘉庆帝就将这位皇四子秘定为皇位继承人了，因此这位儿媳妇将来要追封为皇后的。嘉庆帝派大臣在王佐村找到了一块福地，国家拨款修建园寝，三年后园寝建成。嘉庆十六年（1811年）十一月十七日，将钮祜禄氏葬入了王佐村园寝，这是第一次入葬。

旻宁即位后刚半个月，就追封钮祜禄氏为孝穆皇后。道光七年（1827年），东陵宝华峪陵寝建成，同年五月十五日将孝穆皇后梓宫从王佐村园寝地宫里迁出。钮祜禄氏这时虽然已被追封为皇后，但已殓入棺20年了，不便再改用皇后棺椁了。因为她是属于追封的皇后，所以她的棺椁只能漆饰47次。同年九月二十二日孝穆皇后葬入宝华峪陵寝，这是第二次入葬。

入葬宝华峪的第二年，地宫里就出现了严重的渗水，道光帝决定另择吉地，将宝华峪陵寝废掉。所以于道光九年（1829年）五月初四日将孝穆皇后梓宫从地宫中移出，临时停放在隆恩殿内。孝穆皇后于嘉庆十六年（1811年）入葬，其棺椁在王佐村园寝地宫里安葬了16年，又在宝华峪地宫里放了两年多，加之渗水的浸泡，棺椁的漆皮多有脱落褪色，因此在道光十年（1830年）五月十九日对孝穆皇后的棺椁再次进行了漆饰并缮写西番文字。这时孝穆皇后所用的棺椁仍是皇子福晋所用的棺椁，并非是皇后应使用的棺椁，只是改称了梓宫而已。

道光十五年（1835年），龙泉峪陵寝建成，同年八月二十日，孝穆皇后梓宫奉移西陵，十二月十一日卯时，孝穆皇后梓宫葬入龙泉峪陵寝地宫，这是第三次入葬。孝穆皇后至今仍躺在皇子福晋的棺椁里。

孝穆皇后死后入葬过三次，并使用福晋棺椁，真是闻所未闻的奇事。

孝全皇后死因异闻

孝全皇后，钮祜禄氏，是道光帝的第三个皇后。她比道光帝小26岁，入宫后颇为受宠，很快升为贵妃。她为皇帝生了2女1男，这个皇子就是后来的咸丰帝。在道光帝的第二个皇后孝慎皇后死后，她被晋封为皇贵妃，并“摄六宫事”，代行皇后之职，管理后宫事务，第二年被册立为皇后。正当她最为受宠的时候，道光二十年（1840年）正月突然得病而死，年仅33岁。道光帝对于皇后的去世十分悲伤，亲自赐谥为孝全皇后，并将她葬入慕

孝全皇后半身像

陵地宫。

然而野史和私人笔记里对孝全皇后之死颇有异说，大概情节是这样的：

孝全皇后为了让自己生的儿子将来能继承皇位，想出了一条毒计，想害死其他皇子。一天她宴请众皇子，提前偷偷把毒药放在了鱼中，暗中嘱咐自己的儿子奕詝不要吃鱼。奕詝心地善良，不忍心众兄弟被害死，于是告诉众弟兄不要吃鱼，所以孝全皇后的阴谋未能得逞，可是她的毒计却被皇太后知道了。皇太后勃然大怒，降旨赐令孝全皇后自尽。孝全皇后迟迟不死，于是皇太后就让太监、宫女们到皇后宫门前昼夜大哭，以此逼迫皇后。孝全皇后迫于无奈，只得自杀而死。道光帝虽然宠幸孝全皇后，但对皇太后十分孝敬，不敢对皇太后有不满的表现，只得从此以后不再立皇后，并决定让孝全皇后生的儿子继承皇位，以此来回报孝全皇后。

笔者认为这件事很可能是虚构的。道光帝是慈善仁爱之人，如果孝全皇后真有欲鸩杀诸子之事，道光帝绝对不会容忍这种伤天害理、灭绝人伦的行为，即使皇太后不赐死，道光帝也会废掉皇后，赐她自尽的。然而事实是，皇后病重期间，皇太后亲自去寝宫探视病情。皇后死后，皇太后又亲自到梓宫前奠酒。道光帝为皇后隆重治丧，对她的一生给予了极高的评价，并亲自赐谥“孝全皇后”，并将她合葬慕陵地宫。如果孝全皇后真的有这种罪行，皇太后不仅不会探病、奠酒，也不会同意皇帝对她的丧事如此隆重的办理，朝中大臣、宗室成员也会交章谏阻，道光帝也不会做出如此大失人心、有损自己声望的事。

五、慕陵秘事

为什么在天花板上雕龙

道光陵以前的清朝陵寝，隆恩殿上的天花板上都披麻挂灰，彩画金莲水草图案。可是慕陵的天花板却别出心裁，一反传统的彩画方法和图案，不披麻挂灰，将每块天花板上雕刻一条头往下垂的云龙，栩栩如生。抬头仰望，但见龙头济济，十分壮观。三殿的雀替、隔扇的裙板上也都雕刻着立体感很强的云龙。据最新统计，三殿和隆恩门的天花板、雀替和裙板上共雕刻姿态各异的云龙1316条之多，几乎成了龙的世界，令人叹为观止。这种奇特的装修，不仅在明清两代皇陵中独一无二，就是在紫禁城中也难以找到。

道光帝为什么要将龙雕刻在天花板上呢？当地有这样一个传说：道光帝最怕地宫出

慕陵大殿内的雕龙天花板

水，可宝华峪地宫偏偏就出了水，可把道光帝吓坏了。他知道龙是管水的头儿，哪儿有龙，哪儿就容易闹水。为了防止地宫里再出水，这次在龙泉峪重建陵寝时，他特地将龙请到高高在上的天花板上，这样地宫里就不会出水了。同时龙在上面还可以避火，真可谓一举双得、两全其美。

道光帝真的是这样想的吗？笔者认为这只是民间的一种传说而已。那究竟为什么在天花板上雕龙呢？其实这只是工程设计人员的一种与众不同的创意而已，并没有特别的用意。整个慕陵三殿都不披麻挂灰，不油饰彩画，为了保持整体的一致，天花板自然也不能披麻挂灰。天花板不油饰彩画，难道就用光平的木板了吗？我们可以想象那将是不太美观。在天花板上增加一些雕刻不就能弥补吗？于是就在每块天花板上雕刻了一条头朝下的云龙，既避免了光板难看的弊病，还显得别有情趣。笔者这个观点有没有道理，希望众师友和读者发表意见。

道光帝为什么不让立功德碑

清朝的12座皇帝陵中，前8座陵都立了功德碑，建了碑亭，从道光帝的慕陵开始不再立功德碑，不建功德碑亭了，这是为什么？

在民间流传着这样一种说法：据说清朝老祖宗有这样一个规定：凡皇帝在位期间丢失国土一寸者，不得立功德碑，不建功德碑亭。道光帝在位期间，在第一次鸦片战争中丧权辱国，将我国的香港割给了英国，从此中国领土不再完整，又赔给英国两千一百万两银子，给中国人丢尽了脸，因此根据祖训，才不给道光帝立功德碑，不建圣德神功碑亭。

这种说法很有道理。这样的皇帝对于中国人民来说还有什么功德可言？不给他立碑建亭完全应该。可是迄今为止，谁也没有发现清朝老祖宗这个规定的文字记载，清朝老祖宗有没有这个规定现在还不好说。那么慕陵为什么不立功德碑不建碑亭呢？根据清朝史书记载，大致是这样的：

道光帝临死时留下了一道十分重要的遗嘱，共讲了四件事（原文称朱谕四条）。其中第三条是在他死后不要在慕陵的五孔桥南为他立功德碑，建碑亭，也不要竖四根华表。为什么呢？他的理由是：我的列祖列宗功德隆盛，自然应该立碑建碑亭。可是我实在没有功德可言，不能与我的祖宗相比。如果给我立了碑建了碑亭，反倒会受到后代的讥讽，是绝对不能这样做的。道光帝一再嘱咐他的儿孙：如果我的儿孙不听我的话，偏要给我立碑建亭，那就是有意让我陷于不德不义，就是我的不孝子孙。

咸丰帝即位以后，遵照皇父的遗嘱，果然未立功德碑，未建碑亭。自道光朝以后，一

慕陵神道碑

慕陵神道碑亭

代不如一代，大清国越来越衰弱，割地赔款越来越多，所以更不能立碑建碑亭了。

从道光帝的遗嘱看，他还有些自知之明，看来民间传说的不立功德碑与第一次鸦片战争中割地赔款还真有点关系。

前八陵都立了圣德神功碑，建了规模壮丽的圣德神功碑亭和华表，从他的陵开始一下子停了，说实在的，道光帝心里还真有点不是滋味。为了给自己的心里找到点平衡，他想出了这样一个方法，他对将来继承皇位的嗣皇帝说：如果真想写追慕我的文章，可以将文章刻在神道碑的背面。

既然皇父这样说了，咸丰帝只得“含泪濡毫”，毕恭毕敬地写了一篇追慕文章，用满汉两种文字刻在了慕陵的神道碑的背面，所以慕陵神道碑是清陵中唯一背面刻有文字的神道碑。

宝华峪的石像生雕像和地宫石门哪里去了

道光帝在东陵宝华峪建的陵寝，设置的石像生有5对，即文臣、武士、马、象、狮各1对，计10件。如果加上那对石望柱，共6对12件。宝华峪地宫为九券四门，虽然取消了经文、佛像的雕刻，但在8扇石门上还是雕刻了8尊菩萨的立像。宝华峪陵寝的隆恩殿周围有石栏杆、御路石和苍龙头、神道碑亭内的神道碑、下马牌等。宝华峪陵寝被拆除以

曾移放到马兰峪后山鲁班庙后殿的宝华裕地宫石门

宝华峪陵寝苍龙头残件

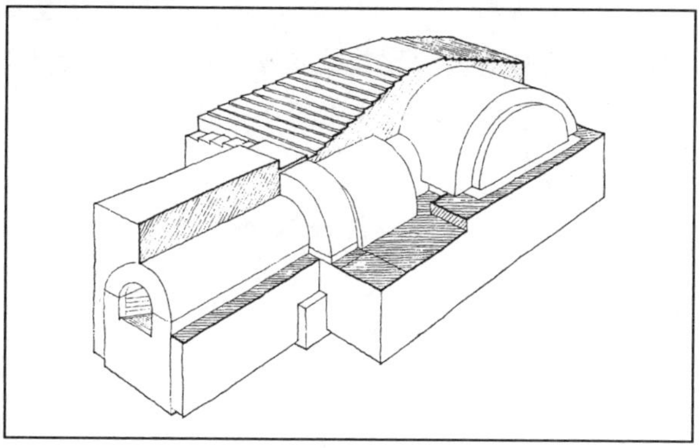

慕陵地宫蓑衣顶透视示意图（王其亨绘）

后，这些石雕构件哪里去了？有三个去向：

一是用到了咸丰帝的定陵上。定陵石像生的1对武士、1件石狮、1件望柱都是宝华峪的旧件，定陵的神道碑碑身、赑屃、御路石、下马牌、地宫里的2扇石门都是原宝华峪陵寝的旧件。，共用了65件大件石料。

二是深埋。一部分就地深埋，一部分运出陵园外深埋。宝华峪陵寝拆除后，像石栏杆、苍龙头等构件就地掩埋。后来在宝华峪的西砂山外山脚下，由于雨水的冲刷，曾露出过埋在地下的宝华峪隆恩殿角上的苍龙头。本来那些残损的石像生等石雕构件也就地深埋，可是风水官员却说这样做对风水不利，于是就将这些残损的石像生等石雕构件运出陵园之外的僻静地方深埋，究竟埋到了哪里，现在是一个谜。如果有朝一日，找到了这些石雕构件，将它们陈列在宝华峪原位置，对于陵寝研究、旅游事业都有极大的益处。

三是存放他处。宝华峪地宫原有8扇石门，其中有2扇用到了定陵的地宫，另外那6扇石门存放到了马兰峪后山鲁班庙最后一层大殿内，竖立在东、西两山墙根。笔者童年时经常到鲁班庙去玩，以为那6尊菩萨雕像是庙里的原物，后来才知道那是宝华峪地宫的石门。遗憾的是在十年浩劫中，鲁班庙被当做“四旧”被拆毁，6扇石门被凿碎，如今仅存一条石门边。

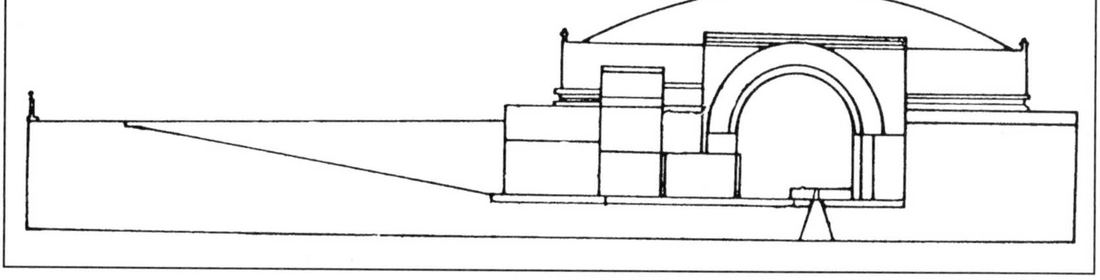

慕陵地宫剖面示意图（王其亨绘）

第二节　由妃子陵改建的皇后陵

一、清朝有两座葬妃子的皇后陵

清朝一共建了7座皇后陵，居然有两座是皇后陵兼妃园寝，一座是孝东陵，一座是慕东陵。虽然都是皇后陵兼妃园寝，但它们的性质是不一样的。孝东陵从开始营建就是按皇后陵的规格建的。陵内葬入的那些妃嫔是属于祔葬皇后陵，是沾了皇后的光。而慕东陵则相反，其前身是妃园寝，已葬入了许多妃嫔，因为葬入了孝静皇后才改造成皇后陵。

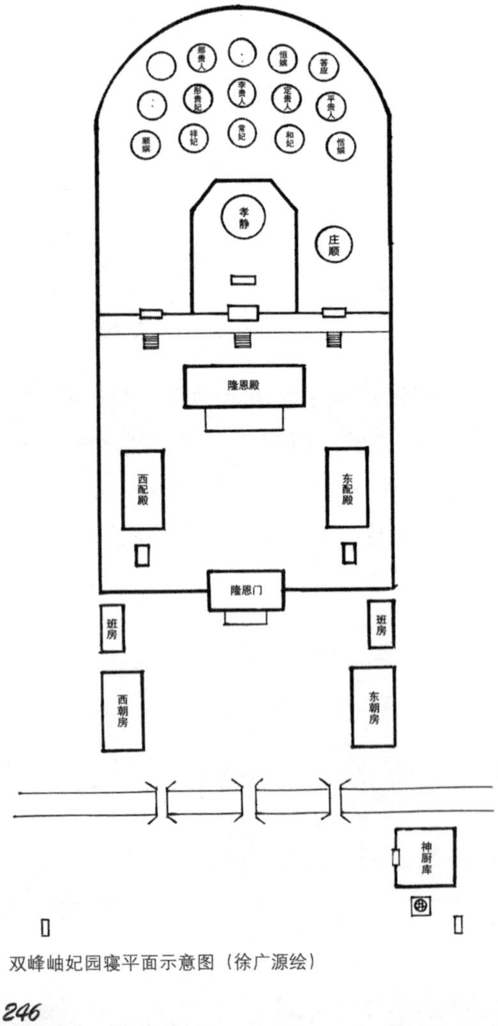

双峰岫妃园寝平面示意图（徐广源绘）

清朝有两位皇后葬入了妃园寝。一位是乾隆帝的那拉皇后，葬入了裕陵妃园寝。一位是道光帝的孝静皇后，葬入了慕陵妃园寝。都是葬入妃园寝，那拉皇后葬入了妃园寝，妃园寝还是妃园寝。孝静皇后葬入妃园寝后，妃园寝却升格为皇后陵，妃嫔们都沾了光。

为什么不给孝静皇后建皇后陵而将其葬入妃园寝？难道孝静皇后也失宠了吗？改建前的妃园寝是什么样？

二、　慕东陵的前身是妃园寝

双峰岫妃园寝是由东陵搬过来的

差不多每位皇帝都将自己的爱妃美妾葬在自己的陵旁，让她们在九泉之下永远陪伴自己。这些妃子的墓地在明朝叫坟或叫墓，在清朝则称之为妃园寝。从努尔哈齐的福陵到嘉庆帝的昌陵，除顺治帝的孝陵外，每一位皇帝都建了妃园寝，可是道光帝却没有妃园寝。

道光帝真的没建妃园寝吗？不是，一向对于女人颇感兴趣的道光帝绝对不会让自己在九泉之下清冷寂寞的。道光帝不仅建了妃园寝，而且对建自己的妃园寝还非常上心呢。

在龙泉峪万年吉地确定下来以后，道光帝马上就让相度大臣穆彰阿等带着风水官戴泽同相度妃园寝地址，他们很快就在龙泉峪陵寝的东北二里的地方找到了一块叫双峰岫的佳壤。戴泽同说那里砂水环抱，堂局宽展，非常适合建妃园寝，上奏后很快得到了道光帝的批准。历史文献和清宫档案告诉我们，建在双峰岫的妃园寝是从东陵的宝华峪搬迁过来的。

东陵宝华峪妃园寝什么样

宝华峪妃园寝遗址

东陵宝华峪妃园寝位于宝华峪陵寝以西1华里的地方，始建于道光元年（1821年），完工于道光七年（1827年）。这座妃园寝建有一孔拱桥、东西厢房、东西值房、宫门、焚帛炉、大殿、园寝门。后院建有15座宝顶，前后分三排，每排五座。第一排地宫是石券，第二排是砖券，最后一排是砖池。道光七年九月二十四日迎来了这座妃园寝的第一位主人——平贵人。没想到还未等迎接第二位主人，这第一位主人便于道光十五年七月十三日从地宫里起出，于八月二十日随同孝穆皇后移往西陵去了，这座园寝随后被拆毁，迁往西陵双峰岫重建。

双峰岫园寝什么样

慕东陵前排部分宝顶

双峰岫园寝到道光十五年（1835年）就已建成，既然是从东陵迁建来的，是不是与东陵宝华峪妃园寝一样呢？大体是一样的，由于地形和周围的环境不一样，所以也有部分变化。

双峰岫妃园寝与宝华峪妃园寝相比，有三点不同：双峰岫园寝建地宫16座，其中石券6座、砖池10座。这16座宝顶分成四排，第一排1座，位于正中，其他三排各5座。而宝华峪妃园寝是15座，分三排，每排5座，其中石券、砖券、砖池各5座；双峰岫妃园寝设龙须沟12道，而宝华峪妃园寝则无龙须沟之设，这一点双峰岫园寝比宝华峪园寝先进了一大步；双峰岫妃园寝前

慕东陵中五孔平桥

慕东陵西五孔平桥是后来补建的

建五孔平桥一座、五孔便桥二座，而宝华峪妃园寝则建一孔拱桥一座、三孔平桥一座。双峰岫园寝在大殿后增加了一道泊岸。

为什么会有这些变化呢？这些变化都是很正常的，也是合理的。建双峰岫园寝时比建宝华峪园寝晚10年，道光帝的后妃无论从人数上，还是妃嫔地位上都发生了很大的变化，因而其妃园寝也必然随之变化。为什么多了一座宝顶？这与后宫中有一位主持后宫事务的非常受宠的皇贵妃有直接关系。宝华峪园寝前的河很小，河面不宽，所以建一孔拱桥就完全可以了。而双峰岫园寝背靠青山，从山谷里流出的河水恰从双峰岫园寝前通过，水多河宽，如果仍拘泥制度，还建一孔拱桥，既不能顺畅地排泄洪水，也容易将桥座冲毁，所以才建了一座五孔平桥，二座五孔便桥。有人会问：为什么不在中轴线上建拱桥？按陵寝制度，妃园寝前的中轴线上只能建一孔拱桥，只有皇帝陵和皇后陵宫门前才能建三孔拱桥，只有皇帝陵才能在石像生南建五孔拱桥。如果在双峰岫园寝前建五孔拱桥，那就是逾制僭越了，所以只能建五孔平桥。

平贵人与睦答应（原睦贵人，后降为答应）成了这座妃园寝的第一批墓主人。平贵人两次充当第一批墓主人，这还是少见的。

道光二十九年（1849年）九月，道光帝又命在妃园寝内添建石券地宫一座。经选择，定在前排正中宝顶的左旁。过了23天即十月十六日道光帝又命将前排正中的宝顶仿照龙泉峪宝城式样增建宝城，所添建的石券就是为当时的琳贵妃乌雅氏建的。乌雅氏和当时的皇贵妃一样，也为道光帝生了三个皇子一个皇女。这三个皇子就是皇七子、皇八子、皇九子，而且这三个皇子都长大成人，其中的皇七子奕譞是同治、光绪两朝的显赫人物。他的儿子就是后来的光绪帝。琳贵妃是道光帝晚年的另一个宠妃，在前排正中的增加了宝城的地宫将来是属于谁

慕东陵宫门及靠山

慕东陵隆恩殿

的，尽管道光帝未说，但明眼人一看就知道是为当时后宫地位最为尊贵、主持后宫事务的皇贵妃博尔济吉特氏即后来的孝静皇后建的。这项工程尚未兴工，道光帝就死了。咸丰帝即位后，完成了这项工程。到道光帝死时，双峰岫园寝已建了17座地宫。

慕东陵石五供是目前清陵最完整的

双峰岫园寝的改建和扩建

1.为什么要改建扩建妃园寝

改建扩建妃园寝是在咸丰五年（1855年），那时道光帝已死5年多了。他是不知道自己的妃园寝会改建为皇后陵的，所以，将妃园寝改建为皇后陵，与道光帝没有关系，而与咸丰帝有直接的关系。皇贵妃博尔济吉特氏（死后谥为孝静皇后）曾抚养过咸丰帝，对咸丰帝有抚育之恩。所以咸丰帝对博尔济吉特氏恭敬有加，即位后就晋尊博尔济吉特氏为康慈皇贵太妃，后来又晋尊为皇太后。可是好景不长，博尔济吉特氏只当了9天皇太后就与世长辞了。按惯例，应该给皇太后建皇后陵，可是咸丰帝认为先帝已将博尔济吉特氏的葬位确定在妃园寝的前排正中之位了，这是不能改变的，只能葬在先帝确定的位置，将妃园寝升格为皇后陵。妃园寝与皇后陵相比是有很大差

慕东陵内罗圈墙

慕东陵神厨库是后来补建的

别的，因此才对妃园寝进行改建和扩建。

2.妃园寝的改建、扩建

因为要葬入孝静皇后，双峰岫园寝升格为皇后陵，因此进行了一系列的改建和扩建，主要有以下工程：

慕东陵陵寝中门上的陵名

将原来所有的绿色琉璃瓦改为黄色琉璃瓦。

将大殿两侧的园寝门及面阔墙拆掉，改建到大殿后上层泊岸上，仿标准妃园寝样式，建园寝门三座，中门带门楼，两角门为随墙门，没有门楼。

在皇太后宝顶前增设石五供一座。

用一道内罗圈墙将皇太后宝顶单独围起来，形成一个独立的小院子，与那16位妃嫔隔离开来，以示尊崇，只有进园寝门的中门才能进入这个小院子。

增建东西配殿各三间。

原来东侧有一座燎炉，这次再增建西燎炉一座，以形成对称之势。

增建西五孔便桥一座，与东五孔平桥形成对称之势。

增建神厨库一座，内建神厨5间、南北神库各3间、省牲亭一座，库外南墙外挖井一眼。

按清陵制度，只有帝后陵才设下马牌，妃园寝设下马桩。这次将双峰岫园寝改建为皇后陵，又增设下马牌一对。

因为不增建方城明楼，题写陵名的斗匾无处悬挂，所以仿照昌西陵的做法，在园寝门中门上的石匾上用满蒙汉三种文字镌刻“慕东陵”三字，在大殿前檐悬挂用三种文字题写的“隆恩殿”斗匾一块，在宫门的中门上方悬挂用三种文字题写的“隆恩门”三字的斗匾。

大殿月台上，增设铜炉一对、铜鹿一只、铜鹤一只。

双峰岫园寝尽管做了如此之多的改建、扩建，但与标准规制的皇后陵相比，还是大为逊色的。因为慕东陵是由妃园寝改建的，陵院内还葬有16位妃嫔，形成了皇后陵兼妃园寝的格局。慕东陵是清朝规制最简陋的皇后陵。

三、咸丰帝与孝静皇后

只当了9天皇太后的皇后

要想了解咸丰帝与孝静皇后的关系，有必要先了解一下孝静皇后的身世和简历。

清朝，当皇太后时间最长的是顺治帝的孝惠皇后，她当了将近年57年的皇太后。要论当皇太后时间最短的则是道光帝的孝静皇后，只当了9天。孝静皇后是怎样的一个人？她为

慕东陵孝静皇后宝顶

什么只当了9天皇太后？

孝静皇后，博尔济吉特氏，来自辽阔的蒙古大草原，她的父亲花良阿是刑部员外郎。博尔济吉特氏生于嘉庆十七年（1812年）五月十一日，比道光帝小30岁。道光五年（1825年）三月进宫，当时她仅14岁，封为静贵人。而这时道光帝44岁，已过中年，尽管妃嫔众多，辛勤耕耘，普施雨露，但收获不丰，当时只有一个皇子，道光帝盼子之急切，可想而知。静贵人入宫刚一年，肚子就明显见大，道光帝见状，喜之不尽。皇太后见有再抱皇孙之望，自然也是高兴异常。道光六年（1826年）四月初七日，道光帝奉皇太后懿旨，晋封静贵人为静嫔，以示鼓励。6个月后，即道光六年（1826年）十月二十三日亥时（夜9至11时），15岁的静嫔果然不负众望，产下了一个龙儿，排行第二，命名奕纲，似乎希望他将来能掌握朝纲。静嫔进宫刚一年多，就为皇上诞育皇子，加之她年轻美貌，自然备受宠幸。道光七年（1827年）元宵节这一天，道光帝又晋封静嫔为静妃。道光九年（1829年）静妃又诞育皇三子奕继。道光十年（1830年）又生皇六女寿恩固伦公主。道光十二年（1832年）又生皇六子奕䜣。这时静妃刚21岁，她的肚子实在争气，在短短的8年中，竟连生了3男1女，颇有劳绩。这既表明了她有极旺盛的生育能力，更说明她深受皇帝的宠爱。对于静妃的“劳绩”，道光帝是心中有数的，就在她生育皇六子的第二年中秋节这一天，乘着节日的喜庆气氛，道光帝颁谕，晋升静妃为静贵妃。道光二十年（1840年）四月二十五日，道光帝奉皇太懿旨，又晋封她为皇贵妃。自道光二十年以后，道光帝不再立皇后。这次册封的皇贵妃，实际上就成了后宫之主、无冕之后。皇贵妃入宫以来，春风得意，地位直线上升，红极一时，久宠不衰。为表示她在后宫的尊崇地位和对她的宠爱，在道光二十九年（1849年）道光帝特降旨，将她的将来葬位确定在双峰岫妃园寝的最尊贵之位——前排正中，并为她营造了规制崇宏的石券地宫和宝顶。孝全皇后驾崩后，博尔济吉特氏一度担负起抚育皇四子奕詝的重担。所以在道光帝死后刚7天，咸丰帝为报答抚养之恩，晋尊她为康慈皇贵太妃。咸丰五年（1855年）七月初一日，咸丰帝又尊她为康慈皇太后。病中的博尔济吉特氏并没有因这一重大喜事的到来而病情好转，9天后，康慈皇太后溘然长逝，终年44岁，给她上的谥号是孝静皇后。咸丰七年（1857年）四月二十日葬入慕东陵。

咸丰帝被迫晋尊皇太后

在清朝，抚育过幼帝的妃子不乏其人，如康熙帝的皇贵妃佟佳氏、和妃瓜尔佳氏、乾隆帝的庆贵妃，她们都没有被晋尊为皇后，也就是说抚育过幼帝不一定要尊为皇太后。

静妃

博尔济吉特氏抚育过咸丰帝，咸丰帝即位后马上晋尊为康慈皇贵太妃，让她居住在寿康宫，问安侍膳，从不间断，有时还陪着她谒祖陵，就像对待皇太后一样，按理说博尔济吉特氏应该心满意足了。但据一些私人笔记记载，博尔济吉特氏并不知足，她很想过过当皇太后的瘾。博尔济吉特氏的亲生子恭亲王奕䜣也多次向咸丰帝暗示应晋尊他的母亲为皇太后。咸丰五年（1855年）六月底，博尔济吉特氏有了病，很严重，咸丰帝多次亲临探望，博尔济吉特氏大有不晋尊皇太后死不瞑目的意思。据说就是在这种情势下，咸丰帝迫于无奈才晋尊她为皇太后的。这种说法虽然不见于官书和正史，但目前许多人都认同这种说法。

皇帝乾纲独握，有生杀大权，封谁为皇太后还不是自己说了算。咸丰帝为什么对尊博尔济吉特氏为皇太后这样冷淡呢？这是有原因的。原来恭亲王奕䜣曾是咸丰帝当年竞争皇位的强劲对手。在与咸丰帝进行激烈角逐之时，身为生母的博尔济吉特氏自然站在儿子奕䜣的一边，免不了向道光帝吹些枕头风，给咸丰帝制造了不少的麻烦。因此咸丰帝与奕䜣母子之间的关系早就有了阴影，因此才对晋尊博尔济吉特氏比较冷淡。

咸丰帝对奕䜣母子的报复

身为大清皇帝的咸丰帝能受制于一个亲王和一个先帝的女人吗？那是不可能的，咸丰帝自然不会容忍。但他表面上装得很豁达大度，处处表现得仁至义尽，每做一事都有根有据，似乎毫无挑剔之处。咸丰帝自以为天衣无缝，但还是瞒不过世人的眼睛。在博尔济吉特氏死后，咸丰帝马上对奕䜣母子实施了一系列报复。

1.对奕䜣的报复

博尔济吉特氏死的当天，咸丰帝就任命恭亲王奕䜣、怡亲王载垣、文华殿大学士裕诚、礼部尚书麟魁、工部尚书全庆为恭理丧仪王大臣，相当于现在的治丧委员会。可是刚过21天，咸丰帝就以奕䜣办理皇太后丧仪“多有疏略之处”为理由，罢免了奕䜣的军机大臣、宗人府宗令、正黄旗满洲都统、管理三库事务、丧仪大臣等一系列重要职务，可说“一撸到底”，只让他在上书房读书。这一招儿真够厉害的，这是对奕䜣的一次极为沉重的打击。亲儿子给亲生母亲办理丧事能不尽心尽意吗？所谓“疏略之处”就是有不全面的地方，有缺欠，有疏忽。即使真的这样，为什么其他丧仪大臣什么事也没有，只惩罚奕䜣一人？即使真有“疏略之处”，也不应进行如此严厉的惩罚。明眼人一看就明白了，这是对奕䜣的报复。

2.对博尔济吉特氏的报复

在对恭亲王实施报复的同时，对博尔济吉特氏也进行了一系列的报复。主要有以下几项：

不单独建皇后陵，而葬入妃园寝。

奉移山陵、入葬地宫，咸丰帝不护送、不亲临。

按制度，皇太后初上谥号为12个字，并系先帝庙谥。而孝静皇后只上8个字谥号，不系道光帝的庙谥“成”字。

神牌不升祔太庙，只升祔奉先殿，供奉山陵。

对于一位皇后来说，葬入皇后陵、系先帝庙谥、神牌升祔太庙这是至关重要的。取消这几项，无异于不承认你是皇后一样。咸丰帝这一手真够狠的。

后来咸丰帝的儿子同治帝即位以后，匡正了他父亲的过激做法，为博尔济吉特氏系了谥，称“孝静成皇后”了，神牌也升祔太庙了，否则的话，九泉之下的博尔济吉特氏将永不瞑目。

咸丰帝也有苦衷

咸丰帝对奕䜣母子进行报复在史学界几乎达成了共识。只不过笔者认为咸丰帝所以这样做，也有他的苦衷，是迫不得已的。

先说不为博尔济吉特氏单独建陵，葬入妃园寝这件事吧。在咸丰初年国家内忧外患，又有太平天国起义，又有外国侵略，还要办皇父、孝和皇后两件大丧，还要为孝和皇后建陵，这些都是非办不可、花钱很多的大事，当时清政府的财政已濒临崩溃的边缘，在这种情况下，还哪有钱为博尔济吉特氏再建皇后陵？在当时谁坐在皇帝的宝座上都会发愁的，孝和皇后的昌西陵就是勉强建起来的，规模已大大地缩减了。将孝静皇后葬入妃园寝，并将妃园寝升为皇后陵，应该说是两全其美的明智之举，咸丰帝能做到这一点，已经很不错了。

再说不亲送山陵吧。在当时，国家正处于动荡之中，政局不稳，兵祸连连。皇帝亲送，不仅会给政局造成进一步动荡，而且还会给所经过的沿途百姓造成负担。咸丰帝正是考虑到这些，在众大臣的多次劝阻下才停止亲送的。不仅咸丰帝未亲送孝静皇后博尔济吉特氏，在这之前因同样的原因也未亲送孝和皇后奉移山陵，也未参加孝和皇后的奉安山陵的大典。如果说咸丰帝对博尔济吉特氏进行报复的话，难道咸丰帝对孝和皇后也进行报复吗？显然是解释不通的。

所以说，咸丰帝不亲送亲临孝静皇后入葬山陵不能完全看成是对博尔济吉特氏的报复，是有他的苦衷的。

四、道光帝的妃嫔轶事

火烧圆明园吓死了一个皇妃

一名堂堂的大清皇帝的妃子竟会被吓死，这在老百姓家都很少发生的事却发生在了皇家，实在令人难以置信。然而在历史上还真的就有这件事，这位被吓死的皇妃就是道光帝的常妃。

常妃，赫舍哩氏，嘉庆十三年（1808年）十一月十五日巳时生，比道光帝小26岁，与道光帝的祥妃同岁。道光九年（1829年）赫舍哩氏已被封为常贵人，一直到道光帝死，始终是贵人，未能得到晋封，咸丰帝即位后晋封常贵人为常嫔。

咸丰十年（1860年）八月，英法侵略军攻打北京，形势极为危急。咸丰帝携带部分后妃和亲近大臣于八月初八日从圆明园逃往热河的避暑山庄，但常嫔不知是因为什么原因未能随行，仍留住在圆明园的绮春园。八月二十二日，英法侵略军一路杀气腾腾地直扑圆明园，驻守圆明园的数千名护军早已逃得无影无踪。当天晚上，侵略军就占据了圆明三园。他们到处乱窜，杀人放火，长期住在皇宫大内的常嫔哪见过这种世面，于八月二十二日竟被惊吓而死，终年53岁。管理圆明园事务的总管内务府大臣文丰见大势已去，不肯受辱，也投福海自尽而亡。九月初五日留驻圆明园的官员、差役等，从外面买来棺木，正准备盛殓常嫔，这时侵略匪军冲了过来，将拉棺木的车、马抢走，办理丧事的员役顿时被吓跑。从九月初五日（公历10月18日）开始，英法侵略军对这座世界名园——圆明三园进行大肆疯狂地抢掠和焚烧，世界文明遭到了空前的浩劫。常嫔遗体直到九月二十三日丑时（早晨1时至3时）才殓入棺内，从当地雇来了一些人夫，用32人夹杠抬着棺木，趁着凌晨的夜色，急忙赶赴田村，于辰时（上午7时至9时）初刻到达田村殡宫，将金棺抬到殡宫西所院内，放到提前已挖好的土坑内，用土掩埋，地面不留任何痕迹。咸丰十一年（1861年）二月局势渐趋平静，才将常嫔金棺起出，于当年的二月二十二日奉移西陵，停放在慕东陵的东配殿内，从三月初二日起漆饰金棺。同治二年（1863年）九月初二日卯时葬入地宫。逃到避暑山庄的祥嫔在第二年（咸丰十一年）的正月也离开了人世。

咸丰帝死后，新即位的同治帝追封他皇祖父的常嫔和祥嫔为妃。这两位道光皇帝的早期嫔妃，到了晚年，由于国家不幸，一个仓皇出逃，殂落他乡；一个留住名园，被惊吓而死，均未得善终。这次的追封，尽管已经迟到，九泉之下的她俩如果有知，或许能得到些许安慰。

经历曲折的彤贵妃

彤妃

道光帝后妃的一个重要特点就是升降频繁。在道光帝的后妃中有多一半人都有被贬被降的经历，这在其他皇帝的后妃中是没有的，道光帝的彤贵妃就是其中的一个典型。

彤贵妃，舒穆鲁氏，郎中玉彰之女，生于嘉庆二十二年（1817年）四月十九日卯时，比道光帝小35岁。约在道光十一年（1831年）入宫，当时15岁。初入宫被封为彤贵人，道光十二年（1832年）四月初二日晋封为彤嫔，同年十一月初八日辰时举行彤嫔的册封礼。道光十三年（1833年）八月十五日彤嫔晋封为彤妃，道光十四年（1834年）十一月初三日举行彤妃的册封礼。道光十六年（1836年）七月初七日，彤妃晋封为彤贵妃，同年十二月二十一日午时举行了彤贵妃的册封礼，这一年彤贵妃刚20岁。入宫不足6年就升为贵妃，可见彤贵妃是很受宠的。道光二十年（1840年）七月初二日，彤贵妃生皇七女，第二年十一月二十六日又生皇八女寿禧和硕公主，道光二十四年（1844年）三月十七日又生皇十女。彤贵妃在5年之内连生了三个皇女，表明她入宫14年来一直久宠不衰。正当彤贵妃受宠之时，乐极生悲，变生意外。就在她生下十公主半年之后，道光二十四年（1844年）九月初十日，道光帝突然降旨，将彤贵妃降为彤贵人，一下子降了三级，到底是什么原因，清朝史书，清宫档案乃至私人著述，均未见记载，至今仍是不解之谜。

彤贵妃自降为贵人后，等于回到了刚入宫时的地位，在道光帝生前她再也未能得到晋升。道光帝死后，咸丰帝即位，新君给彤贵人带来了希望和转机。道光帝刚死7天，咸丰帝就颁发谕旨，晋封彤贵人为彤嫔，又开始了19年前她刚一入宫时的历程。在咸丰朝的11年间，她始终在嫔位上，没有得到升迁。咸丰帝死后，新即位的同治帝于咸丰十一年（1861年）十月初十日，以彤嫔曾生育过公主，晋封她为彤妃，册封礼到13年后的同治十三年（1874年）九月初九日辰时才举行。册封礼刚举行过两个多月，又于同年十一月十六日晋封为彤贵妃。上次由贵人升到贵妃，用了5年多时间，这次由贵人升到贵妃，竟用了24年，多用了18年，舒穆鲁氏好不容易再度熬上了贵妃之位。可是天有不测风云，人有旦夕祸福。晋封为彤贵妃还不到一年，便于光绪元年（1875年）十月十二日溘然长逝，终年59岁。光绪三年（1877年）九月初八日巳时，彤贵妃葬于慕东陵前数第三排的西数第二座砖池内。

类似彤贵妃经历的道光帝的妃嫔还有很多。为什么道光帝的妃嫔多有升降？笔者认为主要原因不在这些女人身上。这些女人虽然身为皇妃，当上了主子，在皇宫中属于高层人士，但她们在皇帝眼中，是附属品，是玩物，她们不敢干政，连回家都不敢，在皇帝、皇太后面前只能毕恭毕敬，俯首帖耳，只能唱喜歌，说美言，不敢倾诉自己的心声。她们所以遭贬被降，主要原因在皇帝。道光帝是一个优柔寡断、猜忌多疑、吹毛求疵的人，免不了对这些妃嫔要求苛刻，而这些妃嫔有时难以达到皇帝的满意，因此皇帝依仗自己的权威，对妃嫔任意贬降。在野史里有这么一段记载：一天晚上，道光帝在自己的寝宫里大发脾气，传来一名侍卫，立命他到某宫取某一妃子的首级来。虽然此事查无实据，但表明了道光帝与他的女人们的关系是极为紧张的。

笔者还想到了另一个原因，就是道光帝在位期间，内忧外患不断，烦恼事层出不穷，如地宫出水、鸦片难禁、对英战败、签订辱约、割地赔款等，而道光帝又是一个心胸狭窄的人，长期心烦意乱，这就难免拿妃嫔杀气解烦。

道光帝的诸多妃嫔遭贬被降，官书和档案上都没有讲其中的原因，看来已成难解之谜了。

道光帝有3个妃嫔不知去向

笔者从有关文献和清宫档案中共找出了道光帝有后妃23位。在慕陵地宫里安葬了3位皇后，在慕东陵内安葬了1位皇后和16位妃嫔，两陵共葬了20名后妃。还有3位妃嫔不知葬在了什么地方，这3位是珍妃、曼常在和刘官女子。这3个女人不仅在清宫档案上都有明确记载，尤其是珍妃在《清实录》和档案上都有记载。

慕东陵隆恩殿内景

珍妃，赫舍哩氏，满洲镶蓝旗，前任广东按察使容海之女，其母为伊尔根觉罗氏，赫舍哩氏生于嘉庆十一年或十二年的十一月十五日巳时。道光二年（1822年）十一月初二日进宫，初赐号为珍贵人。道光四年（1824年）九月初七日封为珍嫔。道光五年（1825年）四月十三日卯时举行册封礼。道光五年八月初八日，晋封为珍妃。其册封前的有关事宜，如铸印、制册、做仪仗、派正、副使等事宜基本准备就绪，就要举行册封礼时，道光六年（1826年）十一月初八日，总管内务府大臣英和、禧恩奉谕旨：“所有珍妃册印，著由内阁移交内务府暂行存贮。”这对于赫舍哩氏来说是一个非常痛心的不祥之兆。果然14天以后，即道光六年（1826年）十一月二十二日，道光帝降旨：“珍妃降为珍嫔。”同一天，谕总管内务府大臣英和、禧恩、穆彰阿：“所有广储司存贮册封珍妃金印、金册，著交造办处熔化。”赫舍哩氏被降为珍嫔以后，在道光八年（1828年）十一月十五日生日这天尚得到了200两银子的赏赐，可是到了道光九年（1829年）的妃嫔生辰赏银单上却不见了珍嫔的名字，这表明珍嫔在道光九年十一月十五日之前已被摒于妃嫔的队伍之外或已离开了人世。关于珍嫔的死亡、丧礼、入葬等情况，史书和档案上均未见记载。

曼常在，在道光十一年（1831年）四月到十三年（1833年）八月的后妃名单里有曼常在的名字，她排在玲常在（后来的豫嫔）之前。在道光十一年四月十一日道光帝曾赏给曼常在绣绿缎八元花卉补子一副。

刘官女子，官女子是比答应还低下的女人，但与一般的宫女不一样，手下有1位宫女，可以名正言顺地给皇帝侍寝。从道光十三年（1833年）九月档案里出现刘答应名字，道光十五年变为刘官女子，到道光十九年还有刘官女子的名字。

以上3人，不知死于哪年，更不知葬在什么地方，在档案中没有任何记载。

第十章 定陵

定陵，是清朝入关后第七帝咸丰帝的陵寝，与他合葬的是他的原配妻子孝德皇后。

定陵位于清东陵境内最西端的平安峪。咸丰帝即位后就开始相度自己的万年吉地，直到咸丰九年（1859年）四月十三日才动工营建，营建定陵时，因经费紧张，使用了宝华峪陵寝的许多旧料。到同治四年（1865年）八月完工，用银3134547.522两。

定陵从总体上采用的是传统祖陵规制，又部分吸收了慕陵的一些做法，同时还有自己的创新。定陵规制对后来的惠陵和崇陵影响很大，因此定陵具有承前启后的作用，在清陵史上占有重要地位。

第一节　承前启后的定陵

大清皇陵龙脉的伸展方向虽然被道光帝给搞乱了，但后来的事实也并非像人们所想象的那样糟糕，或都集中建在东陵，冷落了西陵；或都集中建在西陵，冷落了东陵。后来清朝皇帝在哪里选择万年吉地，营建陵寝，完全由着皇帝的个人意志来决定，哪里的风水好，就建在哪里。不过有一点还是按乾隆帝所说的办了，就是除东西陵之外，没有开辟新的陵园。道光帝的陵本来应建在东陵，可是他硬是建在了西陵。而道光帝的儿子咸丰帝并没有像他皇父那样刻意追求子随父葬，而是将自己的陵建在了东陵，使大清皇陵的龙脉又回到了东陵。这表面上看好像在继续执行“昭穆相建”的祖制，实际上只不过是巧合而已。

咸丰帝朝服像

定陵隆恩殿

一、定陵的营建

咸丰帝亲选陵址

清朝也好，以前历朝也好，很少有皇帝亲自出马，选择自己的万年吉地的，即使亲自阅视，也只是在吉地大体上确定之后，皇帝借谒陵之机，到那里看看，做最后的决定。比如选裕陵的胜水峪、慕陵的龙泉峪，就属于这种情况。

咸丰帝不知是对相度大臣不大相信，还是自己对堪舆之术颇为内行，他亲自出马，到东陵和西陵境内的各地方反复踏勘，仔细相度，这在有清一代还真是头一回。

新君即位总是要大忙一阵子，主要的就是给刚刚驾崩的先帝办理丧事，然而咸丰帝即位后，他比别的新君更忙，为什么呢？他要同时办理两个人的丧事，一个是皇父道光帝的丧事，另一个是祖母孝和皇后的丧事，他还要为孝和皇后相度吉地营建陵寝。而且咸丰帝从即位的那一天起，

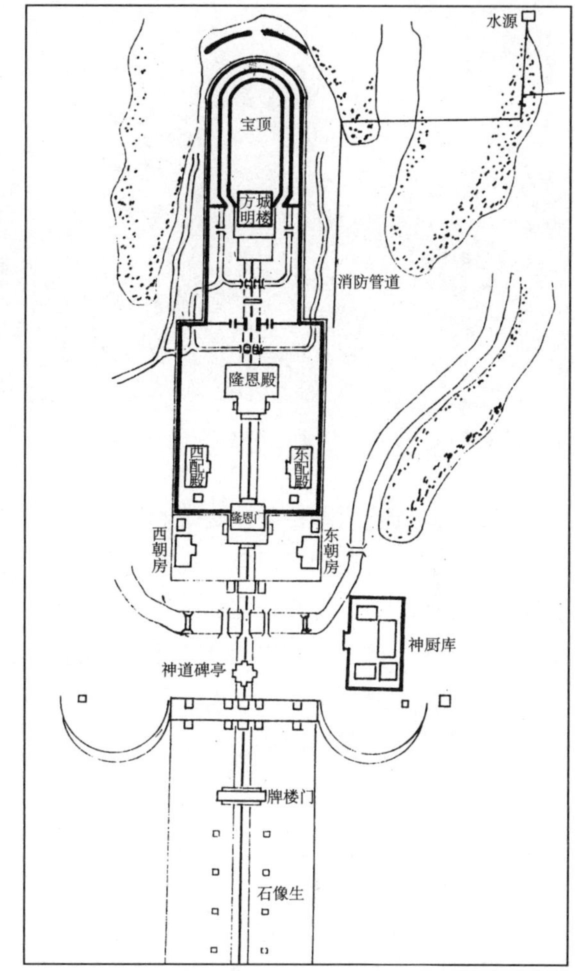

定陵平面示意图

定陵石像生之石狮是宝华峪的旧件

定陵石像生之石象

定陵石像生之石马

就面临着黑云压城城欲摧般的太平天国农民大起义，使他难以招架。可以说咸丰帝比清朝哪一位新君都忙。

别看咸丰帝这么忙，可是他却没有忘记自己的百年后事——选吉地建陵寝。当年康熙帝即位初期，内面临着建孝陵、办父母丧事的大事，外面临着与三藩、内与鳌拜的斗争，

定陵的中轴线正对着朝山天台山的两峰中间

康熙帝以国事为重，推迟了自己陵寝的营建。在这点上，咸丰帝比康熙帝差远了。

咸丰元年（1851年）九月，咸丰帝派定郡王载铨、工部右侍郎彭蕴章、总管内务府大臣兼刑部侍郎基溥为相度大臣，到东陵和西陵两地为他相度万年吉地。到了第二年的二月，这些相度大臣在东西陵找到了几个地方，风水都很好，上奏给咸丰帝。咸丰二年（1852年）三月初二日道光帝入葬慕陵。为了参加皇父的丧礼，这年的二月二十日咸丰帝就从北京出发了，二月二十三日就到了西陵，住在了梁各庄行宫。就在他皇父入葬之前的二月二十七日，咸丰帝阅视了梁各庄行宫西北的备选吉地魏家沟即后来的金龙峪。同年九月，咸丰帝又利用展谒东陵之便，阅视了那里的几个备选吉地。九月十五日，他先察看了东陵西南的成子峪，又看了平安峪。第二天，他又看了辅君山，当天又对平安峪再度审视。在平安峪，他一边反复察看地形，环视周围山势、水脉，一边参阅风水官写给他的平安峪风水说帖，时而询问风水官有关情况，非常仔细认真。通过实地验看、比较，在几个备选吉地中，咸丰帝对平安峪还比较感兴趣，较为满意。到了咸丰四年（1854年），他仍有些不放心，又派吏部尚书柏葰带着精通风水之术的江西巡抚陆应穀到平安峪再一次详细相度。

经过这次复勘，咸丰帝才决定把自己的万年吉地确定在东陵境内的平安峪。定陵陵址的选择和确定，陆应穀起了重要作用。可能是第二次鸦片战争的原因，平安峪万年吉地工程拖到咸丰九年（1859年）四月十三日申时才动土兴工。

建定陵使用了宝华峪旧料

道光帝的宝华峪陵寝、宝华峪妃园寝及宝华峪大小内务府营房拆除后，将木料和铜铁构件全部拉走了，有的在建西陵的慕陵时用上了，有的存放在京城。而那些大量的石构件、砖块没有拉走，堆放在宝华峪原地。到咸丰九年（1859年），这些砖石旧料已堆放25年之久了，未想到在营建定陵时这些旧料派上了用场。

用这些旧料建定陵，好处可多了：一是可以减轻点道光帝的罪责，二是可以减少许多的浪费，三是可以缩短定陵的工期，四是可以节省点定陵的工程费用，从而减轻点国家财政的压力，一举多得。

定陵到底用了多少宝华峪的旧料呢？据清宫档案《定陵修建地宫殿宇房间等工销算黄册》记载，建定陵所用的大件石料中的27%用的是宝华峪旧料，小件石料中多于25%用的是宝华峪旧料，豆渣石料和紫砂石料的50%左右都是宝华峪旧料，定陵石像生中的一对武士、

定陵隆恩殿东西北三面裁撤了石栏杆

定陵方城明楼及石五供

一只狮子、一根望柱都是宝华峪石像生的原件。定陵小碑楼里的石碑、石碑下的龙首龟趺及下面的水盘都是宝华峪旧件，定陵的一对下马牌是宝华峪旧件，定陵大殿前的御路石（丹陛石）也是宝华峪原件，石五供的石香炉是宝华峪的原件，地宫里的二扇石门、三件石门的门楼都是宝华峪原件，还有许多，这里就不一一说了。仅这些石料可以节省采价银、运脚银达10万两。定陵用宝华峪旧砖60多万块，可节省银9.67万两。定陵另外还用了宝华峪的62扇旧隔扇和24扇旧槛窗。总之定陵所用的这些宝华峪旧料可节省白银约20万两。

在建定陵妃园寝时用了大量宝华峪妃园寝的砖石旧料。建定陵大小内务府营房时，也用了宝华峪大小内务府营房的砖石旧料。这样计算起来，所节省的银子就有可能是30万两了，这可是不小的数字。

定陵规制承前启后

为什么说定陵规制承前启后呢？定陵在主体上沿袭了传统祖陵的规制，又吸收了慕陵的一些做法，同时还有自己的独创，从而创立了一种新的陵寝规制。后世清陵纷纷效仿这种新规制，遂成为制度。

定陵在哪些地方沿袭了祖陵的传统形式呢？建了方城、明楼；陵寝门为三座琉璃花门形式；隆恩殿为重檐歇山顶，面阔5间，配殿为面阔5间，建三路三孔拱桥，设石像生，神道与主神道相接。

定陵又在哪些地方吸收了慕陵的做法呢？地宫不雕刻经文佛像，地宫顶部砌成蓑衣顶，地宫下设龙须沟；不建二柱门、圣德神功碑亭，陵寝后院变窄。

定陵又有哪些创新呢？定陵取消了隆恩殿左右及后面的石栏杆；在方城前的礓礤两侧增加了石栏杆；礓礤分上下两段,两段之间设叠落月台；朱砂碑碑座上增加袱子（相当于台布）装饰；明楼四门增加券脸石；五孔拱桥两旁设五孔平桥。

自定陵创立了这种新的陵制以后，营建惠陵时，完全按定陵规制设计的。只是出于节省，惠陵裁掉了石像生和神路，营建崇陵时又是仿照的惠陵规制。所以说定陵的规制对后世清陵影响较大，在清朝陵寝史上占有重要的位置。

定陵神道碑亭的水盘是宝华峪的旧件

多事的宋晋

当年道光帝对陵寝规制进行了大刀阔斧的改革，裁撤了方城、明楼、石像生，地宫改为四券二门，隆恩殿和东西配殿都由五间改为三间。隆恩殿由重檐改为单檐，神道不与主陵神道相接。对于这些改动，道光帝本想让他的后代子孙学习效法，没想到他的儿子咸丰帝并不感兴趣，在营建自己的陵寝时，仍按传统的祖陵规制建，建了方城明楼，设了石像生。隆恩殿为重檐五间，配殿也是五间，神路与孝陵神路相接。从咸丰九年（1859年）四月十三日破土兴工，到咸丰十一年十二月，整个工程已进行了两年半多，地宫正在成做之中，各殿宇的基座都已砌成，有的已经竖起了梁架，石像生石雕件正在雕琢，整个工程有条不紊地紧张进行。咸丰十一年十二月二十三日，有位官员突然向两宫皇太后上了一道奏折，提议定陵规制应该仿照道光帝的慕陵规制，理由是慕陵规制朴实轩敞，万古可法，可以“隐功德，免巨费，恤民艰”，他的这一建议在朝廷引起了一场规制之争。这位官员就是工部右侍郎宋晋。

定陵前景老照片

两宫皇太后对于宋晋的建议并没有马上表态，而是让众大臣讨论。经大臣们讨论后，由礼亲王世铎代表众臣向皇太后汇报了大家讨论的结果。他说：宋晋说的有道理，但是提的太晚了。如果这个建议在开工的时候提出来，先帝一定会认真地考虑，有可能采纳。现在工程的大局早就定下来了，开工已经进行两年多了。基址已砌好了，柱子竖起来了，木料、石料已按尺寸截取好了。如果现在再改用慕陵规制，既延长了工期，还会造成极大的浪费。鉴于这种情况，还不如仍按原来规制的继续办下去。众大臣的意见正符合两宫皇太后的心意，于是皇太后就同意了众大臣的意见，否决了宋晋的建议。如果宋晋能够审时度势，面对现实，不会讨这一场没趣的。

二、内葬人轶事

咸丰帝智罢穆彰阿、耆英

许多人认为咸丰帝只知道吃喝玩乐；有的人认为咸丰帝是一个酒色之徒，还有的人说他是战乱皇帝，等等，总之把他说得一无是处。咸丰帝真的是这样吗？回答是否定的。

咸丰帝即位以后，从他父亲手里接过来的不是辉煌昌盛、欣欣向荣的大清国，而是一个满目疮痍、日益衰败、内外交困的破烂摊子，在朝廷之上又没有几个勇于任事的忠荩能臣。而且他刚一即位，我国历史上规模最大的农民起义——太平天国起义就爆发了。咸丰帝这个刚刚20虚岁的青年，支撑这个破烂摊子谈何容易。

咸丰帝在即位初期，确实有重振朝纲、励精图治的锐气和雄心，只不过他没有好运气，没赶上好时候。从他本身来说，没有康、雍、乾三帝那种雄才大略，致使他“荣膺”了上面那些名不符实的称呼和头衔。实际上咸丰帝的一生中也有可称道之处，铲除权臣穆彰阿、耆英就是就是其中之一。

定陵石像生之武士是宝华峪的旧件

提起铲除权臣，人们只知道康熙帝铲除权臣鳌拜，嘉庆帝搬倒和珅，却很少有人知道咸丰帝铲除权臣穆彰阿和耆英的事迹。

穆彰阿，郭佳氏，乾隆四十七年（1782年）生，满洲镶蓝旗，嘉庆十年进士。道光七年（1827年）入军机处学习行走。从道光十七年（1837年）起为首席军机大臣，直到道光三十年。道光十四年（1834年）被授为协办大学士，道光十六年（1836年）迁武英殿大学士，两年后改文华殿大学士，直到道光三十年。他先后任过都察院左都御史、理藩院尚书、工部尚书、兵部尚书、户部尚书、吏部尚书，兼任过步军统领、翰林院掌院学士，署理过直隶总督，充任过教习庶吉士、会试正副考官。在道光朝后期，他集朝中大权于一身，是一人之下、万人之上的实权人物。清朝不设丞相，但却有这么个说法：凡大学士兼首席军机大臣者可为真宰相。穆彰阿身为文华殿大学士，又是首席军机大臣，可以称得上当时的丞相。如此重要的人物与朝政的得失、国家的安危有着直接的关系。道光帝生性多疑、优柔寡断，在他的身边很需要一个刚正不阿、敢于建言、勇于任事的忠正宰相。然而穆彰阿作为首辅，却一向处事圆滑，很少建言献策。每遇皇帝垂询，先尽力揣摩帝意而迎合，不究事理之曲直，是一个

定陵石像生之文臣

定陵朱砂碑

拍马有术、善于逢迎、欺压群臣的奸臣。他的门生故吏遍布朝廷上下，形成了一个庞大的势力集团，当时称为“穆党”。道光朝晚期，吏治败坏，国事日非，穆彰阿难辞其咎。穆彰阿不除，国威难振，新政难行。

耆英，清朝宗室，初以荫生授宗人府主事，迁理事官。累迁内阁学士兼副都统、护军统领。道光七年（1827年）授步军统领。道光九年（1829年）擢礼部尚书，先后任工部尚书、户部尚书、热河都统、盛京将军。道光二十三年（1843年）鸦片战争中，调任广州将军、授钦差大臣，督办浙江洋务，后授两广总督兼办通商事宜。道光二十五年（1845年）迁协办大学士，后进京供职，寻拜文渊阁大学士。在广东办理通商事宜时，媚外苟和，屈膝投降，与列强签订了一系列不平等的屈辱条约，举国上下，恨之如仇。

对于这两个权臣巨奸祸国殃民的行为，咸丰帝在当皇子的时候就已经十分清楚，但始终含而不露，颇有嘉庆帝之风。咸丰帝即位后，穆彰阿仍把持着朝廷各部院衙门，对新君采取了极不支持、极不配合的态度，对朝政缄口不言，以各种借口阻挠林则徐复出。这时的咸丰帝，壮志满怀，总想重振朝纲，岂能容忍穆、耆继续在朝中当国议政？但咸丰帝并没有立即动手，而是做了10个月的充分准备后才动手的。

道光三十年十月二十七日（1850年11月30日），咸丰帝为结发之妻孝德皇后举行了隆重的册谥礼，翌日以册谥礼成，颁诏全国。正当新君即位之初的一系列重大礼仪活动紧张而有秩序地进行的时候，咸丰帝突然颁发了一道破例未经军机大臣拟旨，而由他自己亲笔撰写的上谕，名为《罪穆彰阿、耆英谕》。这种突如其来的做法，连他的列祖列宗都很少用过，震惊了朝野。咸丰帝在这道谕旨中，历数了穆、耆二人的种种罪行，针针见血，切中要害。咸丰帝考虑到“穆彰阿系三朝旧臣，若一旦置之重法，朕心实有不忍，著从宽革职，永不叙用。耆英虽无能已极，然究属迫于时势，亦著从宽降为五品顶带，以六部员外郎候补”。此谕一出，京城内外，朝野上下，一片赞扬声。人们奔走相告，拍手称快，压抑心中多年的闷气、怨气一扫而空，称颂国家有

定陵神道碑碑身也是宝华峪的旧件

幸，新君圣明。

尽管咸丰帝即位初期很想有所作为，但这时的清王朝如同要倒的高楼，独木难以支撑；如同病入膏肓的患者，神医妙药也难以治愈。内忧外患，积重难返，终于使他无可奈何，锐气大减，最后面对外敌入侵，竟放弃都城逃跑，死于他乡，给他的列祖列宗，也给中国人民丢了脸，抹了黑。

只差一个月没当上真皇后

皇后是国母，在封建社会，是无数女人梦寐以求的最高目标。有一位女人本来再过一个月就可以名正言顺地坐在大清皇后的宝座上了，可是未想到这时她却与世长辞，与皇后桂冠擦肩而过。这个女人是谁？她就是咸丰帝的结发之妻萨克达氏。

萨克达氏是太仆寺少卿富泰的女儿。道光二十八年（1848年）二月，经道光帝指婚，萨克达氏与17岁的皇四子奕詝成婚。婚后刚一年零九个半月，萨克达氏就于道光二十九年十二月十二日（1850年1月24日）已刻病死了，再过32天，皇后的桂冠就要戴到头上了，看来萨克达氏实在福薄命苦，没有当皇后的命儿。

正在为亡妻治丧之际，皇父道光帝又死了，刚即位的咸丰帝当然要以皇父的丧事为主，所以萨克达氏的丧礼显得不太气派隆重。萨克达氏的棺椁最初停在京城内的吉安所，6天后，又移到京西的田村殡宫。咸丰帝尽管国事繁忙，日理万机，并没有忘记这位结发之妻。他在举行完登极大典的第二天，咸丰帝就追赠萨克达氏为皇后，于道光三十年十月二十七日举行册谥礼，谥号为孝德皇后。咸丰帝在册文中深情地说：“方冀永绥福履，何期顿阻音容？芝寝匳空，椒涂鉴失。”表达了对发妻过早谢世的惋惜之情。

按清朝制度，死于皇帝之前的嫡皇后是要葬入皇帝陵的。咸丰帝刚即位，陵寝还未营建，所以孝德皇后的梓宫只好继续停放在田村殡宫，未想到咸丰帝的陵寝到咸丰帝驾崩也未建成，萨克达氏的梓宫在田村整整停放了11年。同治元年(1862年)九月，孝德皇后梓宫随咸丰帝梓宫奉移到东陵附近的隆福寺暂安，又在那里停放了3年。同治四年（1865年）九月，定陵完工。同年九月二十二日，孝德皇后梓宫才与咸丰帝一起葬入了定陵地宫。萨克达氏死于道光朝，入葬于同治朝，死后历经三朝才入葬，这在清朝是不多见的。

方城月台两侧设石栏杆为定陵首创

方城前的带叠落月台的礓嚓为定陵首创

第二节　精美豪华的定东陵

慈安太后便服全身像

慈禧太后朝服全身像

根据清朝皇后陵的命名方法，我们知道定东陵是咸丰帝的皇后陵，位于定陵的东侧。定东陵包括慈安皇太后的陵和慈禧皇太后的陵，这两座陵都称定东陵。为了区别这两座陵，就在“定东陵”的前面冠以陵所在的地名，慈安的陵位于普祥峪，所以就叫普祥峪定东陵；慈禧的陵位于菩陀峪，所以就叫菩陀峪定东陵，这样一看陵名就可以知道是谁的陵了。但这样的陵名叫起来很拗口，于是人们干脆就称慈安陵和慈禧陵了。

慈安陵和慈禧陵西距定陵只有一里之遥。两座陵都面南背北，规制一样，同时动工，同时完工，其间只相隔一条马槽沟。

定东陵主体建筑群

菩陀峪定东陵前景

一、定东陵的营建

怎样为两位皇太后建陵

为两位皇太后是建一座陵，还是建两座陵？如果是建一座陵，应该怎么建？

大臣最初的意见是为两位皇太后建一座陵。如果是同陵同穴，就是将来将两位皇太后的棺椁放在一座地宫内，左右并排安放；如果是同陵异穴，就是一座宝城下建两座地宫，一人一座地宫；或在一座陵内建两座宝城宝顶，两座地宫，就像景陵皇贵妃园寝那样。《样式雷图档》告诉我们，还有将定陵妃园寝改建为皇后陵的方案。在这个方案中，仿景陵皇贵妃园寝的形式，在园寝的后院众妃宝顶前面并排建两座方城明楼、宝城宝顶。仿慕东陵形式，用一道内罗圈墙将两座方城明楼、宝城宝顶围起来，与后面的众妃嫔宝顶相隔离。《样式雷图档》还告诉我们，曾想仿照景陵皇贵妃园寝格局建一座皇后陵，后院并排建两座方城明楼、宝城宝顶，方城前各设台石五供，隆恩殿一座，为两位皇太后共用。在隆恩殿左右的面阔红墙上各辟一座陵寝门，分别与一座方城明楼相对。东西配殿、燎炉、隆恩门、值班房、朝房、神厨库等均为两皇太后共用。神道碑亭一座，但并排立神道碑两统，分别镌刻两位皇太后的谥号。

以上各方案都未能得到皇太后的认可。最后决定给每位皇太后各建一陵才使得两位皇太后心满意足。

陵址的选定

皇后陵的陵址，又好选又不好选。说它好选，是因为皇后陵只能建在皇帝陵的旁边，不是左就是右，选择的范围比较小；说它不好选，是因为在这么小的范围内选出上吉佳壤、风水宝地，实在难找。定东陵选址就遇到了这种难题。

普祥峪定东陵隆恩殿

称慈安、慈禧为皇太后是相对同治帝和光绪帝而言的。如果对宣统帝而言，应该都称太皇太后，如果对咸丰帝而言，则二人都是皇后。给咸丰帝的皇后选址建陵，只能在定陵的旁边，而且皇后陵的山脉、水系与定陵是同脉，而定陵的附近很难找到理想的佳壤。因为从雍正帝选吉地，一直到咸丰帝选陵址，东陵境内的几乎所有地方都让风水官们踏过不知多少遍了，好的地方都早已被占用了，再想找到好的风水宝地实在不易，可再不好找也得找，这下可把相度大臣和风水官难坏了。一开始是好中选优，继而是不拘小节，迫不得已而求其次，最后只有“矬子里拔将军”。

咸丰帝的定陵位于平安峪，是东陵境内最西边的陵。定陵西边是波涛汹涌的西大河，如果在定陵西边选，只能在西大河的西边选。这些风水官在西边找到了两个地方，一是成子峪，一是松树沟。这两个地方道光帝和咸丰帝都选看过多次。成子峪虽然称得上上吉佳壤，但是考虑到有西大河相隔，将来神路难与孝陵主神路相接，因而未被选中。这次成子峪又被列为备选吉地，最后以与定陵不是出自一脉，况且最宽处才二十丈，地多坑谷，难以施工为由而被放弃。松树沟不仅龙势聚顶，高而不下，并无脉气穴情，而且与定陵也不是一脉，因而也被放弃。定陵以西的地方已无地可寻，那就只得考虑定陵以东了。定陵以东有四个地方与定陵属于同一脉，那就是羊肠峪、顺水峪、平顶山、菩陀山。再往东就是裕陵妃园寝了，不能考虑，只能在这四个地方选。羊肠峪虽与定陵同脉，但山水无情，不适合建陵，不用考虑。顺水峪已建了定陵妃园寝，也不必考虑。四个地方已有两个地方不能用了，就剩下平顶山和菩陀山两个地方了。这就意味着这两个地方用也得用，不用也得用。为此，风水官对这两个地方进行了非常精彩的描述：

谨看得定陵一脉迤东附近内菩陀山山势尊严，由昌瑞山来龙至凤台山过峡起，金星圆顶开面落脉，结咽束气，顿挫而下，结成突穴。左右护砂环绕，界水分明，堂局严密，唇气纡徐，内水宜出于丁未方，立壬山丙向兼子午分金，前面平安岭为玉几案，案外金水大山为芙蓉帐，上吉之地。

又谨看得定陵一脉普陀山迤西平顶山，山势秀丽，由菩陀山分支，过峡顿起土星平顶，开面落脉，结咽束气，曲折而下，结成窝穴。左右护砂回环，界水分明，堂局整齐，唇毡平坦，内水宜出丁未方，立壬山丙向兼子午分金，前面平安岭为天财案，案外金水大山为芙蓉账，上吉之地。

慈安、慈禧两位皇太后对风水之术外行，对风水官的描述也是半信半疑，为了慎重起见，同治十二年（1873年）三月十五日，借同治帝去东陵祭祀咸丰帝的机会，两宫皇太后到实地亲自看了一遍，见那里“地势雄秀，山川环抱”，她们深感满意，三月十五日奉朱笔：“平顶山改名普祥峪，菩陀山改名菩陀峪。”三月十九日正式确定普祥峪为慈安的万年吉地，菩陀峪为慈禧的万年吉地。陵址的选定历时七年，终于定了下来。

赐吉地以佳名

从道光帝将东陵界内的绕斗峪改名为宝华峪开始，以后选择万年吉地，无论是皇帝的还是皇后的，都要赐以佳名，叫××峪，成了定制。当然这里有一个前提，就是如果原来的名字很好，很吉祥文雅，也就不必改了。如咸丰帝的定陵所在地原来叫平安峪，这个名字很好听，所以就没赐佳名，仍用原来的名字。这次给两位皇太后所选的万年吉地，慈安的吉地叫平顶山，慈禧的叫菩陀山，既有些土气，又不带峪字，所以同治十二年三月十五日，同治帝以朱笔书写的形式，亲自赐给这两个吉地以佳名：平顶山改名普祥峪，菩陀山改名菩陀峪。在正式陵名确定之前，慈安的陵就叫普祥峪万年吉地，慈禧的叫菩陀峪万年吉地。

菩陀峪定东陵方城明楼及石五供

钦派承修大臣

同治十二年（1873年）三月十九日正式确定普祥峪为慈安的万年吉地，菩陀峪为慈禧的万年吉地，同一天，同治帝任命了两陵的承修大臣。

普祥峪万年吉地承修大臣有：

奕誴：和硕惇亲王，他是道光帝的第五子、咸丰帝的五弟

全庆：协办大学士

春佑：总管内务府大臣、都统

荣禄：工部右侍郎

菩陀峪万年吉地承修大臣有：

奕譞：和硕醇亲王，道光帝的第七子、咸丰帝的七弟

英元：左都御史

魁龄：总管内务府大臣、吏部左侍郎

明善：总管内务府大臣

六天后，因为英元的差务比较忙，兵部尚书英桂顶替英元成了承修大臣。

这两陵领头的承修大臣都是道光帝的皇子、咸丰帝的御弟，其他承修大臣都是两宫皇太后的亲信和实权人物。很显然这是禀承两宫皇太后的旨意任命的，甚至有可能就是两宫皇太后直接提供的名单。

集各皇后陵之大成的陵制

吉地选好了，承修大臣任命了，具体的陵寝规制又使承修大臣们很伤脑筋。到了同治朝晚期，清朝已建了5座皇后陵，但这5座皇后陵各有特点：孝东陵因为是第一座皇后陵，存在着一些不完善的地方；昭西陵因为是由暂安奉殿改建的，地理位置又特殊，所以在规

菩陀峪定东陵陵寝门

制上有许多特殊之处；昌西陵是在清朝最困难的时候临时赶建起来的，规制低、规模小；慕东陵是由妃园寝改建的，规制更为低下；惟有泰东陵规模宏大，制度最为标准，可是与昭西陵相比，又少建了一座神道碑亭。这5座皇后陵的规制，两宫皇太后都不满意。怎么办？于是承修大臣调用了许多陵寝的工程黄册（建筑档案），进行参考。最后两位皇太后是这样决定的：总体规制上仿泰东陵，仿昭西陵添建神道碑亭，仿昭西陵三座门样式建陵寝门，地宫仿道光帝的慕陵地宫。这就是说两座定东陵是集清朝各皇后陵之大成，成了清朝规模最大、规格最高、制度最完备的皇后陵。

兴工前的两个难题

第一个难题是两陵穴位不平列。承修大臣们带领风水、设计书算人员到万年吉地现场撒灰线，定穴位，发现两陵穴位不能平列，南北相错。就是说慈安陵靠后（北），慈禧陵靠前（南）。这样从外观上既不好看，同时也显得有尊卑之分。于是奕淙、奕谟联名把这一情况上奏，建议把普祥峪志桩下移一丈五尺二寸，西移四尺七寸五分，把菩陀峪志桩上移七尺四寸，东移八寸，两陵位置就可以平列了。七天以后，两宫皇太后批准了他们的建议，这一难题得到了解决。

第二个难题是地势低洼，水坑、沼泽遍地，这是建陵最忌讳的。承修大臣和风水官们经过商议，决定“采运客土，增培补垫”的方法。他们四处寻找，在南口子门外、南新城西面找到了一块地方，土质完全符合要求。这块地有一顷二十五亩三分六厘。经奏准，责成遵化州从其他地方拨补土地，把这块地方平均挖取五尺深，将所挖出的土运往普祥峪、菩陀峪铺垫，这一难题也得到了解决。

万事俱备，只等兴工。经钦天监敬选吉期，于同治十二年八月二十日午时（1873年10月11日中午12点）两陵同时破土兴工，历经6个寒暑，于光绪五年六月二十二日（1879年8月9日）两陵同时全工告竣。慈安陵用银2665743.823两，慈禧陵用银2275818.046两。

二、慈禧陵的重修

慈禧为什么要重修自己的陵寝

慈禧陵是于光绪五年六月二十二日完工的，可是到了光绪二十一年竟对其陵寝进行一次全面大修。方城、明楼、宝城宝顶、隆恩殿、东西配殿全部拆除重建，其他建筑全部揭瓦大修。这次大修历时13年之久，相当于建两个陵的时间。

慈禧陵从建成到光绪二十一年，刚16年，还应该算新陵。为什么刚建成16年就要如此大修呢？

按官书记载，是慈禧陵的某些建筑有了问题。光绪二十一年（1895年）八月，东陵守护大臣向朝廷奏报慈禧陵部分椽飞、望板出现了糟朽，头停出现了渗漏，有的砖块、石构件酥碱、裂缝，要求派大臣到慈禧陵验看勘估，进行维修。慈禧抓住了这一机会，先后三

慈禧陵西配殿贴金的和玺彩画和扫金雕砖的墙壁

次派出心腹大臣前往勘估。这些大臣都是慈禧的亲信，他们早已摸透了慈禧的脾气秉性，因此上报的维修项目越来越多，维修规模越来越大。本来慈禧陵经过简单修补就可以，却被人为地六次升级，最后导致全面大修。

我们知道慈安陵与慈禧陵是同时动工营建的，又是同时完工的，所用的建筑材料和工程做法都是一样的，慈安陵至今也未进行如此大修，可是与经过大修的慈禧陵相比，也看不出明显的破旧，这表明当时的慈禧陵完全没有必要进行如此大规模的重修。

既然这样，那慈禧为什么还要对她的陵寝进行大修呢？这背后的原因，官书上是不可能记载的，从清宫档案中也不会找到答案的。笔者认为这是慈禧的本性所决定的。慈禧穷奢极欲，挥霍无度，她为了安逸享受，耗费巨资，大修三海，兴修颐和园，资金不足，不惜挪借海军经费。光绪二十一年（1895年），三海和颐和园工程先后完工，慈禧觉得归政后有了颐养之所，归天后更需要有一个称心如意的阴宅。本来慈禧的陵寝与慈安的陵寝是一样的，但素不甘居人下、喜欢出风头的慈禧并不心满意足，慈安在世的时候，慈禧总觉得慈安压自己一头，胸中有一口气出不来。慈安死了，她利用一人垂帘听政、独掌朝纲的机会，决心在陵寝上超过慈安，这是她重修陵寝的主要原因，陵寝建筑出现一些毛病只不过是引火线和借口而已。

重修时的社会背景

光绪二十年（1894年），中国在甲午中日战争中遭到了惨败，第二年与日本被迫签订了屈辱的《马关条约》，割让土地，丧失主权，赔白银二亿两，其他帝国主义也趁火打劫，掀起了第二次瓜分中国的高潮，中华民族面临着亡国灭种的危险；在国内，从光绪十八年（1892年）到光绪二十一年（1895年），各种自然灾害连续发生，波及大半个中国，尤其以光绪二十年、二十一年为最重。京畿地区，山洪暴发，江河涨溢，各州县“尽成泽国，田庐多被漂没，并有淹毙人口情形，居民荡析离居”，这些地区“大水饥馑，米价昂贵，人民鬻女抛男不可胜计”，挣扎在死亡线上。光绪帝面对国家如此悲惨局面，“宵旰徬徨”，真想“临朝痛哭”一场。慈禧陵的重修工程就是在国家和民族处于内忧外患、灾难深重的严峻时刻进行的，所以说慈禧穷奢极欲、祸国殃民一点也不屈枉她。

重修后的慈禧陵什么样

重修后的慈禧陵与重修前相比，主要有7个方面的变化，其区别主要集中在隆恩殿和东西配殿上（以下简称三殿）：

1.重修慈禧陵时，将重建的建筑石料由原来的白渣石全部改为艾叶青。艾叶青是大理石的一种，浅灰色、青灰色，并有各种灰色花纹及斑痕的大理石，其质地均匀细致，可与汉白玉媲美。抛光后有“淡青”之感，有如“艾叶”，故自古有“艾叶青”之美称，是很著名的一种彩石。这种石料主要产于北京郊区周口店一带及房山区西山的石窝村，乾隆帝的裕陵所用的石料全部为艾叶青。人民大会堂门前的大石柱也是用艾叶青装饰的。

2.三殿的主要木料改用名贵的黄花梨木。黄花梨木纹理精细美丽，坚硬有光泽，适于打造上等家具和雕刻各种活件，产于我国的南方，因为产地远，产量少，木质好，所以极为贵重，高大建筑使用这种木料极为少见。

3.新颖独特的彩画。重修前的慈禧陵三殿的彩画，采用传统做法，先在木件上披麻挂灰做地仗，然后施以金琢墨旋子大点金彩画。重修后的慈禧陵三殿彩画，木件上不披麻挂灰做地仗，而是直接在黄花梨木上沥粉贴金，而且所用的是等级最高的和玺彩画。

4.雕砖扫金，全部干摆的墙壁。重修前的慈禧陵三殿墙壁上身糙砖灰砌，外侧抹饰红灰，提刷红浆，内侧抹饰黄灰，提刷黄浆，墙的下碱内外全部用澄浆砖干摆磨细。重修后的三殿墙壁一改重修前的通常做法，墙体上下内外全部是澄浆砖干摆，外侧顶部拔檐立面雕刻万蝠流云图案，内侧上身每间中心雕刻“五蝠捧寿”，四角雕刻盘肠和绶带，“卍字不到头”图案为地，寓意“万福万寿”、“福寿绵长”、“万代福寿”，这些图案分别环以回纹、掐珠子、缠枝莲花三层边框。三殿内壁雕

菩陀峪定东陵隆恩殿东侧石栏杆

砖总面积为228．44平方米，全部扫金。凹进部分用黄金粉，色泽发白，凸出部分用红金粉，色泽偏红，红白金色交相辉映，形成亮度反差。

慈禧陵隆恩殿内新修复的盘龙柱

5.金龙盘柱。重修前，只有隆恩殿中间的四根金柱用贴金沥粉缠枝莲花，其余所有柱子全部为红油漆。而重修后的慈禧陵三殿，外露的每一根柱子上都盘绕着一条镀金的铜龙，龙身最粗处直径达35厘米，柱根周圈饰以寿山福海和八宝图案。更为独特的是，一般盘龙都是头上尾下，而慈禧陵柱子上的盘龙却是尾朝上，头在下又抬起。据在慈禧陵当过差的老人讲，每当开启殿门，由于空气流动，龙须微微颤动，栩栩如生，威严恐怖之感油然而生。三殿共有64根这样的金龙盘柱。

菩陀峪定东陵隆恩殿周围石栏杆之栏板

6.精雕细刻的石栏杆。重修前，隆恩殿周围的石栏杆为龙凤望柱头，柱身、栏板和抱鼓石上只雕刻了简单的线条。慈禧陵重修后，望柱头一律改刻为翔凤，柱身内外两面各雕刻一条昂首的升龙，龙的下面是海水江崖，栏板两面雕刻的是“龙凤呈祥”图案。这些图案并没有采取龙凤相对的传统形式，而是凤在前飞，回首顾盼，龙在后面紧紧跟随，龙凤的下面

被盗前慈禧陵隆恩殿天花板

刻海水江崖。一般在抱鼓石上很少雕刻图案，慈禧陵重修后，在抱鼓石的鼓面上雕刻了一只展翅欲飞的彩凤，立于山石之上，俯首下看，鼓面下面有一条龙在海波上穿云飞腾，仰望上面的彩凤。望柱、栏板和抱鼓石上的这些图案其实都是“龙凤呈祥”的变体，不仅形式新颖，似乎贯注了一种特殊含意，在龙凤图案雕刻中可称得上别开生面，独树一帜。在隆恩殿周围的栏板和抱鼓石上雕刻图案，在清朝关内皇陵中仅此一例，即使紫禁城的前三大殿周围的三层石栏杆上也没有龙凤呈祥图案雕刻。

7.玲珑剔透的御路石。清朝帝后陵的御路石大都是龙凤左右排列，只有慈安陵和慈禧陵的御路石是凤在上，龙在下。慈禧陵的御路石本来雕刻得十分精美，在重修时却被废掉了，现陈放在慈禧陵前。重修时采用高浮雕加透雕的方法，重新雕刻了一块御路石，虽然还是龙在下，凤在上，图案与前一块基本一样，但雕刻技艺和纹饰上比原来那块明显更胜一筹。在龙的腿、尾、须部，凤的嘴、冠、腿部有10处透雕，立体感强，形象更为逼真。莲花组成的边框中加进了团寿、佛手、桃的图案，与三殿的彩画和墙壁的雕刻图案内容保持了一致。这块玲珑剔透的御路石可以说是我国石雕艺术中的珍品。

这次重修，共用叶子金4592.1403两，其中三殿就用了3823.777两，占总量的83%。经现场统计，三殿共彩画金龙3177条，加上柱子上的盘龙、石栏杆和御路石上雕刻的龙，共有龙3550条，凤241只，简直成了龙凤的世界。这些贴金的彩画、扫金的墙壁、镀金的盘龙，精美豪华，耀眼夺目，堪为清陵之冠。

三、慈禧陵之谜

葬宝

慈禧陵地宫出土之香宝

世人之所以对陵寝感兴趣，很大程度上是关注随葬珍宝。慈禧爱宝如命，在生前拼命敛财，又很想在百年之后继续拥有与生前一样的富贵荣华，所以必然要随葬大量的奇珍异宝，以供她死后在阴间享用，因此

菩陀峪定东陵地宫隧道券

慈禧内棺

100多年来，慈禧的葬宝备受世人的关注。

皇帝和后妃的随葬珍宝，在当时是绝密，不但世人不得而知，就是对朝中的大臣、各地的封疆大吏也是严加封锁，只有死者身边的亲信和心腹以及参与大殓的有关近侍人员才可能知道。

皇家为什么对随葬品如此严加保密、讳莫如深呢？其根本目的就是防盗。俗话说“眼不见，心不馋”，这些价值连城的珍宝一旦被外人知道，肯定会引起一些人的非分之想和觊觎之心，进而铤而走险，掘墓盗挖，因而必须严加保密。所以在清朝灭亡之前，慈禧陵地宫里到底随葬了多少珍宝，谁也不知道。

随着清王朝的覆亡，清宫档案的解密，慈禧的葬宝逐渐浮出了水面，被世人所探知。

目前关于慈禧的葬宝有两个截然不同的记载。一个是大太监李连英(由李国荣主编，王光越、唐益年为副主编的《清宫档案揭秘》一书中有一篇唐益年的文章《总管太监李连英的宠辱一生》中说李连英墓地碑文中用的就是“连”。他指出应该用“连”，发出疑问：为什么近百年来史家著述和民间传说都误写成莲英。——笔者注)的侄子李成武写的《爱月轩笔记》，李连英是慈禧的贴身太监和心腹，慈禧大殓（将遗体放入棺内称大殓，为死者穿寿衣称小殓）时，李连英必然在场，参与大殓。李连英死于宣统三年（1911年），李成武所以能写出关系慈禧葬宝的《爱月轩笔记》，一定与李连英有关系，很可能是李连英将慈禧随葬珍宝的底细透露给了李成武。《爱月轩笔记》记载了慈禧死后随葬了哪些珍宝呢？简要介绍如下（非原文）：

慈禧尸体入棺前，先在棺底铺上一层金丝镶珠宝的锦褥，厚7寸，上面镶着大小珍珠12604粒，红蓝宝石85块，祖母绿2块，碧玺、白玉203块。在锦褥上，又盖上一条绣满荷花的丝褥，上边铺满五分重的圆珠，共有2400粒。在这层圆珠上面又铺绣佛串珠薄褥一层，褥上用二分珠1320粒。入棺前，先在头部位放置一个翡翠荷叶，重22两5钱4分。荷叶满绿，叶筋不假人工雕刻，为天然长就，甚为珍贵。脚下部位放置一个重36两8钱的粉红色荧光夺目的碧玺大莲花。慈禧尸体入棺后，头顶荷花，脚蹬莲花，寓意“步步生莲”，使亡灵尽快进入西方极乐世界。

慈禧遗体上穿着多层寿衣，仅金丝串珠丝绣礼服和外罩绣花串珠褂两件，就用了大珍珠420粒、中珠1000粒、一分小珠4500粒、宝石1135块。慈禧胸前佩戴着两挂朝珠和各种佩饰，用珠800粒、宝石35块。另外还有串珠九链，围绕全身。在臂间摆放18尊蚌佛，身上又盖有织金陀罗尼经被，被上用真金捻丝织出佛像、佛经，极为精致，经被之上还铺珠820粒。慈禧头戴珠冠一顶，冠上镶嵌着外国进贡的一颗鸡卵一样大小的珍珠，为稀世珍宝。在她身旁还有金、翠、玉、红宝石雕制的佛像各27尊，共108尊。其中金佛每尊重8两，翠、玉佛每尊重6两，红宝石佛每尊重3两5钱。在慈禧尸体左边，还放着一枝玉藕。藕分三节，沾有天然生就的灰色泥污，藕上长出绿色荷叶、粉红莲花，另外还有一颗惟妙惟肖的黑荸荠。右边，放着一枝红色的珊瑚树，上有樱桃一枝，青根、绿叶、红果，树上停落一只翠鸟。在慈禧脚下，左右各放置一个西瓜、两枚甜瓜。西瓜为翡翠所制，青皮红瓤，黑子白丝。四枚翡翠甜瓜，两枚白皮、黄籽、粉瓤；两枚青皮、白籽、黄瓤。此外，还有青色粉尖的翡翠桃10个、黄宝石李子100个、红黄宝石杏60个、红宝石枣40个。在大小200来件雕刻的果品之外，又有王公献的两颗翡翠白菜。这白菜绿叶白心，在菜心上落着一个满绿的蝈蝈，菜心旁还停着两只黄色马蜂，选料、雕琢都恰到好处。为了填补棺内的空隙，棺内另外撒了大约四升珠宝，即有八分大珠500粒、二分珠1000粒、三分珠2200粒、红蓝宝石2200块，仅这一项就价值白银223万两。最后盖上一件网珠被，被上用了二分重的珠子6000粒。正要上棺木子盖时，一位公主又赶来献宝：玉制的八匹骏马和十八玉罗汉。这十八罗汉高不及2寸，白身，白足，着穿黄鞋，披红衣，手执红莲花。公主献完宝物，复盖上网珠被，再扣上棺木子盖，才封闭棺盖。

1984年1月清理人员打开棺盖后看到的情景

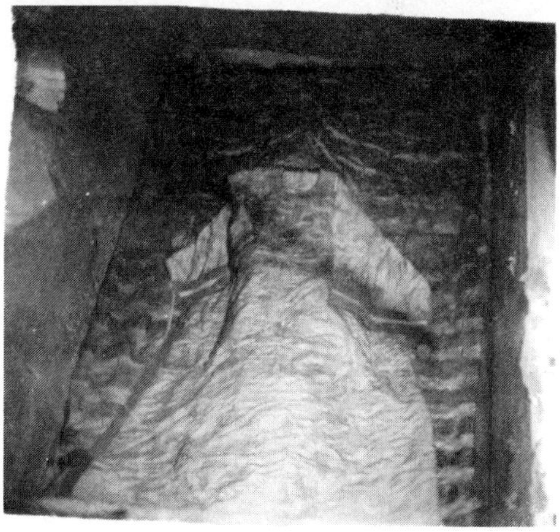

慈禧遗体被服覆盖

关闭的慈禧地宫石门

慈禧陵地宫第一道石门

另一个记载是清宫档案。民国二十二年（1933年），《故宫周刊》将清宫档案《内务府簿册》上载的慈禧的随葬品，进行了原文连载。笔者曾托故宫博物院宫廷部副主任、清史专家苑洪琪研究员全部抄录了一份，因为文字太多，占用篇幅过长，这里只将《清宫述闻》一书对上述慈禧葬宝进行概括性缩写的一段文字抄录于下（载《清宫述闻》第869页）：

> 殓入棺中珠宝玉器有：正珠、东珠、红碧玺、绿玉珊瑚寿字、珊瑚喜字、珊瑚雕螭虎、龙眼菩提等朝珠。大正珠、正珠、东珠、红碧玺、紫碧玺、绿玉莲子、珊瑚圆寿字等念珠。绿玉兜兜练。正珠挂纽。金镶正珠、金镶各色真石珠、金镶珠石、金镶各色真石，白钻石葫芦。金镶红碧玺正珠、金镶籐、镀金点翠穿珠珊瑚龙头、白玉镶各色真石福寿、绿玉镯。正珠、东珠、金镶正珠龙头等软镯。绿玉、茶晶、白玉皮、玛瑙等烟壶。洋金镶白钻石、洋金镶珠带别针等小表。洋金白钻石宝桃式大蚌珠、白玉羚羊等别子。白玉透雕活环葫芦、绿玉透雕活环、珊瑚鱼等珮。汉玉珞、汉玉仙人、汉玉洗器。白玉猫、黄玉杵、汉玉针、汉玉羚羊、雕绿玉扳指。蓝宝石、红碧瑯、紫宝石、子母绿、茄珠、大小正珠、绿玉、蚌珠、绿玉镶红碧玺等抱头莲。珊瑚绿玉金镶红白钻石等蝙蝠。金镶红白钻石蜻蜓。金镶白钻蜂。红碧玺、绿玉穿珠菊花。金镶各色珠石万代福寿。金镶钻石等冠口。金翠珠玉等佛手簪。红碧玺、绿玉、珊瑚、红蓝宝石、红白钻石、子母绿等镏。黄宝石、钻石、红碧玺、白钻石、大正珠等帽花。

上面的两种记载,可以说几乎没有相似之处。一个是李连英后人所写，一个是清宫档案，可信度和权威性都很高，到底哪个准确？真是令人难下断语。笔者认为还是清宫档案更为准确。理由是：

1.清宫档案是当时情况的真实记录，没有篡改和做假的可能。其真实性和可靠性远远超过了任何文献，尤其是私人笔记。

2.慈禧的随葬珍宝与其他帝后的随葬珍宝相比，只能是价值和数量的上的区别，其品种和类别应是一样的。随葬物品一是服装衣物，包括衣服、被褥、鞋袜、冠帽、绦带；二是首饰，其中以朝珠、戒指、手串、镯子、簪、耳环等为主；三是生活用品，如耳挖、指甲套、怀表、别子、带勾、荷包等。慈禧的随葬品再多再值钱，也不会超出这些物品来，更不可能会出现完全不一致的现象。而《爱月轩笔记》所记的随葬品中首饰类和生活用品类几乎没有，这与清朝随葬品的惯例不符。

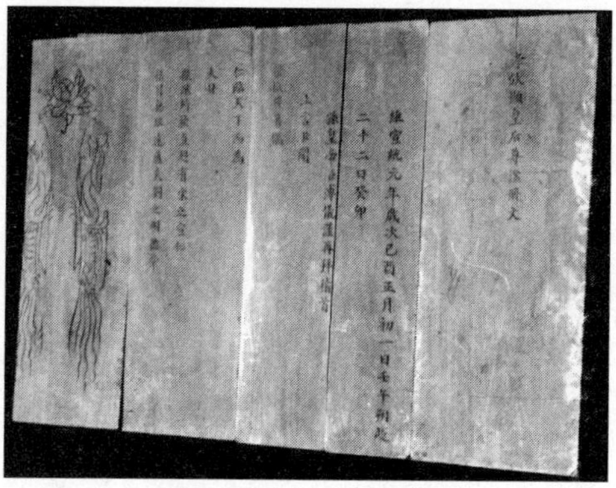

地宫出土慈禧香册

3.《爱月轩笔记》毕竟属于私人笔记，即便其作者真的是从李连英那里得到的材料，李连英也只能根据自己的记忆复述，李连英的记忆力再好也不会连多少颗珍珠、宝石，各物品的颜色、尺寸、重量都记得丝毫不差。

另外，关于《爱月轩笔记》这本书，笔者在三十年前就听说，但所知道的《爱月轩笔记》内容都是其他书籍转引的。笔者为了找到《爱月轩笔记》，跑遍了北京图书馆、故宫图书馆、中国第一历史档案馆，并与许多专家学者打听，想看看《爱月轩笔记》的原件，至今也未能如愿。这笔记存于何处至今也是个谜。

御路石

慈禧陵重修时，把本来很精美的御路石也给废掉了，埋进了陵外的垃圾堆。70年后的1965年才重见天日。清东陵文物保管所将它陈放在慈禧陵的前面，供游人观赏。细心人发现，这块御路石与后来重新雕刻的御路石相比，除了雕刻手法改用透雕，边框上部增加了团寿字、石榴、佛手、桃之外，还有一个变化，那就是原来御路石海水江石上的小动物不见了。为什么新雕刻的御路石取消了这只小动物呢?

被废弃的慈禧陵御路石

关于这只小动物可有说道呢，传说这只形似壁虎的小动物叫“守宫”。它有一种特殊的功能，每天喂它朱砂，当吃到七斤朱砂的时候，将它杀死，阴干，磨成粉末，再用朱砂调成汁子，将其点在女人的前额和臂膀等容易看到的部位，如果这个女人红杏出墙，有不贞节的行为，那红点立即消失，以此检验女人贞节与否。守本分的女人对它并不惧怕，而那些不甘寂寞、总想红杏出墙的女人则对“守宫”极为反感和惧怕。民间传说慈禧陵重修与这个“守宫”有直接的关系：慈禧陵建成后，慈禧亲自到陵上阅视，她看到金碧辉煌的陵寝非常高兴，可是在不经意中看到了御路石上的这只守宫，立时气炸五脏六肺，头直发晕。在她看来，这简直是对她的莫大侮辱，是暗中讽刺她有不贞洁的行为，但当场还不便发作，这只守宫竟成了她的心病。为了除掉这块心病，才导致了陵寝的重修，慈禧借机废掉了这块刻有守宫的御路石。

这完全是无稽之谈。这只小动物根本不叫守宫，应该叫蜥蜴，是萨满教中的一种吉祥物。它口吐祥云，十分可爱，给人带来吉祥。在御路石上刻蜥蜴十分普遍，在清陵中，泰陵、昌陵、慕陵、定陵、惠陵、昭西陵、慈安陵的御路石上都雕有这只蜥蜴，不仅皇陵的御路石上雕蜥蜴，在孝陵神功圣德碑亭的水盘上、慕陵神道碑亭的券脸石上、慈禧陵神道碑亭的水盘上也都雕有这种小动物。不仅皇陵石雕刻中有这种小动物，西陵永福寺的牌楼门的石柱上和北京紫禁城慈宁宫、慈宁门的御路石上也都雕有蜥蜴。这充分表明这种小动物就是吉祥的象征，根本就不是民间所说的那样。

菩陀峪定东陵废御路石上的蜴蜥

既然蜥蜴是吉祥的象征，为什么在重雕慈禧陵的御路石时，取消了这只吉祥物呢？现在还是一个谜。

龙山石

龙山石就是位于棺椁四角，固定棺椁的一种石构件，上面雕刻云龙和海水江崖。有的棺椁用4块，每角1块。有的棺椁用8块，每角2块。慈安陵和慈禧陵每陵各为4块。后来在慈安和慈禧入葬后，都没有使用龙山石。至今这两陵的龙山石都存放在各陵的神厨库内。为什么准备了不用？这个谜多年来未能解开。近年来清宫档案帮助我们解开了这个谜团。原来大臣们查阅以前皇陵档案得知昌西陵、慕东陵都未使用龙山石，于是他们遵照以往“成

慈禧陵龙山石无榫

慈安陵龙山石有榫

慈禧陵东下马牌

慈安陵东下马牌（大）

案”办理。所以慈安陵和慈禧陵尽管已将龙山石雕刻好了，也没有使用。还有令人不解的是，本来每陵是4块龙山石，而现在都只有3块，是遗失了还是另有他用？为什么两陵都少了1块？还有，慈安陵的龙山石底部有榫，将榫插入石棺床上，稳定性极好。而慈禧的龙山石底部却没有榫，是平的。这样只能是将龙山石摆放在棺的四角，无法稳定棺椁。两陵是一起建的，而且建在一起，为什么龙山石不一样？

下马牌

清朝陵制，凡皇帝陵和皇后陵，每陵都设下马牌1对，分立于陵前两侧。每块牌身两面各用满、蒙、汉三种文字镌刻“官员人等至此下马”字样。清东陵和清西陵共有17对下马牌，有16对都是“官员人等至此下马”，惟独慈禧陵的下马牌上镌刻的是“官员至此下马”，少了2个汉字，但满、蒙两种文字却与其他下马牌的一样，字数并没有减少，这又是为什么？

菩陀峪定东陵东下马牌文字不带“人等”二字

慈禧秘密取走金井内的珍珠手串

为了镇墓、驱邪、息壤，在陵寝建成后至墓主人入葬前，要往金井内放一些珍贵的物品。慈禧陵建成后，慈禧先后六次往金井内放了30件珍贵物品，第三次光绪十六年闰二月十九日放入的5件物品中，有一件珍珠手串。清宫档案是这样记载这件手串的：

> 大珠子手串一盘，计十八颗。红碧玺佛头塔，绿玉双喜背云，茄珠坠角二个，珊瑚宝盖，绿玉、珊瑚杵各一件，绿玉结二十个，小正珠四颗。

光绪二十四年闰三月初五日，慈禧秘密派人到东陵，从金井里取走了这件珍珠手串。

皇宫里奇珍异宝无计其数，手串既然已经放入金井了，为什么还要取走？这些在档案中都没有说，看来只能成为难解之谜了。

慈禧陵的神道为什么拐了一个直角弯

慈禧陵神道的拐弯处是直角的

皇陵的神道除陵宫部分（神道碑亭以北）为直线外，其前导部分都是弯弯曲曲的。据说神道最忌讳笔直和直角弯。弯曲代表吉祥，而笔直表示凶煞。直角弯显得生硬，看起来也让人不舒服。慈安陵的神道，在神道碑亭前的大泊岸以下，向西拐了一个弧形弯，然后弯弯曲曲与定陵的神道相接。慈禧陵与慈安陵并排，慈禧陵的神道，在大泊岸以南向西拐与慈安陵神道相接。令人不解的是，慈禧陵的神道拐的不仅不是弧形弯，而是非常标准的90度直角弯。慈安陵的神道是先建的，两陵紧相连，为什么不效仿近在咫尺的慈安陵？当时的工程设计人员应该懂得神道弧形的弯曲吉，直角、直线凶的道理，为什么慈禧陵的神道要拐直角弯？真是令人难以理解。

三殿柱子上的盘龙为什么龙头在下

太和殿内六根柱子也好，崇陵大殿内四根钻金柱上也好，天安门前后的华表也好，山东曲阜孔庙的大成殿前檐石柱也好，明清两朝皇陵的神功圣德碑亭外四角的华表也好，上面雕刻的盘龙都是龙头在上，龙尾在下。可是重修后的慈禧陵三殿的64根柱子上的镀金铜盘龙却都是龙头在下面，龙尾在上面，这是为什么？

三殿内为什么没有凤

重修后的慈禧陵，栏杆的柱头上都是凤。栏板上雕刻的是龙凤呈祥，抱鼓石鼓面上刻的是亭立的飞凤。御路石上采用高浮雕加透雕的手法雕刻着凤在上、龙在下的“龙凤呈祥”。在隆恩殿的石栏杆和御路石上共雕刻了241只凤，但是有两个奇怪的现象：

一是，虽然凤只有241只，龙有3550条之多，但凡是有凤的地方，凤总是占主体位置，而龙则占次要的附属位置。比如望柱，凤在柱头上，而龙在柱身两侧；栏板上，凤在前面飞，回首引领，而龙在后紧紧跟随；御路石，凤在上而龙在下。为什么以凤为主反而以龙为辅？人们往往将皇帝皇后比作龙凤，有人说这是在暗寓皇太后垂帘听政，作为女人的皇太后在管男人的皇帝，这是慈禧是在有意宣扬女权至上。作者不认为这样。

二是，在三殿之内，无论梁枋、天花板上，还是墙壁、柱子上，竟没有一只凤，全是龙。既然是皇后陵，为什么反倒没有凤，全是龙？既然殿外的石雕图案上都是以凤为主，为什么殿内又形成了龙的世界？

这一系列超乎寻常的做法，实在难以解释。

盗陵匪兵为什么不盗走谥册谥宝

谥册就是用檀香木制成的刻有册文的木板片。谥宝就是用檀香木做的方形木印，上面用满汉两种文字刻着死者的谥号。在死者入葬前，将谥册、谥宝提前放入地宫内的须弥座形的小石座上。令人意想不到的是，1928年7月，孙殿英匪兵竟没有将慈禧的谥册、谥宝盗走。虽然谥册已残缺不全，谥宝已有局部残破，但毕竟留了下来。盗陵匪兵为什么不将谥册、谥宝盗走？

慈禧陵地宫金刚墙上的盗口

难道是手下留情吗？那是不可能的。他们盗陵的目的就是盗宝，对于他们来说，根本就没有仁义善心和天良可言。难道是匪兵认为谥册、谥宝不值钱吗？那为什么裕陵的四组谥册、谥宝都被盗走了，而单将慈禧的留下了？实在不可思议。

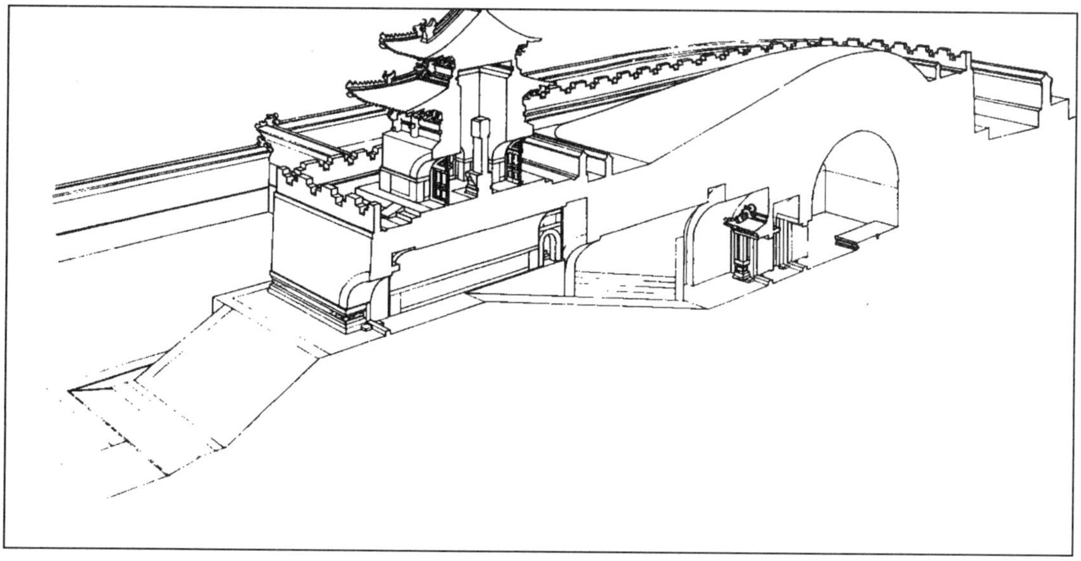

慈禧陵地宫透视示意图（王其亨绘）

慈禧的尸体为什么没有腐烂

经国家文物局批准，1984年1月5日对慈禧内棺进行了一次保护性清理。笔者是这次清理的主要成员。在清理之前，人们都认为慈禧已死77年了，一定剩一堆烂骨头了，可是事实并非我们想象的那样。慈禧的遗体还是完整的，下身还穿着裤子，肉皮贴在骨头上，是一具干尸。在一般情况下，死后70多年，早就是一堆烂骨头了，为什么慈禧死后77年仍是一具完整的干尸？现在还是一个谜。

金井内的珍宝哪里去了

我们从清宫档案中得知，慈禧在其生前先后六次往金井里放了30件珍宝，其中的十八颗珍珠的手串已被慈禧在光绪二十四年取走外，那29件珍宝哪里去了呢？现在大部分人都认为被孙殿英匪兵盗走了。可是在清宫档案中有这么一段记载：在宣统元年（1909年）慈禧入葬的当天“十月初四日辰初，载瀛恭收金井内陈设”。这表明金井内的29件珍宝被收回皇宫了。按常规做法，金井内的镇墓之宝是不收走的：当年孝穆皇后从王佐村园寝地宫起出时，曾将地宫金井中的一枚玉扳指取出，装入匣中，随同带到宝华峪陵寝地宫；惠陵地宫被盗时，盗匪曾从金井中盗走了许多珍宝；在1980年清理崇陵地宫时，金井内的珍宝全部幸存，这都证明金井内的珍宝是不取走的。可清宫档案中的“载瀛恭收金井内陈设”又怎么解释？真是叫人一头雾水。

四、慈禧的奇闻秘事

慈禧的生前死后都有许多奇特的经历，令人很感兴趣。

两次出京外逃

有清一代12个皇帝中，在列强大军压境，逃出京城避难的只有两个皇帝，一个是咸丰帝，一个是光绪帝。

咸丰十年（1860年）八月，英法侵略军攻打北京，安逸生活过惯了的八旗兵在腐败无能的将帅带领下，怎抵挡得了凶残精锐的英法联军的猛烈进攻？眼看着就要抵挡不住了，京城岌岌可危。正在圆明园的咸丰帝见大势已去，带着皇后（即后来的慈安皇太后）、懿贵妃那拉氏、唯一的皇子载淳及部分妃嫔、亲近大臣等于八月初八日偷偷地从圆明园的后门溜出，仓惶逃往热河的避暑山庄去了，第二年咸丰帝就死在了避暑山庄。这位随行的懿贵妃就是后来的慈禧。

堂堂的拥有数亿人口、号称天朝大国的大清皇帝，在本国的领土上，在有拥有数十万军队的情况下，在为数不多的外国军队的攻击下，竟然逃离京城，最后死在他乡。后来纂修《清文宗显皇帝实录》时，为了遮丑，将这次外逃称之为“木兰秋狝”，真是自欺欺人，滑天下之大稽。

40年后的光绪二十六年（1900年）的七月，八国联军进攻北京，七月二十一日北京陷落。这天的凌晨，慈禧扮作农妇，带着光绪帝、皇后再一次秘密逃出了京城。慈禧在西安躲了一年后于光绪二十七年十一月二十八日（1902年1月7日）才回到北京。慈禧这次出逃比前40年那次更为狼狈，更为凄惨，也更加丢人。

两次出逃相隔40年，两次竟然都有慈禧。这种奇特的经历在清朝皇家恐怕只有慈禧一人独有。

当过懿贵太妃

社会上普遍认为咸丰帝死后，载淳即位，懿贵妃那拉氏因为是同治帝载淳的生母，母以子贵，所以从懿贵妃直接晋尊为皇太后。但是笔者从清宫档案中发现，慈禧在咸丰帝驾崩后，在正式晋尊为皇太后之前曾当过一天的懿贵太妃。这条内务府档案的原文是这样写的：

> 咸丰十一年七月十七日由敬事房传旨："以后逢有奏项，懿贵妃写懿贵太妃。钦此。"
>
> 咸丰十一年七月十八日由敬事房传旨："懿贵太妃晋封为皇太后。钦此。"

慈禧当过懿贵太妃的这段历史，无论在清朝的官书上，还是私人笔记里，都没有记载。

死后三次入棺

一个人死后，先后三次入棺，简直是不可思议的事。然而慈禧死后，在76年的时间内，其尸体竟先后三次殓入同一口棺内，可以说是创造了历史上的奇迹。

现在的慈禧棺椁

慈禧死于光绪三十四年（1908年）十月二十二日，第二天早晨八点五分其遗体殓入棺内。这是第一次入棺。

1928年7月，孙殿英盗掘慈禧陵时，将慈禧的遗体扔出棺外。当年的8月24日，溥仪派到东陵进行重殓的皇室成员和遗臣将扔出的慈禧遗体殓入原棺内。这是第二次入棺。

1984年1月5日，国家文物局专家与清东陵文物管理处共同组成了一个清理保护慈禧内棺小组。在清理过程中，将慈禧的遗体抬出棺外。在棺内喷撒完药物后，又将慈禧的遗体抬入棺内。这是第三次入棺。

有没有被尸奸

传说，当孙殿英匪兵打开慈禧的棺盖时，只见慈禧躺在棺内的珠宝堆中，就像活着一样，皮肤细腻，有弹性，一点儿也不像74岁的老人。有位当过仵工（验尸工）的士兵，见了以后，想入非非，就奸污了慈禧的尸体。在当时的社会上，这个传闻流传很广，闹得沸沸扬扬。

慈禧真的被尸奸了吗？笔者认为那是不可能的。原因如下：

1.在打开棺盖的一刹那，看到的慈禧是面目如生，可是没过几秒的时间，慈禧的尸体就萎缩了，面部很快就变成了一副骷髅，要想奸尸已不可能。况且那时慈禧已死20年之久，与刚刚断气的身体尚有体温的女尸是绝对不一样的，奸尸根本就是不可能的。

2.孙殿英盗掘皇陵，那是冒天下之大不韪。他们做贼心虚，不敢明目张胆，利在速战速决。在打开地宫，开棺盗宝的紧张时刻，当场指挥的匪军军官也不会允许部下有这种行为。

3.笔者在1984年1月5日清理慈禧内棺时，曾亲手整理过慈禧的遗体，亲眼见到慈禧的遗体下身还穿着裤子。盗陵匪徒总不会尸奸后再给慈禧穿上裤子吧。

由此可以断定，慈禧并没有遭到尸奸的厄运。

五、对慈禧陵的误解

慈禧陵为什么在东边

凡是去过慈禧陵的人都会发现，慈禧陵位于左边（东），而慈安陵位于右（西）边。在古代，左为尊贵之位。为什么慈禧陵的位置反倒在慈安陵之上？为什么东太后葬在西面，西太后葬在东面？这是许多人想知道的。

关于这件事，东陵地区流传着两个说法。

一种说法是：本来慈安陵在东边，慈禧陵在西边。可是慈禧总觉得东边的慈安陵修得好，风水也好，而自己的陵哪方面也不如慈安陵的，由羡慕逐渐转为忌妒，进而变为图谋霸占。慈禧经过精心策划，采用“对奕赌陵”之计，三打两胜，赢了慈安两盘棋，迫使忠厚老实的慈安跟慈禧对换了陵寝。另一种说法是：西太后千方百计想谋夺慈安的陵寝，于是她处处讨得慈安对她的信任和好感，最后在慈安不备的情况下，施展毒计，害死了慈安。她趁自己一人垂帘听政、独掌朝纲的机会，在慈安死后硬是把她葬在了西边的陵内，把东边的慈安的陵留给了自己。

其实这两种说法都是无中生有，是强加在慈禧头上的不实之词。要弄清为什么慈禧陵在东边的奥秘，必须先弄清东、西太后之名的由来。东、西太后之称是根据她们生前居住的位置而起的，与她们的陵寝方位毫无关系。慈安住在紫禁城内东六宫的钟粹宫，慈禧住在西六宫中的长春宫。一个在东，一个在西，为了称呼上简便，于是就把慈安简称为东太后，把慈禧简称为西太后，当然这种称呼是不能当面直呼的。

其次，我们还应该知道，在古代，葬位与主子葬位的远近视亲疏尊卑而定，凡较亲较尊者其葬地距主位较近，反之则较远。慈安在咸丰帝生前是名符其实的中宫皇后，而慈禧仅是一名贵妃，比慈安低两级。同治帝即位，慈安被尊为皇太后，是天经地义、名正言顺的事，而慈禧晋尊为皇太后是沾了她儿子的光。所以说，无论从地位、资历上，还是从名望上，慈禧都逊于慈安一筹。关于两位皇太后的葬位，不能简单地孤立地只考虑这两陵，应该扩大范围，将定陵也考虑进去。在这个范围之内，定陵是主位，这两座皇后陵是从位、配位，是定陵的附属陵寝。在附属陵寝中，谁的地位高，谁就应距定陵近些。这样慈安的陵自然要距定陵近些，慈禧的陵略远些。定陵在西面，两太后的陵在东面，所以慈安的陵就应在慈禧陵的西面，这是兆葬制度所决定的。清宫档案和官方史书也证实，在最初选定两位皇太后的万年吉地时，就确定西面的普祥峪为慈安的陵址，东边的菩陀峪为慈禧的陵址。慈安陵在西边、慈禧陵在东边完全符合兆葬制度，是合情合理的。

慈禧陵为什么比慈安陵少花了39万两白银

慈安陵和慈禧陵在初建时，规制是完全一样的。可是在清宫档案上的记载，慈安陵却比慈禧陵多用了39万两白银。是慈禧陵的工程质量低劣吗？是慈禧陵的建筑材料不好吗？慈禧能够容忍慈安陵比自己的好吗？笔者未对清宫档案进行认真的核对，只凭对两陵的现场调查，就可以找到几个理由来：

慈安陵通向定陵的神道是比慈禧陵多修的

1.慈安陵比慈禧陵多铺了500米神道

神道宽约11米，由砖石铺墁而成。砖起码两层，最表层为干摆，砖的下面是夯土，中心道板石和牙石均为青白石。铺墁神道既费工又费钱。慈禧陵神道只是接到了慈安陵神道上，而慈安陵的神道则接到西面的定陵神道上，比慈禧陵多铺了约500米。

慈安陵西马槽沟的分岔也是比慈禧陵多修的

2.慈安陵比慈禧陵多堆了250米砂山

慈安陵的西砂山往西沿着西马槽沟北岸比慈禧陵多堆了长约250

米。砂山完全用人工堆筑，砂山周围的地面用临清砖铺墁，内外边砌成泊岸，用豆渣条石砌成。这些堆砂山的土大部分采自陵区之外，称之为“客土”。在砂山上还要栽植树木。

3.慈安陵比慈禧陵多修了400米马槽沟

马槽沟宽六七米，深二三米。两旁泊岸均用豆渣条石砌成，最上面用青白石压面，石块与石块之间用铁铸的银锭连接，沟底全用豆渣条石铺墁，条石下面是很厚的夯土层。

4.慈安陵比慈禧陵多建了一座带栏板的青白石平桥，这座桥建在了慈安陵的西马槽沟上

以上四项工程虽然不能与修建宫殿相比，但工程费用也是不小的。从清宫档案来看，慈禧陵的工程质量和建筑材料与慈安陵的完全一样，花费不同是由于位置不同，工程量不一样造成的。所以慈禧陵比慈安陵少花了39万两白银是完全可能的。

慈安陵西侧的一孔桥是比慈禧陵多修的

六、两座太后陵的疑惑

上节讲了，地位越尊贵的距定陵越近。有人会问：定陵妃园寝在两座太后陵的西面，距定陵更近。难道这些妃子比两位皇太后还尊贵吗？这个问题确实是困扰笔者的一个问题，这里有许多令人匪夷所思的东西。

从理论上讲，皇太后的陵确实应比妃园寝更靠近定陵，可实际却相反：

定陵妃园寝是先建的。既然是先建的，就应选择风水最好的，好中选优，这就表明定陵妃园寝的顺水峪比普祥峪、菩陀峪风水都好，但在风水说帖中又把这两个“峪”的风水描绘得十分完美。既然如此之好，为什么当初定陵妃园寝不用？而当初并没有故意将这两“峪”留给两位皇太后的想法。更主要的是选妃园寝地址时，咸丰帝还健在，根本还不存在“两位皇太后”的问题。由此看来，顺水峪风水比两“峪”好应该是肯定的，但从实地看，那里的风水形势并不比两“峪”好。这究竟是怎么回事，还有待进一步研究考证。

第三节　差点成了皇后陵的定陵妃园寝

清朝共建了10座妃园寝，关外有2座，那是属于初创阶段，制度很不完善。清朝入主中原后，在关内建了8座妃园寝。景陵妃园寝是经过改制才成为今天规模的，景陵皇贵妃园寝和裕陵妃园寝逾制。泰陵和昌陵两座妃园寝东西厢房只有3间，昌陵妃园寝的园寝门只是两个随墙门，这两座妃园寝属于规制缩减。与前面各妃园寝相比，只有定陵妃园寝第一个从设计到营建，始终就按最标准的规制办的。

一、定陵妃园寝的特色

定陵妃园寝以前曾叫顺水峪妃园寝，位于定陵以东半华里，东距慈安陵约100米，始建于同治初年，到同治四年（1865年）建成。园寝坐北朝南，背靠昌瑞山右翼延伸下来的支脉，园寝的后半部分两侧有蝉翼砂山。地面主要建筑由南到北依次是：最前面马槽沟1道，正中设一孔拱桥1座，东侧三孔平桥1座。东西厢房各5间，东西值班房各3间，宫门3间。前院左侧焚帛炉1座。前院正中大殿1座，单檐歇山顶，面阔5间。大殿后园寝门3座，中门有门楼，门前有月台和踏跺。两边门为随墙门。后院有宝顶

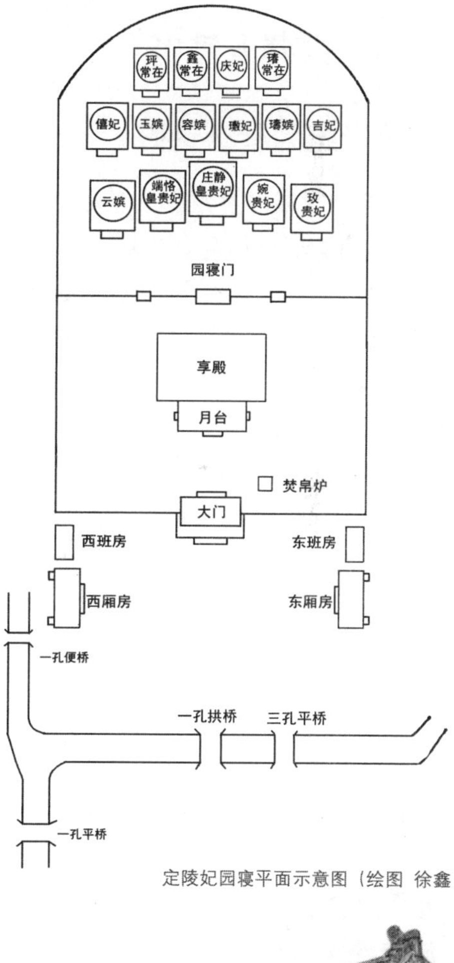

定陵妃园寝平面示意图（绘图 徐鑫）

定陵妃园寝宫门、西厢房、西班房

15座，分成三排，第一排5座，第二排6座，第三排4座。最前排的宝顶又高又大，而且是夯筑的，弧形排列而后两排的又小又矮，还是砖砌的，直线排列。从大门两侧伸出的红墙将大殿和宝顶围起来，院墙平面呈“前方后圆”形式。这座园寝也有称道之处，就是在罗圈墙后面的山坡上有一道砖砌的挡水坝（现在已无存）。据档案记载，孝陵曾建有挡水坝，现已无存。皇后陵只有两座定东陵有挡水坝，妃园寝始自定陵妃园寝有。

根据样式雷图案得知，定陵妃园寝各地宫都设有龙须沟，共计40条，最后汇成两条，一直通到园寝前的马槽沟内。档案标明龙须沟的出口就在一孔拱桥两侧的马槽沟的北泊岸上，可是笔者多次到现场查找，就是找不到。档案记载得清清楚楚，不可能错呀。所以龙须沟的出口现在还是一个谜。

二、内葬人轶事

玫贵妃为什么遭贬

在这座园寝内安葬着一位玫贵妃，她是这座妃园寝中的两名贵妃中的一位。她身为贵妃，地位显赫，在皇帝妻妾中位居第三位，谁也不会想到，这位贵妃曾经有过痛苦的经历。

玫贵妃，徐佳氏，正黄旗人。道光十八年（1838年）八月初五日生，她的父亲诚意只是一名地位低下的领催。由于出身低贱，徐佳氏选进宫后只被封为常在。因为她颇有姿色，又善于讨皇帝欢心，所以入宫不久就晋升为玫贵人。在咸丰五年（1855年），不知玫贵人做了什么错事，使咸丰帝极为恼怒，在五月二十四日下令把她降为常在。20多天过去了，又因她凌辱宫女，与太监谈笑，再次下令把玫常在降为徐官女子，一下子又降了二级。徐佳氏在一个月内连降三级，但表面上又不敢表现出怨恨和悲伤，只能在夜间以泪洗面，似乎咸丰帝也觉得自己的做法有些过分，很快又恢复了她的常在地位，不久又晋升为玫贵人。

玫贵人经过这次挫折，尝到了当奴仆的苦头，也领略到了皇帝天威的厉害，因此她说话行事更格外小心谨慎，千方百计地讨好皇帝，伺候皇帝时百依百顺，这样又赢得了皇帝的一些好感，有时让她侍寝，居然有了身孕，在咸丰八年（1858年）二月初五日给皇帝

定陵妃园寝园寝门

定陵妃园寝一孔拱桥

定陵妃园寝大殿

生下了一个皇子，咸丰帝欣喜若狂，当天就封玫贵人为玫嫔。天有不测风云，人有旦夕祸福，皇二子出生只有两个时辰，当天就夭折了，使咸丰帝和徐佳氏十分伤感。徐佳氏痛子心切，终日郁郁寡欢，再也没有生育过，咸丰帝死时，徐佳氏才24岁。

咸丰十一年（1861年）十月初九日，同治帝升御太和殿，举行了隆重的登极大典，第二天颁发谕旨尊封玫嫔为玫妃，同年十二月二十九日，玫妃所生的皇二子又被追封为悯郡王。同治十三年（1874年）十一月十六日同治帝奉两宫皇太后懿旨，又尊封玫妃为玫贵妃。随着地位的不断提高，徐佳氏的境遇也越来越好，她一直活到光绪十六年（1890年）十一月初八日才死，终年53岁。她的金棺暂安于田村殡宫，光绪十九年（1893年）四月十三日玫贵妃金棺随同庄静皇贵妃金棺奉移东陵，四月十八日卯时葬入妃园寝。

徐佳氏最后虽然升到了贵妃之位，但她当时到底做错了什么事惹得咸丰帝生那么大气，被连降三级，直到现在也是一个谜。

庆妃为什么受到冷遇

庆妃，张氏，生于道光二十年（1840年）十月初一日，比咸丰帝小9岁。她入宫后一直是贵人，同治帝即位后尊她为庆嫔，光绪帝即位后尊晋她为庆妃。光绪十一年（1885年）五月初三日病逝，终年46岁。庆妃死后受到了极大的冷遇。首先她死的当天总管佟禄就传旨说：“本月初三日辰时庆妃溘逝，著照嫔例。”也就是说降级按照嫔的丧事标准办理庆妃的丧事。另一件是，庆妃的墓穴本来应该在园寝的第二排，因为有两个嫔已葬在了第二排，可是庆妃墓穴却安排在了最后一排。最后一排是四个砖池的地宫，另外三人都是常在，庆妃却与三个常在同伍。

庆妃为什么死后遭到这些冷遇？她究竟犯了什么错？谁也不知道。

璷妃为什么不称贵妃

璷（fù 音敷，美玉）妃，那拉氏，满洲正白旗人，主事全如之女，道光二十一年（1841年）二月十二日生，咸丰五年（1855年）二月初十日被封为璷贵人，死于光绪二十一年（1895年）四月二十一日，终年55岁，光绪二十三年（1897年）八月初十日入葬。从璷妃的身世来看并不算高，然而她之所以能够升到妃位，成了后宫的主子，完全凭她的姿色和为人。璷妃死后，当天奉到上谕："所有应行事宜著照贵妃例敬谨预备。"乾隆帝的循贵妃、忻贵妃、愉贵妃生前都是妃，因为死后是按贵妃例办理的丧事，所以以后都称之为贵妃并按贵妃祭祀。所以这次璷妃死后奉旨按贵妃例办，礼臣们特地援引了乾隆帝忻贵妃的先例，征得了皇帝的同意，所以在璷妃的绢册绢宝上都用的是"璷贵妃"的称谓。可是后来无论在称呼上还是在公文上，依然称"璷妃"而不称"璷贵妃"，这是为什么？根据清宫档案记载，璷妃生前就十分受到皇太后的垂青，从光绪二年到光绪九年她的千秋（生日）一直就按贵妃标准对待。璷妃究竟为什么受到皇太后的如此喜爱呢？既然这样，为什么不直接将她晋封为贵妃呢？这些现在还都是谜。

先埋后葬的一嫔三常在

在定陵妃园寝内的15位墓主人当中有云嫔、璷常在、玶常在、鑫常在。谁也不会想到这4位女人在她们正式入葬的前5年即咸丰十年（1860年）曾在北京西郊的田村殡宫里已埋葬过一次。事情是这样的，咸丰十年八月，英法侵略军攻打北京，咸丰帝逃到承德避暑山庄，当时这4位女人的棺椁都停放在田村殡宫。留守京师的大臣为了安全起见，就在田村殡宫的后院挖了一个露天大坑，将这4人棺椁和孝德皇后的梓宫放入坑内先行掩埋，地面上不留任何痕迹，用这种方法果然躲过了侵略军的抢劫。第二年局势平静了，才将这5具棺木起出来。先埋后葬，这种奇特的经历，即使是老百姓都极少遇到过。

定陵妃园寝燎炉

咸丰帝的最后未亡人

定陵妃园寝内埋着一位端恪皇贵妃。端恪皇贵妃是咸丰帝的妃子，佟佳氏，满洲镶黄

定陵妃园寝

旗，她的父亲裕祥是道光帝的头等侍卫。佟佳氏生于道光二十四年(1846年)十月二十四日，咸丰八年选秀女时，15岁的佟佳氏被选入宫，被封为祺嫔。她获得的第一个封号就是嫔，这在后妃中是不多见的。佟佳氏年轻漂亮，举止文雅，不苟言笑，更不善逢迎，所以没过多久，皇帝对她就失去了兴趣，便另求新欢，佟佳氏被冷落一旁，一直到咸丰帝驾崩，她也未能晋封，始终在初封的嫔位上。

同治帝载淳即位后，佟佳氏才时来运转。同治帝在举行完登极大典的第二天，就尊封佟佳氏为祺妃，移居东六宫中的承乾宫。同治十三年（1874年），又晋封她为祺贵妃，她在贵妃位上度过了34个春秋。慈禧死后第三天，即光绪三十四年十月二十五日，宣统帝溥仪尊封佟佳氏为皇祖祺皇贵太妃。她在皇贵太妃的位上不足一年半，于宣统二年（1910年）三月二十八日因病死去，享年67岁，赐谥号为“端恪皇贵妃”。为了表示对这位奶奶辈的皇妃敬意，宣统帝在她的金棺内安放了白玉佩一件、小荷包一个，隆裕皇太后安放了《御笔心经》一部、白玉佩二件，瑾贵妃安放白玉佩一件、小荷包一个。宣统三年（1911年）九月二十一日入葬定陵妃园寝地宫，这时距清王朝灭亡只有94天。佟佳氏是咸丰帝后妃中最后一个离开人世的，也是清王朝灭亡前最后一个死去、最后一个入葬的皇妃。她一生历经道光、咸丰、同治、光绪、宣统五朝，在清朝后妃中恐怕没有第二例，在中国历史上也不多见。

英嫔哪里去了

无论是《清实录》还是清宫档案，咸丰帝的妃嫔中都有一位英嫔，在清宫画中还有一幅英嫔与琫贵人的骑马图。可在定陵妃园寝中却没有英嫔，那么英嫔哪里去了？经过仔细查阅清宫档案才知道，园寝中的玶常在就是英嫔。

春贵人与英嫔乘马图

英嫔，伊尔根觉罗氏，她的父亲彦昌是国子监祭酒。初入宫为英贵人，在咸丰二年被封为英嫔，咸丰三年九月初三日被降为伊贵人，咸丰五年又被降为伊常在，不久又被降为伊答应，到咸丰六年才升为玶常在。这种反复升降的经历是极少见的，如果没有清宫档案，恐怕英嫔就永远不知去向了。

丽妃的荣宠

丽妃，他他拉氏，是主事庆海的女儿，道光十七年（1837年）二月二十七日生，比咸丰帝小6岁。咸丰元年（1851年）被选入宫，封为丽贵人。咸丰四年十二月二十四日（1855年2月9日），丽贵人被封为丽嫔。咸丰五年（1855年）五月初七日，丽嫔生下了皇长女，使咸丰帝第一次尝到了当父亲的滋味，丽嫔成了咸丰帝的后妃中第一个为皇帝生儿育女的女人。皇女的出生，第一次为人之父的咸丰帝龙心大悦，在皇女“洗三”的那天，丽嫔被封为丽妃，从此更受宠爱。

在电影《火烧圆明园》和《垂帘听政》中，将丽妃塑造成慈禧的情敌。当了皇太后的慈禧垂帘听政后，对丽妃实施报复，仿照当年汉朝吕后残害戚夫人的手法，剜眼、割舌、剁去四肢，装入坛中而死。其实这都是电影导演李翰祥先生自己的创作，与史实不符。

历史的真实情况是这样的：咸丰帝死后，同治帝即位，慈禧以同治帝的名义，颁发谕旨，以丽妃“侍奉皇考有年，诞育大公主”为由，尊封丽妃为丽皇贵妃，一下子升了二级。同治十三年（1874年）十一月十六日，同治帝又以丽妃“侍奉文宗显皇帝均称淑慎”为由，尊封为丽皇贵太妃。

丽妃所生的皇女是咸丰帝的唯一女儿，长得很像她的母亲，俏丽而聪慧，被皇太后和众妃嫔们视为掌上明珠。同治五年（1866年）九月，皇女已12岁，长得如出水芙蓉一般，楚楚动人。两宫皇太后降懿旨，将她指配给世袭一等雄勇公符珍（原名瑞煜，指婚后，赐名符珍）为妻。同治九年（1870年）九月，16岁的皇女被封为荣安固伦公主。按清朝制度，只有皇后生的皇女才能封为固伦公主，妃嫔生的皇女只能封为和硕公主。丽妃之女被封为固伦公主，一方面表明这位公主极受宠爱，另一方面也表明丽妃在宫中颇受尊重，与皇太后的关系很融洽。

丽妃墓

丽妃长期体弱多病，经常服药，于光绪十六年（1890年）十一月十五日溘然长逝，终年54岁，金棺暂安于田村殡宫，光绪帝亲自到丽妃金棺前奠酒、行礼，并谕大内以下、宗室以上并王公文武官员素服一日。光绪十九年（1893年）四月十八日，丽妃金棺葬入定陵妃园寝中最前排的正中之位，这是园寝中最尊贵的位置。

从丽妃地位不断晋升，女儿破例封为固伦公主，丽妃死后丧礼隆重，葬位又位于园寝中最尊贵之位，这一切都表明丽妃在咸丰帝死后不仅不是被慈禧害死的，而且受到了一般妃嫔难得的殊荣。

咸丰帝可能有“四春娘娘”

野史里记载了咸丰帝的后妃中有四个美人，因为最后一个字都带“春”字，所以称为“四春娘娘”。情况是这样的：咸丰帝面对国家的残局，知道大势已去，难以挽回，于是悲观丧气，万念俱灰，刚即位时的那股励精图治、锐意进取的劲头早已烟消云散、无影无踪了。他为了消愁解闷，天天以醇酒和美女为乐，沉湎于酒色之中，不理朝政。他为了昼夜淫乐，广搜天下美女，将姿容出众者分置圆明园各楼台亭馆之中，这样无论他走到哪里，都有美女陪他玩乐。其中有四位美女，丰姿绰约，艳丽超群，最受咸丰帝宠爱，咸丰帝给这四个美人起了四个雅号，即牡丹春、海棠春、武陵春、杏花春。因为都带春字，故

玫贵妃、春贵人行乐图

称“四春娘娘”。这四春娘娘宠冠后宫，夜夜专房，致使六宫粉黛被冷落一旁，尤其引起了当时还是懿妃的慈禧的嫉妒和仇恨。咸丰帝死后，慈禧被尊为皇太后，垂帘听政，掌握了生杀大权，于是对四春娘娘进行报复，对她们百般蹂躏，最后全部被折磨而死。因为这种说法出自野史，没有引起人们的注意，更没有人相信。

无巧不成书。在中国第一历史档案馆发现了这样一件档案，上面记载：“咸丰九年四月十一日敬事房传旨：长春宫女子海棠春封为禧贵人，次序在吉贵人之次。”海棠春果有其人。5个月后，长春宫里的另一位女子被封为庆贵人，次序在禧贵人之次。前面所提到的吉贵人原来也是一个宫女，在皇后宫中当差，于咸丰八年（1858年）五月被封为吉贵人。这三位宫女出身的贵人，后来分别被封为禧妃、庆妃、吉妃。除这三位妃子之外，还有一位璷妃，她的位次在禧贵人之前。同时我们还查知吉妃是园户清远之女，姓王。禧妃是内务府某厨役的女儿，庆妃姓张。这四位妃子中有三人出身宫女，家庭地位都比较低下，之所以能够被选入宫中，晋封为妃，受到皇帝的宠爱，应该完全凭的是姿色。她们四人的位次总是排在一起，同日被封为嫔，又一起被封为妃，其中的禧妃又明确记载叫海棠春，可以推想，这四位妃子很可能就是“四春娘娘”。看来野史中的“四春娘娘”并非无中生有。

第十一章 惠陵

惠陵是同治帝的陵寝，位于河北省遵化市清东陵境内的双山峪。惠陵始建于光绪元年（1875年）八月初三日午时，光绪四年（1878年）九月全工告竣，用银4359110.89两。与同治帝合葬的是他的原配孝哲皇后。

惠陵仿定陵规制，因经费紧张，裁掉了石像生，神道不与孝陵神道相接。惠陵所用的木料十分坚硬，因此惠陵素有“铜梁铁柱”之称。

在惠陵西旁的惠陵妃园寝内安葬着同治帝的四位皇贵妃。其中瑜妃和瑨妃葬于1935年，是我国帝制社会最后入葬皇陵的皇妃。

第一节　规制缩减的惠陵

惠陵是清朝入关后第八帝同治帝的陵寝，位于清东陵陵园内东南方向的双山峪。惠陵是清东陵5座皇帝陵中规制最简约的皇帝陵。

同治帝朝服像

一、　慈禧再度破坏了昭穆相建

咸丰帝将大清皇陵的龙脉从西陵引到了东陵之后，在客观上形成了父子分葬东西陵的局面，如果慈禧真的遵从“昭穆相建”的祖制，就应该将同治帝的陵址确定在西陵界内。可是慈禧并没有这样做，她出于私心，将同治帝的陵址确定在了东陵，从而新形成的父子分葬东西陵的昭穆顺序又被打乱了。

同治帝死后，慈禧派恭亲王奕䜣、醇亲王奕譞等几位朝廷重臣到东西陵两地相度陵址。这些相度大臣在东西陵分别找到了许多备选吉地，经过反复筛选，最后东陵剩下了双山峪，西陵剩下了金龙峪。这些相度大臣尽管贵为和硕亲王、皇帝的叔父，但对于决定皇帝的万年吉地这等大事，他们还没有决定的资格，只得回京上奏，由皇太后定夺。慈禧听了他们的奏报之后，征求他们的意见。城府很深且又善于词令的恭亲王奕䜣说：“以理，则金龙峪固佳；以情，则臣不敢赞。”奕䜣这句话是什么意思呢？就是如果按“昭穆相建”的祖制，应该选用西陵的金龙峪，他所说的“理”就是“昭穆相建”的祖制。如果以情，暗示就应该选用东陵的双山峪，这里的“情”指的是父子之情、母子之情。因为同治帝的父亲咸丰帝葬在了东陵的定陵，母亲的陵也建在了东陵。如果想让娇儿长倚父母膝下，就应将同治帝也葬在东陵，那就应选用双山峪。但是奕䜣没有直接说，让选用双山峪的话由慈禧的口中说出，自己不会背上破坏“昭穆相建”的罪名。慈禧何等精明，立刻就明白了奕䜣的心意，当即表示用双山峪。这就是惠陵陵址的确定过程。

二、惠陵裁减了哪些建筑

在营建惠陵之前，承修大臣吸取了定陵的教训，先向两宫皇太后请示按哪座陵的规制建，他们得到的批示是“著照定陵规制”。于是惠陵工程处样子房（相当于设计室）按照定陵的规制设计了惠陵的规制。

光绪元年（1875年）至光绪四年（1878年）期间，清东陵正是大兴土木的高潮，工匠云集，到处是繁忙景象。开工于同治十二年的慈安陵和慈禧陵，工程已全面铺开，方兴未艾。惠陵和惠陵妃园寝及礼部、工部、内务府营房于光绪元年同时开工，光绪二年被雷电击毁的孝陵神功圣德碑亭于光绪三年破土动工。4座陵寝和1座大碑楼同时兴建，这在清东陵的历史上是没有前例的。营建皇陵用银似流水，给清政府的财政背上了极为沉重的包袱，压得朝廷喘不过气来。朝廷不得不通令全国各省每年向惠陵工程处筹备80万两白银，可是各省没有一个按期按数拨解的。建陵经费严重短缺，没银子陵怎么建得起来？于是曾任同治帝师傅的左都御史李鸿藻提议裁减石像生和神道。他的这一建议遭到了以醇亲王奕譞等人的坚决反对，双方各执一词，相持不下，只能由慈禧做最后决断。光绪元年（1875年）四月初七日慈禧降下懿旨：不建石像生，不建神道。惠陵原设计方案有石像生5对，神道接到孝陵石像生之南，长2300多米，如果取消神道，仅此一项就可节省白银20万两。再加上裁撤石像生，可节省的银两不下三四十万两，应该说裁减工程项目是明智之举。惠陵这种缩减的制度为后来的光绪帝的崇陵所效仿。

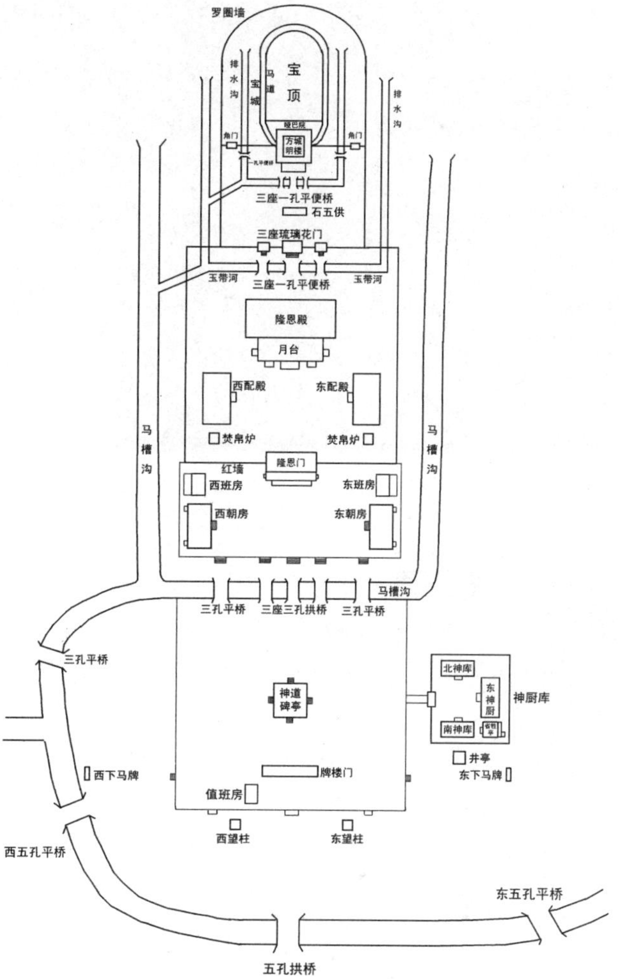

惠陵平面示意图（绘图 徐鑫）

民间传说不给惠陵建石像生是慈禧对同治帝的一种报复。还有的说，惠陵神道不与孝陵相接是因为同治帝没有儿女，绝了后。这些都是无稽之谈。

惠陵隆恩殿

惠陵牌楼门及朝山金星山

惠陵神道碑碑身

惠陵朱砂碑

三、惠陵之谜

同治帝生前为什么不择地建陵

新君即位，选择万年吉地，营建陵寝，这几乎是历朝历代奉行不替的法则，尤其是清朝入关以后，更是为各帝所遵守。可是同治帝在位13年，比他的父亲咸丰帝还多两年，与雍正帝在位时间一样长。雍正帝和咸丰帝都在生前选择了陵址，营建了陵寝，为什么同治帝在长达13年的时间里不操持自己的百年后事？

同治帝即位之时也是慈安、慈禧登上皇太后宝座之日。两位皇太后在同治帝即位不久就开始选吉地，选好吉地就开始动工建陵，为什么不给同治帝选吉地建陵寝？

惠陵的斗匾、石碑为什么不用宝

自雍正帝首创了皇帝陵的朱砂碑、神道碑和明楼、隆恩殿、隆恩门斗匾上钤盖（印）宝文的制度以后，后世的帝后陵都照此办理，惟独惠陵没有这样做。到底是什么原因？是承修大臣把这件事忘了吗？实际并没有忘记。在惠陵即将完工的光绪四年三月初，恭亲王奕䜣等人专为这件事向两宫皇太后进行了请示。两位皇太后在三月初八日降下懿旨，明确表示惠陵的三匾二碑“著毋庸钤用宝文”。这是为什么呢？笔者认为所用的宝文（印文）都是“××尊亲之宝”，嗣帝与先帝是父子或祖孙的关系。光绪帝与同治帝是弟兄关系，所以不宜用“××尊亲之宝”的大印。是不是这个原因呢？还有待进一步考证。

惠陵神道碑亭

孝哲皇后的死因

孝哲皇后阿鲁特氏是同治帝的原配皇后，同治十一年（1872年）九月十五日，19岁的阿鲁特氏与17岁的同治帝喜结良缘。婚后，小夫妻非常恩爱，相敬如宾，未想到婚后刚两年零80天，同治帝就死了，年仅19岁。皇后阿鲁特氏悲痛欲绝，就在同治帝死后74天，于光绪元年（1875年）二月二十日离开了人世，年仅22岁。阿鲁特氏为什么这么快就死了？关于她的死因在当时有多种说法，有的说病死的，有的说吞鸦片死的，有的说吞金死的，有的说是服毒死的，还有的说绝食死的，说法不一而足。孝哲皇后到底是怎么死的，为什么要死？至今也不清楚。

孝哲皇后的尸体为什么没有腐烂

孝哲皇后死后，光绪元年（1875年）九月十八日与同治帝一起停灵于东陵的隆福寺。光绪五年（1879年）三月二十六日，惠陵完工后，这对小夫妻双双葬入了惠陵地宫。

未想到入葬66年后的1945年11月19日，惠陵惨遭盗掘，地宫内的随葬珍宝全部被盗走。同治帝的遗体已成了一把骨头了，而孝哲皇后则尸体未烂，面目如生。盗陵匪徒想必听信了孝哲皇后吞金而死的传说，为了找到金子，将孝哲皇后的肚子剖开，把肠子从头到尾撸了一遍，但不知找到金子没有。

孝哲皇后比同治帝只晚死75天，夫妻同时葬入地宫，为什么同治帝剩了一把骨头，而孝哲皇后却尸体不烂，真是咄咄怪事。

地宫金井藏宝之谜

笔者在中国第一历史档案馆查到了一份档案，上面记载：皇太后安金井金如意一柄、白玉佩一件；皇上安金井金银福寿锭各一件、白玉佩一件。可惜这件档案上没有记载日期，所以也就不知道往哪陵金井放这些珍宝。

四、慈禧与承修大臣之争

在清朝陵寝史上，陵寝有过规制之争的就是定陵。妃园寝也有过规制之争是惠陵妃园寝。这场妃园寝规制争论发生在慈禧和以醇亲王奕譞为首的承修大臣之间。人们一定会认

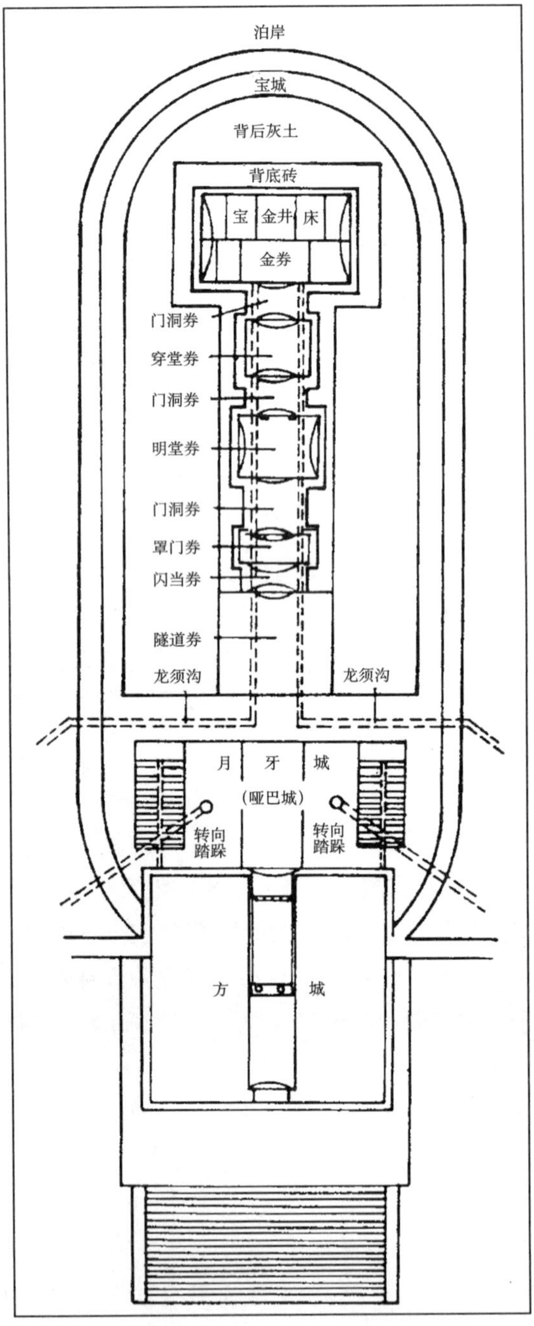

惠陵地宫平面示意图

为争论的结果肯定是慈禧胜利了，奕谖他们失败了。然而事实却出乎人们的意料，最后慈禧收回了自己的原来成命，按奕谖等人的意见办了。堂堂的大清皇太后未斗过大臣。事情的经过大致是这样的。

惠陵陵址确定在东陵的双山峪以后，紧接着相度大臣带着风水官李唐、李振宇寻找妃园寝的地址。他们认为惠陵西旁的西双山峪与惠陵一脉相连，金星朝拱，山势秀丽，砂山环立，水绕有情，是一处上吉之地，是建妃园寝的好地方。于是惠陵的承修大臣上奏两宫皇太后，建议将西双山峪定为惠陵妃园寝福地并按定陵妃园寝规制营建。慈禧看了这份奏折以后，同意将西双山峪定为妃园寝福地，但不同意按定陵妃园寝规制建造。原来慈禧对惠陵妃园寝的规制早有想法，她的设计方案是：建4座宝顶，分成前后两排。前排1座，位于正中位置，地宫为石券；后排宝顶3座，一字排列，均为砖券，仿照慕东陵规制，用一道罗圈墙将前排那座宝顶围起来，形成一个独立小院，只与园寝门的中门相通。并仿照景陵皇贵妃园寝规制，在前层宝顶前建方城明楼，在明楼前设石五供，在园寝的前院建东西配殿。慈禧命承修大臣醇亲王奕谖到景陵皇贵妃园寝详查规制。奕谖非常明白慈禧的用心是想仿照景陵皇贵妃园寝的规制建惠陵妃园寝。奕谖查看完后，在奏折中详细介绍了景陵皇贵妃园寝的规制，还附上了一张图纸，并向慈禧奏报说，如果惠陵妃园寝仿景陵皇贵妃园寝规制，在前排宝顶前建方城、明楼，园寝后段就须向后延长。越向后移，地势越高，不仅增加了工程量，也有碍观瞻。因此奕谖建议仍按定陵妃园寝规制建。对于奕谖的建议，慈禧毫不理睬，仍坚持自己的意见。如果按慈禧的方案建，惠陵妃园寝则成了清朝最高级的妃园寝。后来，不知是什么原因，慈禧不再坚持自己的意见，降旨仿照定陵妃园寝规制而建。

惠陵方城明楼

惠陵朝山金星山

惠陵五孔拱桥

惠陵双望柱

慈禧为何想把惠陵妃园寝建得这么高级别？完全是出于对慧妃的偏爱。慈禧本想立慧妃为皇后，结果未能如愿，为了弥补这个缺憾，便对慧妃事事高看一眼、厚爱一层。惠妃园寝前排的那座宝顶就是专为慧妃建的，慧妃既无抚育幼帝之恩，也无报国之绩，慈禧如此不惜国家财力、物力，不顾祖制，只凭个人恩怨，任意胡来，确实对国家社稷没一点好处。

同治帝的惠陵

第二节　只葬了4个皇贵妃的惠陵妃园寝

惠陵妃园寝位于惠陵西100米的西双山峪，园寝内只葬了同治帝的4位皇贵妃，即淑慎皇贵妃、献哲皇贵妃、恭肃皇贵妃、敦惠皇贵妃。这些名称都是她们的谥号，是死后赠的，所以听起来都感到很陌生。如果把她们生前最常用的名字说出来，可能大家都很熟悉，她们就是慧妃、瑜妃、珣妃、瑨妃。

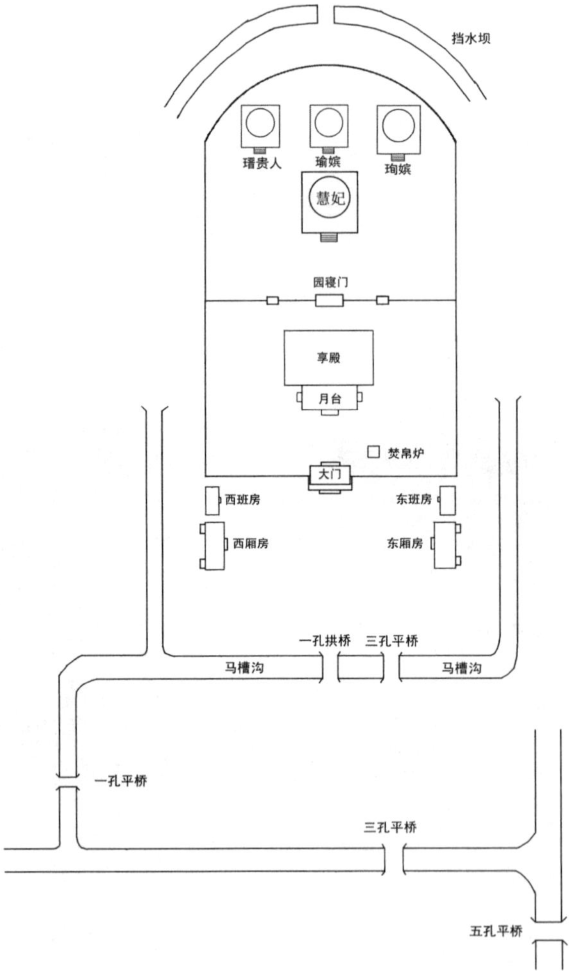

惠陵妃园寝平面图（绘图 徐鑫）

16岁守寡的皇妃——慧妃

16岁，对一个女人来说，正是含苞待放的花季妙龄。在当今时代，16岁还是一个孩子，然而大清国的一个皇妃16岁就开始守寡了。她是谁？她就是同治帝的慧妃，也就是那位慈禧非常偏爱、想立其为皇后未成的富察氏。

富察氏是上三旗中的满洲镶黄旗。她是员外郎凤秀的女儿，咸丰九年（1859年）十二月初一日出生，比同治帝小3岁，同治十一年（1872年）刚虚岁14岁，而在入宫时还不足13岁。但她俏丽清秀，风流多情，善体人意。在选后时，同治帝按慈安的意愿，选中了阿鲁特氏，而未选慈禧中意的富察氏。就在同治帝的一念之间，富察氏失去了眼看就要到手的皇后桂冠。为此慈禧十分恼火，她一方面横加干预同治帝后的生活，另一方面处处优待富察氏。本来这4个女人是

最前排的淑慎皇贵妃（慧妃）宝顶

同时被选入宫的，慈禧却把富察氏封为慧妃，享受贵妃待遇，另外那3个人，2人封为嫔，1人封为贵人。两年多以后，富察氏由妃直接晋升为皇贵妃，连升二级，而那3个人都只升了一级。同治帝刚死半个月，慈禧又封富察氏为敦宜皇贵妃。光绪二十年（1894年）正月，慈禧六十大寿之前，又封富察氏为敦宜荣庆皇贵妃。皇贵妃得到4个字的封号，在有清一代仅此一例。由此可见慈禧是多么偏爱富察氏了。

光绪三十年（1904年）二月二十八日，富察氏怀着未能当上皇后的遗恨离开了人世，终年46岁，谥号为淑慎皇贵妃。在4位皇贵妃中，淑慎皇贵妃虽然最年轻，但死得却最早。她于光绪三十一年（1905年）九月二十一日入葬，成为惠陵妃园寝内第一个墓主人。

她的墓又是清东陵第一个被盗的墓，盗案发生在1928年孙殿英制造东陵第一次大盗案之前。

慧妃有7个“最”：四妃中最年轻的，四妃中最受慈禧宠爱的，四妃中最早死的，四妃中最早入葬的，四妃中葬位最尊贵的，四妃中地宫规制最高的，清东陵所有墓中最早被盗的。

多才多艺的皇妃——瑜妃

瑜妃，赫舍哩氏，满洲正黄旗，她的父亲崇龄是知府。她生于咸丰六年（1856年）六月初一日，与同治帝同岁。她于同治十一年（1872年）初入宫，初封瑜嫔，以后依次封为瑜妃、瑜贵妃、瑜皇贵妃、敬懿皇贵妃。

在同治帝的4位皇妃中，瑜妃可以说是出类拔萃的人物。她身体修长，肌肤白皙，花容月貌，楚楚动人，是四妃中最漂亮的。因为赫舍哩氏多才多艺，人又长得标致，所以深受

惠陵妃园寝前景

慈禧喜欢。

瑜妃聪颖机警，多才多艺，工诗擅画解音乐，精通翰墨，晚年自号“懒梦山人”。她的寝宫里陈设简朴，但所藏图书却很多，表明她的文化修养很高。《清宫词》中有一首咏瑜妃的诗：

懒梦山人冰雪姿，婕妤宠幸冠当时。
焚香绣佛应多暇，自绘林峦缀小诗。

如今故宫博物院收藏有她的三枚闲章：“静者之怀和若春”、“所乐自在山水间”、“敬懿皇贵妃御笔之宝”。这三枚印章反映了她注重修身养性，寄情书画的心态。

她所作的诗多为伤感之作。她是4妃中文化修养最高的。

因为她文化素质高，所以思想比较开放，能够与时俱进。据说她对西洋各国的掌故、风俗了如指掌。在光绪年间，她曾对德龄表示，希望开办女子学校，让国内广大女子到校读书。她是四妃中思想最先进的。

瑜妃是很有骨气、善于斗争的人。慈禧死后，光绪帝的皇后被尊为皇太后即隆裕皇太后。据说瑜妃去见隆裕皇太后，隆裕让她口称奴才跪见，瑜妃极为恼怒，遂与隆裕皇太后有了矛盾。宣统元年（1909年）十月，瑜妃偕珣妃、瑨妃到东陵参加了慈禧的永安山陵大典。据《清稗类钞》一书载，瑜妃等3人不肯回宫，表示要追随慈禧皇太后于地下。摄政王载沣派载振等前往奉迎三妃回宫。瑜妃正颜厉色地对载振说：“皇上（指宣统帝溥仪）是专继德宗，抑系兼继穆宗？”载振说：“兼继穆宗。”瑜妃说：“既兼继穆宗，孝钦后及孝哲后今已宾天，则穆宗一系，我为之长。皇上既系过继，何得独以隆裕太后为母，而我为奴才？”载振无言以对，力请三妃回宫。瑜妃表示，与其回宫做奴才，还不如追随慈禧皇太后于地下。珣、瑨二妃在旁也附和帮说。载振无奈，回京与摄政王载沣、庆亲王奕劻

惠陵妃园寝园寝门

等商议此事，决定晋封三妃为太妃，不称奴才，“礼请还宫，警跸而入”，并增加了3妃的月费。以瑜妃为首的同治帝的三妃跟皇太后斗争，居然取得了胜利。

是皇后姑母的皇妃——珣妃

姑母和侄女同嫁一夫，就已经够新奇的了。姑母当妃子，侄女当皇后，姑母受侄女的管辖，这更是奇上加奇。这件奇事就发生在同治帝的后宫里，这位姑母就是珣妃，这位侄女就是孝哲皇后。

惠陵妃园寝一孔拱桥

珣妃，阿鲁特氏，蒙古正蓝旗人，出生于咸丰七年(1857年)八月初三日，比同治帝小1岁。她的父亲赛尚阿在咸丰年间当过多年的大学士、户部尚书。珣妃是赛尚阿的妾生的，属于庶出女儿。孝哲皇后是赛尚阿第三子崇绮的女儿，是赛尚阿的孙女，是珣妃的侄女。珣妃虽然是孝哲皇后的姑母，却比孝哲皇后小3岁。同治十一年（1872年）初，赛尚阿的女儿和孙女双双被选入宫，侄女当了皇后，姑母被封为珣嫔，竟相差4级。同治帝驾崩前20天，珣嫔晋封为珣妃。光绪二十年（1894年）这一年是慈禧的六十大寿之年，正月初一日，晋封珣妃为珣贵妃。光绪帝死后第四天，即光绪三十四年（1908年）十月二十五日，晋封为皇考珣皇贵妃，居住在慈禧和孝哲皇后都曾居住过的储秀宫。清朝灭亡后的1913年农历二月初五日，溥仪又尊她为庄和皇贵妃。1921年农历三月初七日午刻，庄和皇贵妃溘然长逝，终年65岁，死后得到的谥号是恭肃皇贵妃，同年十二月初七日葬入妃园寝内。这位当妃子的姑母比当皇后的侄女晚死了46年。

惠陵妃园寝挡水坝

中国最后离世的皇妃——瑨妃

在同治帝大婚的同时，皇室又为同治帝选了4位年轻貌美的女子封为妃嫔，以使大清皇帝的后妃队伍配套齐全。这4位女子是同时入宫的，但是却人为地分成了三等。富察氏封为慧妃，享受贵妃待遇。赫舍哩氏和阿鲁特氏封为嫔，不知因西林觉罗氏出身地位低下，还是因为姿色欠佳，只有她封为瑨贵人，地位最低。

西林觉罗氏是主事罗霖的女儿，咸丰六年（1856年）八月初八日生，与同治帝同岁。初入宫时得到的第一个封号是瑨贵人。同治十三年（1874年）十一月十五日，奉两宫皇太后懿旨，封为瑨嫔。光绪二十年（1894年）正月初一日封为瑨妃，光绪三十四年（1908年）十月二十五日封为瑨贵妃。1913年3月12日尊封为荣惠皇贵妃，至此才与其他3妃地位平列。1933年5月18日(农历四月二十四日)下午7时病逝，终年78岁，谥敦惠皇贵妃。她是4妃中最后一个离开人世的，也是最高寿的。

惠陵妃园寝

第三节 清朝最后入葬皇陵的皇妃

1924年10月24日，直系将领冯玉祥发动北京政变，同年11月5日将溥仪等驱逐出紫禁城。当时瑜妃、瑨妃都健在。本来冯玉祥方面想让这两位老太妃一起搬出紫禁城，可是这两位老太妃就是不肯搬，于是她俩在紫禁城里又住了16天。这16天两位老太太可没闲着，她俩将光绪帝穿过的龙袍以及她们晋封为皇贵妃后所用的卤薄仪仗等象征皇家荣典的礼仪之物等都巧妙地收藏起来，在11月21日搬出紫禁城时，都偷偷地运出了皇宫。出宫后，两位太妃先住到宽街北的北兵马司大公主府西苑，以后又迁到东城区的麒麟碑胡同居住。在1928年国民军北伐时，两位太妃曾隐藏到六国饭店几个月。

1932年2月5日，正是农历的除夕，也是二十四节气的立春，这一天瑜妃（当时的封号叫敬懿皇贵妃）在麒麟碑胡同寓所与世长辞，终年77岁。她的丧事由清室皇族的载沣、载涛、载洵等人操办，丧事十分隆重排场，基本上按清朝皇贵妃的丧仪办理的。雍和宫的喇嘛、柏林寺的和尚、白云观的道士、翠峰寺的尼姑做法会、道场。清室皇族、清朝遗老、政府官员、在野旧臣、社会名流纷纷前往致祭吊唁。所收到的挽联、饽饽桌、祭筵、纸扎冥器等无计其数。

据说在两位太妃出宫之前，清室已为她俩制作好了棺椁，完全是按清宫皇贵妃棺椁的标准做的。用金丝楠木打制，漆饰35层，是标准的“葫芦材”。外椁髹以黄漆，绘画金龙，内棺内外阴刻藏文经咒。由于在出宫时没有带出，所以只得找木厂按原样重新制作。留在紫禁城内的那两具棺木现在仍保存在故宫博物院。在2005年笔者曾亲眼看到了这两具棺木。当时保存在体仁阁内，用透明的大塑料布套着，现在已移到新的文物库房。后来发现现存这两具内棺不是这二妃的。

在举行完十几天的吊唁活动后，于2月23日将瑜妃的金棺移往柏林寺暂安。抬金棺用了80人大杠（按旧制，皇贵妃金棺在城内用80人大杠，出城后用96人大杠），卤薄、仪仗、各种执事、乐队及送丧队伍足足排出了数里之长。当时看热闹的人多极了，人山人海，万人空巷，所经过的街道两侧的各买卖店铺都停业了。由于人太多，造成了许多的街道交通堵塞。北平市公安局的保安队、宪兵及卫戍部队都出来维持秩序。到柏林寺以后，为了安全起见，将金棺放到一个用砖砌的地窖中，用水泥封盖好。

两妃从十几岁就在一起，到出宫后，始终也没有离开过，相处已经有60多年了，瑜妃驾鹤西归，瑨妃（当时称荣惠皇贵妃）顿时感到十分孤独冷清。她孑然一人，无依无靠，心情十分苦闷，只靠吃斋念佛消磨时光。由于心情压抑，体质渐弱，于瑜妃死后的第二年即1933年5月18日（农历四月二十四日）下午7时也溘然长逝，享年78岁。贝勒载涛亲视入殓。她的丧事活动与瑜妃的大体差不多，只是将金棺存放在麒麟碑胡同5号府中的砖窖内，表面不留任何痕迹，一如平地。

中国讲究 "入土为安"。两位太妃的金棺长期在地窖里存放着终非长久之计，尽早入葬方为上策。所以在瑜妃逝世三周年之际，清皇室决定在1935年3月14日将瑜瑨二妃金棺奉移东陵，入葬惠陵妃园寝，并将此事向社会作了公布。

奉移前一天即3月13日，清皇室在柏林寺设了两位太妃的神位，请柏林寺的和尚诵经一天。北平的政府官员、社会贤达如吴佩孚、江瀚、鲍毓麟、余晋和、游伯麓以及清朝的遗老遗少，分别赠送花圈、挽幛、祭席等奠礼，其祭奠仪式一如清制，由载涛主祭，溥伒陪祭，奠酒、行礼均行三跪九叩大礼。

3月14日（农历二月初十日）寅时（凌晨3–5时）两位太妃的金棺分别由柏林寺和麒麟碑胡同5号府发引，各用64人大杠，到东四牌楼集齐，雇用长途汽车20辆，其中两车各载一棺，车上架以明黄缎罩。送葬人员所乘的车均扎以素彩，一切从简，不设卤薄仪仗等。

送灵的车队出朝阳门。在到通县之前路段，由北平市公安局派20名警察保护，通县到东陵这段由战区保安队派员保护。灵车于当天到达东陵，第二天即3月15日入葬。

据亲眼看过这次丧礼的东陵老人讲，装载棺椁的汽车上装饰着用玻璃珠穿制的彩凤。送葬的人很少，但围观的百姓很多。拉运棺椁的汽车于当日到达惠陵妃园寝，葬礼主要由驻马兰峪的东陵办事处承办。3月15日，金棺葬入地宫后，送葬的人就回京了，第二天东陵办事处派人把地宫口封掩砌好。

清东陵从康熙二年(1663年)首葬顺治帝，到1935年葬瑜、瑨二妃，前后延续了272年之久。瑜、瑨二妃不仅是清朝最后离世的皇妃，也是中国历史上最后入葬的皇妃。

珣、瑜、瑨三妃宝顶（从东到西）

第十二章 崇陵

崇陵，位于清西陵境内的金龙峪，是光绪帝的陵寝，是清朝营建的最后一座皇帝陵，始建于宣统元年（1909年）闰二月十七日，完工于1914年，横跨于清朝和民国两个时代。1913年12月13日（农历十一月十六日），光绪帝和孝定皇后葬入崇陵地宫。

安葬瑾妃和珍妃的崇陵妃园寝位于崇陵东侧一里许。

第一节　中国皇陵的最后绝唱——崇陵

咸丰帝将大清皇陵的龙脉从西陵移到东陵以后，在东陵扎根了58年之后，又被移到了西陵，而且永久地终止在了金龙峪，成了中国皇陵的绝唱。

光绪帝朝服像

一、金龙峪成为万年吉地真不易

一个地方有三个名

金龙峪位于清西陵的东北方向，由永福寺往西北走约3华里的一个小山坳里。

金龙峪先后有三个名字。在同治朝以前，这个地方叫魏家沟，到了同治年间改称九龙峪，到了光绪年间又改称金龙峪。后面这两个名字都与选万年吉地有关系。

崇陵

魏家沟为什么总落选

乾隆三年（1738年）十月十二日，乾隆帝的皇二子端慧皇太子永琏死了，年仅9岁。在第二年的四月，钦天监的风水官员为端慧皇太子找到了一块墓地，认为这个地方风水很好，适合建端慧皇太子园寝，这个地方就是西陵界外的魏家沟。当时乾隆帝已派大臣开始相度自己的万年吉地。他想在自己的万年吉地定下来后，再于万年吉地附近选端慧皇太子园寝的地址，以使娇儿长倚膝下，所以乾隆帝没有采纳钦天监的建议，这是魏家沟第一次落选。

道光八年（1828年），宝华峪陵寝地宫出现渗水之后，道光帝决定废弃宝华峪陵寝。于是派出许多大臣带着风水官分成多批在京畿一带到处相度万年吉地。他们找出了十几处备选吉地，其中就有西陵的魏家沟。在这些备选吉地中，不乏上吉佳壤、风水宝地，可是都不能使道光帝遂心如意，魏家沟自然也被否定，这是魏家沟第二次落选。

咸丰帝即位后，派出相度大臣在东西陵两地相度万年吉地。这次魏家沟又被列为备选吉地，咸丰帝曾借谒陵之便，亲自到魏家沟阅视过一次，但也未能引起咸丰帝的兴趣，因而又第三次落选。九龙峪这个名字是在同治年间改的，为什么在同治年间改名？这说明在同治年间曾将这个地方定为备选吉地，但又落选了。

光绪元年，在为同治帝选陵址时，又选中了魏家沟（这时魏家沟已改名为金龙峪），因慈禧决定东陵的双山峪为惠陵陵地，魏家沟第四次落选。

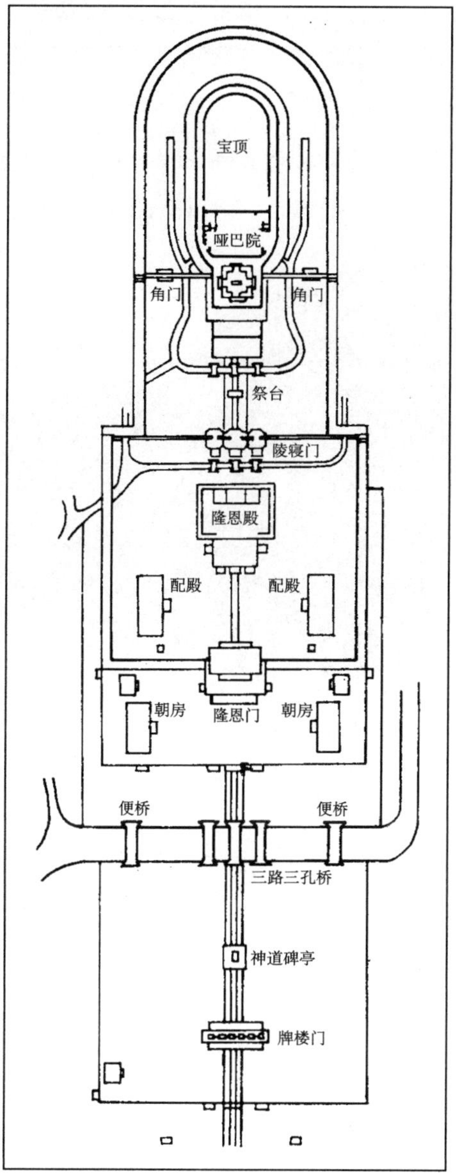

崇陵平面示意图

光绪十三年（1887年），慈禧曾带着光绪帝在西陵为光绪帝相度万年吉地，魏家沟引起了慈禧的极大兴趣，在那里竖了界桩，确定了穴位。可是在此后的21年的时间里一直未破土兴工营建陵寝，直到光绪帝死以后，又派人在东西两地相度万年吉地，并在谕旨中明确说“大行皇帝尚未择有陵寝”，这足以表明，光绪十三年那次相度万年吉地，魏家沟又落选了。

魏家沟为什么总被选中，又总落选？这一方面说明魏家沟这地方风水确实不错，但又存在着一定的毛病和缺陷，不是十全十美的。

魏家沟终于成了万年吉地

光绪三十四年十月二十一日酉正二刻三分（1908年11月14日18时33分），光绪帝病逝于北京南海瀛台之涵元殿。死后第三天，即十月二十四日，摄政王载沣以宣统帝的名义发出了一道上谕：

> 大行皇帝尚未择有陵寝，著派溥伦、陈璧带领堪舆人员，驰往东、西陵，敬谨查勘地势，绘图贴说，奏明请旨办理。

幽禁光绪帝的瀛台涵元殿

溥伦是道光帝的曾孙，当时的爵位是固山贝子。陈璧当时是邮传部尚书，曾多次承办过陵寝工程，对陵寝事务颇为熟悉。溥伦、陈璧等率风水官们到东陵、西陵相度万年吉地，所带的风水官员主要有法部候补郎中春寿、度支部候补主事钟秀。他们在东陵、西陵踏看了许多地方，经过筛选后，最后选出了四处风水最佳的备选吉地，即东陵境内的兴隆台、长龙岭，西陵境内的丁家沟和金龙峪。

这四个备选吉地都可称得上是风水宝地，但也都存在着这样或那样的不足。比如兴隆台的不足之处是“东西砂体卑弱，砂外临大西河，将来夏令水势浩大，桥工未易保固耳”。长龙岭的缺陷是“堂局不太宏敞，大势逊于兴隆台，但水口有出煞之吉，稍可弥补”。丁家沟的不理想之处是“微嫌来处稍单，前过重，虽有完全之势，惜非老干所钟”。风水官们最为推崇的是金龙峪。他们把金龙峪的风水说成是乾坤灵秀之区，阴阳合会之所，“龙、穴、砂、水无美不胜收，形势理气为诸穴冠”。

溥伦、陈璧根据风水官们的论证，经过详慎选择，认为金龙峪确实在诸备选吉地中风水最佳，因此具折上奏，推荐金龙峪为万年吉地，并将风水官的风水说帖一并恭呈御览。光绪三十四年十二月十四日（1909年1月5日），宣统帝发出上谕，正式确定金龙峪为光绪帝的万年吉地，陵名定为“崇陵”，并决定即行择吉兴工，著派载洵、溥伦、载泽、鹿传麟敬谨承修，并著庆亲王奕劻会同办理一切事宜。

从派溥伦、陈璧相度吉地，到发布这道谕旨，前后只用了50天，在如此短的时间内就选定了万年吉地，可谓神速，这在清朝陵寝史上是无前例的。魏家沟熬了169年终于成为大清皇家的万年吉地，真不容易。

二、艰难的崇陵工程

遍地巨石沙水难施工

施工中的崇陵明楼

陵寝施工，首先就是破土开槽。未想到崇陵工程刚进行一年，就遇到了麻烦。按照万年吉地的起码要求，不仅要求土层深厚，而且还应该土质细腻无沙，颜色纯正。金龙峪风水形势虽然好，无可挑剔，可是土质却意想不到的低劣。在开槽后发现地宫分位左右刨深之处，渐露巨石多处，凿打颇觉费力，且性颇潮湿，有无沙水，尚难预料。方城地基，土质近似砂石，将来打桩，诚恐不易着手。隆恩殿地基西北角近倚山根，迄逦东南，土石深浅不一，打桩试验，施工甚难。殿座之下，亦多见有砂石。自碑亭、牌楼门前，依次地势愈低，多有沙石积水。几乎整座陵寝的地下，无一处是理想的土层，不是巨石，就是沙石积水，给工程带来了极大的困难。承修大臣载洵等将这些困难情况上奏给朝廷，希望朝廷能够想想办法解决。可是朝廷对工程上遇到的这些困难，也是束手无策，无可奈何地批道："即著承修大臣妥筹善法，以期巩固而昭敬慎。"

国亡换代被迫停工

到了光绪年间，清朝的陵寝规制有了三种模式：一个是由孝陵到昌陵的传统祖陵模式，一个是被道光帝改变后的慕陵模式，还有承前启后的定陵模式。崇陵按哪种模式建？为此，以载洵为首的承修大臣为这件事专门奏请了朝廷。光绪三十四年十二月二十五日（1909年1月16日），宣统帝谕内阁："载洵等奏请崇陵规制一折。著恭照惠陵规制，敬谨兴修。"

崇陵工程于宣统元年（1909年）二月初八日卯时破土，于闰二月十七日兴工。

经承修大臣勘估，崇陵工程共需工料折价实银5517420两6钱4分3厘，妃园寝工程共需工料折价实银747757两3钱1分，风水围墙等工共需工料折价实银79010两8钱3分9厘，奉祀礼部营房等工共需工料折价实银219380两1钱4分9厘，八旗营房等工共需工料折价实银244773两8钱1分，内务府营房等工共需工料折价实银213124两1钱9分8厘，绿营营房等工共需工料折价实银203375两3钱9分3厘，以上通共估需工料实银7224842两3钱4分2厘。宣统元年（1909年）七月初，承修大臣载洵等将崇陵全工钱粮数目上奏朝廷，请求拨款。奉旨："所需一切款项，著承修大臣随时核实办理，度支部知道。"

崇陵工程尚未到一半，国家政局发生了历史性的翻天覆地的大变化。宣统三年十二月二十五日（公元1912年2月12日），宣统帝被迫宣布退位，中华民国成立，大清帝国从此灭亡。清朝覆亡后，崇陵工程曾被迫停工。后来逊清皇室与民国政府经过协商，崇陵工程继续进行。清皇室与中华民国政府签订了《优待清室条件》，共八款。其中第五款内容如下：

德宗崇陵未完工程，如制妥修。其奉安典礼，仍如旧制。所有实用经费，均由中华民国支出。

袁世凯派国务总理赵秉钧负责崇陵工程。他经常到金龙峪工地亲临指导，为崇陵的营建做出了很多努力，起了很大作用。后来，赵秉钧就葬在了梁各庄行宫对面的龟山南山坡上，称之为"赵公祠"。

崇陵雪水换树钱

在一般情况下，在陵寝营建的后期就要开始栽植陵树。这些树木包括仪行树和海树。清朝对陵寝的树木特别重视，认为"陵寝以风水为重，荫护以树木为先"。这些树木有遮挡风沙对陵寝的侵害、调解陵区的气候和湿度、净化空气的作用，能使陵区形成一个独立的小气候。几百年来陵区的老百姓都有一个体会，陵区很少闹旱灾，很少颗粒不收。清东陵有"七十二场浇陵雨"之说。别处大旱，陵区小旱；别处小旱，陵区不旱。为什么？就因为陵区的树木多。另外，陵区的树木多为松柏树，可以起到树威仪、壮观瞻的作用。所以说，陵区树木是皇陵不可缺少的组成部分。可是崇陵建成了，而陵寝树木的事还一点着落也没有。为什么？因为在建陵之初，不知是忘了，还是此事未达成协议，未与厂商议定植树的条款。陵寝不植树怎么成？溥仪于是想到了梁鼎芬。梁鼎芬是什么人？

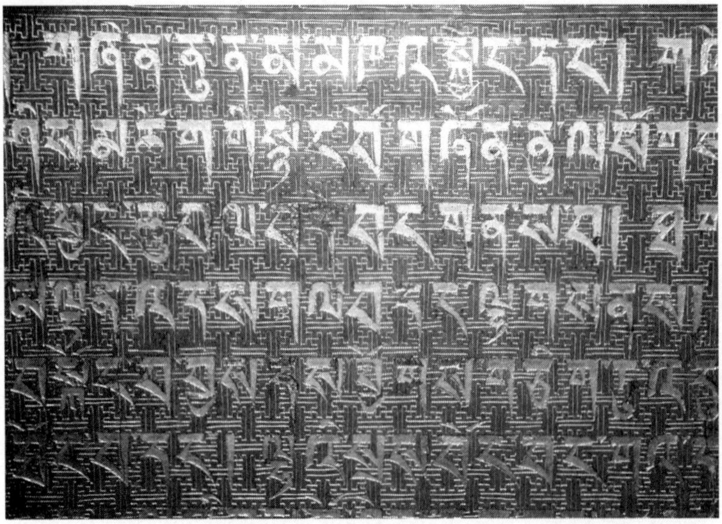

崇陵地宫孝定皇后内棺上的藏文经咒

梁鼎芬，字星海，号节庵，生于咸丰九年(1859年)，广东省番禺县人，光绪六年(1880年)进士，授编修。中法战争时，他弹劾北洋大臣、文华殿大学士李鸿章，皇帝以他妄劾，交部严加议处，降五级调用。后来两广总督张之洞聘请他主持广雅书院。张之洞调署两江总督后，又聘他主持钟山书院。张之洞回任湖广总督时，他也随着回到湖广，梁鼎芬是张之洞的重要幕僚。后来，经端方、张之洞推荐，梁鼎芬先后任知州、知府、道员、按察使、署布政使。他不惧权势，仗义执言，曾弹劾过庆亲王奕劻收受贿赂，他还弹劾过直隶总督袁世凯。梁鼎芬披肝沥胆、泣心椎血的陈奏，不仅未能使皇太后、皇上感动，反而遭到了斥责。梁鼎芬心灰意冷，引疾告退，闭门读书，深居简出，不理政事。光绪三十四年(1908年)十月，光绪帝和慈禧皇太后相继崩逝，梁鼎芬曾赴阙哭临，越日即回。宣统元年(1909年)三月十二日，光绪帝梓宫奉移西陵梁各庄行宫暂安，十七日梓宫到达梁各庄，暂安于行宫大殿。王公大臣分成六班轮流守护梓宫，祭奠行礼。每逢节日和忌辰，六班王公大臣才齐集一次，祭祀行礼。惟有梁鼎芬长期居住在公所里，而且不论哪班，他都随班祭奠行礼，风雨不误。每次举哀，极为哀恸，在梓宫前长跪不起，使在场的人无不感动。他对皇帝的忠心和感情，超过了皇亲国戚、王公大臣。

1913年12月13日(农历十一月十六日)，光绪帝和孝定皇后入葬崇陵地宫，梁鼎芬恭送梓宫到地宫内。梓宫安奉毕，恭送人员退出地宫，当准备关闭石门时，却见梁鼎芬瘫坐在地宫里不动，两眼望着光绪帝的梓宫发呆。他的随从忽然想起他曾经说过皇上奉安时要殉葬的话，怕他死在地宫里，急忙将他背出地宫，送回梁各庄住处。

崇陵龙须沟东面出口

梁各庄行宫水池及大殿

梁鼎芬的忠心给溥仪留下了深刻的印象，所以才派梁鼎芬去守护崇陵，并让他办理崇陵的植树事宜。

梁鼎芬深知植树一事十分难办，但他勇于任事，竭尽全力去办。植树的关键是经费，没钱什么也办不成。为了解决没有经费的困难，他率先垂范，自己带头捐献了1000元。为了筹集资金，他想出了一条妙计，他派人从北京买回了二三百个陶质酒瓶，在一场大雪后，他率领从人，带着酒瓶，到崇陵宝顶上，将所有酒瓶里都装满了宝顶上的洁白的雪，封好瓶口，贴上纸签，签上写“崇陵雪水”。他将这些装满雪水的酒瓶运回北京。他不辞劳苦，挨门挨户地到宗室皇族、王公大臣家登门拜访，每家赠送崇陵雪水一瓶，请求他们为崇陵植树捐献资金。如果对方拿出的钱与其身份、财力相称，他就含笑而别；如果拿出的钱少，或者拒绝捐献，他就用十分激烈的语言使对方以难堪；倘若登门不遇，他就留言，约定某日某时再来拜访。有志者事竟成，梁鼎芬的这种执著精神感动了许多人，居然筹到了一笔数目可观的资金。他用这笔资金从丰台、蠡县买回了松树、柏树、桧树树苗。那时梁鼎芬已经50多岁了，自光绪帝入葬后，由于过度悲痛，身体一直不好，但他不顾年老体弱，在植树时，身先士卒，带头挖埯、浇水，1915年农历二月初九日辰时破土，十一日申时开种，到1916年农历八月止，在一年半的时间里，由于梁鼎芬的艰苦努力，崇陵的砂山、后宝山、陵院内外，共栽植松、柏、桧、杨树40601株，放眼一望，一片绿海，极为壮观。

崇陵地宫

1920年1月5日(农历己未年十一月十五日)，梁鼎芬病逝，终年61岁。他死后，公方和他的家属，遵照他的遗嘱，将他葬在了西陵梁各庄北的山坡上，如今坟墓遗址尚存。

三、崇陵的特色

有人会说：崇陵是按惠陵规制建的，还会有特色吗？崇陵虽然是按惠陵规制建的，但也不是照抄照搬，还是有一些区别的。

沥粉贴金的盘龙柱

清朝皇帝陵，从顺治帝的孝陵，到同治帝的惠陵，除慕陵梁柱不彩画油饰外，所有陵的隆恩殿中间的四根钻金柱都是沥粉贴金（也有泥金或扫金的），其图案是西番莲花，柱的下脚为八宝海水江崖。而崇陵则一改常规，改为沥粉贴金盘龙、八宝海水图案，与紫禁城太和殿中间的6根钻金柱一样。崇陵的这一做法是清朝陵寝中独一无二的。

崇陵隆恩殿内盘龙金柱

方体的烛台和花瓶

清朝陵寝制度，只有帝后陵才设石五供。石五供由须弥座形的石祭台及台上的1个香炉、2个烛台（蜡阡）和2个花瓶组成。清朝帝后陵共有18座石五供，其中有17座的烛台和花瓶都是圆体的，只有崇陵最为特殊，除香炉仍为圆体的外，烛台和花瓶都是方体的，这在清陵中也是没有二例的。

崇陵石五供之烛台是方体的

崇陵石五供之花瓶是方体的

崇陵石五供

有胡须的菩萨

在一般人的心目中，菩萨都是身体修长窈窕、面部清秀端丽、慈眉善目的年轻女性。我们在《西游记》的连环画和电视剧中看到的菩萨就是这样，在现实生活中看到的观世音菩萨的画像和塑像也均为年轻端丽的女性形象，裕陵地宫的八大菩萨和宝华峪地宫的八大菩萨也都是少女形象。可是在崇陵地宫里，第二道石门上的两尊菩萨却都是带胡须的老者，这简直让人有些接受不了。崇陵地宫的菩萨中为什么有长胡子的老人？

其实，我们认为的菩萨就是大慈大悲的观世音菩萨，这是一种误解。菩萨有许多种类，不仅仅是观世音。但在皇陵地宫的石门上刻带胡须的菩萨，这还真是首次发现。是同样的“八大菩萨”，裕陵的都是女性，到了崇陵就有两位变成了男性。

崇陵地宫第二道石门上的菩萨有胡须

崇陵地宫石门上的菩萨雕像

龙山石上的图案是画的

龙山石就是固定棺椁的石构件。从已开放的裕陵地宫以及慈安陵和慈禧陵未用的龙山石的实物来看，上面的云龙和海水江崖图案都是雕刻的。从慕陵、定陵和惠陵的工程黄册上了解到，这三陵的龙山石上的图案也都是雕刻的。然而崇陵的龙山石上的云龙和海水江崖图案却是彩画的。为什么不雕刻而要彩画？难道是为了节约开支吗？原因至今尚不清楚。

崇陵地宫内的龙山石上的图案是彩画的

第二节　光绪帝死因真相大白

光绪帝读书像

光绪帝死于1908年，到现在已经100多年了。100年来，关于光绪帝的死因一直备受世人的关注，可以说是众说纷纭，争论不休。

光绪帝与慈禧互为政敌，积怨很深。38岁的血气方刚的光绪帝竟在74岁的慈禧死前20小时突然死去。这不能不让人感到疑窦丛生。关于光绪帝的死因，现在有以下四种说法：

因病死亡。

被慈禧害死。

被李连英害死。

被袁世凯害死。

第一种说法是清朝的官方说法，对于这种说法，中国第一历史档案馆藏的大量清宫档案可以证明。后面的三种说法都是光绪帝被害死的，从情理上讲似乎都有道理，但却拿不出真凭实据来，只能说是合理推测，似乎还不能让人心悦诚服。在高科技的今天，如果能用事实说话，那是最令人信服的。

2008年11月2日上午9时30分至12时，国家清史编纂委员会等单位在北京著名的京西宾馆会议楼十四会议室举行了《清光绪皇帝死因》研究报告会，正式宣布光绪帝死于急性砷中毒。

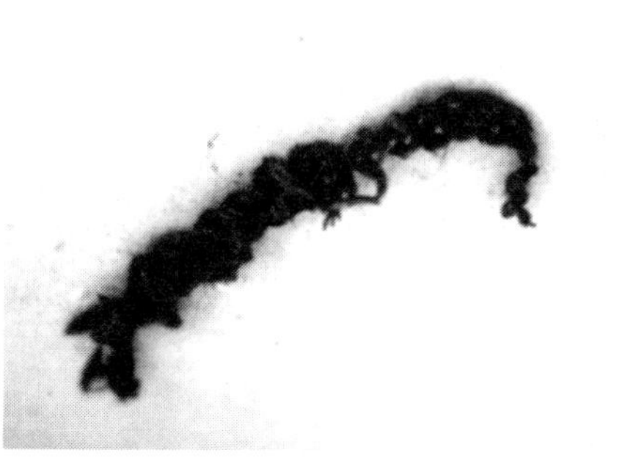
光绪帝的发辫

光绪帝的棺椁曾被打开，后来清理封闭，留下若干头发、遗骨和衣服等保存在外。为解开“光绪之死”这一历史谜案，从2003年开始，中央电视台、中国原子能科学研究院、北京市公安局法医检验鉴定中心、清西陵文物管理处等单位的领导和专家组成了“清光绪帝死因”专项研究课题组，运用先进的技术手段，使用精密的科学仪器，对光绪帝的头发、遗骨以及衣服和墓内外环境等样品进行了反复检验和缜密研究，时间长达5年之久。国家清史编纂委员会的专家给予了支持和帮助，多次参与相关讨论，并将这一研究纳入《国家清史纂修工程重大学术问题研究专项课题（清光绪帝死因研究）》，积极推动此项工作。

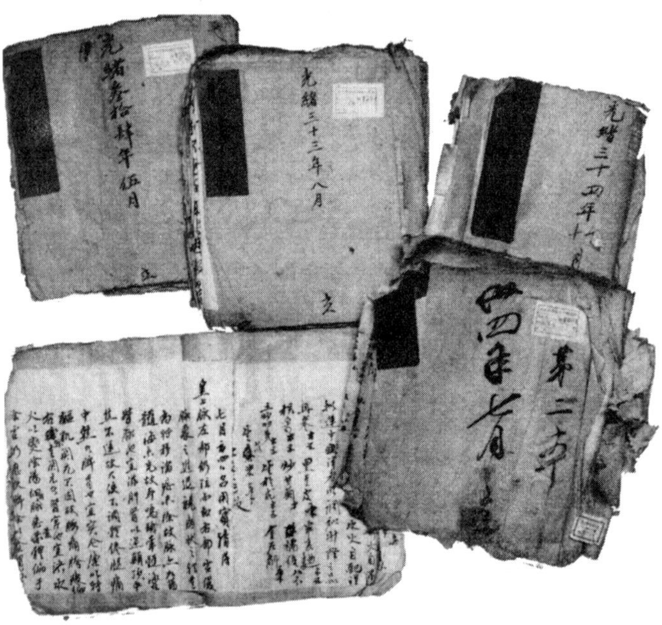

光绪帝的部分脉案

由于棺椁已重新封闭，不能再开棺检验，且年代已久、检材不足，研究工作困难巨大。专家们运用侦察破案的思维方式，按照法医工作规范，充分利用“中子活化”、“X射线荧光分析法”、“原子荧光光度”、“液相色谱/原子吸收联用”等一系列现代专业技术手段，通过开展对比、模拟实验进行双向推理、多维论证等工作，对光绪帝的头发、衣服、遗骨等进行检测和研究，发现其胃腹部衣物上的砷是其含毒尸体腐败后直接侵蚀遗留所致，而其衣领部位及头发上的大量砷，则由其含毒腐败尸体溢流侵蚀所致，并最终得出结论：“光绪帝系砒霜中毒死亡”。

光绪帝被毒害致死，百年疑案得以尘埃落定，真相大白。但凶手是谁，尚待继续研究讨论。

左起：瑾妃、德龄、慈禧、容龄、德龄和容龄之母、皇后

第三节 崇陵妃园寝——清王朝最后的妃园寝

崇陵妃园寝位于崇陵的东侧不到一里，坐北朝南。园寝的东侧就是崇陵的青龙砂，地理环境非常好。瑾妃于1925年12月14日入葬，珍妃于1915年12月13日入葬。

一、规制最崇宏的妃园寝

清西陵共有3座妃园寝，要论规制最标准，制度最崇宏，当属崇陵妃园寝。为什么这么说呢？因为这座园寝与西陵的另外两座妃园寝（泰妃园寝和昌妃园寝）相比较，有以下几点优越之处。

一是这座园寝的东西厢房都是面阔5间，而另外两座则都是3间。

二是这座园寝在拱桥西旁建有三孔平桥，而另外两座则没有平桥。

三是这两座园寝建有挡水石坝，而另外两座园寝也没有。

四是这座园寝的前院地面全部用砖铺墁，而另外两座则只铺墁了大殿前的一条。

崇陵妃园寝始建于清朝即将灭亡的前夜，完工于民国三年（1914年）年底。所以这座园寝不仅是清朝最后的一座妃园寝，也是中国最后的一座妃园寝。

崇陵妃园寝享殿

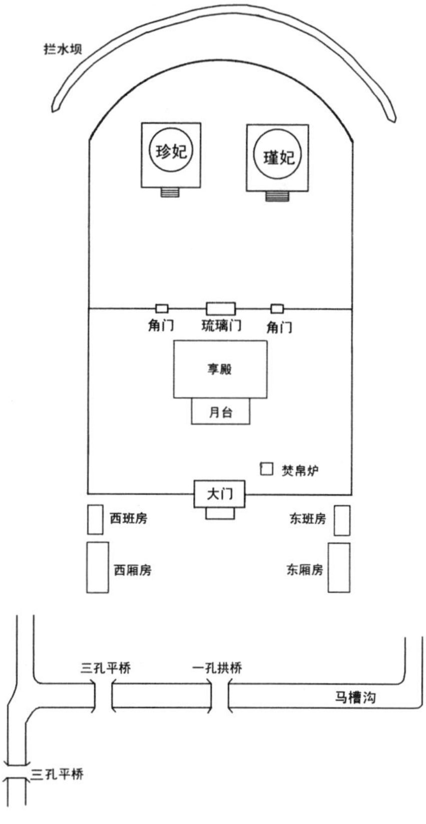

崇陵妃园寝平面图（绘图 徐鑫）

崇陵妃园寝瑾、珍二妃宝顶　图右为瑾妃宝顶，图左为珍妃宝顶

二、园寝之奇

奇特的支顶地宫石门方法

根据已开放的地宫和档案记载，清陵地宫的石门都用自来石从门的后面将石门支顶住。事实表明这种方法十分落后，极不安全，很容易将石门打开。当瑾妃的地宫进行改造时，改变了这种几百年的老方法，采用的是滚球的方法，即在两扇石门背后的地面上各凿出一道石槽来，每槽内有一个石球，门半开时球在槽内紧靠着石门，槽北高南低，石门慢慢关闭时，球随着也慢慢向下滚动，当石门完全关闭后，石球便滚落到槽最下端的一个小坑里。球的上半部在上面露着，挡在石门背后，这样石门就推不开了。这种奇特的方法盗贼是很难从外面打开的，除非将石门破坏。这种方法比用自来石进步多了。

奇特的运送金棺方式

历朝历代，帝后妃乃至老百姓，都用人抬的方法将棺椁抬送到墓地。而崇陵妃园寝的两位墓主人的金棺，本来应该用人从北京抬到易县清西陵，可这两个妃子的金棺却都是用火车运送到西陵的。

园寝内葬的是亲姐妹

在清朝10座妃园寝中，只葬2个妃子的园寝有景陵皇贵妃园寝和崇陵妃园寝。前者葬的两人中，一个是佟佳氏，一个是瓜尔佳氏，年龄相差15岁，且完全是两家人。而崇陵妃园

崇陵妃园寝宫门

寝葬的这两个妃子是年龄仅相差2岁的同胞姐妹。这恐怕不仅在清朝，就是在历史上也是极为罕见的。

清朝的园寝民国建

崇陵妃园寝虽然是始建于清朝，但由于开工后不久清朝就灭亡了，根据优待清室条件，这座园寝由民国继续施工，至1914年年底才竣工。一座园寝由两个朝代建，这在中国历史上也是不多见的。

三、园寝之谜

珍妃到底是怎么死的

珍妃

关于珍妃是如何屈死井中，可以说是众说纷纭，所言者，有太监，有宫女，有近侍，有亲王。有的说是被李连英推入井中的，有的说被崔玉贵裹挟后投入井中的，还有的说是珍妃自己跳八井中的；有的说在众目睽睽之下，公开处死的，还有的说是秘密处死的，有的说光绪帝在场，有的说光绪帝未在场。到底是怎么死的，现在还没有十分确切的说法。

珍妃是何时被打捞出来的

珍妃是光绪二十六年（1900年）七月二十日死于井中的。慈禧是在光绪二十七年

（1901年）十一月二十八日（1902年1月7日）回到北京的，也就是说珍妃是在慈禧回京之前打捞出来葬到恩济庄的，但具体打捞日期至今还是个谜。

珍妃井

珍妃墓被盗了吗

以前一些文章和书，都说珍妃墓被盗了。后来经过考证，才知道那次被盗的是瑾妃的墓。在那战乱的年代里，崇陵被盗了，瑾妃墓被盗了，近在咫尺的珍妃墓就能逃出魔掌吗？然而至今也未得到珍妃墓被盗的消息。珍妃墓到底被盗过没有？现在还是个谜。

珍妃之印

崇陵妃园寝内的珍妃宝顶

第十三章 宣统帝的吉地和葬地

第一节 曾为宣统帝选过万年吉地

可能有许多人认为宣统帝3岁即皇帝位，只当了三年皇帝，到6岁大清国就灭亡了，不会有万年吉地。其实不然。根据优待清室条件中第一款规定：“大清皇帝辞位之后，尊号仍存不废。中华民国以待各外国君主之礼相待。”根据此款规定，宣统帝辞位之后，仍以大清国皇帝的身份居住在紫禁城的后半部分即乾清门以内，在那里继续称孤道寡当皇帝，仍沿用宣统年号。

清朝仿以往多数王朝做法，新皇帝即位后就选择万年吉地，营建陵寝。在清朝灭亡后第四个年头即1915年，宣统帝溥仪已经10岁，于是端康皇贵妃即瑾妃提议为溥仪相度万年吉地。于是他们请来前任广东廉州府教授李青，在堂掌稿笔帖式锡泉等人的陪同下前往西陵相度万年吉地。最后选中了泰东陵后山转东北口子即今梁格庄镇西大地村东北的一个山坡上。写出了《堪舆说帖》供皇室参阅。又经曾当过文华殿大学士的当时小朝廷的总管内务府大臣世续前往实地验看，觉得很满意。吉地定下来后，在那里划界竖桩，圈了起来。由于当时国民政府没有真正兑现每年拨款四百万圆的承诺，又加之小朝廷挥霍无度，所以小朝廷的财政非常紧张，维持日常开支尚且困难，还哪里有钱营建陵寝呢？所以建陵寝的事一直拖着。1924年废止了原来的优待清室条件，溥仪又被赶出了紫禁城，营建陵寝也就彻底没有希望了。

如今在为溥仪所选的万年吉地那里设立了一个标志碑，留下了历史的记号。

为宣统帝溥仪选的万年吉地

第二节 溥仪的简历

1917年7月1日复辟时的溥仪朝服像

宣统帝爱新觉罗·溥仪，是清朝入关后第十帝。光绪三十二年正月十四日午时（1906年2月7日）生于北京什刹海醇亲王府。其父是第二代醇亲王载沣，其生母是载沣的嫡福晋瓜尔佳氏。光绪三十四年（1908年）十月二十一日，3岁的溥仪被立为皇帝，承继穆宗毅皇帝为嗣，并兼承德宗景皇帝之祧。因年幼，由其父载沣监国摄政。光绪三十四年十一月初九日（1908年12月2日）即皇帝位于太和殿，翌年改元宣统。宣统三年十二月二十五日（1912年2月12日），溥仪奉隆裕皇太后懿旨，宣布退位，在位仅3年，成为清朝也是中国封建社会最后一位皇帝。根据优待清室条件，皇帝尊号不废，暂居紫禁城后半部。1924年11月5日（农历十月初九日）溥仪被冯玉祥驱逐出了紫禁城。1925年2月24日移居天津日租界内之“张园”。1929年7月9日移居日租界内之“乾园”，后改称“静园”。1931年11月10日，在日军策划下，溥仪等逃出天津，乘船去东北。1932年3月1日，宣布伪满洲国成立。3月9日，在长春举行伪满洲国建国仪式和“执政”就任仪式。1934年3月1日，溥仪即伪满洲国皇帝之位，年号“康德”。日本投降后，1945年8月19日，溥仪被苏军俘获，20日押往苏联。1950年7月31日，由苏联引渡回中国，8月2日入抚顺战犯管理所。1959年12月4日被特赦释放，1960年2月26日到中国科学院植物研究所北京植物园，半天劳动，半天学习。同年11月26日，第一次参加公民投票，选举人民代表。1961年3月1日任全国政协文史资料委员会专员。1962年4月30日，与李淑贤结婚，时年57岁。1964年12月20日至1965年1月5日出席全国政协四届一次会议，任全国政协委员。1967年10月17日2时30分病逝于北京人民医院，享年62岁（61周岁）。溥仪的骨灰安放于北京八宝山人民公墓。1980年5月29日下午，在政协礼堂为溥仪、王耀武、廖耀湘开追悼会。会后根据中央指示，将溥仪的骨灰重新安放在八宝山革命公墓第一副室。

后经张世义先生的努力，1995年1月26日，又将溥仪的骨灰盒迁到崇陵后山坡的公墓华龙陵园安葬。大清国入关后以第一帝设摄政王、火化开始，又以最后一帝设摄政王、火化结束。

天津张园

伪皇宫的同德殿外观

第三节 溥仪的“之最”和“唯一”

溥仪是清朝皇帝中（追尊的不计）在即位时年龄最小的皇帝，只有3岁。

溥仪是清朝皇帝中（追尊的不计）在位时间最短的皇帝，只有3年。

溥仪是清朝皇帝中拥有后妃最少的皇帝，只有一后一妃（1924年废除优待清室条件以后的福贵人、祥贵人不计）。

溥仪是清朝皇帝中唯一出过国的皇帝，他曾以伪满洲国皇帝的身份去过日本，又以战俘的身份被押解到苏联。

溥仪是清朝皇帝中唯一成为战犯被关押、改造过，继而成为平民的皇帝。

溥仪是清朝皇帝中唯一没有建过陵的皇帝、没有葬入皇帝陵的皇帝。

溥仪是清朝皇帝中（追尊的不计）唯一死后被迁葬的皇帝。由八宝山迁葬到易县华龙陵园公墓。

第四节　溥仪的后妃

溥仪是在清王朝灭亡以后结婚的，按理说他的妻妾不应称为后妃。可是有优待清室条件第一款的明文规定，将他的妻妾称为后妃又有些道理。所以在这里就称之为后妃吧。

一、找不到葬地的皇后婉容

郭布罗·婉容，字慕鸿，号植莲。生于光绪三十二年九月二十七日（1906年11月13日），与溥仪同岁。她是达斡尔族，后编入满洲正白旗。他的父亲叫荣源，生母叫爱新觉罗·恒馨。1922年12月1日，17岁的婉容与溥仪结婚。其结婚礼仪以同治帝的大婚为模

大婚时的婉容朝服像

葬在墓中的婉容像

式办的。由于紫禁城的前半部分已归民国，凤舆不能像以往皇帝大婚时从大清门、天安门、午门进入，经交涉，才允许从东华门抬入。洞房仍设在坤宁宫东间。婚后初期夫妻感情还算可以。1924年11月5日婉容与溥仪一起被驱出了紫禁城，先住在北府，后逃到了日本公使馆。1925年2月婉容随溥仪又逃到日本在天津的租借地内的张园，在那里住了五年左右。后来又迁到天津的静园。1931年11月10日，在日本帝国主义的策划下，溥仪潜往东北。两个月后，婉容也去了东北，与溥仪相会。1932年3月，溥仪在长春就任伪满洲国执政，婉容也就成了执政的夫人。1934年溥仪又当上了伪满洲国皇帝，婉容也就成了伪满洲国皇后。婉容与溥仪的感情越来越糟。

1945年8月日本投降后，溥仪被苏军俘获到苏联。婉容在逃难途中被解放军俘获。1945年6月20日5时许婉容病逝，终年40岁，葬在延吉南山脚下。

2006年正是婉容诞生100周年，95岁的婉容的弟弟润麒决定将姐姐婉容与溥仪合葬。由于找不到了准确的葬地，只得用衣冠墓的形式，其墓位于溥仪墓的左（东）旁。2006年10月26日，将婉容的一张照片葬入了墓中。

二、与皇帝离婚的淑妃文绣

鄂尔德特·文绣，字蕙心，自号爱莲，宣统元年十一月初八日（1909年12月20日）生于北京方家胡同，蒙古族，鄂尔德特·端恭之女。1922年12月1日是她与溥仪结婚的日子，当时她只有14岁。在前一天她被送入了紫禁城。因为溥仪的正式妻子是婉容，文绣被封为淑妃，所以在结婚之日，她并没有享受洞房花烛之夜的幸福，而是独自一人度过了孤枕独寝、冷清寂寞的难熬之夜。其实结婚这一天的洞房之夜，婉容与她一样也是孤枕独眠，并不比她强多少。无论从家庭地位、财力、相貌，还是在宫中的位号，她都逊于婉容，所以在她的心里上产生了严重的自卑感，加上宫中数不清的清规戒律，使这位只有十几岁的本来十分活泼的小姑娘变得沉默寡言，长期心情压抑，每天只能看到四角的天空和红墙黄瓦，无异于笼中

选送的文绣照片

文绣结婚时的朝服像

的小鸟，牢内的囚犯。婉容依仗自己的优越条件，处处看不起她，欺负她，溥仪反而偏袒婉容，更使她雪上加霜，处境困难。

文绣随着溥仪被驱出了紫禁城，从北府到日本领事馆，从张园到静园，她虽然一直顶着皇妃的桂冠，吃穿不愁，但精神生活苦不堪言。到了1931年8月，她实在不能再容忍下去，在妹妹文姗的鼓励和帮助下，她毅然从静园逃出，藏身在天津国民饭店，勇敢地冲破封建枷索，向皇权挑战，毅然提出与溥仪离婚。在长达几千年的封建社会，皇妃主动与皇帝离婚，这简直是连想都不敢想的奇事。由于文绣的坚决果敢和法律的支持，她终于胜利了。结束了牢笼般的9年皇妃生活，她成了自由的平民。这件事在当时曾引起了极大的社会轰动。

离婚后，文绣自食其力，先后当过老师、工人，还在街上出过小摊，日子比较清贫。后来她与一个叫刘振东的人结了婚，建立了幸福家庭。1953年9月18日（也有说是17日的）因心脏病，默默离开了这个世界，终年45岁，葬于安定门外。

溥仪当了伪满洲国的皇帝之后，又纳过一个叫李玉琴的福贵人、叫谭玉玲的祥贵人。如果说将婉容、文绣称为皇后、妃子还有点理由的话，那么将李玉琴、谭玉玲列入宣统帝的后妃队伍之中，那就一点理由也没有了。所以，关于李玉琴、谭玉玲的情况就不介绍了。

溥仪、婉容、谭玉玲墓（邢宏伟提供）

第十四章　清皇陵的陪葬墓

陪葬墓是皇陵不可分割的组成部分，在封建社会，能够陪葬皇陵是难得的旷典和殊荣。将功臣、宠臣、皇室成员葬在皇陵的外围，对皇陵形成陪护之势的做法，最起码早在西汉时期就已经有了，一直到清朝仍在沿袭。无论是关外的盛京三陵，还是关内的清东陵和清西陵，都有许多的陪葬墓。

陪葬墓的墓主人，身份各异，有皇太子，有王公贵族，有为清王朝屡建奇功的功臣，有早殇的皇子、皇女，有哺育过皇帝的保姆，等等；与皇帝的关系亲疏不同，墓的营建时间也有早有晚，因而在规制上呈现出多样性。

陪葬墓是研究皇陵的重要内容之一。

第一节　盛京三陵的陪葬墓

因为盛京三陵坐落在三个地方，所以陪葬墓也随着这三个陵而分为三个地方。

一、永陵的陪葬墓

永陵的陪葬墓主要集中在永陵东西两侧，由于年代久远，加之档案的严重缺失，有关永陵陪葬墓的情况知道得较少。

特殊的陪葬墓

在正常情况下，陪葬墓都应该在皇陵之外。因为永陵是皇帝陵，所以尽管礼敦贵为郡王，塔察篇古贵为贝勒，而且又葬在了永陵的宝城之内，但也算是陪葬墓，是清朝最特殊的陪葬墓。

永陵宝城内分上下两层台地，肇、兴、景、显四祖的墓位于上层台地之上，礼敦和塔察篇古虽然与显祖塔克世是同胞弟兄，其墓则在下层台地上，礼敦墓在左（东），塔察篇古的墓在右（西）。

关内的一些陪葬墓，因为多数被盗，其地宫的规制已有所了解，但关外的陪葬墓的地宫由于地面建筑早已无存，地宫位置难以确定，很少听到有被盗的，因而对这些陪葬墓的地宫是什么样一无所知。

1981年国家文物主管部门批准了对这两座墓进行发掘，使我们有幸对关外陪葬墓地宫及清初丧葬制度有了进一步的了解。下面根据方殿春和李荣发两先生的发掘报告，对礼敦和塔察篇古墓的情况简单介绍一下。

景祖觉昌安共有5个儿子，礼敦是长子，塔察篇古是第五子，努尔哈齐的父亲塔克世是第四子，因此礼敦是努尔哈齐的大伯父，塔察篇古是努尔哈齐的老叔。

据有关史书记载，礼敦“生而英勇”，在景祖讨平硕色纳、奈呼二部时，礼敦立了大功，赐号“巴图鲁”。“巴图鲁”是满语，为勇将、英雄的意思。礼敦后来配享太庙，位居东配殿第一龛，地位最尊。清朝皇室成员中配享太庙的只有13人，礼敦是第一个配享太庙的，可见他在清朝皇帝的心目中多么重要。塔察篇古的情况失于记载，有待考证。

礼敦和塔察篇古墓的封土、墓室和墓中情况大致是一样的：坟头用土堆积而成，最表层土是黑杂土，厚度在20cm至100cm不等。第二层是纯黄土，最厚的地方有60cm。第三层是残砖，厚度在70cm至300cm之间。残砖下面就是所谓的地宫，实际上就是用青砖砌成的长方形的池子，南北长在98cm，东西宽84cm，顶子是拱券式的。这个地宫最深处（从拱券的顶部往下量）为96cm，也就是说这个“地宫”是个见方不足1立方米的池子，人根本就钻不进去。

在礼敦的墓室中，有一个骨灰坛，坛口上扣着一个碗，坛下是一块石板。骨灰坛为缸胎，缮鱼黄釉，圆体鼓腹，全高52cm，口径17.5cm，腹径45cm，底径22cm，盖碗是黑釉瓷质，口径18.3cm,高5.3cm。石板为边长34cm、厚7cm的正方形。骨灰坛放在这石板上，除此之外，别无其他物件。

塔察篇古的墓中的情况与礼敦的基本一样，只是骨灰坛略有不同。塔察篇古的骨灰坛比礼敦的小些，通高只有37cm，腹壁上画有四株花草。

堂堂的郡王、贝勒死后如此俭朴，没有一件随葬品，反映了清初满族的纯朴之风。

默默无闻的陪葬墓

永陵的陪葬墓除了礼敦和塔察篇古之外，其他的墓都在陵外。据清陵专家李凤民、陆海英考证，永陵的陪葬墓大体分布在永陵宝城外的东北、西北和正西三处。东北的陪葬墓是兴祖直皇帝福满第三子索长阿的墓，西北的陪葬墓是兴祖直皇帝福满长子德世库的墓。

兴祖直皇帝福满有6个儿子，个个都十分了得。他们弟兄6人在赫图阿拉附近各自筑城，形成犄角之势，势力十分强大，称为宁古塔贝勒，威名远震。弟兄6人中的老大、老三葬在了永陵外围，以此推测，弟兄中的那4人很可能也葬在永陵附近。正西的5座墓中是否有那4人呢？有待考证。

这些墓由于年代久远，墓的位置不详，所以内葬人是谁大都不清楚，成了默默无闻的陪葬墓。

二、福陵的陪葬墓

与永陵相比，福陵的陪葬墓的位置和内葬人清楚多了。据记载，福陵的陪葬墓共有5处。其中2处是努尔哈齐的儿子、孙子的墓，两处是清朝开国功臣的墓，另一处是不知墓主人是谁的公主墓。

汤古岱墓

汤古岱墓位于福陵以北3华里的长岭子，今属沈阳市东陵区英达乡。

汤古岱是努尔哈齐的第四子，生于明万历十三年（1585年）十一月初四日子时，其生母是努尔哈齐的庶妃钮祜禄氏，天聪初年授为固山额真。天聪四年（1630年）六月，因失守滦州罪，革职，没收家产，降为庶民。天聪八年（1634年）被启用，授为三等梅勒章京。崇德四年（1639年）晋为三等镇国将军。崇德五年（1640年）九月二十九日卒，终年

56岁。顺治年间追谥曰“克洁”。他有2个儿子，长子叫穆尔察，次子聂克塞，生前都被封为三等奉国将军，死后都葬在其父的墓旁。

光绪二十六年（1900年）沙俄入侵沈阳，汤古岱墓被毁。1917年其后代文郁重修此墓，但在“文革”中再度被毁，如今仅存石碑下的龟趺而已。

塔拜墓

塔拜墓坐落在今沈阳市东郊东陵区上满堂沟的九凤山。

塔拜是努尔哈齐的第六子，生于明万历十七年（1589年）二月十八日戌时，与汤古岱是同母弟，因功累官至一等参将，后改称辅国将军。崇德四年（1639年）八月初九日卒，终年51岁。顺治年间追谥曰“悫厚”。

塔拜有8个儿子，有爵位的只有3人，其部分子孙也随葬其墓旁。塔拜墓群也毁于沙俄侵略军之手，现该墓已无存。

大义灭亲的开国功臣额亦都墓

清朝和历代王朝一样，有一大批为开基立业建国东讨西伐，南征北战，立下汗马功劳的开国功臣。在这些开国功臣中，额亦都可算是其中的佼佼者。额亦都何许人也？他为什么称得上开国元勋呢？

额亦都可是位了不起的人物，他的一生充满了传奇色彩。额亦都姓钮祜禄，为满族八大姓之一。他世居长白山，年幼时，父母被人杀害，幸亏邻居将他藏起来，才免遭不幸。当他13岁时，亲手杀死了凶手，为父母报了仇，后来投靠了努尔哈齐。他足智多谋，勇武绝伦，攻无不克，战无不胜，跟随努尔哈齐四十多年，身经百战，从未打过败仗。战功赫赫，威震敌胆，因此成了努尔哈齐的左膀右臂，被视为肱股。仅举一例，足见其神勇异常。万历十五年（1587年）八月，努尔哈齐命他率兵攻取巴尔达城。途中浑河水大涨难渡，他就让兵士一个一个地拽着绳子，渡过了河。天黑了来到了巴尔达城下，在夜色的掩护下，他身先士卒，带领士兵登上城头。这时敌兵万箭齐发，箭如飞蝗，有几支箭射中了他的大腿，并将大腿竟然钉在了城墙上。额亦都忍着剧痛，一边用刀拨打雕翎，砍断钉在城墙上的箭杆，使自己脱身，又趁机拔掉身上的箭。额亦都身上受伤50余处，但他不顾重伤，大吼着率领众兵丁冲向敌军，最后占领了巴尔达城。努尔哈齐亲自出郊迎接凯旋的英雄额亦都，设宴慰劳，将俘虏全部赐予他，赐号“巴图鲁”(英雄之意)。像这样的例子不胜枚举。额亦都还有一个一般人难以做到的长处，就是他每次打了胜仗，得到的重赏，从不自己独吞，总是分给部下将领和士兵，因此他深受部下及士兵的拥戴，愿为他效力，这也是他征战沙场数十年，保持常胜不败的重要原因。

在努尔哈齐统一女真各部和对明作战中，额亦都几乎参与了每一次大的战役，都立下了赫赫战功。万历四十三年 (1615年)努尔哈齐创八旗旗制，额亦都隶镶黄旗。次年建国号后金，他与费英东、扈尔汉、何和里、安费扬古共为顾命五大臣，累官至左翼总兵官、一等大臣，进入了后金政权的最高领导层。

努尔哈齐对额亦都极为器重，视之为股肱之臣，先后将族妹和硕公主嫁给他，又将四女儿和五女儿分别分别嫁给了额亦都的第八子图尔格和第二子达启（也称党奇），额亦都也将自己的女儿嫁给努尔哈齐的儿子皇太极为妻。这样，努尔哈齐与额亦都，既是君臣关系，也是儿女亲家，两人关系之密切可想而知。

最令努尔哈齐感动和震撼的是，额亦都为了维护后金政权和努尔哈齐的最高利益，他亲手杀死了自己的二儿子达启。事情是这样的：达启自幼多才武勇，深受努尔哈齐的喜爱，于是将达启接到后宫收养。达启长大后，努尔哈齐将自己的五女儿嫁给了达启。而达启自娶了努尔哈齐的女儿后，依仗努尔哈齐的宠爱和自己的特殊地位，日益骄纵，对努尔哈齐的儿子傲慢无礼。对此，额亦都十分忧虑。一天额亦都将自己的16个儿子召到家中，喝酒吃饭。酒至半酣，额亦都突然站起来，命手下兵丁将达启绑了起来，众儿子大惊失色。额亦都拔出刀来，对众儿子说："天下怎么会有父亲杀儿子的？因为达启傲慢无礼，如果今天不治他，将来必然要贻害国家，败坏门户。谁要不同意我治他，我就杀了谁！"众儿子都十分惧怕。额亦都说罢，命兵丁将达启拉入屋内，用棉被将达启蒙盖住，额亦都挥刀将达启杀死。随后，额亦都到努尔哈齐那里说明情况，表示谢罪。努尔哈齐听了极为震惊和惋惜，同时也为额亦都的这种以国为重、大义灭亲的精神深受感动。努尔哈齐感慨地说："额亦都为国深虑，不可及也！"

额亦都的后代高官辈出，将星云起。他的第八子图尔格战功卓著，配享太庙，他的第十六子遏必隆是康熙初年的四大辅臣之一。在清朝的后妃队伍中，有5个皇后、1个皇贵妃、2个贵妃、4个妃来自他的钮祜禄氏一家。额亦都一家为大清国的创建、巩固和发展立下了不可磨灭的功劳，可以说是国家的柱石。

天命六年（1621年）六月十四日，额亦都病死在辽阳东京城，终年60岁。他病重期间，努尔哈齐"车驾临视，垂泣与诀"，死后又三次"亲临痛哭"。天聪元年（1627年），追封弘毅公。崇德初，配享太庙。顺治十一年（1654年），世祖命立碑旌功，亲写碑文，详细追述他的丰功伟绩，称赞他"忠勇忘身，有始有卒，开拓疆土，厥积懋焉"。有清一代配享太庙的功臣只有13人，而额亦都父子就占了2人，这在大清国是少见的。

额亦都死后，最初葬在辽阳东京城。天聪三年（1629年）努尔哈齐入葬福陵时，也将额亦都墓迁葬到福陵旁，让这位大清的功臣永远陪伴在与他一起征战40多年的老主人旁边。

额亦都墓坐落在今沈阳市东郊东陵区英达乡山里红屯村北的铺虎岭下，距福陵约5华里。据当地老人回忆，此墓建有大门、5间享堂，设有木牌坊、石狮，后院内建坟头，环以围墙。额亦都的第八子图尔格也葬在这座园寝内。此墓共立有4统石碑，父子二人各2统，分别是顺治帝、康熙帝和乾隆帝给立的。康熙帝、乾隆帝、嘉庆帝、道光帝先后10次拜谒盛京，每次都要祭祀这位为大清立下汗马功劳的开国元勋。

额亦都父子墓在“文革”中被毁掉，出土了两件青花瓷瓶。其中一件通高45cm，口径19.5cm，腹径31.2cm，足径19.2cm，方腹圈足白釉，腹部四面分别为天马、麒麟、海兽、獬豸图案。笔者认为，这两件瓷瓶很可能是盛放骨灰的坛子。

开国第一功臣费英东墓

清朝太庙的西配殿内是供放配享太庙的大清功臣神牌的地方。从北到南一共供奉了13位功臣的神牌，以北为上，排在第一位的大清功臣是费英东。

费英东何许人也？为什么将他排在了第一位，成了大清的第一功臣？

费英东，瓜尔佳氏，他的父亲索尔果是苏完部的首领，他的部族世代居住在苏完地区。费英东从小习武，骁勇而精于骑射，12岁时就能拉开十余石的强弓。万历十六年（1588年）四月，索尔果带领苏完部500余户归顺努尔哈齐，努尔哈齐见费英东英姿飒爽，勇武绝伦，十分钟爱。

费英东自投靠努尔哈齐以后，忠心耿耿，作战勇敢，身先士卒，屡建奇功。费英东性情忠直，遇事果断，见到国家政事有弊端，直言敢谏，这对于努尔哈齐的统一满洲大业颇有益处。在追随努尔哈齐的30多年中，他身经百战，攻无不克，战无不胜。努尔哈齐率军攻打明军占据的抚顺城时，费英东被火炮击中，部下劝他撤军，而费英东上马大呼：“我建州无败退之将，只有战死之将！”部下群情振奋，一举攻克了抚顺城。在攻打叶赫城的时候，城上万箭齐发，努尔哈齐命令撤退，前线的费英东回报说：“我们的士兵已经攻到城下了！”努尔哈齐又命再退，费英东又说：“我们的士兵已经登上城头了！”还没等努尔哈齐下达第三次撤退命令，费英东已经攻占了叶赫城。努尔哈齐感叹地说：“费英东真乃万人敌也！”费英东的忠心和神勇，使努尔哈齐对他格外倚重。公元1616年，努尔哈齐在赫图阿拉建立了后金政权，任命费英东为五大臣之一，授一等大臣，佐理政事，并将长子褚英的女儿嫁给他。

天命五年（1620年）三月，努尔哈齐授费英东三等总兵官，是月，费英东结束了他戎马征战的一生，病逝于界凡城，享年57岁，努尔哈齐大哭，亲自为他守灵。

天聪六年（1632年），皇太极追封费英东为直义公。崇德元年（1636年），始建太庙，以费英东配享。顺治十六年（1659年），顺治帝诏曰：“费英东事太祖，参赞庙谟，恢扩疆土，为开创佐命第一功臣。延世之赏，勿称其勋，命进爵为三等公。”康熙九年（1670年），康熙帝命为他在墓前立碑，并亲自为费英东撰写碑文，称其功冠诸臣，为一代元勋。雍正九年（1731年），雍正帝命加封号曰信勇。乾隆四十三年（1778年），乾隆帝追晋费英东为一等公。

费英东死后初葬在界凡城。福陵建成后，将他的墓迁到福陵以西的二台山子东土冈上。该墓原建有牌坊、享堂、石碑，有坟丘2座。一座为费英东的，另一座是谁的待考。清帝每次到盛京祭祖，都要祭奠这位大清的开国第一功臣，并赋诗悼念。

如今费英东墓随着时代的变迁，自然和人为的损坏，早已荡然无存。

令人迷惑的皇姑坟

在福陵的五处陪葬墓中，除了以上介绍的两处皇子墓、两处开国功臣墓之外，在福陵西北约6华里的团山子村的西北大台山下还有一处陪葬墓，墓内葬的是谁，现在谁也说不清楚，多少年来当地老百姓只叫它“皇姑坟”。这个名称起码告诉我们，墓内的墓主人是一位女性。这个名称告诉我们，这位女性是皇帝的姑母。但是这位女性是哪位皇帝的姑母，是哪位皇帝的第几位女儿，却是一无所知。

这位皇帝的女儿既然葬在福陵的附近，是福陵的陪葬墓，那就很可能是努尔哈齐的女儿。努尔哈齐有8个女儿，是哪位女儿呢？努尔哈齐的长女东果公主11岁就嫁给了五大臣之一的何和里，死后葬在了辽阳的公安堡。第四女嫁额亦都第八子图尔格，死后葬北京西郊。第五女、第六女、第七女、第八女出嫁后，随夫而葬，葬入夫家坟地。第三女莽古济参与了其兄莽古尔泰（努尔哈齐第五子）的谋逆活动而被皇太极杀死，自然死无葬身之地，也不会称她为皇姑。这样只有第二女有可能是这位皇姑。根据《清皇室四谱》记载，第二女30余岁才嫁给姑母的儿子达尔汉为妻，称嫩哲格格，也称沾河公主。婚后夫妻感情不好，长期住在母家，后随龙入关，住进了北京。顺治三年（1646年）七月病死，终年60岁。她是努尔哈齐的女儿，顺治帝自然称之为“皇姑”。对于因夫妻不和，长期住在母家，又死在母家的姑母，当然不会让她与丈夫合葬，葬入夫家茔地，只能葬在自己父亲的陵旁。

当然这只能是一种分析和推测。究竟这座皇姑坟内葬的是不是努尔哈齐的第二女，还有待进一步考证。另外还有一点令人迷惑不解的是，在清初女子盛行早婚，一般都在十二三岁就结婚，像她的姐姐11岁就结婚了，为何这位皇二女30多岁才出嫁？这是不可能的。根据奉天老档记载，在天命二年十二月努尔哈齐曾说过这样一句话：“大臣巴图鲁伊拉喀当初与朕相处实未效力，吾不思其过，令其为臣，又以女妻之，伊终不效力，且无端弃妻，恐后生变，遂杀之。”这件事与第二女在天命三年30多岁才嫁给达尔汉联系起来分析，这位被努尔哈齐杀死的伊拉喀很可能就是第二女的前夫。

无论如何，这座皇姑坟令人充满着神秘色彩，令人迷惑。该坟在“文革”时被平毁，出土一件青花罐，显然是盛放骨灰之用，遗憾的是已经破碎。

三、昭陵的陪葬墓

昭陵的陪葬墓位于陵的东西两侧，共有4座，1座是功臣墓，2座是贞臣墓，1座是保姆墓。

为国捐躯的开国元勋杨古利墓

随同努尔哈齐、皇太极南征北战、东讨西杀，为大清国开基立业、打江山的开国功臣，个个能征惯战，勇武绝伦，出类拔萃，可以说猛士如云，将星辈出。这些元勋中，有的位极人臣，寿终正寝；有的马革裹尸，战死沙场。杨古利是这些开国元勋中爵位最高、唯一战死在异国他乡的清初最高将领。杨古利姓舒穆禄氏，世代居住在今东北吉林省珲春市一带。他的父亲郎柱是库尔喀部的首领。郎柱与努尔哈齐的关系很好，常有往来，努尔哈齐对郎柱处处给予优厚待遇，使郎柱很受感动，于是就让自己的儿子杨古利到建洲那里去服侍努尔哈齐。不久库尔喀部发生内乱，郎柱被部下人杀死。郎柱的妻子背着幼小的儿子，骑着战马，手持弓箭，不停地左右开射，冒死冲出寨门，投靠到了努尔哈齐那里。后来，杨古利听说杀害他父亲的仇人也投靠到了努尔哈齐的麾下，杨古利于是找机会亲手将仇人杀死，并将仇人的鼻子和耳朵割下来，当众吃掉，报了杀父之仇，当时杨古利年仅14岁。努尔哈齐对杨古利的这种非同寻常的做法感到十分惊奇，从此对他越来越信任，并将女儿嫁给了他，成了努尔哈齐的女婿（《清史稿》这样记载。但《清皇室四谱》中所记的努尔哈齐的女儿中却没有嫁给杨古利的）。这样，杨古利与努尔哈齐既是世交，又是亲戚，所以两人的关系更加密切，非同一般。努尔哈齐创建八旗制度后，让杨古利隶属上三旗的正黄旗。

杨古利跟随努尔哈齐数十年，身经百战，战无不胜，攻无不克，常常在不利的情况下，以少胜多。每次临战，杨古利都是冲锋在前，奋不顾身，拼死决战，多次负伤，带伤参战。他的勇武，不仅感动了努尔哈齐和同僚将士，更是威震敌胆。他数十年，屡建奇功，声名显赫。努尔哈齐让他统领左翼兵，授他为一等总兵官，地位仅低于八贝勒。努尔哈齐知道他勇冠三军，打起仗来就拼命，深怕他有闪失，一再告诫他不要再临敌上阵，可是他哪里肯听。由于他不断立功，后来又将他晋升为三等公。

努尔哈齐死后，杨古利又跟随皇太极征战四方，忠心耿耿，所向披靡。

杨古利不仅作战勇敢，而且多谋善断，多次由于采纳了他的建议，都取得了重大胜利。天聪八年（1634年）五月，根据杨古利的战功，皇太极将他晋升为超品公，位于诸公之上，地位仅在贝勒之下，帽顶嵌珠。

崇德元年十二月，杨古利随皇太极征朝鲜。第二年正月在战斗中，被暗藏的敌军用鸟枪击中，由于伤势过重，很快死亡，终年66岁。第二天，豫亲王多铎率兵逼近敌营，找到了杨古利的尸体，抬回清营，皇太极亲自接迎，在灵前痛哭祭奠，赐御用冠服以殡。当杨古利的灵柩即将到达沈阳时，皇太极亲自迎接到城外，命陪葬福陵。入葬那一天，皇太极再一次亲临祭奠。这一年的十一月，杨古利被追封为武勋王，立碑墓道。他是清朝开国功臣中唯一爱新觉罗姓氏之外封王的。皇太极入葬昭陵时，顺治帝以杨古利与皇太极的关系更为密切，将杨古利的墓迁葬到昭陵附近，陪葬昭陵。顺治年间，顺治帝命将杨古利配享太庙。康熙三十七年（1698年），康熙帝到盛京谒陵，亲奠其墓。以后乾隆帝、嘉庆帝、道光帝巡幸盛京时，都要到杨古利墓前亲祭，并写诗追忆他的功绩。康熙三十九年（1700年），康熙帝再次为他立碑，并亲自撰写碑文，表彰他的丰功伟绩。雍正九年（1731年），定世爵为一等英诚公。

杨古利的墓位于昭陵东3华里的上冈子村，如今已不复存在。

为皇太极殉死的贞臣墓

清朝初年在关外的满族地区还保留着活人为死去的人殉葬的习俗，主要是臣为君殉，奴为主殉，妻妾为夫殉，一直到顺治帝死时还有。到了康熙十二年（1673年）六月十七日，康熙帝正式下令禁止八旗包衣奴仆为主子殉葬。从此以后，在我国殉葬习俗才得以消失。

崇德八年（1643年）八月初九日，清朝的真正的第一帝清太宗皇太极驾崩。他死后不久，有两个人自杀身亡，追随皇太极的亡灵去了。

这两个人是谁？为什么要自杀？这两个人一个叫敦达里，另一个叫安达里，他们俩都是自愿为皇太极殉死的。

早在努尔哈齐时，还是孩子的敦达里就成了皇太极的奴仆，专门伺候皇太极的生活起居。敦达里不怕苦不怕累，尽心尽力地服侍皇太极，深受努尔哈齐和皇太极的夸奖和赏识。努尔哈齐死后由皇太极继承汗位。他为了表达对主子的忠心，向皇太极发誓：在皇太极百年之后，他愿殉葬，在九泉之下继续伺候主子。皇太极称帝以后，皇太极将敦达里拨到长子肃亲王豪格府中，让他掌管肃王府中事务，更主要的是辅佐豪格，见到豪格有什么过失，及时相劝。敦达里忠实地按主子的指示办。可一向骄横的豪格并不把这个奴仆放在眼里，对于敦达里的好心相劝根本不听，我行我素，逼得敦达里只得把这些原原本本告诉给了皇太极。皇太极把豪格找来，当着敦达里的面将豪格严厉地批评了一番。为了鼓励和支持敦达里，皇太极当场将自己的穿的龙袍脱下来赐给了敦达里。由于皇帝给敦达里当靠山，从此以后，豪格再也不敢小看敦达里了。

安达里墓碑（现藏于沈阳故宫）

皇太极死以后，皇宫上下人都穿上了孝服。而敦达里不仅未穿孝服，反而穿上了朝服，大家都感到很吃惊，不理解。他向诸王表示他要为大行皇帝殉死。诸王劝他：皇帝已将你赐给肃亲王了，你就是肃亲王的人了，就不必殉死了。可是敦达里却说：先帝对我天高地厚，我就是变牛变马也难以报答。况且当年我已向先帝发过誓，在他百年之后我为他殉死。我如果不殉死，不就等于欺骗先帝吗？诸王见他态度坚决，便同意了他的请求。八月十六日敦达里在自己的家自杀身亡。他死后，将他的遗体抬到皇宫，将他的灵柩安放在皇太极棺椁的旁边。朝廷为了表彰他的忠心，赠给他三等甲喇章京世职，由他的后代世世承袭。他的子孙如果有违法犯罪行为，可免的免，不可免的减罪处理，同时还免除了他家世世代代的一切徭役，看来敦达里也死得其所了。

安达里墓碑部分碑文

安达里墓碑下赑屃

安达里世居叶赫部，天命初年归附努尔哈齐，授给他牛录章京之职。他跟随努尔哈齐南征北战，立下了许多功劳。崇德三年（1638年）因功晋升他为三等甲喇章京（参领）。安达里由低贱的平民能升为甲喇章京，他认为这是皇帝对他的最大的皇恩和旷典，他一生一世也难以报答。所以他在皇太极死以后，效法敦达里，表示也要为先帝殉死。诸王对他的这种忠心深表赞赏。于是八旗诸王每人赐给安达里衣服、靴、帽各一件，将他的爵位由三等甲喇章京升为梅勒章京（相当于副都统），由他的子孙承袭，其他的优厚待遇与敦达里一样。安达里在临死前请示诸王说：假如我在九泉之下见到先帝，先帝问我他死后的事情，我应该怎样回答呢？诸王回答说：请你转奏先帝，就说我们一定尽心尽意地拥戴幼帝，请先帝在天之灵保佑。安达里听罢，就在诸王面前从容地自尽而亡。顺治十三年（1656年）顺治帝下令在两人的墓前各立石碑一统，亲制碑文，以表彰他们俩对先帝的忠心和对大清的贡献。现在安达里碑尚在，敦达里碑已不知去向。

敦达里和安达里的墓位于昭陵以西3华里的罗家屯。此墓原建有大门、享堂、石供桌、围墙等，现在该墓早已无存。1980年7月，沈阳市皇姑区第二建筑工程队在施工时发现了一座墓。此墓经清陵专家李凤民先生考证，系安达里的墓，用青砖砌成，墓室长2.7米，宽2.3米，从地表至券顶内高1.12米，墓门长0.88米，宽1.2米。墓内出土盛骨灰的明代清花盖罐1件、釉陶罐2件、绿釉盘1件、银铲1件，另有正方形青石1块。传说前几年有人挖菜窖时挖出过一座墓，是否是敦达里的，还有待进一步考查。

奶妈墓

在昭陵东3里的上冈子村杨古利的墓西侧有一座奶妈墓，据说是皇太极的奶妈和她丈夫的合葬墓。这位奶妈是谁、何时死亡、何时入葬等情况，由于缺少记载，加之档案严重遗失，这些都一无所知。清陵专家李凤民先生为研究此墓做出了艰苦的努力，据李凤民先生调查，该奶妈可能姓关，此墓周围立有石桩、石碑，设有石桌、小庙。如今这些都已荡然无存。

第二节 清东陵的陪葬墓

清东陵的陪葬墓有近20座之多，大致分布在陵园东侧的马兰峪以东、陵园西侧黄花山以西的今蓟县境内。在这些陪葬墓中，有皇太子园寝、亲郡王园寝，有贝勒园寝、大臣园寝，有公主园寝、保姆墓，还有守陵官员墓和为皇帝殉死的贞臣墓。

在这些墓主人中，有位高体尊的和硕亲王，有驰骋沙场的大将军，有只在世上活了几年、几个月的金枝玉叶皇子和公主，有尽忠尽职的守陵官员，有把青春和家庭幸福完全献给皇家的保姆。他们的人生轨迹不同，辛苦甘甜各异，而最后的归宿却是一样的——作为陪葬墓葬在了皇家陵园的外围。

下面从西到东再到南，依次介绍这些鲜为人知的陪葬墓。

一、黄花山下的王爷园寝

黄花山是清东陵西侧的天然屏障，巍峨高大，层峦飞翠，叠嶂腾辉。黄花山的西麓有6座清朝王爷园寝，分别埋葬着顺治帝的3个皇子和康熙帝的3个皇子。这6座园寝前朝尖扇子山，背靠黄花山。园寝前有一条小河，流水潺潺，蜿蜒曲折，河水清冽。四周林木繁茂葱郁，真是山水秀美，景色怡人。这6座园寝一字排开，左面第一座就是荣亲王园寝。

只活了104天的荣亲王的园寝

荣亲王是谁？他为什么排在了第一位？

提起荣亲王的生母来，那可是名震遐迩、人人皆知，就是大名鼎鼎的顺治帝的宠妃董鄂妃即孝献皇后。

顺治帝自纳娶了董鄂氏以后，两人双双坠入爱河，在天愿作比翼鸟，在地愿为连理枝，互为知己，感情挚密，大有恨相见之晚之意。一年之后就有了爱情的结晶，董鄂妃生下了一个男孩，爱屋及乌，子以母荣，因为是爱妃所生，这个男孩被顺治帝视为掌上

荣亲王园寝宫门（老照片）

荣亲王园寝宫门后坡（1966年摄）

明珠。这个男孩虽然排行第四，却被顺治帝称之为“朕第一子”，并暗示将来要让这个男孩承继皇位。董鄂氏生了这个男孩儿，自然也是欣喜万分，因为这不仅是固宠的最大资本，而且还有可能将来要荣登皇太后的宝座。所以她更是把这个男孩儿当成宝贝。未想到这个男孩儿福薄命短，来到世上只有104天，就成了历史的匆匆过客，连名字还未来得及起。娇儿的夭亡使顺治帝和董鄂氏痛断肝肠。顺治帝为了安慰爱妃，于顺治十五年（1658年）三月二十七日将这位只活了百余天的幼婴追封为和硕荣亲王。这是有清一代追封早殇皇子的首例，而这个首例竟是爵位中的最高的和硕亲王。我们知道顺治帝的父亲皇太极有11个皇子，有3个早殇。其中的皇八子是关雎宫宸妃海兰珠所生。海兰珠是皇太极的宠妃，海兰珠生皇八子与董鄂妃生皇四子的情形是一样的。皇太极曾因海兰珠生的皇子夭折几乎痛不欲生，可是皇太极却没有追封海兰珠生的皇八子任何爵位。顺治帝不能以理止情，追封对国家没有任何功劳和贡献的幼婴为亲王，这不仅是对祖制家法的一种破坏，而且在道理上也说不过去。正因为顺治帝首开此例，从康熙朝一直到同治朝都有追封幼婴的事情发生。

荣亲王园寝遗址

顺治十五年（1658年）四月，顺治帝派大臣在黄花山下为爱子相度了兆域。在被圈占的土地内有一些寺庙和民坟，按照常规，都应该搬迁出去。顺治帝考虑到为自己的幼子建园寝，劳民动众，迁坟搬庙，于心不忍，于是下令这些庙、坟不必搬迁。顺治帝一再叮嘱办工大臣：工程“务从节省”，“但期坚固，足蔽风雨，不必华侈，以致劳民。倘不体朕心，劳民糜费，但有见闻，治罪不宥。”经过4个月的紧张施工，园寝就建成了。该园寝建有地宫、宝顶、园寝门、享殿、宫门，环以围墙，覆以绿色琉璃瓦。宫门外建值班房、东西厢房，不建碑亭。当地人都把这座园寝叫“太子陵”，这也说明顺治帝确实曾想把荣亲王当皇位的继承人。据当地人讲，该园寝的宝顶既不是夯筑，也不是砖砌，而是用土堆成。在黄花山下的6座王爷园寝中，荣亲王的封土是唯一的土丘。顺治十五（1658年）年八月二十七日荣亲王葬入园寝内。荣亲王是黄花山下建的第一座园寝。营建这座园寝时，清东陵还没有建，这座园寝比清东陵的营建起码要早5年。

该园寝在新中国成立前被盗，在地宫里发现了一合墓志。在一般情况下，墓志铭由大臣写，可是荣亲王的墓志却是由顺治帝亲自撰写的，铭文中流露了顺治帝对爱子的悲悼怀念之情。顺治帝饱含深情地写到：

> 制曰：和硕荣亲王，朕第一子也，生于顺治十四年十月初七日，卒于十五年正月二十四日，盖生数月云。爰稽典礼，追封和硕荣亲王，以八月二十七日窆黄花山。父子之恩，君臣之义备矣。呜呼！朕乘乾御物，敕天之命，朝夕祗惧。思祖宗之付托，冀胤嗣之发祥。惟尔诞育，克应休祯。方思成立有期，讵意厥龄不永。兴言鞠育，深轸朕怀。为尔卜其兆域，爰设殿宇周垣。窀穸之文，式从古制；追封之典，载协舆情。特述生殁之日月，勒于贞珉，尔其永妥于是矣。

这墓志如今藏于天津市蓟县文物保管所，已成了珍贵的文物资料。

关于荣亲王园寝，曾引发了两起大狱，有7个国家官员被砍了头。

荣亲王墓圹志

第一起大案是：经钦天监选择，荣亲王葬期为顺治十五年(1658年)八月二十七日辰时。清朝，凡官方往来文书、档案记载、皇帝的谕旨、碑文等，都要用满文和汉文两种文字书写，互相翻译，这叫满汉合璧。在翻译荣亲王的入葬日期时，误将辰时译成午时，结果按译错的午时入了葬。这件事被揭发后，顺治帝大怒，将负责翻译的礼部郎中吕朝允、额勒穆处死，笔帖式贾一鞠被革职抄家，被鞭打100。礼部尚书恩格德革职解任，礼部侍郎渥赫被罚银70两。

另一起大狱是一件冤案。康熙四年(1665年)三月，荣亲王已入葬7年，官生杨光先指责钦天监监正汤若望在当年选择荣亲王葬期时，不用正五行，反用洪范五行，所选的山向、年月俱犯忌杀；还诬陷汤若望所进的二百年历书暗寓大清在二百年后就要灭亡，结果汤若望险些被处死，钦天监的历科李祖白、春官正宋可成、秋官正宋发、冬官正朱光显、中官正刘有泰5人被砍了头。荣亲王园寝是清王朝第一座引发过杀人大案的皇家陵寝。

荣亲王园寝坐落在天津市蓟县孙各庄乡境内，位于丈烟台村西北。如今园寝已荡然无存，地面上是一片瓦砾。

康熙帝的废太子葬在了哪里

废太子允礽

废太子允礽妃石氏

理密亲王允礽园寝墓碑碑基被掘（老照片）

我们都看过电视剧《康熙王朝》、《雍正王朝》，在剧中有一个叫允礽的皇太子，在激烈的皇位争夺斗争中失败了，康熙帝将他废掉，圈禁起来。历史上真实的允礽什么样？他死后葬在了哪里？

允礽是康熙帝的第二子，原名胤礽，乳名保成，生于康熙十三年（1674年）五月初三日，生母是康熙帝的原配皇后孝诚皇后。清朝从太祖到世祖，都没有明立皇太子的做法。康熙帝本人由于受汉族文化和儒家思想的影响，也想效法前朝，明立皇太子。按传统做法，都是立嫡长子为皇太子。允礽既是嫡出，所以允礽在出生后的第二年的十二月十三日就名正言顺地被立为皇太子了。

允礽从幼年就开始接受良好的培养和教育，不仅康熙帝亲自教诲，而且聘请当时朝廷著名的文人大学士充当他的老师，所以他的文化功底和武功功底都非常扎实。他精通满汉语，善骑射，又有一副堂堂的仪表，所以颇受康熙帝的钟爱。允礽长大成人后，或随皇父到外地巡视，或留守京师，代父处理国政。由于他地位显赫，使他养成了骄纵恣意的性格，同时也成了众皇弟们攻击的目标。康熙四十七年（1708年）九月十八日，康熙帝以“肆恶虐众，暴戾淫乱，不仁不孝”等罪名，将允礽的皇太子废掉，并将他拘禁起来。后来，康熙帝发现允礽是被众皇弟围攻陷害所致，是冤枉的，所以在第二年的三月初十日又恢复了他的皇太子。允礽被复立后，旧病复发，恶习不改。康熙帝见他实在难以成就，毅然决然于康熙五十一年（1712年）十月初一日再次将他的皇太子废掉，圈禁于咸阳宫。雍正帝即位后，又把他转移到郑家庄圈禁。雍正二年十二月十四日（1725年1月27日）允礽死于幽所，终年51岁。雍正帝追封他为理亲王，谥曰“密”。据考证，“密”有追补前过之意，故又称他为理密亲王。允礽的妻子石氏很贤惠，几次受到康熙帝的夸奖。允礽有15名妻妾，有12个儿子，14个女儿。

允礽的葬地在官书里是找不到的。通过查阅《昌瑞山万年统志》、《陵寝易知》这些由护陵官员撰写的专门记述东陵的书籍，才知道黄花山下左数第二座就是允礽的园

理密亲王允礽园寝宝顶残况（老照片）

理密亲王允礽园寝遗址

寝，他的园寝的左边是荣亲王园寝。

虽然说允礽曾是雍正帝的政敌，但允礽死后，雍正帝对他并不是赶尽杀绝，反而给了很大的面子。按当时的国家规定，有爵位的宗室成员和朝廷大臣死后，国家要赏给一定数量的建坟立碑的银两，其余部分由本家负担。其园寝规制遵照国家的规定，由本家自行营建。雍正帝考虑到允礽的儿子年幼，又怕建园寝的开支大，不够用，于是就让看护景陵的大臣萧永藻、卢洵、范时绎仿照裕亲王福全的园寝规制设计、估算，并负责监修。国家选派贤能官员承办工程，其经费动用国库银两，由工部直接拨付。雍正帝决定将允礽葬在黄花山下，作为皇祖父的孝陵、皇父的景陵的陪葬墓。允礽园寝的地址经钦天相度，选择在荣亲王园寝和裕亲王园寝之间的一块平地。萧永藻、卢洵、范时绎等三人到现场一看，这个地方有许多缺陷，不仅地势低洼，易有水患，而且地面多有沟坎，高低不平，并且与左右的荣亲王园寝、裕亲王园寝不在一条直线上，明显向前突出，很不协调。萧永藻等三人经过相度，认为这块地后面的闻家沟是块很理想的地方。那里处于山坡之上，地势平坦，而且与左右两座园寝处于一条直线上。于是萧永藻等三人将上述情况上报给了皇帝，很快得到了批准。允礽的园寝修建

理密亲王允礽园寝石碑（老照片）

理密亲王允礽园寝石碑侧面浮雕（老照片）

理密亲王允礽园寝石碑下的赑屃

得十分气派，建有地宫、宝顶、园寝门、享殿、宫门、值班房、厢房、碑亭，覆绿色琉璃瓦。在战乱年代，园寝早年被毁，如今已成一片废墟。石碑已不知去向。被推倒的石碑下的赑屃被埋进了土中，只有尾部在外面露着。

这个水中的神兽竟然长年累月被埋在土中，不见天日，看来与他的主人允礽遭到了同样的厄运。

2008年10月21日笔者考察理亲王园寝遗址时，发现赑屃周围的土已被挖走，整个赑屃全部露了出来，躺在坑内。嘴部已被凿坏，茬口是新的，显然是近期所为。

以前总认为只有恂郡王允禵的墓碑侧面才有升龙和海水江崖图案雕刻，后来看老照片得知理亲王允礽的墓碑也是这样。

和硕裕宪亲王的地宫被当成了水窖

康熙帝兄弟八人，康熙帝排行第三，在他上面有两个兄长。由于长兄钮钮只活了3个月就夭亡了，所以他的二哥福全就成了他的唯一的兄长。

福全生于顺治十年(1653年)七月十七日，比康熙帝只大10个月，福全的生母为宁悫妃。福全7岁时，一天他带着6岁的玄烨和3岁的五弟常宁去给皇父请安。顺治帝见了三个皇子，非常高兴，询问他们将来的志向，常宁太小，未能回答，福全的回答是“愿做贤王”，玄烨的回答是“待长而效法皇父，黾勉尽力”。福全的回答虽然逊于玄烨，但也使顺治帝颇感满意。康熙六年（1667年），15岁的福全被封为裕亲王。康熙帝与他的这位唯一的长兄的关系非常好。康熙帝曾命宫廷画师画了一幅画，画面上康熙帝与福全坐在一棵桐树下，其寓意是兄弟二人

裕亲王福全园寝遗址及后靠山

裕亲王福全园寝墓碑

裕亲王福全园寝地宫原宝顶石雕檐构件（老照片）

裕亲王园寝丹陛石（1980年11月16日摄）

同老之意，表达了兄弟二人的亲密关系。康熙二十九年（1690年）和康熙三十五年（1696年），福全先后两次率军征讨噶尔丹。康熙四十二年(1703年)六月二十六日福全病逝，终年51岁。福全死时，康熙帝正在塞外巡视，闻知噩耗，火速返回京师，不回皇宫，直接赶到裕亲王府，在福全的灵柩前奠酒举哀，痛哭不已，辍朝三日，让皇子们穿孝。福全死后谥曰“宪”，所以福全死后也称裕宪亲王。康熙帝派大臣在黄花山下为他相度了兆域，命御史罗占监造园寝，康熙四十四年十二月十二日（1706年1月26日）入葬时，康熙帝亲临园寝奠酒举哀。作为有九五之尊的皇帝亲自参加一位亲王的葬礼，这在中国历史上是不多见的，表明康熙帝是十分注重个人感情的。

福全的园寝是黄花山下6座王爷园寝中左数第三座，其左侧是废太子允礽的园寝。福全的园寝原建有地宫、宝顶、园寝门、享殿、宫门、值班房、厢房、碑亭，覆绿色琉璃瓦。园寝早年被毁，现在仅存墓碑一统。巨大的碑身竖立在石雕的赑屃背上。碑身高（包括屃头，以下皆同）449cm，宽132cm，进深（厚）57cm。屃头（就是带盘龙的碑头）为四盘龙。碑额用满汉两种文字镌刻“御制碑”3字，汉字为篆书。碑身前后两面的四边框均雕刻云龙火珠，龙为五爪。碑身的前面用满汉两种文字镌刻，左面为汉字，右面为满文。地宫早年被盗，地面上还残存着一些石雕构件。地宫为石券，盗口是从顶部挖开的，盗口尚存。这座园寝建在黄花山下的一个高岗上，现在园寝遗址的周围栽种了许多果树，每年都需要浇水，因山坡上没有井，需要从

裕亲王福全园寝宝顶下月台遗址

裕亲王福全园寝地宫已当成了储水池

山坡下抽水，由于坡高水远，水泵的扬程不够，所以这里的农民很聪明，来了一个“古为今用”，将水抽上来先存入地宫里，然后再从地宫里往外抽水，将地宫当成了一个中转水窖。经过这一“倒坎”，山坡下的水就可以浇到山坡上的果树了。和硕裕宪亲王福全万万也不会想到，他的地宫会在21世纪为“支农”作出了贡献，这也可能是他的地宫在黄花山下的6座地宫中唯一未被拆毁，能够幸存下来的原因。

在裕亲王园寝地宫盗口附近散放着许多带瓦垅、滴子、猫头、冰盘檐子的石构件。最初笔者认为可能是地宫的石门楼上的。可是这些石构件又略带弧形，地宫的石门楼的檐子是直的，不是弯曲的，所以又不敢确定是地宫石门楼上的构件。2008年10月21日，笔者再次考察裕亲王园寝时，对这些石构件进行了认真地考证和分析。这些石构件仅裸露在地面上的就有6块之多，连接起来，其长度明显大于地宫石门门楼的长度；石门楼的楼顶带瓦垅的构件都是用整块石料雕琢的，绝不是由多块拼接构成的；即使这些石构件是石门楼上的构件，在拆卸地宫时，这些石构件只能落到地宫里，被埋起来，绝不会到地表上来。经过这些分析，完全推翻了地宫石门楼构件的推断。晚上，又查看了有关清东陵黄花山下王爷园寝的老照片。在看纯亲王园寝老照片时，发现纯亲王隆禧的宝顶下半截石须弥座上的构件，环绕宝顶一周都是用带瓦垅的石构件组成的，这也就解开了为什么裕亲王这些构件是弧形的疑问。由此推之，裕亲王园寝地宫遗址上的那些石构件就是宝顶须弥座上的构件。

裕亲王园寝宝顶形制的破解和前面所说的理亲王墓碑侧面有升龙的发现，是最近对清朝王爷陵寝研究的两项较大的研究成果。

英年早逝的纯靖亲王的园寝

裕亲王福全的园寝的右旁是康熙帝最小的弟弟纯亲王隆禧的园寝。

隆禧是顺治帝的第七子，生于顺治十七年（1660年）四月二十二日，其生母是庶妃钮氏。在隆禧的下面本来还有一个弟弟叫永干，

纯亲王隆禧园寝大殿柱础石

纯亲王隆禧园寝丹陛石

因为8岁就夭亡了，所以隆禧就成了康熙帝的最小的弟弟。当隆禧刚15岁的时候，他的三哥康熙帝就封他为和硕纯亲王。康熙十八年（1679年）七月十五日申时隆禧病死了，只有20岁，正是年轻有为、精力充沛的时候。在他病重的时候，康熙帝曾派御医为他治病，还几次亲自去看望他。康熙帝对幼弟的英年早逝，十分悲痛，赠给他的谥号为“靖”，所以称之为“纯靖亲王”。隆禧的嫡福晋是额驸尚之隆的女儿。在隆禧死的时候，他的嫡福晋正怀着身孕。在他死后的十一月二十八日，他的嫡福晋生下了一个男孩儿，起名叫富尔祜伦。康熙十九年（1680年）三月，康熙帝让刚刚4个月的富尔祜伦承袭了他父亲的纯亲王爵位。未想到富尔祜伦比他的父亲还短命，在差两天就到一周岁的时候，富尔祜伦也成了历史上匆匆的过客。康熙帝对他们父子的过早谢世深表痛悼，辍朝三日，国家拨银为隆禧在黄花山下营建亲王园寝，别看隆禧一生事迹平平，康熙帝亲自为自己的小弟弟撰写了碑文。不知是因夫病亡悲痛过度，还是因病，隆禧的嫡福晋在隆禧死后不久也离开了人世。康熙二十年（1681年）四月初二日酉时是隆禧夫妻入葬的日子，当时正赶上康熙帝展谒孝陵。在入葬前，康熙帝亲临园寝奠酒，并准备参加幼弟隆禧的葬礼。康熙帝的五弟恭亲王常宁以隆禧的“王妃榇在旁，恐属不便”为由，劝阻康熙帝不宜参加葬礼。康熙帝听从了常宁的劝告，在入葬前离开了隆禧的园寝，但留下了内大臣和侍卫，让他们参加了隆禧的葬礼。据当地百姓讲，地宫内有3具棺椁，另一个人很可能是隆禧的侧福晋。

纯亲王宝顶残况（老照片）

纯亲王隆禧园寝墓碑

隆禧的园寝是黄花山下左数第四座园寝，当地百姓称之为“三王陵”。该园寝在新中国成立前被盗，如今地面上尚存墓碑一统、大殿的几个柱础、刻有二龙戏珠的丹陛石一

纯亲王隆禧园寝残破的园寝门及宝顶（1966年摄）

块。从老照片上看，宝顶的上部用砖砌，下半部是石须弥座，上枋是带瓦垅的檐子，与福全的宝顶一样，规制很高。如今宝顶已被平毁，地宫什么样不清楚。碑亭虽无存，但其墓碑保存完整，其形制与裕亲王的墓碑一样。龟趺下的水盘很完整，上面刻有海水江崖，四角分别刻有鱼、龟、虾、蟹。这是黄花山下6座王爷园寝中墓碑保存最完整的。

终生圈禁的康熙帝皇长子的园寝

康熙帝共有35个皇子，竟有15个早殇，成活率只有57%。他的实际的长子、次子、三子、四子都是幼年夭亡的，第五子允禔便成了事实上的皇长子了。

允禔生于康熙十一年（1672年）二月十四日午时，他的生母是惠妃。

允禔聪明干练，文武双全，颇受康熙帝的器重，每次外出巡视，差不多都让他随驾同行。康熙二十九年（1690年）和康熙三十五年（1696年）康熙帝两次亲征噶尔丹，他都参

直郡王允禔园寝遗址

徐广源（右）与于善浦（中）、杜清林（左）
1979年6月28日考察直郡王园寝

加了。他曾奉命到西岳华山祈过雨，奉命治理过永定河。康熙三十七年（1698年）三月初二日被册封为直郡王。在封建社会，立皇太子往往立嫡子、立长子，允禔对皇父不立他为皇太子很不满，但又不敢公开表示。他为了谋得皇位，结党营私，千方百计打击陷害皇太子允礽。他甚至向皇父公开表示：“如诛允礽，不必出皇父手。”因此康熙帝对他十分恼怒，对他进行了严厉的训斥，给了他“凶顽愚昧”的评价。康熙四十七年（1708年）十一月，因咒魇太子允礽被削爵，拘禁高墙。雍正十二年（1734年）十一月初一日卯刻幽死，终年63岁，以贝子礼葬。

允禔有妻妾11人，有儿子15个、女儿14个。

允禔的园寝是黄花山下左数第五座园寝，因为是以贝子之礼安葬的，所以他的园寝在这6座园寝中是规制最低的。不用琉璃瓦，用布瓦。由于文献缺少记载，地面建筑又全部无存，因此关于这座园寝的具体规制不清楚。笔者在1979年6月28日与同事于善浦和杜清林两位先生曾骑着自行车去黄花山考察王爷园寝，还看到当时唯一幸存的直郡王允禔的宝顶。这座宝顶是用三合土夯筑而成，十分高大，宝顶下的月台已被拆毁。笔者与两位同事在宝顶前合影一张。第二年11月17日，笔者又与同事于善浦、高福柱及国家文物局工程师郭万祥（原名张阿祥）骑车再次考察王爷园寝。当来到直郡王园寝时，只见有几十位当地百姓在大拆直郡王地宫，去年看到的那座大宝顶已不见了，地宫被挖成一个大坑，巨大的石券两头已拆通，石券顶尚在，就像一座巨大的拱券桥一样。我们见到这种情况后，立即返回清东陵文物保管所，郭万祥工程师向国家文物局汇报了这一严重情况。不久，清东陵文物保管所收到了蓟县文物部门发来的一份材料，上面讲的是如何处理拆毁直郡王墓的情况。原来国家文物局接到郭万祥的报告后，立即给天津市文物部门打电话，天津又给蓟县打电话，这才有了这件材料。当蓟县得知这一情况，派人赶到现场时，直郡王园寝已不复存在了。未想到我们在1979年6月28日的合影竟成了珍贵资料。

当地百姓不清楚这座园寝内葬的是直郡王允禔，都说葬的人叫“达摩苏王”。为什么将允禔叫达摩苏王呢？这是多年来困扰笔者的一个问题。后来笔者在北京买了一本冯其利先生的大作《寻访京城清王府》一书，看了他的书后，受到了启示。他在书上是这样写的：

> 顺承郡王府在民间也被称为“打磨苏王府”或“达摩苏王府”、“达摩僧王府”。经请教满学专家金启孮教授，方知顺承郡王的满语封号为达哈苏。达哈苏在满文里为“友悌”、“和顺”的意思。而满文“达磨苏”则为“骄矜”、“怪样”。对比当年王府的骄横霸道，民间称其为“达磨苏”也就不足为奇了。

当地人称允禔为达摩苏王，是否也是这个原因呢？

十四王允禵的园寝

允禵像

提起康熙帝的皇十四子允禵，知道的人很多。允禵原排行第二十三，所以也有称他为二十三王的。河北遵化有一个酒厂，为了提高知名度，扩大销量，将酒名命名为“十四王酒”，可见允禵的知名度是多么地高。允禵曾是皇位的有力竞争者，后来败在了他的亲四哥雍亲王胤禛（即后来的雍正帝）的手下。

允禵在康熙帝的20名成年皇子中可以说是一位佼佼者。允禵与雍正帝是同母所生，其生母是德妃乌雅氏即后来的孝恭皇后。允禵生于康熙二十七年（1688年）正月初九日酉时，比雍正帝小10岁。康熙四十八年（1709年）封贝子，康熙五十七年（1718年）十月被授为抚远大将军，率军征讨策旺阿拉布坦，驻师青海的西宁。康熙帝对允禵非常赏识，曾当众夸奖允禵说：“大将军是我皇子，确系良将，深知有带兵才能，故令掌生杀重任。”康熙帝发自内心对皇儿表示赞美，很有可能引起一些人的忌妒。当时朝野内外有许多人认为允禵就是皇位的继承人，这也给后来雍正帝打击允禵埋下了伏笔。

在激烈复杂的皇位斗争中，富于心计的雍亲王终于成了最后的胜利者。雍正帝即位后，立即将允禵从前线调回京师，随即派他到遵化“瞻仰景陵，痛滌前非”。雍正帝的母亲在雍正元年（1723年）五月二十三日崩逝。虽然雍正帝对允禵的评价是：“无知狂悖，气傲心高”，但为了安慰母亲的在天之灵，还是在当天晋封允禵为郡王。

雍正三年（1725年）十二月，以允禵为大将军时“苦累兵丁，侵扰地方，糜费军帑”为由，将他降为贝子。雍正四年（1726年）五月将允禵从景陵调回京师，连同其子白起，监禁在景山的寿皇殿，乾隆帝即位后才将允禵释放。乾隆二年（1737年）乾隆帝又赏给允禵公爵空衔，不给食俸，在家闲居。10年来，乾隆帝见他的这位皇叔安分守纪，不生是非，于是又晋封他为贝勒，允许他上朝。乾隆十三年（1748年），又晋封他为恂郡王。乾隆二十年（1755年）正月初六日酉时，允禵病故，终年68岁，谥曰“勤”。

恂亲王允禵碑下的赑屃嘴部被砸坏了

允禵有妻妾5人。嫡福晋完颜氏，侍郎罗察的女儿。有3个侧福晋，1个妾，有儿子4个、7个女儿。

允禵的福晋死于雍正二年，当时雍正帝命将其福晋葬在黄花山下。嫡福晋是要与丈夫合葬的。嫡福晋葬在黄花山下，就意味着将来允禵也葬在黄花山下。允禵不同意将自

恂郡王允禵碑和残破碑亭（老照片）

恂郡王允禵石碑下的赑屃头伸到了猪窝棚子里
（1980年11月17日摄）

己的兆域选定在那里，经康熙帝的皇八子廉亲王允禩背后给允禵做工作，又迫于雍正帝的压力，允禵才被迫同意。雍正帝派精通风水之术的汀州知府何国栋到黄花山下为允禵相度兆域。可是何国栋回京后，在向皇帝回奏相度情况时，不是实事求是，而是含糊其辞，抄录旧档案上的词语回奏，想蒙混过关。精明的雍正帝岂能看不出来？雍正帝怀疑何国栋受了允禵的嘱托，想将这件事搅黄。于是雍正帝将何国栋治了罪。在当时能陪葬皇陵，是难得的殊荣，而允禵却不愿陪葬皇陵，不知他是怎么想的？

允禵的第二子多罗恭勤贝勒弘明，康熙四十四年（1705年）四月初三日寅时生，其生母是允禵的嫡福晋完颜氏。乾隆三十二年（1767年）正月初六日申时溘逝，年63岁，谥恭勤。嫡夫人完颜氏，布政使罗延泰之女。

允禵的园寝位于黄花山6座王爷园寝的最西端。后来他的儿子弘明也葬在了这座园寝内。

据当地百姓调查得知，允禵的园寝后院建有宝顶3座。允禵的宝顶居中，为石券。弘明的宝顶在前左，为豆渣石券。居右的是弘明的次子贝子永硕的宝顶，地宫为平顶，顶部用长条石棚

恂郡王允禵墓碑碑文局部

恂郡王允禵墓碑（小）及多罗贝勒弘明墓碑（大）

架。有享殿3间，大门3间，大门外有厢房。允禵和弘明各立碑一统，两碑并排，允禵碑亭居中，弘明碑居左未建碑亭，只周围环以二十四气式栏杆。这座园寝于新中国建国前被盗。原宝顶处为一个大土堆，据说允禵的后人前几年曾来此祭祀。宝顶处有几株松树。享殿、大门、厢房、围墙都已无存。两统墓碑还保存比较完整。两碑的碑文均为乾隆帝御制。

恂郡王允禵墓碑左侧石雕

值得一提的是，允禵的墓碑碑身的两侧面各有一条升龙在祥云中昂首向上飞腾，龙的下面是海水江石，雕刻十分精美，形象生动。在允禵墓碑的旁边，散落着多块原碑亭的券脸石，券脸石上雕刻着精美的云龙、宝珠，这在清朝皇帝陵和皇后陵的所有碑亭中都是没有的。

笔者在近几年曾多次考察黄花山下的王爷园寝。现在仅存福全、隆禧、允禵、弘明4统墓碑。2006年9月28日笔者在考察允禵园寝时，发现允禵和弘明的碑身下的赑屃的嘴部都残缺不全。笔者就这个疑问请教了附近住的石头营村村民方玉恒老汉，他当时60岁了。他说这都是当地百姓干的。这些人家都住在这两座碑的前面。这两个驮着石碑的“王八”黑天白日的总张着大嘴冲着他们家，非常害怕，怕把他们吃了。所以就把它们的嘴给凿坏了，这样他们就安心了。方玉恒老汉还说，十四王的棺材可能现在还在地宫里，棺材周围全是木炭。这是一个重要信息，如果属实的话，表明允禵入葬后采取了防腐措施，这在清朝还是少见的。

二、朱华山下的端慧皇太子园寝

在清东陵陵园的西南、蓟县境内的朱华山南麓，有一座特殊的园寝，当地百姓给它取了一个很文雅的名字——“八仙陵”。

这座园寝为什么叫“八仙陵”？它有什么特殊之处？

主葬人的身份特殊，

选址及入葬特殊，

园寝规制特殊，

端慧皇太子墓穴

内葬人特殊，

祭祀礼仪特殊。

下面一一说明：

特殊的主葬人身份

这座园寝的主葬人可非比寻常，他就是乾隆帝的端慧皇太子永琏。雍正八年（1730年）六月二十六日申时（下午3点至5点）永琏生于紫禁城的重华宫，他的生母是乾隆帝的嫡妻孝贤皇后，所以他属于嫡子。永琏在乾隆帝的17个皇子中，排行第二，称之为“皇二子”。永琏刚一降生，就显得“聪明贵重，气宇不凡”，所以不仅被乾隆帝夫妻视如掌上明珠，同时也受到了他祖父雍正帝的喜爱。一般皇子由父亲命名，可是永琏这个名字却不是乾隆帝取的，而是他的爷爷雍正帝给取的，据乾隆帝说这个名字含有将来承继皇位之意。

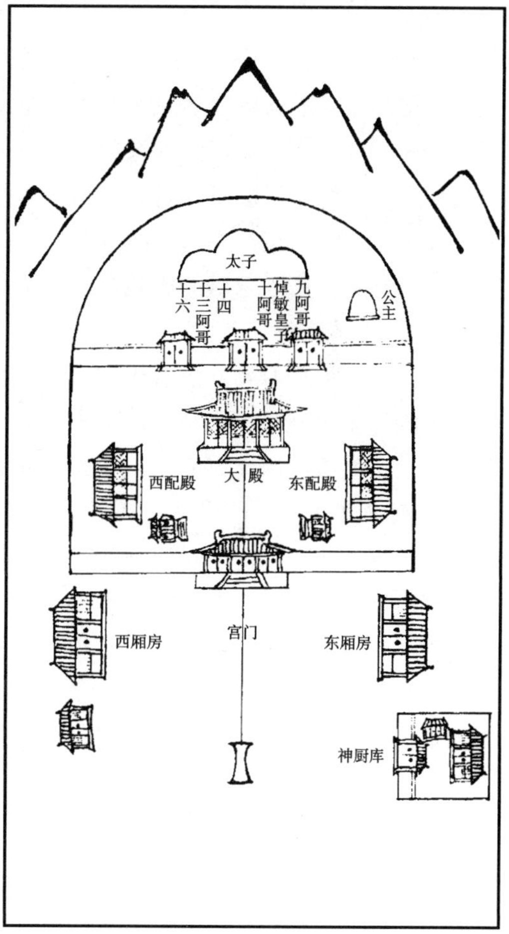

《陵寝易知》中的端慧皇太子园寝平面示意图（徐广源临摹）

清朝入关第一帝顺治帝是永福宫庄妃生的，第二帝康熙帝是庶妃佟佳氏生的，第三帝雍正帝和第四帝乾隆出生时，他们的母亲还没有任何的名份，相当于侍妾地位。这就是说，入关后的前四个皇帝没有一位是中宫皇后生的，都是庶出。用老百姓的话说，都是小老婆生的。所以乾隆帝就暗下决心，从他的下一代开始要改变这种状况，改为大清皇帝都是皇后所生，都是嫡出。永琏是乾隆帝的原配皇后所生，尊贵而不凡，其祖父所命的名又有继承皇位之意，真是天赐贵子，于是乾隆帝在即位后的第一年即乾隆元年（1736年）七月初二日，采用雍正帝创的秘密立储的方法，将写有永琏名字的密旨放到了乾清宫“正大光明”匾的后面。当时永琏只有7虚岁，实足年龄只有6岁零6天。两年后，即乾隆三年（1738年）十月十二日，永琏“偶感风寒”，竟于当天的上午10时左右死了。永琏的死，乾隆帝很是悲痛，连续5天没有上朝理事，他的以嫡立储的愿望遭到了沉重的打击，十月十八日谥永琏为“端慧皇太子”。永琏死后，乾隆帝下令按皇太子的礼仪治丧。皇太子就是皇位的合法继承人，就是未来的皇帝，其地位仅低于皇帝，位在和硕亲王之上。在清朝的皇子中，皇太极关雎宫宸妃海兰珠生的皇八子、顺治帝董鄂妃生的皇四子、乾隆帝的皇七子永琮都曾被秘定为皇位继承人，但他们死后都没有戴上“皇太子”的桂冠，没有明定为皇太子，所以他们死后都没有按皇太子的礼仪治丧。有清一代，只有永琏是名正言顺的皇太子，只有他是死后按皇太子的规格办理的丧事、入的葬。永琏是“八仙陵”的主葬人，他的身份是最特殊的，也可以说他是清朝所有陪葬墓中地位最高的陪葬人。

特殊的选址和入葬

一个人死后，首先要考虑的大事就是葬地问题，永琏死后自然也是这样。负责天文、择地的钦天监会同著名风水专家洪文澜相度园寝福地，经过实地勘查后，在乾隆四年（1739年）四月上书皇帝，建议应在易县西陵附近的魏家沟营建皇太子的园寝。这个魏家沟就是后来光绪帝崇陵所在的金龙峪。可是乾隆帝并没有采纳这个建议，他另有考虑。原来乾隆帝是想让永琏葬在自己的陵附近，而那个时候，乾隆帝的万年吉地是在西陵还是东陵并没有确定，所以永琏的葬地自然也就不能定，这样永琏的金棺只能在京西的田村殡宫停着。

乾隆七年（1742年）三月十七日，乾隆帝的万年吉地正式确定在东陵界内的胜水峪。乾隆帝的万年吉地定下来了，这下永琏的园寝福地就可以选了，自然要在东陵一带选。不久，乾隆帝就派户部尚书海望、都察院左副都御使德尔敏带领着曾经为乾隆帝相度万年吉地的风水家洪文澜、董启祚、齐克昌、熊振鹏、傅烶等在东陵外围一带精心相度。他们先找到了安头庄，那里虽然地势宽敞，但形势散漫，而且距东陵较远。塔头村地方垣局狭窄，规模未备，这两个地方都未入选。他们又在汤泉的东南5里的地方找到了一个叫七星山的地方。这个地方来龙虽佳，但坐山也有缺陷，也被放弃了。最后他们在陵园的西南找到了一个叫朱华山的地方。这个地方他们非常满意。从形势上讲，这里“来龙秀丽，穴情明确。水口交锁，罗城周密”。从理气上讲，这里“龙自天皇，左旋入首，水从辛酉右旋归辰。立癸山丁向兼子午，乘气消纳，最为合局”。于是他们又验看土色土质，刨了一丈多深，“俱系纯黄嫩色，且坚而细”。他们一致认为这个地方“实为上等佳土”。于是他们将朱华山这个地方上奏给皇帝，很快就得到了批准。

为一个早殇的皇子选园寝地址，时间如此之长，经历如此复杂，在清朝尚无二例。

在正常情况下，墓主人都要等到园寝建成后才能入葬。永琏的入葬日期，经钦天监选择，定于乾隆八年十二月十一日（1744年1月25日）巳时，可是这个时候端慧皇太子园寝刚动工10个月，工程还没有完工，能不能改到明年安葬？钦天监说，明年是乾隆九年，根据朱华山的山向，不适宜安葬端慧皇太子，最好在乾隆八年，而且十二月十一日巳时是这一年的最后的吉期了。怎么办？乾隆帝当机立断，即使园寝不完工，也按钦天监选的吉期入葬。按照入葬程序，金棺奉移到园寝后，先要在大殿里停放几天，然后再入葬。可那个时候大殿还没有建起来呢，怎么办？为了解决这个问题，提前先在园寝临时搭建起一个芦殿，将金棺停到里面。不管怎样，端慧皇太子总算在乾隆八年十二月十一日巳时正式入葬了。

在清朝陪葬墓中，像端慧皇太子这样，未等园寝建完就先入葬，实属少见。

特殊的园寝规制

乾隆帝对永琏的园寝规制是很重视的，在他死后不久，乾隆帝就命履亲王允祹拟定园寝的规制，然后又命王大臣对履亲王所拟定的规制进行议定，最后决定园寝规制是这样的：首先确定称“园寝”，建享殿5间、东西配殿各5间、大门5间、园寝门3座、燎炉1座，用绿琉璃瓦，这是《清实录》的记载。可是由当时东陵的陵寝官员编写的东陵秘笈《陵寝易知》中的记载比上述记载详细多了，而且也有不一致的地方。在这本书中还配有示意图。这本书是当时陵寝官员的“工作指南”，其真实性是不可怀疑的。据这本书记载，在这座园寝内建东西燎炉各1座，大门外东西两侧建东西厢房各5间，左厢房后是神厨库，右厢房后是值班房，前面三孔石桥1座，并建井亭1座。作为陪葬墓的园寝建有东西配殿各5间、东西厢房各5间，并建有神厨库、井亭，这在清朝园寝中是空前绝后的，表明了这座园寝的崇闳规制。

我们说这座园寝规制特殊，不仅是它的规制高，独一无二，而且还有奇特之处。

奇特一，笔架山形的宝顶

园寝的后院并排有3座地宫。按照传统做法，每座地宫上各建宝顶一座。可是端慧皇太子园寝的做法却出人意外，在这3座地宫上不是各建一座宝顶，而是堆土成一座山，顶部堆成3个山头，中间的高，两侧的低，左右对称。整个山形就像笔架一样。这种坟丘的做法和形状，是非常奇特少见的。

奇特二，值班房建在西厢后

清朝的帝后陵也好，各种类型的园寝也好，供八旗兵值班用的班房都建在大门的左右两旁，而且都是两座。而端慧皇太子园寝的班房却建在了西厢房的西南，而且只有一座，没有形成左右对称。这种格局与中国传统的中轴对称大相径庭，非常奇特。

特殊的祔葬人

这座园寝虽然称之为皇太子园寝，实际上是一个多人的合葬墓。这座园寝内共葬了8个人，这8个人可是一个特殊的非同寻常的人群。

这8个人都是乾隆帝的子女，地位之尊贵，非常人所能比。此特殊一也。

这8个人都是幼年早殇，历史上的匆匆过客，其中最大的11虚岁，最小的2虚岁。这8个孩子的虚岁加起来才38岁。如果按实足年龄算，这8个孩子才28岁10个月17天，平均不到4岁。在一座园寝内安葬如此之多的幼儿，这在有清一代是没有第二例的。此特殊二也。

园寝中那位最大的11岁的是乾隆帝的第八个女儿。她生于乾隆二十二年十二月初七日（1758年1月16日）戌时，生母是忻嫔即后来的忻贵妃，死于乾隆三十二年（1767年）五月二十一日未时。顺治帝的皇四子荣亲王仅活了104天，就给他建了一座亲王园寝。以此推

端慧皇太子园寝皇七子墓穴

之，这位11岁的八公主死后，完全应该也给她建一座园寝，可是乾隆帝却没有这样做，而是将她葬在了这座园寝内。永琏的6个弟弟虽然不是皇太子，但毕竟也是皇子，葬在皇太子园寝内还能说得过去。但八公主是皇女，却与7个男性葬在同一座园寝内，而且她的宝顶不是建在园寝笔架山形的宝顶左右，也未建在后面，而是建在了后院的东南角，与其他宝顶没有任何位置上的联系。此特殊三也。

这座园寝并排的3座地宫中，正中的地宫为石券，内葬端慧皇太子永琏。左（东）券也为石券，内葬皇子3位，皇七子居中，皇九子在左，皇十子在右。右券为砖券，也葬3位皇子，皇十三子居中，皇十四子在左，皇十六子在右。

说到这里不由得让人产生了这样一个疑问：永琏是皇太子，地位尊贵，居中而葬，地宫用石券，那是理所当然。但左右两券葬的都是皇子，地位一样，为什么左边是石券，右边却是砖券？难道乾隆帝对待自己的儿子也不是一视同仁，有偏心眼吗？乾隆帝作为一代君主，难道这点家务事也不会处理吗？只要看看左券内所葬的皇七子的简历就清楚了。

皇七子永琮，乾隆十一年（1746年）四月初八日子时生，生母为孝贤皇后，他是端慧皇太子永琏的同母弟。乾隆十二年十二月二十九日（1748年1月29日）亥刻，因患天花而死，年仅2岁。他是孝贤皇后生的第二个皇子，属于嫡出。乾隆帝想从自己的下一代开始，改由大清皇帝出自嫡出的想法因为永琏的早逝受到了很大的打击，但孝贤皇后当时刚27岁，正是生育的旺盛年龄，还有希望，果然在永琏死后第八年又生下了皇七子永琮，所以乾隆帝又将继承皇位的希望寄托在了永琮的身上。未想到永琮比他的哥哥还短命，生下来的第二年的除夕深夜就死了，顿时使欢乐的除夕之夜立时蒙上了一片悲哀。乾隆帝再一次受到了严重的打击。永琮死后，乾隆帝在深深的悲痛中向王大臣发出了一道谕旨，他说：

> 皇七子永琮毓粹中宫，性成夙慧，甫及两周，歧嶷表异。圣母皇太后因其出自正嫡，聪颖殊常，钟爱最笃。朕亦深望教养成立，可属承祧。今不意以出痘薨逝，深为轸悼！建储之意虽朕衷默定，而未似端慧皇太子之书旨封贮，又尚在襁褓，非其兄可比。且中宫所出于古亦无遭殇追赠概称储贰之礼。但念皇后名门淑质，在皇考时，虽未得久承孝养，而十余年来，侍奉皇太后承欢致孝，备极恭顺。作配朕躬，恭俭宽仁，可称贤后。乃诞育佳儿再遭夭折，殊难为怀。皇七子丧仪应视皇子从优。

这道谕旨清楚地告诉我们，皇七子永琮也是嫡出皇子，乾隆帝曾想将继承皇位的希望寄托在他的身上，尚未来得及举行秘建之计就死了。他虽然不是名正言顺的皇太子，也称得上准皇太子，所以他的丧礼自然要高于一般的皇子，将他丧在端慧皇太子的左边，地宫为石券，也就好理解了。

永琮死后70天，孝贤皇后死于东巡回銮途中。娇儿爱妻的接连去世，使乾隆帝想以嫡子入承大统的希望遭到了毁灭性的打击。他不由得发出了“朕即位以来，敬天勤民，心殷继述，未敢稍有得罪天地祖宗，而嫡嗣再殇……乃朕立意私庆必欲以嫡子承统行先人未曾行之事，邀先人所不能获之福，此乃过耶”的长叹。

在一座园寝内葬一个皇帝的8个早殇儿女，也是前无先例后无来者的。

特殊的礼仪

清朝的陵寝祭祀制度，只有皇帝陵和皇后陵的清明、中元、冬至、岁暮四时大祭才由皇帝派遣皇室成员亲往祭祀，凡称园寝的，四时大祭都由陵寝官员任主祭官进行祭祀，可是端慧皇太子园寝的四时大祭却没有按这个规矩办。端慧皇太子园寝不仅每年的四时大祭都要由皇帝钦点王公大臣前往，皇帝有时还亲自前往祭祀。乾隆六十年（1795年）九月初三日，乾隆帝正式公布皇十五子永琰为皇太子,翌年正月初一日将皇位禅让给他。不久乾隆帝就命永琰以皇太子身份到东西陵谒陵，将这一重大事情上告列祖列宗，并特意告诉他要到端慧皇太子园寝去祭祀。他告诉永琰说：你去端慧皇太子园寝去祭祀，并不是以弟弟的身份祭祀兄长。因为永琏的皇太子身份在你之前，名份已定，应行叩拜之礼。后来永琰当了皇帝，曾几次去端慧皇太子园寝祭祀。因为以前没有皇帝祭皇太子的礼仪，礼部专门制定了一种特殊的礼仪。在祭前，内务府官员在园寝大殿前的月台正中设一个高几奠池。皇帝穿行衣坐着轿从大门的中门进入园寝，在园寝门内的月台上下轿，扈从的王公大臣均于大门外下马，三品以上随同行礼的大臣官员在大门内排立。皇帝到奠几前立，奠酒三爵，每奠一爵，众大臣均随同行礼。礼成后，乘轿仍由中门出。以后凡皇帝到端慧皇太子园寝，都按这种礼仪行礼，成为定制。

这种特殊的谒陵礼仪只有行之于端慧皇太子园寝。

“八仙”也难逃被盗厄运

因为这座园寝内安葬着大清皇帝的8个早殇子女，所以当地人称之为“八仙陵”。在清朝灭亡以后的战乱岁月里，清东陵屡遭磨难，陵寝几乎无一不被盗掘。位于陵区之外的“八仙”也劫数难逃，同样遭到了毁棺扬尸的悲惨下场。

这座园寝内尽管埋葬的都是孩子，但地下地上的珍宝却是极为丰富和珍贵的。地下随葬珍宝我们还未查到有多少，但有关档案却记载了这座园寝的祭器，因为太多了，不便详细介绍，仅金、银、镀金银器就有117件。其中金器重136两3钱6分，镀金银器重608两8钱9分，银器重861两5钱2分，共重1606两7钱7分。这可都是金银哪！更何况其文物价值啊？可以推想其地下随葬珍宝之多之珍贵。这些足以使那些想靠扒坟掘墓发财的人垂涎三尺，因此招致了这座园寝多次被盗。

早在清王朝还未灭亡的光绪二十六年（1900年）农历闰八月十八日，武卫逃兵就抢走了这座园寝的80件银祭器。

1913年农历十月初七日，1床被、2个枕头被盗。

1913年11月14日，1床被、2床褥子、2件挖单、2个金漆木座、1件幔帐被盗。1915年农历正月初八日，将盗犯谢氏弟兄二人拿获，同年4月24日正犯吴某在北京崇文门落网，最后将吴某和谢氏弟兄中的一人判刑8年，谢氏另一个弟兄判刑5年。

1928年12月24日，设在马兰峪镇的东陵办事处接到端慧皇太子领催（内务府官名）七十一（人名）园寝被盗的报告，守卫股股长普明不敢怠慢，立即带领骑兵排长刘寿山及8名士兵火速赶赴现场。当他们到达园寝时，盗匪早已逃得无影无踪。普明命王连顺、王锡臣二人进入端慧皇太子地宫（中间地宫）查看被盗情形。他们发现东扇石门已被打坏，金棺倾斜。因地宫内积水太多太深，不能近前，只能遥看。只见水面上漂浮着丝织物品，捞上来一件云缎棺套、一顶绒帽。查看后，将地宫的盗口按原来的样子封砌好。后来盗犯和氏三弟兄及张某、李某均被拿获，受到了应得的惩处。

1931年农历四月初七日，端慧皇太子园寝再次遭到厄运。蓟县西大峪的李氏三弟兄及另外5个不法之徒利用几个夜晚的时间，将端慧皇太子园寝左（东）边的地宫挖通，用铁锤将石门凿开后，发现地宫内的积水太深，无法进入，于是他们用秫秸扎成筏子，划进地宫。他们用斧子将左右两口金棺（九阿哥和十阿哥的棺椁）劈开，用笊篱从水中捞出带勾2个、红珊瑚珠百余粒，金锭子8个，每个重5两，上面还有字。棺内被褥、衣物等均已糟烂，后来这些盗匪都落入了法网。逊清皇室派人对被盗的地宫进行了简单的安葬和修理，用款266元6角6分。令人不解的是，三棺中应以地宫中间的悼敏皇子的随葬品最多最珍贵，悼敏皇子金棺为什么未被盗掘？

如今端慧皇太子园寝已毁坏无存，只能看到两个残破的夯土大坑。在园寝后的朱华山下，建起了一座现代公墓。幸亏1994年在遗址处立了一块说明牌，否则世人则难以知道这里曾是有名的端慧皇太子园寝。

三、十二贝勒园寝

如果没有历史文献记载，谁也不会想到在端慧皇太子园寝的西侧还有一座十二贝勒园寝。这位十二贝勒是谁？为什么葬在端慧皇太子园寝旁边？

这位十二贝勒就是乾隆帝的皇十二子永璂。提永璂这个人可能知道的人不多，但要提起他的生母来，那可是无人不知。他的生母就是乾隆帝的第二个名副其实的皇后那拉氏。

永璂生于乾隆十七年（1752年）四月二十五日寅时，乾隆四十一年正月二十八日丑时卒，终年25岁，其丧事按入八分公办理，乾隆四十二年（1777年）九月二十日卯时葬入该园寝。在园寝的享殿暖阁内供奉着永璂的神牌，神牌上用满汉两种文镌刻着“皇十二子之位”。福晋于乾隆四十九年（1784年）七月中旬病逝，同年九月初八日卯时葬入园寝。嘉庆四年（1799年）三月二十四日追封为贝勒，其神牌上的文字又改为“十二阿哥多罗贝勒之位”。

永璂为什么不葬入端慧皇太子园寝而要另建园寝呢？道理很简单，端慧皇太子园寝内安葬的都是早殇的孩子。而永璂虽然属于英年早逝，但毕竟已经娶妻，属于成年人了，所以必须要另建园寝，将他的园寝建在端慧皇太子园寝西侧，一来那里风水好，不用另寻吉地。二来他与端慧皇太子园寝内的墓主人都是乾隆帝的子女，将他们葬在一起，顺理成章。

永璂为什么25岁正年轻时就死了呢？据传这与他的母后那拉氏有直接的关系。在第七章的“那拉皇后失宠之谜”一节中曾提到，那拉皇后因为劝皇帝不要胡作非为，剪下了自己的万缕青丝，使乾隆帝勃然大怒。乾隆帝为了表示对那拉皇后的怨恨，不仅降格为她治丧，不给她单建地宫、宝顶，不设神牌，不升祔太庙。更有甚者，每逢祭祀时，供桌上虽然摆满了供品，却故意不摆放吃箸。吃箸就是筷子，意思是让皇后直接用嘴吃，暗骂她是牲畜。永璂是皇后的亲生儿子，对母后的遭遇非常同情，对皇父的无情无义十分不满。他曾多次恳求皇父赏给母后吃箸，都遭到了拒绝。乾隆四十一年正月，永璂借新年喜庆之机，乘皇父高兴之际，再次为母后讨吃箸。他跪在皇父面前苦苦哀求，表示这次如不应允，情愿跪死在地上。乾隆帝见永璂又为其母讨吃箸，盛怒之下，飞起一脚，正踢在胸口上。乾隆帝虽然当时60多岁，但身体素来康健，又会武功，而且又在盛怒之下，这一脚力道十足，又踢在了致命之处，只听永璂惨叫一声，七窍流血，当场绝气身亡。

那拉皇后死后，丧礼规格降低，不单建皇后陵，不设神牌，这些都是符合史实的。根据《陵寝易知》一书记载，那拉皇后入葬妃园寝以后，没有任何祭祀。没有祭祀，自然没有供品。没有供品，不设膳品桌和饽饽桌，也就自然不摆吃箸。乾隆帝用只摆供品不摆吃箸骂那拉皇后的事也就不存在了，所以永璂“为母后讨吃箸”的故事，纯属民间传说。

十二贝勒园寝坐北朝南，建有带砖须弥座的宝顶一座、园寝门、享殿一座，面阔3间。大门一座，面阔1间，环以围墙。大门外有厢房、班房等建筑，屋顶覆以布瓦。如今均已荡然无存。

以上黄花山下的6座王陵和朱华山下的端慧皇太子、十二贝勒园寝均坐落在天津市蓟县境内，分属于下营镇和孙各庄乡。

下面介绍一下清东陵陵园东面的陪葬墓。主要有公主园寝、穆成格墓、傅达礼墓、4座保姆墓。

四、端悯固伦公主园寝

端悯固伦公主园寝是清东陵唯一的公主园寝，坐落在马兰峪镇东的许家峪村西，坐北朝南，背靠青山，地势平坦，苍松葱郁，环境十分优美。

这座公主园寝后院建有大小宝顶4座，一字排列，宝顶均为砖砌，宝顶下为长方形砖石月台。前院建享堂一座，单檐硬山顶，面阔3间，进深3间。享堂两侧的面阔红墙上各辟一个随墙门，作为园寝门。有大门一座，面阔3间，进深2间，单檐硬山顶。从大门两侧伸出的红墙将上述建筑围拢起来，形成一个平面呈前方后圆形式的院墙。在大门前的东西两侧建东西值班房各2间，东西厢房各3间。在清朝，这座公主园寝栽仪树316株，其中松树200株、杨树61株、柳树55株。

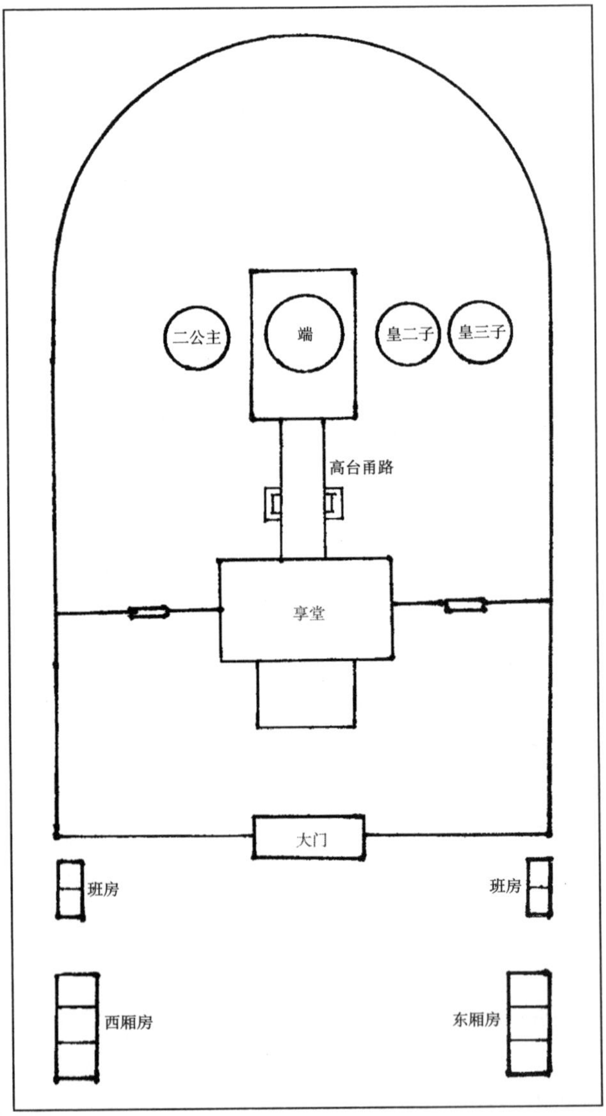

端悯固伦公主园寝平面示意图（徐广源绘）

园寝之谜

父西陵，女东陵

按照正常的做法，儿女的园寝应该建在父母陵墓的附近，我们都知道道光帝的慕陵建在了易县清西陵境内的龙泉峪，可是道光帝的大女儿、二女儿的园寝却建在了遵化清东陵境外的许家峪，形成了父母在清西陵、女儿在清东陵的父女分离的局面。

这个局面是怎么形成的？还得从建道光帝的陵寝说起。道光元年（1821年）十月十八日，东陵境内的宝华峪一派热闹繁忙景象。道光帝的陵寝和妃园寝正式破土兴工。随后不

端悯固伦公主园寝前景

久，道光帝又命大臣带领风水官为他的皇长女端悯固伦公主相度园寝地址，不久就选中了东陵以东的许家峪村西，约于道光二年开始营建，由东陵内务府郎中庆玉负责公主园寝工程。到道光七年，宝华峪陵寝、妃园寝和公主园寝全工告竣。同年九月二十二日孝穆皇后葬入宝华峪陵寝，九月二十四日端悯固伦公主、二公主及皇二子一同葬入这座公主园寝内。未想到第二年宝华峪陵寝地宫出现大量渗水，宝华峪陵寝及妃园寝被废掉，不久在西陵境内的龙泉峪重建陵寝，又在龙泉峪附近的双峰岫营建妃园寝。道光十五年（1835年）道光帝将已葬入宝华峪陵寝的孝穆皇后和葬入妃园寝的平贵人迁葬到西陵安葬，却将他的大女儿、二女儿、皇二子、皇三子（道光十一年入葬）留在了东陵，所以形成了父女分离而葬的局面。

雍正帝的皇长子弘晖和皇三子弘时死后都葬在了东陵的黄花山下，当时雍正帝的万年吉地还没有选定，也就是说还没有清西陵。当雍正帝葬入了泰陵，出现了清西陵之后，在乾隆三年，将弘晖和弘时都从东陵迁到了西陵，成了泰陵的陪葬墓。本来道光帝也完全可以将公主园寝废掉，在清西陵重建，将已葬在东陵许家峪公主园寝的二子二女迁葬到西陵，做到子女长倚父母膝下。为什么道光帝不这样做呢？实在令人匪夷所思。

公主园寝葬郡王

公主园寝，顾名思义就是公主的墓地，只能葬入公主。可是谁也不会想到，这座公主园寝内居然葬入了两名郡王即顺郡王和慧郡王。我们知道，郡王位列清朝皇室爵位中的第二位，位高体尊，完全应该单独营建园寝。可为什么不建郡王园寝，偏偏葬入了公主园寝内呢？

笔者认为可能有以下三个原因：

一是，当初将他们俩葬入这座园寝时只是普通的皇子，还未被追封为郡王。以后追封为郡王时，他俩已入葬多年了，不宜再迁葬改葬。

二是，奕纲、奕继虽然贵为郡王，但毕竟是只活了几个月的婴儿，不是名副其实的成年的郡王，他们俩与自己的两个姐姐葬在同一园寝中也不违制。在这方面已有先例，乾隆帝的端慧皇太子园寝内不是也葬了皇八女吗？

三是，可能出于节俭的目的。大清国到了道光、咸丰年间，已外强中干，国力衰弱，再也没有力量单为皇子建园寝了。将姐弟四人葬在同一园寝内，可以节省许多钱财。

享堂开后门

端悯固伦公主园寝大门

在清朝皇陵中，我们只知道辽宁省新宾县的永陵启运殿开后门。永陵是清朝的第一陵，在那时启运殿内尚未供设神牌，实行的是“望门祭”，就是望着坟头行礼、祭祀，所以启运殿开了后门。这是当时陵寝制度还不成熟、完善的原因造成的，是值得理解的。可是大清国到了道光年间，大殿仍开后门就令人不可理解了。这座公主园寝享堂的后檐墙原有一槽隔扇门，正中有一个屏门，棺椁从后屏门出去后直接进入地宫隧道。后来不知什么年月将后门用砖砌上了，但现在仍然可以看出原来的痕迹。这座公主园寝的享堂为什么要留后门？又为什么砌上？现在这个谜还未解开。

七公主葬什么地方了

道光二十四年十二月二十四日（1845年1月31日），彤贵妃生的道光帝的皇七女殇逝，年仅5岁。道光帝决定将皇七女也葬入端悯固伦公主园寝内。总管内务府通知东陵内务府在这座公主园寝内添建砖池一座（用砖砌成的池子），估算用工料银1833两8钱1厘。不知是什么原因，后来并未将七公主葬在这座公主园寝内，七公主葬到什么地方了？至今还是一个谜。

奇特的规制

端悯固伦公主园寝是清东陵的唯一的公主园寝。它的建筑规制不知为什么也有许多唯一的地方，也就是说有许多与众不同的奇特之处。

端悯固伦公主园寝宝顶前的高台甬路

宝顶和享堂之间设高台甬路

端悯固伦公主的宝顶位于园寝的中轴线上，在宝顶至享堂之间设有一道高台甬路，这一高台甬路在清东陵中是唯一的。

为什么要设这一座高台甬路？据笔者推测，很可能与享堂设后门有关系。从享堂后门出来可直达端悯固伦公主宝顶前，这座高台甬路也突出了端悯固伦公主的尊贵地位。但这毕竟是笔者的分析和推测，到底是什么原因，还有待进一步考证。

新颖的彩画

明清时期，官式彩画主要分殿式彩画和苏式彩画两种。前者多用于比较庄严肃穆的高大殿堂。殿式彩画又分旋子彩画和和玺彩画，以和玺彩画等级最高。清朝皇陵，无论是帝后陵，还是妃园寝，其梁架上的彩画大都是旋子彩画，比较特殊的是慈禧陵三殿是和玺彩画。苏式彩画因起源于苏州而得名，最初盛行于南方，后来传到北方，在北方形成了独特的“京式苏式彩画”。苏式彩画的形式和内容比较随便自由，丰富多彩。其用五彩花边围起来的“包袱”内的图案多以历史故事、山水名胜、花卉鱼虫、锦纹等为主，给人以较浓的生活气息，使人看了感到赏心悦目，心情愉快，幽雅舒畅，所以多用于皇家园囿、行宫。而这座公主园寝的大门和享堂的彩画，虽然总体上看是旋子彩画，但在彩画的枋心上多绘以花草、锦纹图案，所以又带有苏式彩画的一些特点，别有一番情趣。这种奇特的彩画在清朝陵寝中少见。

享堂有前廊

从现存的清朝陵寝看，享堂还没有带前廊的。可是这座公主园寝虽然享堂仅面阔3间，而且还是硬山顶，却是带前廊，成为清陵中的特例。

端悯固伦公主园寝享堂带前廊

多用如意踏跺

踏跺，就是人们所说的台阶，古建中的踏跺大约分为垂带踏跺和如意踏跺两种。所谓垂带踏跺就是每级台阶的条石的长度是一样的，在阶条石两旁各有一个坡状的条石，因为此石叫垂带石，故称这种踏跺为垂带踏跺。如意踏跺的每台的阶条石不一样长，越往上越短，两侧没有坡状的垂带石。在明清两朝的皇陵中，多用垂带踏跺，很少用如意踏跺，而这座公主园寝，不仅在上面所提到的高台甬路的两旁

端悯固伦公主园寝享堂月台东超手如意踏跺

各设了一座如意踏跺，而且在享堂前的月台东西两侧也各设了一座如意踏跺。这在清陵中也是孤例。

四位内葬人的身世

7岁公主两次葬

奇事怎么都发生在道光帝的家中？道光帝的原配孝穆皇后死后先后三次安葬，二次迁葬，他的大女儿死后先后埋葬过二次，实在是世间罕见。

端悯固伦公主园寝大殿

端悯固伦公主园寝大殿东次间槛窗

道光帝的大女儿生于嘉庆十八年（1813年）七月初三日酉时，生母是道光帝的潜邸继福晋佟佳氏即后来的孝慎皇后。嘉庆二十四年（1819年）十月二十四日酉时死，年仅7虚岁，两天后被追封为和硕格格，嘉庆二十五年（1820年）九月二十五日道光帝追封她为端悯固伦公主。她死后最初葬在北京西南郊的王佐村附近，东陵宝华峪陵寝开工后不久，道光帝决定将自己的长女也迁葬到东陵，以使自己在百年之后有女儿长依膝下，所以在许家峪为她营建了公主园寝。道光七年（1827年）东陵宝华峪陵寝和公主园寝建成。在同年九月迁原葬在王佐村园寝的孝穆皇后，将端悯固伦公主也一同迁过来。道光七年（1827年）闰五月初十日辰时，王佐村的端悯固伦公主园寝破土，当日就将公主的彩棺从地宫里抬出到地面，暂安在王佐村，九月十三日卯时随孝穆皇后梓宫移往遵化的东陵。九月二十四日辰时正式葬入公主园寝地宫，这是第二次入葬。她的宝顶位于园寝的中轴线上，处于最尊贵的位置，也是这座园寝中规模最大的。一个7岁的小女孩，在死后两次入葬，一次迁葬，令人称奇。

二公主

二公主是道光帝的第二个女儿，生于道光五年（1825年）正月十三日子时，生母是祥妃钮祜禄氏。同年七月十四日卯时死，只活了6个月。她死后彩棺暂安在北京东北郊的静安庄殡宫。道光七年（1827年）九月十四日寅时与停放在那里的平贵人彩棺、二阿哥彩棺一同起送，随同孝穆皇后梓宫、端悯固伦公主金棺奉移东陵。二公主的宝顶位于她大姐端悯固伦公主宝顶的右（西）旁。

二阿哥

二阿哥是道光帝的皇二子叫奕纲，生于道光六年（1826年）十月二十三日亥时，生母是静嫔即后来的孝静皇后，死于道光七年（1827年）二月初八日未时，2虚岁，实足年龄三个半月，105天。道光三十年（1850年）正月二十日，刚当上6天皇帝的咸丰帝就追封他的二哥为顺郡王，谥曰“和”。他的宝顶位于其大姐端悯固伦公主宝顶的左（东）旁。如果从东数，是第二座宝顶。

三阿哥

三阿哥是道光帝的第三子叫奕继，生于道光九年（1829年）十一月初七日午时，是奕纲的同母弟，同年十二月二十八日戌时死，只活了51天。道光三十年（1850年）正月二十日，刚当上6天皇帝的咸丰帝就追封他的三哥为慧郡王，谥曰“质”。他的宝顶位于他二哥奕纲宝顶的左（东）旁。如果从东数，是第1座宝顶。

公主园寝的一次盗案

在道光十六年（1836年），端悯固伦公主园寝发生了一起盗案，不仅搅得老百姓惶惶不安，牵连了许多官员，最后竟惊动了九重宫禁中的皇帝。

盗案的经过大概是这样的。道光十六年（1836年）七月二十二日清晨，八旗骁骑校庆升带领八旗兵在公主园寝外围巡逻。当他们走到大门时，庆升不经意地从门缝向里面看看，竟发现享堂西隔扇的雨搭绳脱落了。他觉得十分蹊跷，感到不是好事，于是急忙将这一情况上报。东陵守护大臣立即命郎中明吉带领本班和上班的骁骑校率领八旗

端悯固伦公主园寝西园寝门

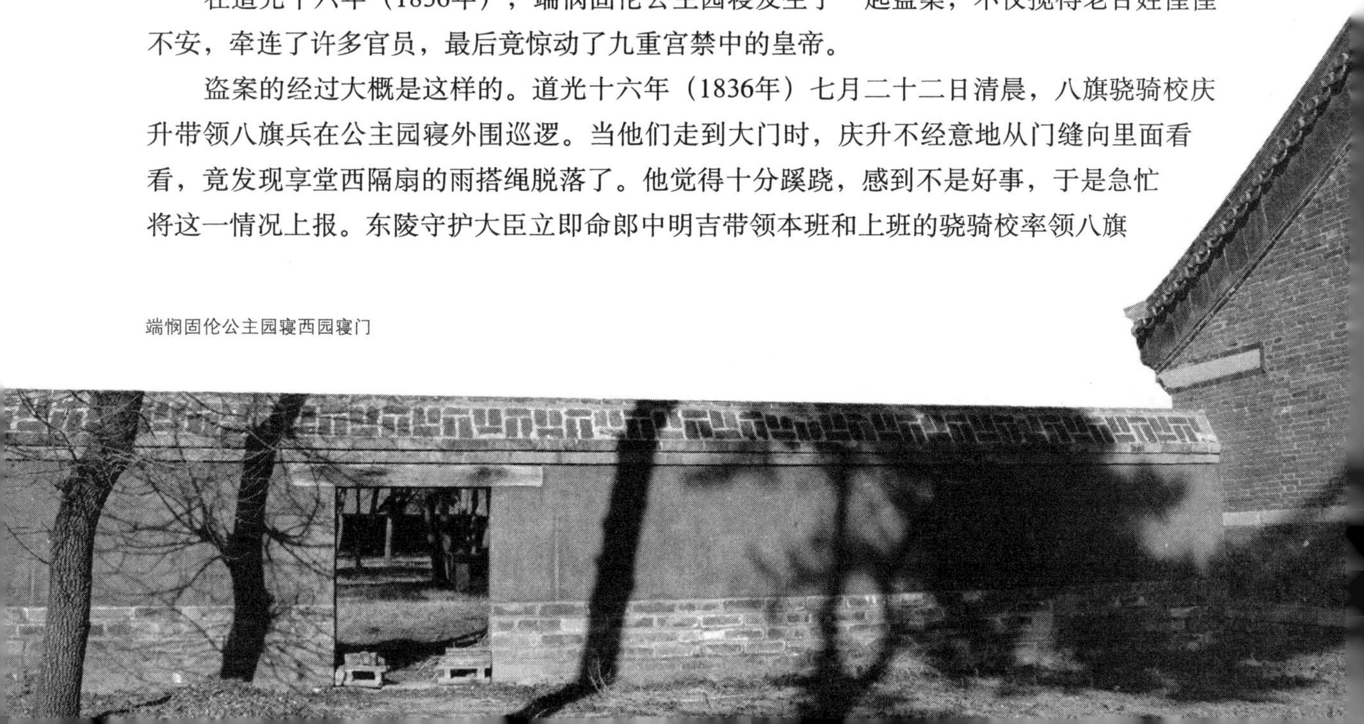

端悯固伦公主园寝内的四座宝顶

兵进内查看，不仅雨搭绳解开了，殿门的锁也被拧开了。到殿内一检查，铜五供和木戳灯内的两个锡蜡阡不见了。又发现殿内的大木箱上的锁也被扭开了，箱内的丝织物乱七八糟。经查对，丢失青云缎面绸里坐褥一件、黄纺丝包袱一个，又发现神龛内的绿色妆缎面棉被也不见了。他们检查完享堂，又到院子里查看。发现西园寝门丢了一扇门，门内地面上堆着一堆棉花。往西一看，见西墙根下竖着一扇门板，正是丢的那扇门，原来这扇门当做越墙的阶梯了。他们又到后院查看了一遍，没有发现异常情况。明吉一面将检查结果上报，一面命内关防领催玉明火速到马兰峪各当铺去查看。东陵守护大臣接到明吉的报告后，马上驰赴现场进行了验看，与报告的完全相符。这时检查当铺的领催玉明来报告，说从永济当查获锡蜡阡一对、黄纺丝包袱一件、青云缎面绸里坐褥一件，褥内的棉花已无，这些正是公主园寝所丢失的物品。惟有铜五供还未查到下落。守护大臣和马兰镇总兵认为盗贼不会走远，很可能就在马兰峪一带隐藏着。于是派八旗官兵和绿旗官兵火速行动，在马兰峪内外严密搜查。他们戒严设卡，走街串巷，挨门挨户地搜查，闹得人心惶惶，鸡犬不宁，折腾了一天，也是一无所获。

夜二更多天，一支八旗官兵搜到了马兰峪城西北角楼。高耸的角楼在黑夜中更显得威武庄严，平时人们很少到这里来。兵丁们举着灯笼火把，小心翼翼地摸进角楼。他们从地面的灰尘上发现了一行脚印，经过仔细辨认，是新踩的，而且只有进入的脚印，没有出去的脚印，表明这个人还在楼内，经过这一分析，官兵们立刻紧张起来。他们严密地搜查每一个角落，也未发现人影。八旗章京富勒欢突然看到了顶上的天花板，他立刻意识到很有可能盗贼隐藏在天花板上面，于是他首先往天花板上攀登，千总王永、把总李赞亨也随着攀了上去。上面黑洞洞的，他们借助从下面射进来的光线，睁大眼睛，发现厚厚的尘土中躺着一个人。他们见只有一个人，胆子立刻大了起来，猛扑上去，那个人挣扎了一阵子，很快就被擒拿住，紧紧地绑了起来，带到官衙，连夜升堂审讯，被抓人很快就供出了作案的实情。

被抓人叫贾馨芮，小名连牲，现年20岁，是裕陵礼部的割草人，家境贫寒，度日维艰。各陵大量的金银器皿和珍藏的奇珍异宝勾起了他的偷盗欲念，但因陵园内看守严密，不得下手，于是他才选定了比较偏僻的公主园寝。他盗走了以上物品之后，变卖了部分东西，马兰峪北面的乘觉寺没有住持，是座空庙。于是贾馨芮便藏身于乘觉寺内并将铜五供藏在这座寺的空锅腔内。他在那里藏了两天后，闻知官府搜查很紧，觉得这座庙不安全，于是在二十二日又躲到了城西北的角楼内的天花板上，没想到当天晚上就落了网。根据供词，官兵们立刻到乘觉寺的空锅腔内取回了铜五供。

后来贾馨芮被解送北京，再一次受到严审。最后道光帝亲自过问这件事并于八月十九日对此案做了最后的处理：贾馨芮解往犯事地方枷号一年，期满后发往边远地方充军，该父兄子侄从满人档册中全部除名。什么是枷号呢？就是在脖子上戴上重重的刑枷，在作案地点示众。

穆成格墓碑

这起盗案前后经历了一个月。从这起盗案看，清朝到了道光年间，就是在皇陵当差的满族人，他们的生活已十分窘迫。那些广大的汉族和其他民族的老百姓的生活之困苦，更是可想而知。

五、守陵官穆成格墓

在端悯固伦公主园寝的西墙外不到100米的地方，有一统石碑，碑身竖立在龟趺之上。碑身全高3.48米，宽1.106米，进深(厚)0.369米。碑身四边框为莲花。碑首为一对蹲坐的麒麟，前后一样。碑额（碑头中间部分的小方块，因是碑的额部，故称之）篆刻“诰封”二字，满汉合璧，汉左满右。碑文也是满汉合璧，汉左满右，碑文为御制。此碑立于康熙六年十一月二十六日。

穆成格墓碑碑文（局部）

穆成格墓碑碑头

穆成格墓碑赑屃

从碑文中我们知道这座碑是穆成格的墓碑。当地老百姓说，碑的北面原来有宝顶、供桌和石像生，这些在很早以前就毁了。对于百姓的这种说法，还有待进一步考证。

穆成格初任壮夫级司库，第二任为拖沙喇哈番（云骑尉）品级内司库，第三任为内官监员外郎，第四任授拖沙喇哈番照旧员外郎，第五任是在原职务基础上又加一级，第六任孝陵掌关防郎中，最后一任是资政大夫驻防孝陵掌关防郎中拖沙喇哈番加一级。穆成格死于康熙六年（1667年）十一月。按清朝的官制，掌关防郎中为正四品。穆成格之死，惊动了皇帝。康熙帝在御碑文中称赞他“性资端谨，才识宏通”，当差“恪慎无惭”，“小心益励”。200多年来，清东陵的掌关防郎中很多，独穆成格可以陪葬于皇陵附近，表明了他确实深得皇帝的宠信和赏识。如今穆成格墓只剩下了这统碑。

六、为皇帝殉死的傅达礼墓

傅达礼墓碑

傅达礼墓碑碑文（局部）

努尔哈齐死时，大妃和两个庶妃为他殉了葬。皇太极死时，敦达里和安达里为他殉了葬。满族的这种葬俗也带进了关内。在孝献皇后董鄂氏死后，顺治帝曾想令30名太监、宫女殉葬，幸被制止了。顺治帝死后不久，又有两条亡魂追随他去了。这两条亡魂是谁？一名是贞妃董鄂氏，这是一般人都知道的，另外那位叫傅达礼。傅达礼是什么人？在傅达礼的御制碑文中只是说“备位扈从”。从《清实录》中得知，傅达礼是一名侍卫。朝廷为了表彰傅达礼的忠心，特授给他一等阿达哈哈番（参领）的官衔，赠给他“忠烈”的谥号，为他建坟立碑。他的墓碑碑文由康熙帝御制，实际上和其他御制碑文一样，是以皇帝的口吻由翰林院的文臣们撰写的。傅达礼墓原来是什么样子，文献上均无记载，康熙初年的清宫档案又大量遗失和损失。所以现在还不清楚。现在仅存墓碑一统，龟趺一座。碑身已倒在地上，所幸还比较完整。

傅达礼墓位于穆成格墓西约150米，仓房村东南，坐北朝南。据仓房村老人讲，宝顶是圆馒头形，表皮是红色的。宝顶前有一个石供桌，非常完整。地宫据说被该家后代定营房的老槐家挖掘，将随葬品拿走了。地宫为砖券，地宫里有水，无棺椁，只有一个大约1米见方的木箱子，箱子的包角和拉环都是金的，箱内装有骨

傅达礼墓碑

傅达礼墓碑碑头

灰。百姓的这些话为我们今后研究提供了重要的依据。

2008年11月1日，笔者在考察傅达礼墓时，仓房村的村民、66岁的晏凤英女士向笔者讲述了当地的下面这个传说。她说：据说这个人（指傅达礼）是为皇上死的。本来不应该叫他死，他却死了，很冤，所以他的死尸不倒。后来皇上家答应给他铸一个金脑袋，死尸才倒。

这个传说的真实性很让人怀疑。不管是自愿殉死，还是被迫殉死，死的方法或者是服毒药，或者是上吊，或者是气闭，或者是自刎，都是全尸首，绝不会站着就没了脑袋。退一万步说，即使是站着砍了脑袋，事后也会将头缝连在尸体上，绝不会舍弃真头用假头。这个说法不管真假，但毕竟有这个说法，姑存其说吧。

笔者多次去仓房村调查傅达礼墓的情况，许多村民都说在傅达礼宝顶前有石供桌。其中有一个村民告诉笔者说，这个石供桌在耕地里，垄地、收拾庄稼都很碍事，又占地方，于是就在石供桌的南边挖了一个长方形大坑，比供桌略大些，然后找几个人把这个供桌推到坑里埋起来了。

七、皇帝保姆的园墓

清朝皇帝不仅提倡孝道，尊崇先人，而且对有劳绩的保姆也非常敬重，晋级封爵，在生活上给予特别的优厚待遇，而且恩及其丈夫和家人。在她们死后，治丧赐谥，赐葬陵园近地建坟立碑，并遣官致祭，有时皇帝还亲临奠酒致祭。这方面康熙帝表现得尤为典型。

在清东陵的陪葬墓中，有4座保姆园墓，是清朝皇帝保姆园墓最集中、最多的地方，也是今天唯一尚存的陪葬清朝皇陵的保姆园墓。这4座保姆园墓是奉圣夫人园墓、佐圣夫人园墓、佑圣夫人园墓、保圣夫人园墓。她们抚养过的皇帝都葬在了清东陵的陵园之内，她们因为抚育幼帝有功而得到了赐葬陵园近地的殊荣。这4座保姆园墓都位于清东陵陵园东面，下面进行逐一介绍。

又当奶妈又当看妈的奉圣夫人的园墓

奉圣夫人园墓位于马兰峪河东村的东南，仓房村的北面，坐东朝西，背靠青山，前临马兰河，地势平坦，松柏滴翠，环境十分优美。

园墓之最

奉圣夫人园寝今貌

奉圣夫人园墓有3个“最”：

建得最早。奉圣夫人的丈夫哈喇（《清实录》称喀喇），逝于顺治十一年（1654年）七月初九日（或初八日），墓碑立于顺治十二年（1655年）三月二十五日，是4座园墓中唯一建于顺治年间的，其他3座都建于康熙年间。所以说奉圣夫人园墓是4座保姆园墓中建得最早的。

规模最大。说它的规模最大，主要表现在以下两点。一是在奉圣夫人的宝顶前，石祭台的两侧设立了7统祭文碑，左侧4统，右侧3统。立祭文碑是其他3座保姆园墓所没有的。二是园墓占地面积大。因为这些园墓的围墙均已无存，难以准确测量出每座园墓的占地面积。但从墓碑到宝顶的距离来看，以奉圣夫人园墓的为最大。奉圣夫人园墓这段距离约为63米，保圣夫人园墓约为52米，佑圣夫人园墓约为37米。仅此两点足以表明奉圣夫人园墓的规模是最大的，其规制也是最高的。

身世最特殊。奉圣夫人是顺治帝的保姆，哺育过襁褓中的顺治帝，还看护过孩提时的康熙帝。她抚养过顺治帝、康熙帝父子两代。按当地老百姓的说，既是“奶妈”，又是“看妈”，她的这种特殊身份不仅在清朝的皇家保姆中是绝无仅有的，就是在中国历史上也是极为罕见的。朴氏因抚育幼帝颇有劳绩，她在各方面受到了皇家的优厚待遇。在康熙十六年（1677年）七月二十五日被皇帝封为奉圣夫人，顶帽服色按“公”夫人标准。朴氏死于康熙二十年（1681年）六月十四日，皇帝命按公夫人的丧礼治丧，特赐皇陵近地安葬，并加祭一次。

园墓规制

这座园墓规制原来是什么样的，由于毁坏严重，仅存墓碑、宝顶、祭台和部分祭文碑，带屋顶的建筑和墙垣皆已无存，又缺乏文献记载，所以现在还不清楚。根据实地调查考证，应该建有大门、享堂、园墓门，石祭台（也可称石供桌）、7统祭文碑、宝顶。宝顶下是地宫，环以围墙。大门外并排立墓碑两统。这种推测还有待文字的印证。

奉圣夫人墓碑。墓碑由碑身和碑座组成。碑的碑首为4盘龙。碑额用满汉两种文字篆刻“敕建”二字，汉文在左，满文在右。碑文也是用满汉两种文字镌刻在碑的阳面，碑阴无

奉圣夫人墓碑（小）和哈喇墓碑（大）

字。碑的前后两面的四边框均为云龙、宝珠、祥云。此碑位于园墓中轴线的右（北）边，立于康熙二十一年（1682年）八月十八日。

乳公哈喇墓碑。此碑与奉圣夫人墓碑相比，主要区别有两点。一是碑身四边框的纹饰不是云龙宝珠祥云，而是缠枝莲花。二是碑首不是4盘龙，而是两只蹲坐在山石之上的狮子。这种规制的墓碑在清东陵是唯一的，其他地方与奉圣夫人的碑是一样的。无论碑身还是碑座，均小于奉圣夫人碑。此碑立于顺治十二年三月二十五日。哈喇是清东陵第一个入葬者。在清朝，以左为上为尊贵。奉圣夫人园墓是以奉圣夫人为主的，其碑比哈喇的碑大就是最明显的例证。有人会问：既然是以奉圣夫人为主，她的碑又大，为什么不将她的碑立在左边而立在了右边呢？道理很简单，在封建社会，排位时要遵循“男左女右”的原则。这是长期奉行不替的原则，万无更改之理。尽管奉圣夫人地位尊贵，园墓为她所建，以她为主，但仍要遵循“男左女右”的原则。所以才将奉圣夫人的墓碑立在了园墓中轴线的右边。

哈喇墓碑碑头

祭文碑上面用满汉两种文字镌刻每次朝廷派大臣来祭祀时的祭文，共7统，这表明朝廷共七次派大臣来祭祀奉圣夫人。康熙二十二年十二月初四日（1684年1月20日）和康熙二十四年十二月十五日（1661年1月15日）康熙帝两次在展谒孝陵之后，率王公大臣到奉圣夫人墓前奠酒。身为堂堂的大清皇帝，亲自祭祀一位奴仆，表明了康熙帝知恩必报，有浓厚的人情味。

关于保姆的传说

笔者在2008年11月1日考察保姆园墓时，仓房村的村民晏凤英女士不仅提供了许多重要的情况，还讲了二个有关保姆的传说。

奉圣夫人园寝右（北）侧祭文碑

仓房村民晏凤英

她说，在那个时候给皇上当保姆很不容易，为了保障小皇帝有足够的奶吃，而且奶质纯净，每天保姆要吃一大块不放盐酱的肥猪肉，一天两天可以，日子一长了，那可就难了，可是不吃不行啊。当皇上的保姆要千里挑，百里选，标准可高了，不仅年轻模样长得好，还要身体健康，奶头要长，因为保姆是下人，不能抱着皇上吃奶，要把奶头甩到后背，让小皇上在保姆的后背吃。晏女士的这种说法在东陵一带流传很广，笔者在年幼时就听老人们说过。

晏女士又向笔者讲了有关奉圣夫人园墓的一个故事。她说，这位保姆（奉圣夫人）入葬之后，皇上每年都亲自来祭奠。后来她的丈夫葬在了保圣夫人大宝顶的旁边，如今那个小坟头还有。皇上来祭祀保姆，要向保姆行礼的。自从她的丈夫葬在了那里以后，皇上再也不来祭祀了。这种说法在当地很普遍，笔者曾听许多村民讲过这个故事，而且故事内容惊人的相似。乍一听起来就像真的一样。实际上这个故事与史实是不符的。为什么这样说呢？道理是很明显的。奉圣夫人的丈夫哈喇早在顺治十一年就死了，第二年就入葬了。过了26年后奉圣夫人才死。是她的丈夫先葬的，奉圣夫人后葬的，而且哈喇与奉圣夫人葬在同一个地宫内。哈喇死后，皇帝为他立了碑，还亲自为他写了碑文，对他给予了很高的评价。再者，康熙帝两次亲祭奉圣夫人以及皇帝派大臣来祭奠，都是在他们夫妻共同入葬之后进行的。所以当地这个传说不可相信。

既然史实不是那么回事，为什么还有这个传说呢？既然大宝顶旁边的小坟头不是她丈夫的，那又是谁的呢？现在还是一个谜。

险被皇帝砍死的佑圣夫人的园墓

佑圣夫人（图左）和她的丈夫满笃理（图右）的墓碑

佑圣夫人园墓位于马兰峪东面的九泉山下。说九泉山可能马兰峪人知道的不多，要提它的土称“羊妈妈山”可以说家喻户晓，人人皆知。这座山是马兰峪周围最高大、最有气势的山，整个山形就像一个奶头朝天的饱含奶汁的巨大的羊妈妈（奶头）一样。这座山与清东陵的后靠山昌瑞山遥遥相对。就在这座山的山脚下有一座保姆园墓，背靠九泉山，前临蜿蜒曲折的马兰河，地势平坦，林木葱郁，是一块难以寻觅的风水宝地，这座保姆园墓就是佑圣夫人园墓。园墓的原来规制已不得而知，现仅存并列的墓碑两统，坟头一座。

佑圣夫人也是顺治帝的保姆。有人会问：奉圣夫人朴氏不是顺治帝的保姆吗？怎么佑圣夫人也是顺治帝的保姆呀？原来皇帝的子女生下来后，不是只有一位保姆，而是有多位保姆，佑圣夫人只是其中的一位。

佑圣夫人与顺治帝

在顺治帝的多位保姆中，可以说佑圣夫人与顺治帝的关系最为密切，感情最为深厚。崇德三年（1638年）正月三十日晚上永福宫庄妃为皇太极诞生了皇九子，命名福临。佑圣夫人就是在福临降生不久后被选入皇宫的。当时清朝还没有入关，谁也不知道刚刚来到世间的小福临将来会成为大清皇帝，会成为大清国入主中原、统一天下的第一帝，但他毕竟是皇子。佑圣夫人以她的无限母爱将福临照顾得无微不至，两人甚至比亲母子还亲。有两件事足以说明问题：一是德国人魏特在《汤若望传》中记载了顺治十六年郑成功围攻南京时，顺治帝先是十分慌张，想放弃北京，逃到东北躲避。这种懦弱心态受到了孝庄皇后的申斥后，他又来了一个180度大转弯，不冷静地急于御驾亲征，大臣劝不听，皇太后劝也不听，怎么办？这时有人想到了顺治帝一向敬重、言听计从的佑圣夫人，于是把佑圣夫人找来劝说。虽然据史料记载，已处于近于发狂状态的顺治帝不仅未听佑圣夫人劝，还险将她砍死。尽管未能劝阻成功，但这件事却足以表明在人们的心目中佑圣夫人与顺治帝的关系不一般。

另一件事就是佑圣夫人死后顺治帝对她的评价。佑圣夫人死于顺治十七年十二月二十四日（1661年1月24日），当时顺治帝的宠妃董鄂氏刚死不久，顺治帝正处于巨大的

佑圣夫人园寝宝顶

悲痛之中，可是他对自己一向敬重的保姆的去世，却非常理智清醒地做了正确的评价。顺治帝在谕旨中饱含深情地回忆了昔日乳母抚育自己时的情景：“乳母李氏当朕诞毓之年入宫抚育，尽心奉侍。进食必饥饱适宜，尚衣必温寒应候。啼笑之间曲意调和，期于中节；言动之际相机善导，务合规程。诸凡襁褓殷勤，无不周详恳挚。睿王摄政时，皇太后与朕分宫而居，每经累月方得一见，以致皇太后萦怀弥切。乳母竭尽心力，多方保护诱掖，皇太后惓念慈衷赖以宽慰。”接着顺治帝给予了佑圣夫人以极高的评价：“即读书明理者未必过是，此其贤德今昔罕闻。”顺治帝听到这位曾经抚养自己、保护自己的乳母去世的消息感到非常悲痛，他命礼部对于这位乳母的“追封恩恤”要优厚对待。未想到这道谕旨刚发出13天，礼部尚未回奏，顺治帝也龙驭上宾了。佑圣夫人死后是由高僧茚溪森秉炬按满族旧俗火化的。

顺治帝的谕旨中披露了一个重要史实，就是在睿亲王多尔衮摄政时期，顺治帝与孝庄皇后分宫而住，几个月才能见面一次，致使皇太后对年幼的顺治帝十分挂念。幸亏这位保姆对顺治帝百般照顾，多方保护，才使皇太后有所安慰。母子为什么要分宫而居？又为什么母子见面如此地困难？皇太后、皇帝本应有无上的权力，难道他们是受睿亲王多尔衮的挟制吗？这些都难以解释。

佑圣夫人到底是汉族还是满族？在《清实录·世祖实录》中，称佑圣夫人为李氏。在《清实录·圣祖实录》和佑圣夫人碑文中又称李嘉氏。她到底姓什么？从李氏这个姓来看，应该是汉族。从李嘉氏这个姓来看，又似乎是满族。笔者分析，很可能她原是汉族，因她丈夫是满族，她又是皇帝的保姆，抚育先帝有功，皇帝钦准她加入了满族，赐姓李嘉氏。当然这只是笔者的推测，还有待考证。

她的丈夫是守陵官

佑圣夫人的丈夫叫满笃理，是看守顺治帝孝陵的官员，由于他忠于职守，尽心尽力，被授予二等阿达哈哈番世职，官阶为三品。在康熙十四年（1675年）十月十五日，康熙帝谒完孝陵后，到陵区东面的汤泉行宫驻下来。康熙帝将自己穿的貂裘一件、皂靴一双、御马一匹赏赐给了满笃理。康熙十七年（1678年）闰三月满笃理病逝，朝廷为他立碑，赐祭葬，赐给他“良僖”的谥号。皇帝为他撰写碑文，立碑于墓前左方，立碑的日期是康熙十八年三月十九日。能够安葬在皇陵附近，在当时是难得的殊荣。

佑圣夫人的丈夫满笃理墓碑

佑圣夫人的墓碑

迟到60年的封号

据笔者统计，康熙帝在位期间共到遵化昌瑞山展谒他父亲的孝陵47次。康熙六十年（1721年）二月初六日是他生前最后一次到遵化的孝陵祭祀他的父亲顺治帝、母亲孝康皇后及孝献皇后。他正在孝陵时，忽然见两个人跪在皇帝的御马前，叩请皇帝加恩他们的先人。经皇帝详细询问，得知这两个人中的喀都礼是保姆李氏的儿子，另一个叫怀诚，是保姆叶黑勒氏的孙子。他们叩请皇上为两位皇帝的保姆赐封号。当时康熙帝没有马上表态，将这件事记在了心里，回到皇宫以后，经查询，这两位的先人确实都是先帝的保姆，特别是保姆李氏在顺治十七年十二月先帝还有命礼部办理追封恩恤的谕旨。查清以后，在康熙六十年四月十九日发布谕旨，正式追封李氏为佑圣夫人，叶黑勒氏为佐圣夫人。李氏的封号本来在顺治十八年时就应封赏得到，就因为顺治帝的丧事，一下子拖了60年，半个多世纪，真称得上迟到60年的封号。可以设想，如果不是她们的后人冒着生命危险叩请，恐怕这个封号就永远得不到了。

园墓之奇

这座园墓距笔者的家只有1公里，笔者去过无数次。对那里的情况可以说很熟悉了。可是在2008年11月再去考察时，居然发现了几个奇怪之处，令笔者百思不得其解：

碑身的前后两面花边纹饰不一样。正常情况，无论是帝后陵的碑，还是王爷大臣的碑，碑身的前后两面（也可称碑的阳面和阴面）四边框的纹饰雕刻是一样的。可是佑圣夫人园墓的两统碑却与众不同。碑的前面四边框的纹饰是云龙宝珠，而碑身的后面四边框的却是蔓草，前后两面两种纹饰，实在奇怪。

佑圣夫人丈夫墓碑后面不是云龙雕刻而是蔓草

两赑屃一头上有角一头上无角。佑圣夫人园墓的两统墓碑的赑屃不一样，满笃理碑的赑屃头顶上有一支角，而佑圣夫人碑的赑屃头顶上没有角，同在一座园墓内，同是

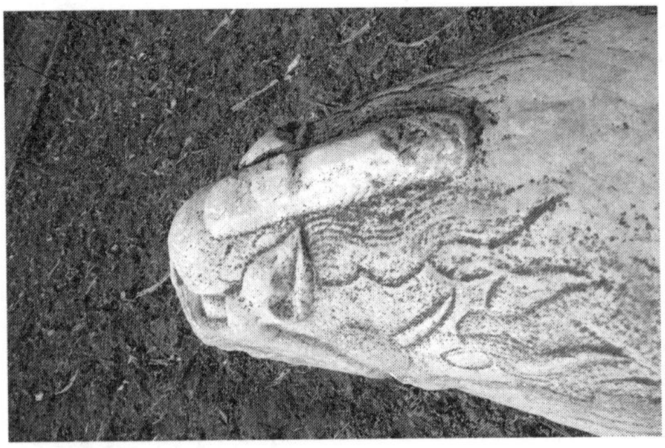

佑圣夫人丈夫墓碑　　头上有角

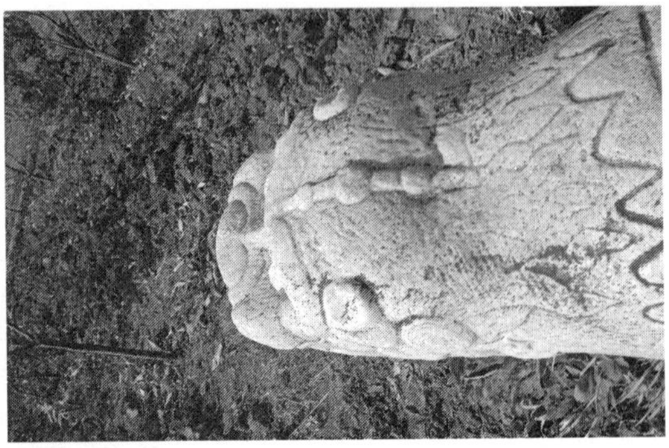

佑圣夫人墓碑　　头上无角

赑屃，为什么不一样？

保姆碑小而乳公碑大。保姆园墓，顾名思义就是专为保姆建的园墓，是保姆的墓地。虽然保姆的丈夫也葬在内，属于夫妻合葬墓，但也是以保姆为主，保姆是园墓的真正的主人，所以奉圣夫人的墓碑大于其丈夫哈喇的墓碑，保圣夫人的墓碑大于其丈夫图克善的墓碑，这是合情合理的。可是佑圣夫人园墓却与此相反，乳父满笃理的碑比佑圣夫人的碑大。请看下面的表就会一目了然。

碑主	碑身高	碑身宽	碑身厚	赑屃长	赑屃宽	赑屃头高
满笃理	370cm	108.5cm	38.5cm	280cm	113 cm	80.5cm
佑圣夫人	354cm	106.7cm	38.5cm	257cm	106.5cm	68cm

作为这座园墓主人的佑圣夫人，为什么她的碑反而小？与其他的保姆园墓相反？这究竟是什么原因？至今还是一个谜。

碑身少了一条龙。据笔者观察，除皇帝陵中的神道碑和功德碑之外，一般碑的碑身四边框都雕刻各种纹饰，其中以雕刻云龙宝珠等级最高。凡雕刻云龙宝珠的，上下边都是各两条龙，两龙之间是一颗宝珠，这种图案一般称之为“二龙戏珠”。竖边每边各雕刻4条升龙，每个龙头上各雕一颗宝珠，佑圣夫人的丈夫满笃理碑的正面就是这样。可是佑圣夫人的碑，每竖边却只雕刻了3条升龙和3颗宝珠。是佑圣夫人的地位低下，还是石碑的设计者的失误？

佑圣夫人墓碑后面也不是云龙雕刻而是蔓草

唯一的康熙帝保姆保圣夫人的园墓

保圣夫人园墓位于马兰峪镇河东村东北角，坐东朝西，背靠青山，山上松树葱茂，前临小河，地势高平，是一处难以寻觅的风水宝地。这座园墓内安葬着清东陵唯一的康熙帝的保姆瓜尔佳氏（碑文中为瓜尔嘉氏）及其丈夫图克善夫妻二人，当地人称这座园墓为“北小陵”。

这座园墓原来是什么样，由于史书上没有记载，档案又严重阙失，所以已难以知道。现在仅存墓碑两统，石供桌一座，夯筑宝顶一座。保圣夫人的碑在右（北），乳公碑在左（南），乳公碑小于乳母碑。

孝文皇后亲自挑选的保姆

瓜尔佳氏在康熙帝出生之前就已是皇宫中的一名保姆了。她在宫中多年，贤声素著，颇受人们的敬重。康熙帝玄烨生下来后，需要保姆抚养，于是康熙帝的祖母孝庄皇后就在宫中众多的保姆中进行挑选，瓜尔佳氏以其谨厚而被选中。瓜尔佳氏自成了玄烨的保姆之后，废寝忘食、夜以继日地精心抚育小玄烨，尽心尽力，没有任何懈怠的地方，数年如一日，把自己的全部精力都用在了看护玄烨的身上，为皇帝的成长做出了巨大的贡献。她对玄烨这种无微不至的照顾在玄烨稚嫩的心田里留下了难以磨灭的好印象。虽然她劳苦功高，受人爱戴，但非常的谨慎，深居简出，许多人都不知道她是干什么的，甚至连她的姓氏都不知道。玄烨当了皇帝以后，没有忘记他人生的第一位老师，让她继续生活在宫中，在生活上处处给予优厚待遇，想让她颐养天年，以报答她的抚养之恩。未想到瓜尔佳氏此时得了重病，卧床不起，康熙帝很是着急，又为她请医生，又为她送药品，并几次亲自到病榻前看望，但她终因医治无效，于康熙三十八年（1699年）闰七月十六日溘然长逝了，约60岁。康熙帝对瓜尔佳氏的病逝感到很悲痛，追赠她为保圣夫人，亲自到灵前致祭，并特意在皇陵近地靠近奉圣夫人园墓的地方为她选了一处风水宝地，将她安葬在那里。朝廷在她的墓前立了规格相当于和硕亲王的4盘龙墓碑，康熙帝为她亲自撰写碑文，表彰她的功劳，并先后4次派大臣前去祭祀她。雍正元年，雍正帝也曾遣官前去致祭，这些都表明了保圣夫人瓜尔佳氏在皇家的崇高地位，更表明了孝庄皇后慧眼识真人的本事。

保圣夫人墓碑

沾了媳妇光的图克善

过去讲母以子贵，妻以夫荣，事实上确实不假，但也有例外，是夫以妻荣，也就是说丈夫沾了媳妇的光，保圣夫人的丈夫图克善就是这样。

保圣夫人丈夫图克善墓碑

图克善原来是没有固定职业的散员，自从他的妻子瓜尔佳氏进皇宫当了保姆，特别是当了小皇帝的保姆以后，图克善的地位直线上升，到最后竟升到了一等侍卫、骑都尉之职。虽然这样，图克善是有头脑、有自知之明的人。他深知自己的荣升是因为自己的妻子当了皇帝的保姆，所以不仅没有“得志便猖狂”，反而更加谨慎，十分收敛，丝毫不张扬，积极支持妻子当好保姆。他的这些表现和做法很受皇帝的赏识。笔者考证，图克善可能死于康熙二十六年（1687年）。过了12年后，她妻子瓜尔佳氏才死。图克善死时，他的妻子还没有被封为保圣夫人。他妻子死后皇帝才赐给陵园近地安葬，所以笔者认为图克善死后很可能先葬在了别的地方。在皇帝赐给了墓地后才将他迁来，才与他妻子合葬在一起。图克善的碑立于康熙四十一年五月二十九日，距他死后已经15年了，这就是明显的证据。

揭开保姆园墓地宫的秘密

佑圣夫人死后是火化的，奉圣夫人、保圣夫人死后是否是火化的？天赐良机，笔者亲自探视了一次保圣夫人的地宫，揭开了保圣夫人是否火化之谜。情况大概是这样的：

20世纪70年代末的一个秋天，笔者从一位老乡口中得知：北小陵地面露出一个洞，能看到地宫，有人曾进去过。保圣夫人园墓距笔者家不到1公里，得知这一情况，笔者马上带着手电、卷尺和纸笔，骑着自行车奔赴保圣夫人园墓，果然在宝顶前、石祭台后（东）发现了一个洞口，洞的直径约四五十厘米。洞口边沿的泥土被踩实，说明已有许多人出入过这个洞口。笔者决定先到里面查看一下，然后再回单位汇报。

洞口的上部是土层，坡很陡，也很滑。1米多深以下开始是砖层。这砖层其实就是地宫石门外的挡券墙，因为坍倒了许多，已不能明显看出墙的模样。笔者顺着已被登出的脚窝，小心翼翼地往下爬，很快就登到了挡券墙上。墙以东不足1米的地方就是地宫的石门，门楼是布筒瓦顶，吻兽、跑兽均已无存。门楼共有瓦垄20条，每条瓦垄长44厘米，瓦当（猫头）直径为9.2厘米。每个瓦当上都有一朵莲花图案，每条垄沟内有4块底板瓦和一块滴子瓦。门楼檐部面阔398厘米，门楼正脊以上的月光部位用砖成砌，共8层砖，每层砖厚11厘米，月光部位共高97厘米。门楼下面有两扇石门，向内半开着。每扇石门均用一整块石料制成，上面除兽面铺首外，无任何纹饰雕刻。

笔者下了挡券墙，脚下踩着坍落下来的砖石堆，再往前、往下，地宫里全是积水。门跺和门框均为石制。因为门半敞着，所以部分砖石坍落进了石门以内，下门框已被压盖住。门垛面宽55.5厘米，进深（门框以外部分）17厘米；石门扇面宽123厘米，厚16.5厘米。因门扇的下半部泡在积水里，根部又被坍落的砖石土所掩盖，所以门的高度未能测量。门外的罩门券为砖券，面阔446厘米。

笔者左手扶着门框，右手拿着手电筒向地宫里观看。门洞的顶部是平的，金券是砖券。门洞和金券里都是积水，约有1米多深，十分清澈，寒气袭人。金券内有棺椁二具，均为葫芦材，头朝东、尾朝西。右（北）边的那具棺椁被横放在左边的那具棺椁的顶上。左边的棺椁上还放着一个破脸盆，显然是当年盗墓贼用来淘水的，被遗弃在了地宫内。由于石门以内都是积水，不能进入，所以地宫内的棺床、金井、棺椁内有无尸骨等详情，均未能考察。

清朝妃型地宫为石券，门楼为石制，有梓券，门洞券为石券。嫔型地宫为砖券，无石门楼、罩门券。这座保姆地宫规制，明显低于妃型地宫，但高于嫔型地宫。

笔者从地宫盗口爬出，立即向清东陵文物保管所汇报，宁玉福所长很快派来了几名工人到保圣夫人园墓，将洞口封堵严实。

保圣夫人园寝全景（从东往西看）

这次探视保圣夫人园墓地宫，对于揭示清朝保姆地宫的奥秘，对于进一步研究和了解清朝陵寝制度、丧葬制度，都具有十分重要的意义。最起码说明，到了康熙三十八年，使用棺椁，废止火化在皇家已普及到保姆这一阶层。

迟封的佐圣夫人的园墓

清东陵陪葬墓中，原有4座保姆园墓，现在有遗存的尚有3座，剩下1座现在已没有任何遗迹的，就是佐圣夫人园墓。

佐圣夫人园墓原来坐落在穆成格墓以西，傅达理墓以东。这3座墓一字并排，佐圣夫人园墓正在中间，每座墓之间只有几十米。皆坐北朝南。

笔者年幼时曾亲眼看见过佐圣夫人园墓的宝顶和两统墓碑。这两碑，一个是佐圣夫人的，一个是佐圣夫人丈夫的，其规制与保圣夫人园墓差不多。

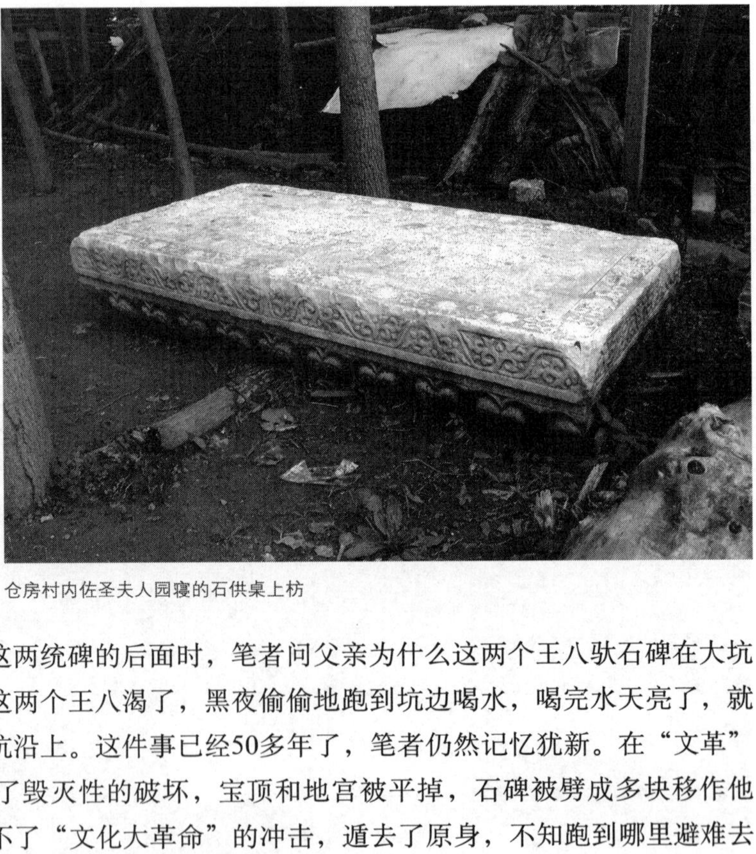

仓房村内佐圣夫人园寝的石供桌上枋

佐圣夫人园墓也是坐北朝南，它的两统墓碑比两侧的穆公碑和傅达礼碑都落前。那两统碑都在现在由仓房村通往许家峪村的路北，而佐圣夫人园墓的两统碑却在这条路的南边，紧挨着路边。两碑南就是一个很大很大的水坑（这水坑是后来人挖的，不是建园墓时就有的）。笔者记得小的时候，跟随父亲去许家峪，从这条路走。当路过这两统碑的后面时，笔者问父亲为什么这两个王八驮石碑在大坑沿上，父亲很风趣地说：这两个王八渴了，黑夜偷偷地跑到坑边喝水，喝完水天亮了，就回不去了，所以就留在了坑沿上。这件事已经50多年了，笔者仍然记忆犹新。在“文革”期间，佐圣夫人园墓遭到了毁灭性的破坏，宝顶和地宫被平掉，石碑被劈成多块移作他用，赑屃这只神兽也抗拒不了“文化大革命”的冲击，遁去了原身，不知跑到哪里避难去了。笔者为了寻找这两统石碑，到仓房村不知找了多少老人打听踪迹，总是失望而归。

2008年11月1日笔者再次去仓房村调查保姆园墓，未想到这次去竟发现了佐圣夫人园墓的一块石碑残件，真是“踏破铁鞋无觅处，得来全不费功夫”。笔者刚测量完佐圣夫人墓石供桌构件，准备回家时，突然看见石供桌构件旁有一块长方形石块，上面似乎有龙的雕刻，赶忙细看，原来是石碑的一个残件，侧面还有石榫被凿掉的痕迹，是石碑碑身最下的一部分，所看到的龙纹正是碑面边框上的云龙宝珠雕刻。经过测量，这碑身面宽117cm，厚50cm。因是残件，碑身高不知道。奉圣夫人的碑，碑身面宽115.5cm，厚43cm；保圣夫人的碑，碑身面宽118.5cm，厚45cm；佑圣夫人的碑，碑身面宽106.7cm，厚38.5cm。相比之下，这统碑比以上三个保姆的碑都大。仓房村的晏凤英女士跟笔者说，她曾看见过佐圣夫人园墓的宝顶，比奉圣夫人的宝顶还大。

佐圣夫人园寝墓碑残件上的云龙纹

佐圣夫人园墓原来也设有石供桌。现在仓房村东头小树林里有一个石雕件，一看就能看清是石供桌的上枋和上枭部分。奉圣夫人园墓和保圣夫人园墓都设有供桌，这个石供桌面宽190cm，进深94cm。奉圣夫人园墓的石供桌面宽233cm，进深115cm；保圣夫人园墓的石供桌面宽226.5cm，进深113cm。两相比较，这个石供桌小多了。但这个供桌的规格是很高的，桌面的四边刻有缠枝莲花，上枋上刻有蔓草，上枭上刻仰莲花瓣，只有皇帝陵和皇后陵的石五供的祭台才有这种规格。而奉圣夫人园墓和保圣夫人园墓的供桌上，这些雕刻都没有。这个石雕件原来在仓房村东的下坎路边，不知什么时候，又被移到北面的坎上。有时被当做村民们乘凉时闲谈时的石座，有时被当成堆柴的底座，看来真的古为今用了。现在这个石供桌构件已被东陵文管处收回。

佐圣夫人叶黑勒氏也是顺治帝的保姆。早在崇德三年（1638年）顺治帝诞生时就被选为保姆，但在生前始终没有得到封号。康熙六十年，她的孙子怀诚与佑圣夫人的儿子喀都理借康熙帝谒陵之机，叩请追封，才于同年四月十九日追封为佐圣夫人。通过查阅《八旗通志》得知佐圣夫人的丈夫叫迈堪，瓜尔佳氏，是满洲正蓝旗人，生前为二等阿达哈哈番（轻车都尉），官授散秩大臣。

八、神秘的女人苏麻喇姑的园寝

康熙帝的景陵于康熙二十年（1681年）葬入孝诚皇后和孝昭皇后以后，为了祭祀和管理，朝廷便在陵园之外、景陵东南约10里的地方建了景陵的八旗兵的营房和景陵礼部营房，用一道大墙将这两个营房围起来，四面围墙各开一个大门，将这座营房称之为“新城”。康熙二十七年（1688年）孝庄皇后停灵暂安奉殿后，朝廷又在“新城”的南边接建了昭西陵的内务府营房、八旗营房和礼部营房，称之为“南新城”。南新城正在昭西陵的东面，距昭西陵2里多远，苏麻喇姑园寝就建在南新城的东墙外。

在电视剧《康熙王朝》里，苏麻喇姑年轻美丽，聪明伶俐，文化功底很深，她是孝庄皇后的贴身侍女，深受康熙帝的喜爱，曾一度想纳她为妃，但没有成。历史上真的有苏麻喇姑这个人吗？

历史上确实有苏麻这个人。据清史专家杨珍研究员考证，苏麻喇姑的原名叫苏墨儿，进入清宫后改称苏麻喇姑或苏妈拉玛妈妈。

苏麻喇姑生于蒙古科尔沁大草原，天生的俊俏，而且心灵手巧。天命十年（1625年）二月，她作为年仅13岁的科尔沁贝勒寨桑的二小姐本布泰（即孝庄皇后）的陪嫁侍女，来到后金的都城沈阳。后来随本布泰入关，住进了北京的紫禁城。

苏麻喇姑不仅是孝庄皇后的贴身侍女，也是孝庄皇后的心腹和知音。她对与自己年龄相仿的老主人孝庄皇后敬重有加、毕恭毕敬，小心周到地侍奉，对比自己小约40岁的康熙帝则奉若神明。苏麻喇姑虽然是蒙古族人，却能讲一口流利的满语，能娴熟地书写满文。孝庄皇后曾让她教授康熙帝学习满语、满文，她是康熙帝第一任满文老师。由于苏麻喇姑心灵手巧，她所做的衣服既合身又好看，人人称赞，所以朝廷曾让她参与过满族衣冠饰样的制定工作。苏麻喇姑在晚年还担负起了抚养康熙帝第十二皇子允祹的重担。允祹生于康熙二十四年（1685年），生母万琉哈氏（定妃）仍健在，为什么让苏麻喇姑抚养呢？据杨珍分析，这可能是孝庄皇后或康熙帝为了减轻年近古稀的苏麻喇姑的孤独和寂寞而故意安排的。苏麻喇姑将自己的全部的母爱倾注到了抚养允祹上面。允祹在苏麻喇姑的精心抚养下，健康成长，后来成了颇有才干和头脑的皇子。乾隆年间允祹被封为履亲王，授为议政大臣，到乾隆二十二年（1757年）才死，活了79岁。他是康熙帝众皇子中寿数最高的，这与苏麻喇姑的良好的培养教育有直接的关系。

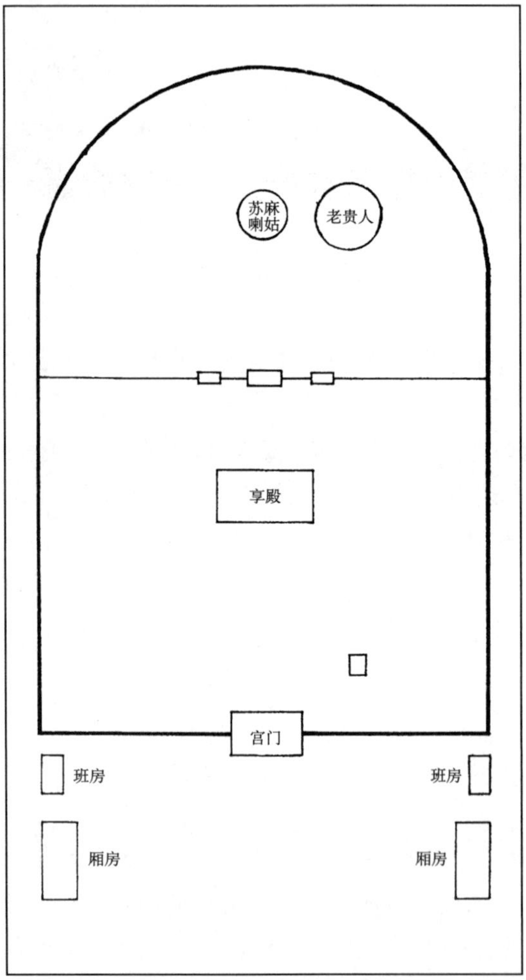

苏麻嗽姑园寝平面示意图（徐广源绘）

苏麻喇姑也有自己的信仰和生活习惯。她终身未嫁，始终过着独身生活，陪伴在老主人的身旁。孝庄皇后于康熙二十六年

（1687年）死后，她又在皇宫度过了18个春秋。苏麻喇姑笃信佛教，吃斋念佛是她生活中的主要内容。她虽然是奴仆身份，但在宫中颇受敬重，康熙帝的皇子们尊称她为祖母。

康熙四十四年（1705年）八月苏麻喇姑得了病，“腹痛痢血，食不下咽。”正在塞外巡视的康熙帝闻知苏麻喇姑有病的消息后，非常着急，想了许多方法为她治病。康熙四十四年九月初七日（公元1705年10月24日）苏麻喇姑走完了她那不平凡的人生之路，与世长辞，享年90多岁。

苏麻喇姑辞世后，康熙帝非常悲痛，命以嫔礼治丧，将她的灵柩停放在暂安奉殿内，让她在九泉之下依然陪伴在老主人孝庄皇后的身旁。

雍正三年（1725年），雍正帝决定将暂安奉殿改建为昭西陵。这时苏麻喇姑的灵柩仍在暂安奉殿停放着。苏麻喇姑不是皇帝的妃嫔，也不是皇室成员，所以她不能葬在陵园之内，更不能继续停放在昭西陵。苏麻喇姑死时，雍正帝已经28岁了。他亲眼目睹并深深了解苏麻喇姑与孝庄皇后、与康熙帝的非同寻常的关系，很有可能当时还是皇子的雍正帝与苏麻喇姑也有过多次的交往，对苏麻喇姑也是非常尊重的。雍正帝考虑到她与孝庄皇后的密切关系，为了仰体其对苏麻喇姑的敬意，就在距昭西陵最近的南新城的东墙外为苏麻喇姑营建了一座园寝，雍正三年（1725年）八月初七日将苏麻喇姑葬入了这座园寝内。苏麻喇姑园寝虽然在清东陵的陵园之外，但距昭西陵只有3里，她们主仆二人仍相依在一起。

苏麻喇姑园寝坐北朝南，其规制与妃园寝相似。在后院建有两座宝顶，东西并排。苏麻喇姑的宝顶位于园寝的中轴线上。这座园寝既没有沟河、桥座，也没有靠山、朝山和砂山。

别看这座园寝规制不高，很不起眼，但其中的谜却不少：

谜一，雍正帝的老贵人葬在了园寝内

在本书第六章第三节“雍正帝的后妃之谜”中已有较详细的介绍。按雍正帝的话，即使老贵人真的属于未奉御过皇帝而随常加封的人，只能在苏麻喇姑园寝的附近另建园寝，也不应葬入苏麻喇姑园寝内。雍正帝在谕旨中讲得非常明确：“或在外围周方左右，或在苏麻里姑之左右另建园寝”。为什么不按这道谕旨办？贵人在皇帝的嫔御中虽然地位不高，但也是皇帝的嫔御。皇帝的嫔御是不宜与奴仆混葬在同一座园寝内的。老贵人死于乾隆初年，乾隆二年（1737年）二月二十六日葬入苏麻喇姑园寝内。乾隆帝为什么不遵照他父亲的谕旨办？现在已是一个难解之谜。

谜二，苏麻喇姑的宝顶小于老贵人宝顶

园寝是专为苏麻喇姑建的，苏麻喇姑是这座园寝的名副其实的主人。苏麻喇姑又是以嫔礼入葬的，其宝顶位于园寝的中轴线上。老贵人是属于“加塞”，可是老贵人的宝顶却明显地比苏麻喇姑的大了许多。这是为什么？实在难以解释。

苏麻喇姑宝顶（小）和老贵人宝顶（大）

谜三，是否火化

当地人讲，这座园寝在清朝还没有灭亡时就被拆毁了，为什么呢？因为八国联军攻占了北京，皇上和皇太后都跑了，老百姓都以为大清国灭亡了，于是蜂拥而起，就把这座园寝给拆了。虽然后来皇上和皇太后又回来了，但清朝已一天不如一天，他们也没有工夫管苏麻喇姑园寝，所以拆也就拆了，很快这座园寝就被盗了。据当地老人讲，苏麻喇姑的地宫内无棺椁，只有一口缸，缸下是砖座，按这种说法，苏麻喇姑死后很可能是火化。而死于康熙三十八年的保圣夫人，却未火化，使用的是棺椁。她们俩的地位差不多，为什么早死6年的不火化，而晚死的却火化，苏麻喇姑到底火化没有？现在这些谜还未解开。

如今苏麻喇姑和老贵人的宝顶还都存在。有许多游人来清东陵时，总要到苏麻喇姑的宝顶前去凭吊这位不平凡的女性。

九、愉恪郡王园寝

愉恪郡王允禑是康熙帝的皇十五子，初排行为二十五。他生于康熙三十二年（1693年）十一月二十八日子时，生母是庶妃王氏即后来的顺懿密妃。允禑在康熙帝生前未得到过任何封号。他曾多次随皇父到外地巡视，没有卷进康熙晚期的激烈的储位斗争中去。所以在雍正初期，他不仅未受到任何打击和限制，反而在雍正四年五月被封为多罗贝勒，不久被派去看守景陵。在雍正八年（1730年）二月晋升为愉郡王。雍正九年（1731年）二月初一日巳刻死，终年39岁。雍正帝赐给他的谥号是“恪”，所以后世称之为愉恪郡王。他死后，雍正帝命工部在九凤朝阳山至景陵之间为他相度兆域，最后选中了遵化城西北的西三里乡北峪村西城子峪。

城子峪四面环山，允禑的园寝正在其中。该园寝坐北朝南。北倚燕王台南麓的龙尾山，南与龙山、朱山、华山、笔架山遥遥相望。相传明成祖朱棣在当燕王时曾驻守在那里。龙山是龙头，与龙尾相对，形成一条龙脉，这座园寝正在这条龙脉上。朱山是砚台，华山是印，笔架山是笔架，这些都表明城子峪是个风水宝地。

愉恪郡王园寝所在地现在已变成了庄稼地

愉恪郡王园寝的石构件散落在村头巷尾

祖孙七代同兆域

这里共有7座园寝，除允禑的园寝之外的那6座都是允禑的子孙后代。因为允禑的园寝是最早建的，历史最长，所以当地人称“老陵”。

据陈景山、冯建如两位专家考证，老陵的规制是这样的。最前面（南面）有碑亭一座，内有龙首龟趺碑一统。碑亭北是一孔拱桥一座、东西茶膳房各3间，宫门3间。前院大殿3间，布瓦绿琉璃瓦剪边。月台前的陛阶石上雕刻二龙戏珠图案。园寝门3座，中门有门楼，两角门为随墙门。后院正中靠北有大宝顶一座，灰土夯筑。下面的地宫里安葬着允禑和他的嫡福晋。在大宝顶前的两侧各有一座用砖砌的小宝顶，分别葬允禑的侧福晋各一位，环以红墙，院墙呈前方后圆形式。东墙外有一座土坟，里面埋葬的是允禑的奶妈。奶妈能埋葬在王爷的园寝旁边，表明允禑与奶妈的关系很好，深受允禑的敬重。

在奶妈坟的东面是允禑的第三子弘庆的园寝，其规制与其父允禑的园寝一样。这座园寝当地人称之为“新陵”。弘庆是于雍正九年（1731年）承袭愉郡王的，于乾隆三十四年（1769年）死，谥曰“恭”。

在允禑的园寝西南是弘庆的长子永珔的园寝。愉郡王爵位从永珔这辈开始依例降袭。永珔从乾隆三十五年（1770年）袭多罗贝勒，于嘉庆二十五年（1820年）死。园寝建有墓碑一统，茶、饭房各3间，大门1间，享堂3间，宝顶一座，宝顶是夯土筑的。

在弘庆园寝的东南是永珔长子绵岫的园寝。永珔死后，他于道光元年（1821年）袭固山贝子，道光三十年（1850年）死。他的园寝规制与其父永珔的园寝相仿。

允禑的第五代孙奕槠是绵岫的长子，道光三十年（1850年）袭镇国公，死于同治五年（1866年）。他的园寝位于永珔墓的西南，有一座砖砌的宝顶，享堂规制同贝子园寝，但占地明显小于贝勒、贝子。

允禑的第六代孙载璨的园寝位于绵岫园寝的东南。载璨是奕槠的次子。同治五年

（1866年）袭辅国公。他死于光绪十一年（1885年），他的园寝规制与镇国公的相同。

载璨死后，其子本应还袭辅国公（至此不再降袭），但载璨没有儿子，只得从旁支同辈中过继一人，这个人就是溥钊，他成了允禑的第七代孙，他于光绪十一年承袭了辅国公。1936年溥钊死，葬于龙尾山之末，仅是一座土丘而已。

允禑祖孙七代葬在同一兆域之内，除溥钊之外，完全按照昭穆顺序安葬。

自盗家坟

自古以来，扒坟掘墓最受社会的强烈谴责，被视为不齿的罪恶行为。可是谁也不会想到，竟会有自扒自家六代祖坟，将随葬珍宝出售维生的奇事。这奇事竟是大清国辅国公溥钊所为。事情是这样的。

溥钊在同治十年（1871年）至同治十三年（1874年）为东陵守护大臣之一，驻在马兰峪的西府。清朝灭亡后，他再度担任东陵守护大臣。由于允禑的后代子孙多是东陵守护大臣，自然对自家的祖坟安全倍加注意。这些园寝由于年代久远，保护管理得力，所以园寝内外松柏成荫，十分茂密。为了防止失火，防止失盗，在园寝的周围开割了火道，安设了界桩，禁止平民百姓进入打柴、放牧、种地、葬人，有32名守陵人昼夜巡逻，防守极为严密。可是清朝灭亡以后，情况发生了巨大的变化，已今非昔比。特别是1928年孙殿英盗陵之后，形势日趋严重，土匪十分猖獗。在1930年春天的一个晚上，一拨土匪想以武力盗掘贝子绵岫的园寝，由于守陵人殊死抵抗，加之武器优于土匪，占了上风，土匪被击退。这件事对溥钊的震动特别大。土匪虽被击退，但形势依然十分严峻，而且清室小朝廷已停止了对皇陵的俸饷供应，守陵人的生活非常困苦。溥钊觉得这些祖坟早晚会被盗掘，与其被别人盗走，不如自己取用。于是他将他的六代祖坟全部挖掘，将随葬品全部取出变卖。由于坐吃山空，有支无收，这些变卖所得的钱很快花光。溥钊为了维生，又将园寝内外的树木砍伐卖光，最后堂堂的大清国辅国公、东陵守护大臣溥钊竟穷困而死。

如今愉郡王一家七代的墓葬群均已不复存在，几乎连痕迹也难以看出。

十、傅恒、福康安园寝

在介绍清朝皇陵的书中，陪葬墓的介绍是少不了的，然而迄今为止还没有介绍傅恒园寝的。傅恒园寝是清东陵重要的陪葬墓，它坐落在今天津市蓟县马伸桥镇穆马庄，在隆福寺南约5华里，分别埋葬着傅恒和他的第三个儿子福康安。这父子二人可是清朝大名鼎鼎的人物。

功勋卓著的墓主人

傅恒，字春和，富察氏，满洲镶黄旗人，既是满族八大姓之一，又是上三旗的首旗。他的曾祖哈什屯是顺治朝的内大臣，祖父米思翰为康熙朝户部尚书，曾力主平三藩，受到康熙帝的赏识。他的父亲李荣保官至察哈尔总管。傅恒是李荣保的第十个儿子。乾隆帝

福康安园寝遗址

的原配妻子孝贤皇后是傅恒的姐姐，所以傅恒是乾隆帝的小舅子。傅恒从乾隆五年（1740年）被授为蓝翎侍卫之后便平步青云，累进总管内务府大臣、户部右侍郎、军机处行走、内大臣、户部尚书、汇典馆总裁、领侍卫内大臣、保和殿大学士、首席军机大臣、一等忠勇公。清朝不设丞相，大学士兼首席军机大臣被当时认为是真正的丞相。傅恒任首席军机大臣达20年之久，相当于乾隆帝在位时间的三分之一，这在乾隆朝是没有第二个人的。他领兵平过大金川，乾隆三十四年（1769年）征缅甸时染上了病，于第二年三月班师回京，当年七月十三日病逝。乾隆帝亲临其府奠酒，谥文忠。嘉庆元年（1796年）赠郡王衔。

傅恒共有4个儿子，长子福灵安，次子福隆安，三子福康安，四子福长安。其中最有名气、功勋最为卓著、地位最为显赫的就是第三子福康安。

福康安，字瑶林，富察氏，满洲镶黄旗人，历任云贵、四川、闽浙、两广总督，武英殿大学士兼军机大臣，袭父封三等公，封贝子。他从19岁开始戎马生涯，一生转战南北，经历了无数战斗，百战百胜，是乾隆朝叱咤风云的著名将领。

乾隆三十七年（1772年），清兵再次平定大小金川，乾隆四十九年（1784年），甘肃伊斯兰教徒起义，乾隆五十二年（1787年），台湾林爽文起义，乾隆五十六年（1791年）廓尔喀（尼泊尔）入侵，这4次战争福康安都亲自参加，并指挥了后两次战争，获得了重大胜利。值得一提的是，在对廓尔喀的战争中，福康安曾经率兵打到加德满都，是我国反侵略战争中非常漂亮的战役，是使国人扬眉吐气的战役，因此，福康安也应为名垂青史的爱国将领，应归于民族英雄之列。

傅恒墓后马鞍形靠山

乾隆六十年（1795年），福康安奉命带兵镇压苗民起义，初战告捷，并被乾隆帝破格封为贝子。他是第一个宗室之外生前就被封为如此显爵的人。但是就在事业到达巅峰的时候，嘉庆元年（1796年），由于长途跋涉和紧张作战，福康安病倒了，但他仍继续督战，于五月，病逝军中。乾隆帝万分悲痛，追封福康安为郡王，并建立专祠以致祭。福康安戎马一生，为国效力，特别是击退廓尔喀族的入侵，安定边疆的功绩是永远不会被磨灭的。

野史里说，乾隆对福康安破格提拔、宠信是因为与傅恒之妻有私情；还有人说，福康安实际上就是乾隆帝的私生子，其实这都是无稽之谈。福康安一生的丰功伟绩就足以证明，他得到的荣誉是当之无愧的。福康安的园寝就位于他父亲的园寝东侧，其间只有一道马槽沟相隔，父子二人的园寝规制是一样的。

规制崇宏的园寝

傅恒园寝坐北朝南，背靠青山，前有两条河流。这座园寝的后靠山象个马鞍形，而园寝的中轴线正对着马鞍的最凹处。而最凹处实际并不最凹，而是有一个小小的凸起。左右山峰对称，在左右山峰之前又有两个稍低的山峰，整个靠山又像一个太师椅的靠背加扶手。这种山形的靠山很理想，又很独特，十分难得。

经向当地老人了解，得知傅恒的园寝从南到北依次是这样的：三孔平桥一座，石牌楼一座、石像生一组、重檐碑亭一座，马槽沟一道，上建三孔桥一座。东西厢房、东西值房、大门、大殿、园寝门、宝顶，环以虎皮石围墙。为什么说这座园寝规制崇宏呢？有以下几点：

超标的石像生

按照《大清会典》规定，民公侯伯和一二品官墓前的石像生设石人1对、石马1对、石

傅恒墓前三孔石桥

傅恒墓宝顶石构件之一

傅恒墓宝顶石构件之二

虎1对、石羊1对、望柱1对，共5对。据当地老人说，傅恒园寝则是石人3对、石马3对、石骆驼1对、石象1对、石狮子1对，为9对。石像生是豆渣石料的，石人高4米左右，脑后梳着大辫子。穆家庄83岁的老人讲了这样一个故事：这石像生和皇陵的差不多，因此遭到了和珅的弹劾。和珅说这是“君臣不分”。傅恒家人怕得罪皇上，只得把那对石象埋了。这个故事真也好，假也好，总之傅恒墓的石像生是超越国家规定标准的。

亲王规制的宝顶

宝顶上半部是夯筑的，下半部是石质的须弥座，上下枭上刻仰伏莲，上下枋刻夔龙戏珠，上枋之上是石雕的瓦垅、大脊。这种规制的宝顶与裕亲王福全（康熙帝兄）的宝顶一模一样，这在亲王园寝中也是不多见的，而傅恒仅仅是一个贝子，距亲王还差三级，到嘉庆元年（1796年）才追赠

傅恒墓宝顶石构件之三

傅恒墓地宫里带藏文雕刻的石构件之一

傅恒墓地宫里带藏文雕刻的石构件之二

郡王衔，距亲王还差一级多。那时傅恒已入葬26年了，可见这座宝顶规制之高。

建有石牌楼

在王爷园寝中建石牌楼的寥若晨星，极为少见，而傅恒的园寝则建有三间四柱的石牌楼，据当地老百姓讲这座牌楼十分高大。

建有龙须沟

清朝皇陵从道光帝的慕陵开始，皇帝陵、皇后陵和妃园寝的地宫才设有龙须沟，迄今为止尚未发现清朝王爷园寝地宫有设龙须沟的，然而傅恒的地宫却设有两条龙须沟。据穆家庄的穆万林老人讲，地宫内的龙须沟入口设在石门的两侧。龙须沟有两条，通到园寝外的马槽沟里，龙须沟是用砖砌的。

地宫内有经文佛像的雕刻

根据现今的研究成果，清朝皇陵地宫中有经文佛像雕刻的只有泰东陵、裕陵和昌陵，亲王、郡王园寝的地宫中从未发现有经文佛像雕刻的。而傅恒园寝作为皇室之外的大臣墓，地宫中竟发现有用藏文雕刻的文字。据穆万林老人讲，地宫是石券的，东西两墙上各雕了4幅佛像，都是坐像，佛像下面是藏文经文。这些刻有藏文的石构件，如今在穆家庄的街道上、老百姓房子的台基上都能看到。

傅恒墓地宫里的石栏板成了百姓家的过门石

被当成过门石的石栏板细部雕刻

穆家庄原来在蓟县的于桥水库库区内。1960年为了修建于桥水库，将一些村庄搬迁到其他地方重建。穆家庄就是在这种情况下搬到了今天这个地方。当时傅恒和福康安的园寝的基本规模还保存着，石桥、石像生、石牌楼、墓碑、宝顶、围墙、马槽沟还都完好无损。碑亭、殿宇、房间虽然已无存，但基础还在，有的残垣还有，还很气势。穆家庄完全坐落在这两座园寝所在位置上。为了重建穆家庄，不仅将所有遗址清除掉，更令人感到痛心疾首的是这些尚十分完整的十分珍贵的建筑物全部拆除、砸毁、掩埋、改作他用、运走、偷着卖掉。如今只有一座三孔平桥幸存下来，可能是因为这座桥是穆家庄与外界交通的唯一通路才得以保存吧？那些散落在穆家庄街头巷尾的各种石构件在向村民和外来寻幽探古的人诉说它们的悲惨遭遇。傅恒地宫正位于穆家庄大街之上，那个位置现变成一眼井，成了识别地宫的重要标志，而福安康的地宫如今已成了村内的一个大垃圾坑，在坑边上还能看到昔日的夯土层。

第三节　清西陵的陪葬墓

清西陵的陪葬墓很多，有亲王、郡王的，有皇子、公主的，但分布比较散，不如清东陵的集中。另外有4座陪葬墓坐落在陵园之内。既然是陪葬墓，为什么建在陵园之内呢？原来这4座本在陵园之外，由于陵区范围不断扩大，才将这4座圈在了陵园之内。由于许多陪葬墓已经不复存在，加之历史文献的阙失，对这些陪葬墓的了解很少，所以仅对那些地面上有遗存和文献上有记载的陪葬墓予以介绍。

一、迷雾重重的端亲王园寝

端亲王园寝位于永福寺西，张各庄村西，坐北朝南，北倚蜿蜒起伏的丘陵，前临一条小河，地势平坦，林木围护，优雅而肃穆，诚为一处不可多得的佳壤。这座园寝内埋葬着乾隆帝的大哥弘晖、二哥弘昐、三哥弘昀和七弟福宜弟兄四人。这座园寝是在乾隆帝即位后修建的，到乾隆三年（1738年）建成。

园寝内葬了四个孩子

这座园寝内的4个墓主人都是雍正帝的皇子，而且都幼年夭亡。

弘晖生于康熙三十六年（1697年）三月二十六日子时，生母是孝敬皇后，是名副其实的嫡长子。康熙四十三年（1704年）六月初六日卯刻殇，年仅8岁。雍正十三年（1735年）十一月十三日，新即位的乾隆帝追赠他的长兄弘晖为端亲王。乾隆三年（1738年）十一月初五日入葬。

弘昐，原排行为皇二子，后来未叙齿。康

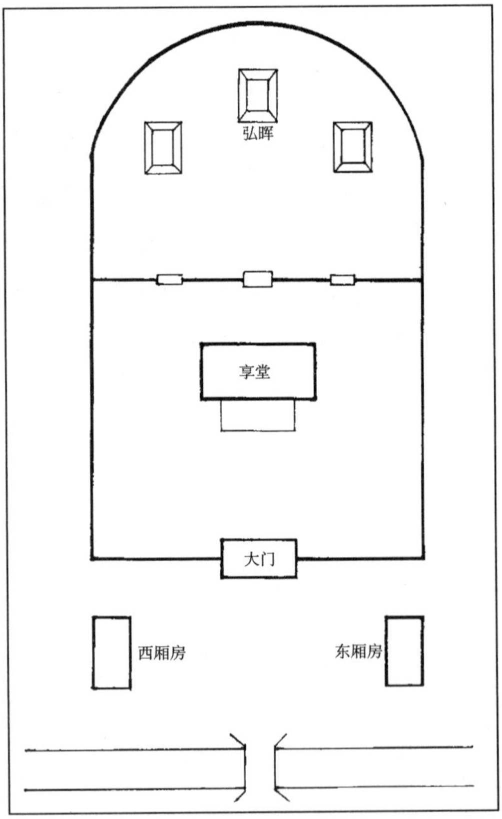

端亲王园寝平面示意图（徐广源绘）

熙三十六年（1697年）六月初二日子时生，生母为侧妃李氏即后来的齐妃。康熙三十八年（1699年）二月二十九日亥刻殇，年仅3岁。

弘昀，初排行第三，后排行为皇二子。康熙三十九年（1700年）八月初七日酉时生。其生母为雍正帝藩邸侧妃李氏即齐妃，与弘昐、弘时为同母。康熙四十九年（1710年）十月二十日丑时死，年11岁。

福宜初为雍正帝的皇七子，后来未叙齿。康熙五十九年（1720年）五月二十五日寅时生，生母为藩邸侧妃年氏即后来的敦肃皇贵妃。康熙六十年（1721年）正月十三日丑刻殇，年仅2岁。

园寝之谜

这座园寝别看表面上很一般，实际上却谜雾重重。

谜一，不建宝顶

按正常做法，园寝后院所建的宝顶，或夯筑，或砖砌，宝顶下成砌砖石月台。可是这座园寝的后院却未建宝顶，只是3个土堆。这3个土堆并不是像永陵后院的坟头那样，每座坟头成圆锥形，而是近似于覆斗形，微微隆起。这种封土形状非常特殊，极为少见。为什么不建夯土宝顶？为什么堆这种特殊形状的宝顶？

端亲王园寝大门

有人会这样解释：顺治帝的皇四子荣亲王园寝和端慧皇太子园寝都不是夯筑和砖砌宝顶，就因为这两座园寝内葬的都是早殇的皇子，都不是成年人。端亲王园寝内葬的都是年幼的孩子，所以也未建宝顶。这种解释似乎有

端亲王园寝后院三座封土堆

一定的道理，但也不是毫无破绽。因为嘉庆帝的慧愍、慧安公主园寝和道光帝的端悯固伦公主园寝内，葬的也都是早殇的孩子，却都建了宝顶。所以瑞亲王园寝到底为什么不建宝顶，现在还是个谜。

谜二，弘晖为什么火化

通过对弘晖地宫的清理得知，弘晖死后是火化的，入葬的是骨灰。早在康熙十三年孝诚皇后死时，皇家就已改火化为土葬，使用棺椁。死于康熙二十六年的孝庄皇后和保圣夫人的丈夫图克善死后都未火化，使用的是棺椁，而晚死17年的弘晖却死后火化，这究竟是什么原因？难以解释。

端亲王园寝东厢房

谜三，地宫石门向外开

端亲王园寝三孔平桥

从目前所开放的明清两朝的地宫来看，地宫的石门都是向内开的。自来石从地宫里将石门顶住，这样外面的人就不能轻易地进地宫了。通过对弘晖地宫的清理发现这座地宫的石门竟是向外开的。门的上面还发现了一个铁锲子，似乎就用铁锲子插入石门与上面过梁石之间的缝来固定已关上的石门。石门怎么能向外开，用铁锲子能固定住石门，挡住盗墓贼吗？既然这样设计了，就必然有它的道理。可究竟是什么道理，现在还是一个谜。

谜四，为什么不建碑亭

根据《大清会典》规定，亲王园寝的大殿是面阔5间，立碑建碑亭。可是这座端亲王园寝的大殿却是3间，也未立碑建亭。这究竟是什么原因？

端亲王园寝园享殿

谜五，弘晖原来葬在黄花山的什么地方

据《大清会典》记载，弘晖是在乾隆三年（1738年）十月二十二日从东陵的黄花山奉移来西陵的，这说明弘晖死后葬在了黄花山一带。弘晖死后为什么葬在那里呢？我们知道，弘晖死于康熙四十三年，那时还没有清西陵。当时皇家规定，凡早殇的皇子都要葬在黄花山下。其实不仅早殇的皇子这样，就是一些成年皇子，如裕亲王福全、纯亲王隆禧等也葬在了那里，是想让这些皇子们死后能长倚在父母的膝下。弘晖死时，雍正帝还没有即位，弘晖是作为康熙帝的皇孙葬入黄花山的。这说明不仅皇子们葬在黄花山，就连皇孙们也葬在黄花山。现在我们看黄花山西麓，6座王爷园寝一字排列，整齐有序。弘晖原来葬在了什么地方？是在这6座王爷园寝范围之内，还是在其之外？现在连

端亲王园寝左侧封土堆

端亲王园寝园寝门

遗址都看不出来。到底葬在了什么地方，恐怕已成不解之谜。

谜六，弘昐最初葬在哪里

弘昐死于康熙三十八年，比他的哥哥弘晖死得还早，死时只有3岁。在《大清会典》里有弘晖从黄花山迁葬西陵的记载，可是却没有弘昐葬在哪里、何时迁葬的记载，那么弘昐在葬入西陵的端亲王园寝之前，葬在了什么地方？现在谁也说不清。

谜七、弘昐、福宜是否是火化的

由于对弘晖的地宫进行了清理，我们知道了弘晖是火化的。而弘昐和福宜的地宫却没有进行清理。这两个人是不是火化的？笔者经过分析认为这两个人很可能也是火化的。但难以确定，还只能说是个谜。

谜八、内葬弟兄4人为什么只有3个坟头

园寝内葬了4个人，可是却有3个坟头，这究竟是为什么？谁也不知道，至今也是个谜。

二、神秘的阿哥园寝

这座阿哥园寝位于端亲王园寝的西面约100米左右。这是清朝唯一的阿哥园寝，里面的主要墓主人就是雍正帝的皇三子弘时。别的王爷、郡王等园寝，墓主人也都是皇子，为什么不称阿哥园寝，而单单弘时的园寝称阿哥园寝？笔者认为，其他亲王、郡王园寝的墓主人虽然大部分也是皇子，但都有封号。凡有封号的，都在“园寝”二字之前冠以封号，即使公主园寝也是这样，而弘时生前死后任何封号也没有，所以只能称阿哥园寝了。这只是笔者的个人意见。

阿哥园寝大殿遗址

这座阿哥园寝坐北朝南，其建筑规制（宝顶除外）除不用琉璃瓦、全部用布瓦外，其他与端亲王园寝可以说完全一样。

为什么说这座园寝神秘呢？主要原因就是弘时是怎么死的。

有必要先介绍一下弘时的简历。

弘时，生于康熙四十三年（1704年）二月十三日子时，生母为藩邸侧妃李氏即齐妃，是弘昐、弘昀的同母弟。弘时初排行为第四，雍正五年（1727年）八月初六日申刻死，年仅24岁，初葬遵化祖陵西侧的黄花山下。乾隆三年（1738年）十月二十二日，弘时的金棺随端亲王弘晖的金棺一同从黄花山往易县西陵奉移，十一月初五日葬入阿哥园寝。

阿哥园寝大门

关于弘时之死，影视剧和一些野史里说他与弘历（乾隆帝）争夺皇位继承权，有篡位之心，被雍正帝发现后处死。乾隆帝在谕旨中也说“从前三阿哥年少无知，性情放纵，行事不谨，皇考特加严惩”。这一“特加严惩”更让人相信了是将他处死的说法。据中国社会科学院的清史专家杨珍研究员考证，所谓雍正帝对弘时的严惩，就是因为父子关系已到了水火不相容的地步，雍正帝不得已将他过继给了雍正帝的政敌廉亲王允禩为子，表示父子关系已断。雍正四年（1726年）正月初五日允禩被削掉爵位，撤掉黄带子，玉牒内除名，开除出宗室。弘时是允禩的过继儿子，自然要受到牵连，所以也被撤掉了黄带子，开除出了宗室。当时将开除出宗室称之为除宗籍。现在的关键是弘时死时24岁，正是血气方刚的年轻时候，为什么就突然死了，到底是怎么死的，是自杀，是赐死，还是病亡？这些现在还都是悬案，还都没有破解。致使他和努尔哈齐的长子褚英一样，成了有清一代的神秘人物。

阿哥园寝弘时的宝顶

其次，这座园寝内共有3个墓位。弘时在正中。在弘时的墓前左右还有2个墓位，据档案记载，弘时的儿子永珅也葬在了这座园寝。那么，另外那个墓内葬的是谁？雍正帝共有10个皇子，已经知道9个皇子的葬处了，惟有皇九子福沛不知葬在了何处。那个坟头是不是福沛的坟头？

第三，这座园寝内的3个坟头并不一样。正中弘时的坟头最为高级，宝顶为夯筑，下半截是用砖砌的须弥座，宝顶下是月台，月台前有一座5级垂带踏跺。而另外那两个坟头就是两个微微隆起的覆斗形的土堆，与端亲王园寝内的3个坟头基本一样。为什么采用两种形式的坟头？福沛生于雍正元年（1723年）五月初十日申时，其生母是敦肃皇贵妃年氏，生

阿哥园寝后院宝顶及封土

下来不久就死了。永绅是弘时的独生子，康熙六十年（1721年）七月二十日午时生，雍正二年（1724年）正月初六日申时卒，年仅4岁。这两个人都是幼年早殇。弘时死时已24岁，是否成年人的坟头用宝顶形式，夭亡婴儿就采用土堆形式？以前笔者确实有过这种观点，可是后来又觉得站不住脚。因为清东陵的端悯固伦公主园寝内的4个墓主人也都是夭亡婴儿，采用的都是宝顶、月台形式，所以说，阿哥园寝内为什么采用两种封土形式，现在还是一个谜。

第四，这3位墓主人，有死在康熙年间的，有死在雍正年间的，他们死后是火化的，还是使用棺椁土葬的？这个问题看守阿哥园寝的一位工作人员向笔者透露了一个重要情况，揭开了这个谜。

2006年6月26日下午，笔者再次考察了阿哥园寝。看守这座园寝的工作人员强常通老人是当地人，看守阿哥园寝很多年了。笔者问他这座园寝的两侧坟头，他非常热情地介绍了一个重要情况。他说：左右两侧的地宫都是用豆渣条石砌成的池子，约3米多长。顶部用条石棚架，池底有圆形的汉白玉石，石上有圆形槽，槽上放骨灰坛子，坛高约40厘米，上面有花纹。西边地宫的坛子上盖着红绸子，坛里装着骨灰渣子。这两座地宫是在1972年春天被当地生产队掘开的。生产队除条石未动外，把条石以外的砖都取走了。强常通介绍的情况很重要，说明了这两座地宫的墓主人死后都是火化的。这说明在康熙晚年和雍正初年，皇子们死后仍实行火化，起码早殇皇子是这样。但弘时已是成年皇子了，他是不是火化，仍是一个谜。1997年2月15日，作者考察该园寝时，该园寝的看守人还曾说左右土丘内葬的是童男童女，是谁不知道。

三、令人猜测的怀亲王园寝

怀亲王福惠（也有称福慧的）是雍正帝的第八子。他生于康熙六十年（1721年）十月初九日未时，生母是敦肃皇贵妃年氏。雍正六年（1728年）九月初九日早殇，年仅8岁，以亲王礼葬于北京东直门外。乾隆帝即位后追赠他为怀亲王，乾隆三年（1738年）十一月初五日葬入该园寝。这座园寝位于昌西陵的西北约2华里的地方，始建年代与端亲王园寝和阿哥园寝差不多，其建筑规制与端亲王园寝相仿。

笔者在2003年9月3日考察时，见到园寝后院既没有宝顶，也没有土堆的坟头，地面已

怀亲王园寝宫门

露出了条石和部分夯土。在2006年再度考察时，该园寝已全面修缮，后院露出的条石夯土地方堆起了与端亲王园寝一样的覆斗形封土。清西陵文物管理处古建队所以能这样做想必有一定的根据，笔者认为怀亲王死后很可能也是火化。

怀亲王园寝大殿

这座园寝本身倒没有什么令人感到奇怪之处，奇怪的是墓主人福惠，他的早殇的3个哥哥和1个弟弟，有比他年龄大的，也有比他年龄小的，为什么都没有任何封号，惟独他被封为亲王？为什么他丧以亲王之礼？乾隆帝的8个早殇儿女都葬入了端慧皇太子园寝内，为什么不将福惠葬入东陵的黄花山端亲王园寝而单独要在北京东直门外建园寝？其中原因实在令人难以猜测。

怀亲王园寝后院

四、规制奇特的公主园寝

按清宫档案记载，清西陵的公主园寝应该有2座，而现在仅存一座，这就是坐落在永福寺西面张各庄的慧安、慧愍公主园寝。

怀亲王园寝三孔平桥

慧安公主是嘉庆帝的皇五女，乾隆五十一年（1786年）十一月十一日巳时生，她的生母是潜邸庶妃沈氏即后来的逊嫔。乾隆六十年（1795年）五月初七日寅刻殇，年仅10岁。嘉庆十年

（1895年）三月入葬该园寝，嘉庆二十三年（1818年）三月十一日追封为慧安和硕公主，这时她已死24年了。嘉庆帝为什么在自己的女儿死后24年才追封呢？现在还是个谜。

慧愍公主，是嘉庆帝的皇九女，也是最后一个女儿。她生于嘉庆十六年（1811年）正月二十五日巳时，她的生母是如妃即后来的恭顺皇贵妃。嘉庆二十年（1815年）五月二十二日酉刻殇，年仅5岁。死后第二天就被追封为慧愍固伦公主，同年九月入葬该园寝。

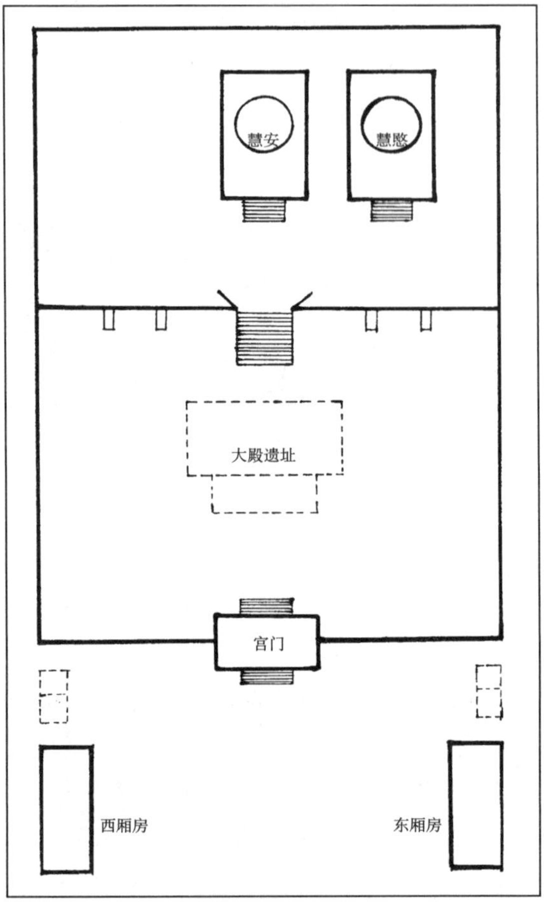

慧安慧愍公主园寝平面示意图（徐广源绘）

我们知道，根据清朝制度，只有中宫皇后生的女儿才能封为固伦公主。九公主的生母在嘉庆帝生前的最高封号是妃，到了道光年间才晋升为皇贵妃，虽与皇后只差一级，但毕竟不是皇后。所以九公主不应封为固伦公主，只应封为和硕公主。嘉庆帝作为大清皇帝不会不知道这个规定吧，可为什么还要封九公主为固伦公主呢？现在还是一个谜。

别看这座园寝规模不大，可是却有几个奇特之处。

奇特一，后围墙是直角的

清朝陵寝，无论是帝后陵，还是园寝，其院墙的平面呈前方后圆的形式，也就是说后围墙是弧形的。有人说这种形式是“天圆地方”，对于这种说法，笔者实在不敢苟同。也可能笔者孤陋寡闻，这种形式怎么能与“天圆地方”联系起来呢？实在有点牵强附会。陵寝建筑档案笔者也看过一些，但从来没有看到过这种说法。笔者认为所以将后围墙做成弧形的，

公主园寝直角后围墙

是出于坚固和防水、抗风方面的考虑。陵寝围墙做成弧形的自然要比直角方形的不易倒，坚固；清朝陵寝一般都坐北朝南，又依山而建，围墙又高又长，北风强劲，山水易暴发，将后墙做成弧形的，可以分减风力和水的冲力，这对保护陵寝都有实际的益处。可是这座公主园寝的后围墙却没有做成弧形的，而是直角方形的。这究竟为什么？实在奇怪得很。

公主园寝院内

奇特二，不是“前朝后寝”格局

明清两朝陵寝的建筑格局都是“前朝后寝”形式。所谓“前朝后寝”就是陵寝的前部分是举行祭祀典礼的场所，后部分是地宫、宝顶的所在地，两部分之间用陵（园）寝门及两侧的面阔墙相隔离。而这座公主园寝却不是这种格局，在大殿两侧和大殿后面既没有园寝门也没有面阔墙，这种格局是罕见的。

奇特三，宝顶建在高台上

妃园寝也好，王爷、郡王、公主园寝也好，宝顶都建在平地上，而这座公主园寝的两座宝顶都建在了园寝的后部的高台之上。高台北面与后院墙相接，东西两面与园寝的东西院墙相接，南边的边缘成砌宇墙，正中留一个门口，门口安有一副石栅栏门，门口外是一座19级的垂带踏跺。这种高台上建宝顶的做法十分奇特，在清朝很少见到。

公主园寝内泊岸前踏垛

奇特四，和硕公主居中，固伦公主居次

我们知道固伦公主的地位是明显高于和硕公主的，可是慧安和硕公主的宝顶却建在了中轴线上，处于最尊贵的位置，而慧愍固伦公主却葬在了慧安和硕公主的东侧。这是为什么？笔者认为可能有三个原因：一是慧安和硕公主虽然地位低，但是姐姐；二是慧安和硕公主是先入葬的。在她入葬时，慧愍固伦公主还没有诞生；三是她们的封号都是在入葬以后追封的。如果不了解这些情况，这固伦公主葬在和硕公主旁边，确实让人感到奇怪的。

公主园寝内的两公主宝顶

嘉庆帝共有9个女儿，有7个都夭亡早殇，只有皇三女和皇四女长大成人，皇三女活了31岁，皇四女活了28岁，也都是英年早逝。据考证得知，北京军事博物馆西面的公主坟就是庄敬和硕公主和庄静固伦公主园寝。那么那5位早殇的皇女葬在什么地方了呢？还有待进一步考证。

五、清朝规模最大的王爷园寝

据清朝王爷园寝研究专家冯其利先生统计，清朝王爷园寝约有240座。在这200多座王爷园寝中，规模最大的当属怡亲王允祥的园寝。

怡亲王园寝位于河北省涞水县县城北25华里的东营村。东营村在清朝叫水东村，距清西陵60华里。该园寝打破了坐北朝南的传统做法，而是随其山势和地理位置，为坐西朝东。南、北、西三面环山，东面临水。山虽不高大雄峻却很清秀，地势平坦，堂局宽广，诚为一处佳壤。

亲王园寝数第一

为了更能讲清这个问题，我们有必要先了解一下国家是怎样规定和硕亲王园寝规制的。《钦定大清会典》明确规定：亲王园寝享堂5间，大门3间，绘五彩，饰以金，覆绿琉璃瓦，坟园周百丈，立碑，用交龙首龟趺。

《钦定大清会典》上的记载很不具体。通过对一些王爷园寝的实地考察，一般标准的亲王园寝应该是这样的：桥一座、墓碑一并覆以碑亭。东西厢房各3间，大门3间，享殿面阔5间，园寝门3座，其中中门有门楼，两侧门是随墙门，后院建宝顶，环以围墙。

可是怡亲王允祥的园寝是怎样的呢？先看《清实录·世宗实录》是怎样记载的：

辛酉，大学士等遵旨议奏怡亲王茔制，宜用享堂七间。享堂之外，中门三间，内围墙一百丈。中门之内，建焚帛亭、祭器亭。中门之外，建神厨五间、神库三间。东西厢及宰牲房各三间。碑亭一座，其外为大门三间，周围墙二百九十丈。大门外设奉祀房二十间，再加石桥二，石牌坊一，擎天柱二，神道碑一。

与《大清会典》的规定明显大大地超过了。实际上，已建成的允祥的园寝比《清实录》记载的规模还要大。

怡亲王允祥园寝神道碑

笔者到怡亲王园寝进行过多次实地考查。尽管地面建筑基本无存，但依然能感觉出这座园寝的非凡气势，非一般亲王园寝可比。这座园寝坐西朝东，三面环山，一面临水。山虽不高峻，却十分清秀。园寝从西到东，建筑序列长达3华里左右，不仅超过了清朝皇后陵，而且比定陵、惠陵、崇陵的建筑序列还要长。现在所能看到的最前面的是神道碑，龙首龟趺。碑身阳面用满汉两种文字镌刻“忠敬诚直勤慎廉明怡贤亲王神道碑”15个大字。《清实录》上也只说是“神道碑一”，未提碑亭，有无碑亭，有待考证。神道碑以西为火焰牌坊，三门四柱，全为石制，每门的上额枋的正中有一个火焰宝珠，这座火焰牌坊是《清实录》中所未载的。火焰牌坊西是五孔拱桥桥。再往西是石牌坊一座，三门四柱七楼，与东、西陵的石牌坊相比，除少了二门二柱四楼外，其结构、造型等相仿。再往西三孔拱桥一座，过桥桥后有擎天柱一对，分列两旁。擎天柱即华表，此擎天柱与皇帝陵圣德神功碑亭外四角的擎天柱有所区别。皇帝陵的华表，柱身上盘绕着一条云龙，须弥座环以石栏杆，而怡亲王园寝的擎天柱，柱身是八棱的，每侧面各雕二条龙，上面的龙头朝上，下面的龙尾朝上，龙头又抬起。柱身上有8个侧面，共雕龙16条，石座周围也无石栏杆围绕。华表往西有平桥二座。

怡亲王园寝石牌坊夹杆石雕刻

怡亲王允祥园寝神道碑碑身

怡亲王园寝左（北）侧华表

怡亲王园寝火焰牌坊

怡亲王园寝石牌坊

怡亲王园寝石牌坊夹杆石上麒麟

通过实际调查，再结合《清实录》及《大清会典》的记载，允祥的园寝比一般的亲王园寝增加了以下内容：

多建神道碑一统。清朝陵制，只有皇帝陵才可以立神道碑，皇后陵如果立神道碑都属于越制。可是允祥的园寝却立了神道碑。有无碑亭待考。

多建火焰牌坊一座。根据《大清会典》的规定，亲王园寝不建牌坊。然而在实际上，亲王园寝建牌坊的确有几例，如恭忠亲王奕訢的园寝。可是那只建一座，允祥的园寝却建了两座，而且规制都很高。

多建一对华表。明清陵制，只有皇帝陵才设华表，妃园寝、王爷园寝没有设立华表的实例，可是允祥的园寝却设立了2根华表。

多建二座拱桥。清朝陵制，五孔拱桥只有皇帝陵才有，即使皇后陵都没有。允祥的园寝建了五孔、三孔拱桥各一座，亲王园寝建五孔拱桥的仅此一例。

清朝陵寝设内外两道围墙的只有孝庄皇后的昭西陵。妃园寝和王爷园寝建内外两道围墙的除允祥的园寝外尚无二例。

在清朝各类园寝中只有允祥的园寝建了焚帛亭、祭器亭各一座。

建有神厨、神库、宰牲亭（也称省牲亭）。清朝皇陵只有帝后陵才设神厨、神库、宰牲亭。端慧皇太子地位高于和硕亲王，是“准皇帝”，所以他的园寝也设有上述建筑。但亲王园寝设神厨、神库、宰牲亭的允祥园寝是唯一的一座。

建奉祀房20间。笔者认为奉祀房就是制作祭品的场所，相当于茶膳房和饽饽房。帝后陵的茶膳房和饽饽房也只有10间。妃园寝多为10间，少的只有6间，如泰陵妃园寝和昌陵妃园寝都是6间，而允祥的园寝却建了20间。

围墙总长是规定的近4倍。孝陵围墙周长197.15丈，景陵围墙周长179.45丈，泰陵围

怡亲王园寝五孔拱桥

墙周长194.51丈，裕陵围墙周长190.32丈。而且《大清会典》规定亲王园寝围墙周百丈，而允祥的园寝仅内墙就达100丈，外墙有290丈，内外墙的总和长达390丈（合成现在的公制，为1300米），将近是国家规定的4倍。可见允祥的园寝围墙超过了皇帝陵。

怡亲王园寝三孔拱桥

建筑序列长达3华里。允祥园寝从墓穴到神道碑，长达3华里左右，占地面积约600亩。建筑序列之长，占地之广，不仅在亲王园寝中绝无仅有，就是某些帝后陵也难与之相比。

以上十条足以说明怡亲王允祥的园寝在清朝所有园寝中规模最大、规制最高，堪称第一。

怡亲王园寝三孔拱桥

允祥吞土定园址

允祥是康熙帝的皇十三子。他在康熙帝生前是一位普通皇子，到康熙帝驾崩时，37岁的允祥还没有任何封号，可见康熙帝对允祥并不欣赏。别看允祥在康熙朝默默无闻，可是对他的四哥胤禛忠心耿耿，极尽臣道和弟义，在雍正帝取得皇位和巩固政权稳定方面，起到了不可替代的作用，成了雍正帝的心腹和肱股。同时允祥为给雍正帝相度万年吉地，历尽艰辛，不遗余力。允祥的忠心也得到了雍正帝的丰厚回报。雍正帝即位后就封他为和硕怡亲王，任命他为总理事务大臣，总理户部和户部三库事务，让他掌握国家的经济命脉。还为他增加护卫、增加仪仗，赠给他“忠敬诚直勤慎廉明”的御匾。康熙帝的儿子名字的第一个字原来都是“胤”字，为避帝名讳，全部改用“允”字。但雍正帝特许允祥可以用“胤”字，还将允祥的生母敏妃追封为敬敏皇贵妃，并祔葬景陵。这些都是一般大臣难得的旷典和殊荣。为了回报允祥，雍正帝破例为允祥修建了规模如此之大的园寝。

雍正帝觉得这样做还不够，便想把落选的众多备选吉地中的一块中吉之地赏给允祥。允祥闻知后，“惊悚变色，惶惧固辞”，雍正帝只得作罢。后来允祥自己在涞水县水东村附近找到了一块“平善之地”，要求皇帝赏给他。雍正帝没有立即回答他。这期间允祥有了病，卧床不起，允祥又命户部左侍郎刘声芳代他再次向皇帝恳切要求这个地方。雍正帝所以迟迟未予回答，很可能还想将以前那块中吉之地赏给他，这次见允祥一再要求那块“平善之地”，不得已，便答应了他的请求。允祥得知后，特别高兴，激动地说：“皇上待我隆恩异数，不可枚举，今兹恩赐，则子孙世世俱受皇上之福于绵长矣。”允祥惟恐夜长梦多，皇上变卦，立即派护卫前往水东村那块平善之地，将穴中之土取回一部分，交给他验看。允祥看后，取出其中一块，吞进了肚中，意在表示已决定将此地定为自己的兆域，绝不能再变。病中的允祥预感到自己活不了多久了，于是开始准备自己的后事。他根据《大清会典》的规定，亲自绘制了一幅园寝图，嘱咐家人，在他死后按此图营建园寝，绝不能逾制；他还叮嘱家人，他死后，盛殓时，一切珠宝金银之类概不可用，只可用常服殡殓。他在有病期间，移居到距皇上较远的地方养病，目的是不让皇上知道他的病情。他几次推辞皇上对他的探望，他是怕皇上了解了他的病情，看到了他憔悴的病体，引起伤感，扰乱圣心。当他得知皇上真的要来探望他的消息后，有意趁皇上到达之前“脱尘而去”，意在“不欲以永诀伤”皇上之心。允祥于雍正八年(1730年)五月初四日午刻病逝，享年45岁。他的家人遵照遗嘱，“以血泪巾帕及所佩香囊殓入棺中”，以“示含玉之意，志永诀之哀”。雍正帝悲痛欲绝，停止上朝理政3天，几次亲到怡亲王府灵堂祭奠允祥，赐谥曰“贤”，并冠以“忠敬诚直勤慎廉明”8个字。允祥的病逝，犹如去掉了雍正帝的一条膀臂，给雍正帝以极大的精神打击。雍正帝为进一步回报允祥对自己的忠心，特地破例为他营建了如此规模巨大的园寝。

雍正十年(1732年)九月初七日，允祥的金棺奉移园寝。奉移之前的初三、初六两天，雍正帝连续两次到允祥的金棺前奠酒。九月十三日午时葬入园寝地宫。允祥死后，雍正帝将他配享太庙，入祀京师贤良祠。

1934年至1936年间，怡亲王园寝被盗，在以后多年的战乱年代，地面建筑遭到了毁灭性的破坏，如今只存有神道碑、二座石牌坊、一对华表、四座残破不堪的桥，其他建筑一概无存。地宫也已变成了一个大土坑。

六、奇事多多的果毅亲王园寝

果毅亲王允礼的园寝坐落在河北省易县梁各庄镇上岳各庄村北，原来建有三孔拱桥一座、墓碑及碑亭一座、东西厢房各3间，大门一座3间，门前有石狮一对，大殿一座3间，园

果亲王园寝一孔拱桥

寝门3座，后院有宝顶一座。现在仅存残破的拱桥一座，东厢房只剩房山一面、石狮一对，大殿只剩东西山墙和后檐墙，宝顶一座，宝顶的下部是石雕的须弥座，比较完整。地宫早年被盗。

允礼是康熙帝的第十七个儿子，生母为纯裕勤妃陈氏。康熙帝在世时，允礼一直默默无闻，其四哥胤禛即位后，他才脱颖而出。

雍正元年（1723年），允礼从一般皇子一下子晋升为多罗果郡王；雍正六年（1728年），晋封为和硕果亲王，位极人臣，登上了清皇室爵位中的最高等级。雍正帝将允礼视为左膀右臂，委以重任。他曾先后管理过理藩院、工部、户部三库，担任宗人府宗令。雍正帝曾命他护送达赖喇嘛回西藏，并在沿途代表皇帝阅视各省军队。乾隆帝即位后，对自己的这位叔父更是优礼有加，赐食亲王双俸。允礼是乾隆初年著名的四大总理大臣之一，权威日重，见皇帝免叩拜行礼，可以在家办事，不必天天上朝。可是，正当他红得发紫、炙手可热的时候，竟于乾隆三年（1738年）二月初二日丑刻溘然长逝，年仅42岁。乾隆帝对这位叔父的早逝感到非常悲痛，为了表彰他对大清江山社稷的功劳和对自己的忠心耿耿，赐谥号“毅”，称和硕果毅亲王。

果亲王园寝墓碑

果亲王园寝石狮

果亲王地宫内东壁龛

果亲王园寝的奇怪之处在于：

奇一，允礼是名副其实的亲王，按国家规定，其园寝的大殿应为面阔5间，可是这座园寝的大殿却是3间。据考证，得知原为5间，不知为何改为3间。

奇二，按亲王园寝，地宫应该是石券，可是允礼的地宫却是砖券。

奇三，清朝无论是帝后陵的地宫，还是妃园寝的地宫，乃至亲郡王的地宫，很少有壁龛的，然而在允礼的地宫里却发现了东西两壁上各有一个壁龛，进深和面阔都是96cm，高（到拱形的最高处）134.5cm，里面没有任何物品。

奇四，地宫的棺床一般都在地宫金券的后部，东西北三面靠墙。可是允礼的棺床却不这样，东西两侧面不与东西墙相接，只有北面与北墙相接。

奇五，一般棺床的南边棱是一条直线的，可是允礼地宫的棺床的南边棱却不是一条直线的，正中允礼棺椁所对的前面的边棱是突出来的，形成了一个平面呈“凸”字形的棺床。这种形式的棺床迄今还是首例。

奇六，河光石砌的厢房。民间讲究的富庶人家砌墙盖房都用砖砌，而堂堂的果亲王允礼园寝的厢房的房山、檐墙和台基竟是用河光石垒砌的，太简陋了，简直令人难以相信。

从已清理开放的裕陵地宫、慈禧陵地宫、崇陵地宫来看，自来石（顶门石）都是上窄下宽的条石，上面什么雕刻也没有。可是允礼地宫的自来石全长160厘米，上宽26厘米，下宽32厘米。自来石的顶部有一个倒“丁”字形的槽（详见照片，用文字不好表述），这个槽有什么作用？实

果亲王园寝地宫内棺床南沿不是直线的

果亲王园寝的厢房是用河光石砌的

果亲王园寝地宫自来石

果毅亲王地宫内石门及残破棺木板

果毅亲王地宫内葫芦材上的葫芦

果毅亲王地宫内椁板片

在令人费解。

笔者在2006年11月曾亲自探视过允礼的地宫。地宫尚未清理，里面尸骨狼藉，棺椁散乱。盗贼并不是从前门进入的，而是从石门以上的券顶上凿开的洞，钻进了地宫。地宫的石门已开，但挡券墙丝毫未动。笔者在探视这座地宫时看到的似乎都是破碎的椁片而没有棺木板。是原来就没有内棺，还是被盗走了，亦或在土石砖堆中掩埋着？对此笔者一直迷惑不解。

笔者在果毅亲王地宫内考察石门

七、不遵法礼的果恭郡王的园寝

果郡王弘曕园寝坐落在易县梁各庄东北约20华里的岭东村村北。

果毅亲王园寝宝顶盗口

园寝规制

果恭郡王弘曕园寝始建日期约在乾隆三十年（1765年）左右。建于一个山坡之上，坐北朝南。最前面是一孔拱桥一座，现已无存。有墓碑1统，4盘龙碑首，龙首龟趺。碑的阳面（南面）用满汉两种文字镌刻着乾隆帝的御制碑文。汉字在左（东），满文在右（西）。碑文的落款日期是乾隆三十年四月二十七日。碑阴无文字。碑的前后两面的四边框雕刻五爪云龙和宝珠，龟趺下是水盘，水盘四角分别雕刻鱼龟虾蟹，水盘之外的台基上还有一些柱础，告诉我们曾建有碑亭。

果毅郡王弘曕园寝墓碑

当地人讲碑亭是重檐的，据笔者所知，王爷园寝的碑亭大都是单檐歇山顶的，很少看到过重檐的碑亭，对此还有待进一步考证。碑亭以北是东西厢房，虽然还都存在，但已残破严重，完全可以用“岌岌可危”一词来形容。厢房面阔3间，单檐卷棚顶。大门建在很高的台基之上，大门面阔3间，单檐硬山顶。现仅存两个房山墙，屋顶无存。大门前的月台上有两个石雕狮子，雄狮在左（东），雌狮在右（西）。这对石狮雕工极精美，不仅造型美，而且比例适中，在威严之中又带温顺。狮下的须弥座也堪称石雕艺术的精品，完全符合须弥座的比例，上下枭上刻有仰伏莲瓣，且带有袱子（相当现在的台布），上面刻有花鸟之类。一般宫殿、园囿、衙署等处设狮子，在园寝大门前设石狮实不多见。大门两侧各有一个随墙角门，进入前院，迎面就是面阔5间的大殿，单檐硬山顶。大殿的月台前有一个丹陛石，上面刻有海水江崖，在山石的两旁刻有鹤、鹿各一

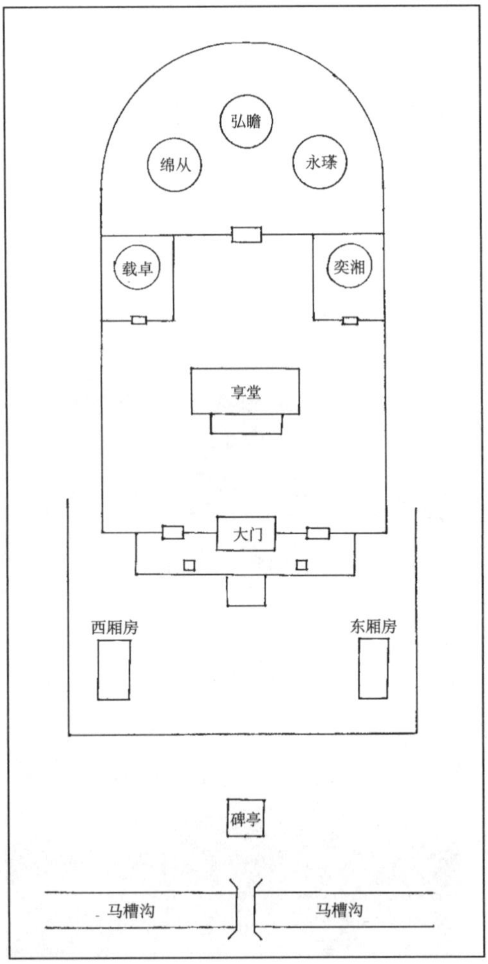

果恭郡王园寝推想平面示意图（徐广源绘）

果恭郡王园寝大门（2002年摄）

果恭郡王园寝大门

果恭郡王园寝西厢房

果恭郡王园寝西侧南载卓宝顶

果恭郡王园寝东侧北永琭的宝顶

只，在山石的石缝中喷出一股云气来，这股云气带有无数如意云朵，构思十分新奇。大殿后是园寝门，园寝门是什么样现已不得而知。后院有宝顶5座，正中靠后（北）是果郡王弘瞻的宝顶。往南东西两侧各有2座宝顶。弘瞻的宝顶已无存，现在只有一个方形的大坑，地宫里原来的砖石都已不知去向，仅存夯土。但根据坑外存留的石构件来看，原宝顶的下半部是石须弥座形的，上下枋上雕刻云龙宝珠，上下枭部分刻有仰伏莲瓣。弘瞻宝顶前面左右靠北的两座宝顶规制与弘瞻的宝顶相近，左边的是弘瞻的儿子永琭的宝顶.宝顶还残存着下半部分，地宫已被盗。右边的是弘瞻的孙子绵从的宝顶,已不复存在，但宝顶下部的须弥座石构件还存在，地宫也被盗掘。笔者先后六次考察这座园寝，对上述两座地宫进行了探视考察，详细情况可看笔者著的《清皇陵地宫亲探记》一书。东侧靠南的是弘瞻曾孙奕湘的宝顶,已不存在。地面上没有什么明显的遗存。西侧靠南的是弘瞻的玄孙载卓的宝顶，宝顶尚存，但已严重被破坏。地宫被盗，盗口在宝顶的东侧根下。笔者在考察这座园寝时，遇到了一位岭东村的王老师，他对这座园寝很熟悉，介绍了许多有关这座园寝的情况。据他说，东西两侧南边的两座宝顶是后建的，因为后院已建了3座宝顶了，地方小了，没有地方再建这两座宝顶了，于是拆掉了两边的进深墙，将院子加宽，又将园寝门面阔墙的东西两端及两角门也拆掉，将后来的两座宝顶分别建在原来随墙角门外，环以围墙，使这两座宝顶各圈在了一个单独的小院内。每个小院各开一个南门，从大门两侧的围墙拐角处的接缝可知这座园寝进行过扩建的痕迹。

从果恭郡王园寝西南角院墙上的痕迹可知进深墙是外扩的

墓主人轶事

多罗果郡王弘瞻，生于雍正十一年（1733年）六月十一日亥时，生母是雍正帝的刘贵人即后来的谦妃。弘瞻是雍正帝的最小皇子，原排行第十，因其4位兄长弘昐、福宜、福惠和

果郡王园寝西侧绵从地宫内的盗洞

果郡王园寝东侧奕湘地宫遗址（2002年摄）

福沛幼年夭折，未叙齿，故排行第六，称皇六子。弘瞻是乾隆帝的小弟弟，乾隆帝登极即位时他刚刚3岁。弘瞻曾称刚即位的乾隆帝为“汗阿哥”，使乾隆帝大为恼火，但面对这个只有3岁的幼弟又无可奈何，只得将看护弘瞻的太监狠狠地打了40大板。乾隆三年（1738年）三月，康熙帝的皇十七子果亲王允礼病故了，膝下无子，经庄亲王允禄奏请，乾隆帝将6岁的弘瞻过继给允礼为嗣，袭封为果亲王。

乾隆帝对他的这位小弟弟格外关照。乾隆十五年（1750年）十一月，令弘瞻管理圆明园八旗护军营、药房事，管理武英殿御书处。乾隆十七年（1752年）六月，令弘瞻任正白旗蒙古都统。乾隆十九年（1754年）十一月，又令弘瞻管理造办处事务。

弘瞻6岁就读，受业老师是当时著名的文人沈德潜，所以他的文化修养较高，喜欢读书、藏书。

弘瞻爱财敛财，取之无道，不择手段。依仗自己是皇室宗亲，开办煤矿时侵夺民产，想尽办法搜刮财物。史书上说他家“俸饷之积，至充栋宇”。弘瞻家资巨万，却十分吝啬。乾隆二十八年（1763年）是他的母亲谦妃的50岁千秋（生日），皇太后嘱咐他提前要为其母准备好寿礼，要隆重地庆祝一番，他却以不敢自行铺张，不与皇帝斗富为借口，抗拒懿旨不办。他平日不仅不多备物品孝敬母妃，以博欢心，反而时常向母妃索取物品。弘瞻治家严谨，他精气神特别足，每天披衣早起，在府中各处巡视，发现属下、家人有不法者，“立杖责之”，所以府里的人很惧怕他。但他给皇太后请安时却不遵礼法规矩，在皇帝行礼的地方跪坐。他有时还干预皇帝的用人行政，为别人说通关节。乾隆二十八年（1763年）夏天的一天，圆明园的九洲清晏殿失火，许多王大臣纷纷从家中赶到现场。弘瞻的家距圆明园最近，他却最后一个赶到失火现场，而且还嬉笑如常，毫无关切的表情。皇帝派他护送玉牒去盛京，他却奏请“先赴行围等候”。

对于弘瞻的种种劣迹，乾隆帝虽然很生气，但考虑到他是自己的小弟，年幼无知，往往采取忍让包容的态度，不予管教。但朝中大臣却实在忍不了了，纷纷交章弹劾，请求皇帝削去他的王爵。乾隆帝也觉得弘瞻太不成样子，如再不惩治，既不能平众愤，又于国法难容。于是在乾隆二十八年（1763年）五月十三日颁发了一道长谕，历数弘瞻的种种劣迹，宣布削其王爵，降为贝勒，永远停发俸饷，罚银1万两，将他的果亲王之宝（大印）收缴销毁，并解除了他的所有职务。

这一严厉的惩处对弘曕的打击很大，从此他搬出了自己多年苦心经营的豪华王府，迁至孟端胡同的贝勒府。他长期闭门谢客，深居简出。由于长期抑郁忧闷，弘曕体质逐渐虚弱，疾病缠身，到乾隆三十年（1765年）二月，病情已十分严重。乾隆帝知道了这件事，派御医前去为他治病，并御驾前往府第探视病情。弘曕在床榻上叩首引咎自责。乾隆帝见了重病中的小弟，十分动情，回宫后经奏请皇太后同意，于二月二十八日晋封弘曕为郡王。皇帝的本意是希望弘曕听到晋封的消息，欣喜之下病情好转，这就是民间所说的“冲喜”。但这个方法并没有奏效，弘曕在晋封为郡王10天后的三月初八日便离开了人世，年仅33岁。对于弘曕的英年早逝，乾隆帝十分悲痛，加恩丧葬事宜俱照亲王例办理，遣皇六子永瑢成服，其余皇子于祭日前往行礼。赐谥曰“恭”，称“多罗果恭郡王”。

乾隆帝亲自为弘曕撰写了碑文，镌刻在他园寝的石碑上。乾隆帝在碑文中饱含深情地说：弟弟，我对你是真诚的，虽然你犯了一些过错，但我只给了你轻微的处分，是想鼓励你改正错误……在我从南方巡游回来的路上听到你患病的消息后特意禀报皇太后，又封你为郡王，希望你听到这个消息后病能够快些好起来，谁能想到娇嫩的枝条被春风吹折了，菜叶上的露水很快就被风晒干了。驿站的快马传来死讯，更增加了我的悲痛（译文）。

园寝之奇

一奇，碑文中居然把“曕”字刻成了“瞻”字

“曕”这个字确实有点冷僻，对于粗心的人来说念成“瞻”倒也值得理解，甚至一些搞陵寝研究多年的人不仅念成“瞻”字，而且著书立说也都当成“瞻”字用。其实这都可以理解。最令人不可思议和使人感到奇怪的是，果郡王园寝的御制石碑上也将“曕”字刻成了“瞻”字。要说书写碑文的人都是当时朝廷的饱学之士，满腹经纶，才华横溢。碑文书写完毕，不仅要检查多遍，旁观的人士也不在少数。在镌刻时又有大臣监刻，层层把关，怎会有如此重大的错误？而且偏偏又错在了墓主人的名字上，真真不可思议，奇怪至极。笔者在第一次考察时就发现了这个问题，当时未引起注意，甚至还以为自己看花了眼，认为碑文刻错了那简直是不可能的。可是笔者第二次再去察看时，发现真的是把“曕”字刻成了“瞻”字，特地用相机拍了下来，以做证据。

二奇，大殿规制超过了亲王

弘曕的继父第一代果亲王允礼是名副其实的和硕亲王。他的园寝建于清朝的鼎盛时期的乾隆年间，各项制度处于最完善时期。他的大殿为面阔3间，硬山顶，而作为其继子的弘曕的园寝，大殿却面阔5间。郡王园寝，比亲王的低了一级，为什么大殿反倒比亲王的规制高？真是奇了。

三奇，地宫里填满黄土

果郡恭王弘瞻园寝墓碑

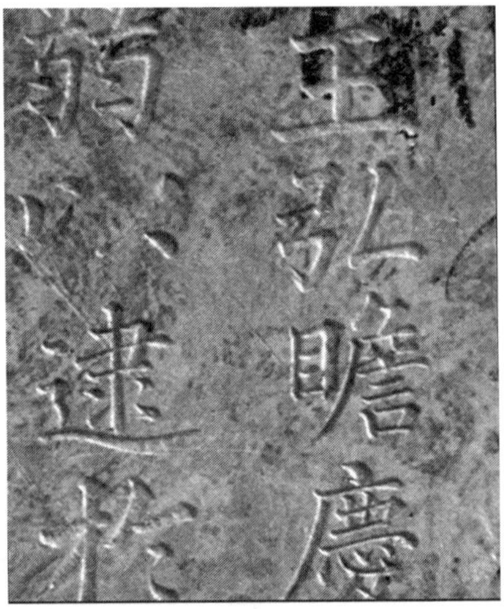

果恭郡王弘瞻园寝墓碑竟将“瞻”字刻成“瞻”字

在西侧靠北的地宫是弘瞻的孙子绵从的地宫。笔者曾多次探视过这座地宫。地宫里填的土距顶部只有1米多点，土的上皮到了石门以上的门管扇，整个石门都埋在土中。清西陵文物管理处的孙健生曾听到清西陵派出所张所长讲过，西侧南面的载卓的地宫也填的是土。关于这种葬制，笔者还是首次知道。这绝不是盗墓贼为掩盖罪行现场而采取的破坏现场行为。关于这种葬制，笔者曾听说黄花山下允禵之子弘明地宫也是如此。为什么同在一座园寝内，弘瞻的地宫和永瑺的地宫却不填土？

四奇，地宫的石门哪里去了

永瑺的墓在东侧北头，其盗口在地宫的后面，现在仍未堵砌。笔者曾多次钻进地宫考察。挡券墙完好无损，可是石门却不知去向了。被盗走了吗？那不可能。因为盗墓贼是冲着随葬珍宝盗的，绝不会将巨大的石门盗走，他们也弄不动。况且地宫盗口很小，仅能一个人出入，石门很大，从这个盗口是弄不出去的。难道被砸碎了？为什么要砸碎？砸碎了还有什么用？如果真的被砸碎了，地宫里会留下残破的碎块。可是通过详细查看，地宫里并没有任何有关的迹象。西侧绵从的地宫虽然填着土，但门管扇露着。门管扇上的门轴眼

果恭郡王园寝大殿老照片（2002年摄）

果恭郡王园寝大殿今貌

果恭郡王园寝东侧北永璘地宫南壁及门口

果恭郡王园寝果郡王地宫槽坑

是空的，表明石门已不存在了。为什么这座地宫的石门也不翼而飞了？石门被土埋着怎么没有的？真是咄咄怪事。

五奇，地宫里刻对联

在东侧北头的永璘的地宫里，在门口的两旁门垛上刻有一副对联。上联是“一点仙灵藏……”；下联是“艺林熟慰润……”由于地宫地面上都是残砖败土，将地面都掩盖了，所以对联下面还有没有字不清楚。在西侧的绵从的地宫里，由于填着土，不能探看石门口外的门垛，所以有没有对联有待后来事实证明。在地宫里刻对联，非常罕见，十分奇特。

六奇，奇特的地宫结构

这座园寝的5座地宫，有3座尚不知什么样的结构，永璘和绵从两座地宫不仅结构不同，而且十分奇特。清陵地宫结构大致分为三种。一是石券，二是砖券，三是天落池。在天落池中有砖池和石池之分。而这两座地宫三种形式都不是，顶部是平的，用长条石棚架，似乎可以归到天落池这一类里，但又有石门。更主要的是，因地宫比较大，跨度就大，条石长度不够，这样就需在地宫上部架一横梁，将条石搭在横梁上，这就等于变成了两间。永璘的地宫的横梁采用的是拱券式横梁，就像单孔石桥那样，拱的上面是平的，再将条石搭放在上面。而绵从的地宫则采用六棱的石横梁，将条石搭放在这石梁上，石梁上

果恭郡王园寝内西侧北绵从地宫内景局部

果恭郡王园寝内西侧北绵从地宫石横梁裂缝

雕满缠枝莲花。由于上面的压力太大，现在六棱横粱已出现了大裂缝，横梁随时有伤断的危险。由此看来，还是拱券式横梁坚固耐久。冯其利著的《清代王爷坟》一书介绍了许多清朝王爷园寝的地宫，却未发现书中有上述这种结构的地宫，这两种结构的形式可以算作第四种地宫形式。

孙健生听西陵派出所张所长说，载卓的地宫四壁是用砖砌的，顶部也是石制的横梁。奕湘的地宫什么样，现在还不得而知。

总之，果郡王园寝无论建筑规制上，还是葬制上都具有重要的价值，应该很好地保护。

八、裕悼亲王园寝

因为西陵境内有两座裕亲王园寝，而且相距不远，所以我用谥号“悼”字加以区别。

裕悼亲王园寝地宫遗址

裕悼亲王园寝位于易县北白虹乡南福地村南。裕悼亲王园寝坐西朝东，没有靠山、朝山之类的明显山丘。据村民楚立水讲，原园寝前有河一道，上建一孔拱桥一座，除桥面是青石的之外，其他全部是汉白玉的。这座园寝有两道围墙，两墙之间相距10余米。据研究清朝王爷园寝的专家冯其利考证，过桥后依次有碑亭、左右厢房、宫门3间，绿琉璃瓦顶的大殿两旁各有角门一座。后院的宝顶建在月台上，地宫为石券，内有棺两口。如今仅存石碑一统，龙首龟趺，碑亭已无存。这统石碑的碑身四框为云龙宝珠纹饰，用满汉两种文字镌刻，碑额上也用满汉两种文字镌刻“敕建”二字。最为奇特的是这统碑的碑首是6盘龙。只有皇帝和皇后的碑才是6盘龙，亲王以下均为4盘龙，是逾制还是经过御批特许的？这些现在还是一个谜。除了石碑还存在之外，其地宫还能看到遗迹。现在这地宫已被周围的民房所包围，地宫所在场地成了一个小院子。幸亏有村民楚立水带领着，才找到了这座地宫的遗迹。笔者只看到了几块巨大的青白石条石，上面盖着一大堆柴火。据楚立水讲，下面就是地宫。如今地宫是什么样，还不得而知。

这座园寝的墓主人叫保寿（也称保绶），是康熙帝的哥哥裕亲王福全的第五子，生于康熙二十三年（1684年）七月十七日亥时，封为辅国公品级，康熙四十五年（1706年）九月初八日辰时去世，终年仅23岁，第二年入葬，当时清西陵还未建。裕亲王福全死后，由他的第三子保泰承袭。雍正二年（1724年）十一月保泰因“坐谄附廉亲王允禩，国丧演剧”而被夺爵。第二年由保寿的第二子广宁（也有称广灵的）承袭裕亲王。雍正三年（1725年）六月初七日，雍正帝追封保寿为悼亲王。这个“悼”是谥号，全称应为裕悼亲王，这就是说保寿生前根本就没有当过亲王，是他在死了20年后追封的亲王。这座裕亲王园寝是在保寿被追封为亲王以后才建成如此规模的。

九、裕庄亲王园寝

裕庄亲王广禄朝服全身像

裕庄亲王园寝距裕悼亲王园寝不足一华里，位于南福地村西，园寝坐西南，朝东北。据冯其利先生调查考证，这座园寝的规制与裕悼亲王园寝差不多。但这座园寝的墓碑是4盘龙的。而裕悼亲王的碑是6盘龙的。如今这座园寝仅存一统石碑，其他建筑无存，后罗圈墙的遗迹还能看得出。

笔者于2008年11月25日再次考察了这两座裕亲王园寝。在考察裕庄亲王园寝时，笔者在距墓碑后大约130米的平地上发现了一个新挖不太久的大坑，挖出来的许多大砖头放在坑边上。这个地方正是地宫的位置，不言而喻，这是不法之徒想盗掘地宫内残存的随葬珍宝的入口。听说当地公安部门已查处了这件事。

这座园寝的墓主人裕庄亲王广禄是裕悼亲王的第三子，是前裕亲王广宁的弟弟。广宁在雍正四年（1726年）十月因“治事错缪，未除保泰朋党之习”，被夺爵，以广禄承袭裕亲王。这就是说广禄的裕亲王不是直接承袭的其父的亲王，而是承袭的是其兄的亲王之位。广禄生于康熙四十五年（1706年）六月二十七日。广禄袭裕亲王后，受到了皇帝的重用。他先后任宗人府宗令、汉军都统、总管正黄旗觉罗学等要职。乾隆五十年（1785年）九月二十一日巳时死，享年80岁，谥曰“庄”，墓碑立于乾隆五十一年七月。

裕庄亲王园寝墓碑

裕庄亲王园寝盗口

十、淳度亲王园寝

淳度亲王园寝位于易县神石庄北福地村南。清朝的帝后陵和陪葬墓大多数都是坐北朝南，而淳度亲王园寝却坐南朝北，园寝前无河、桥之设，最前面是一座碑亭，内有龙趺碑一统。大门面阔3间，享堂5间，享堂后有园寝门三座，中门为琉璃花门，两角门为随墙门。后院正中有一座大宝顶，宝顶高约五六米，宝顶下碱为石须弥座。地宫用青白石料发券而成，有石门一道，石门两扇，石棺床上安放着两口棺木，园寝院落前方后圆。1933年4月25日(农历四月初一日)该园寝被盗，在多年的战乱年代地面建筑陆续被毁，如今仅存地宫及石门。

淳度亲王园寝地宫及石门

淳度亲王园寝地宫内门管扇及月光石

淳度亲王园寝宝顶下部须弥座上的石构件

淳度亲王园寝地宫盗口

2008年11月25日笔者考察了这座园寝。除残存的地宫外，一无所存。这座地宫位于村南边的一个小院内，券石已露出地面，在地面上有几块宝顶下部的石须弥座的雕件。从这些石雕件来看，须弥座的上下枭雕刻仰伏莲瓣，束腰雕刻方胜等杂宝，但上下枋上无雕刻纹饰，由此来看其宝顶规制尚不如果郡王园寝中的永瑹和绵从的宝顶。地宫的南部有一个盗口，仅能容一个人出入。笔者钻入地宫进行了考察。这座地宫用青白石发券而成，金券面阔640cm，进深500cm。因地宫里有许多的土，所以地宫的高度不能测量。地宫有石门一对，大部分被土埋着，只能看到上部。东扇门半开着，西扇门全开着。石门宽120cm，外边厚17cm，门轴那边厚22cm。因为石门被土埋着，石门的高度未能量。门管扇是石制的，厚17cm，外露长260cm。门洞是用青白石发券而成。地宫金券内没有任何纹饰、文字雕刻。

淳度亲王允祐是康熙帝的第七子，初排行为第十五子。康熙十九年(1680年)七月二十五日子时生，生母为庶妃戴佳氏即成妃。允祐身体有残疾，但办差认真，行事恭谨，颇受皇父的赞赏。康熙三十七年(1698年)三月初二日册封为贝勒，康熙四十八年(1709年)十月二十一日册封为淳郡王。雍正元年（1723年）四月二十七日晋封为淳亲王，雍正帝夸奖他“安分守己，敬顺小心”。因他精于书法，雍正帝曾命他和诚亲王允祉（康熙帝的皇三子）共同书写景陵碑、匾上的汉字，结果选用了雍正帝书写的字，淳、诚二王的字落选未用。雍正八年(1730年)四月初二日辰刻死，享年51岁，雍正帝辍朝三日，赐祭二次，拨银为其造坟立碑，谥曰“度”，称淳度亲王。

参考文献

清宫档案：

《朱批奏折》 建筑工程
《录副奏折》 建筑工程
《上谕档》 建筑
《内务府来文》 礼仪
《内务府来文》 建筑工程
《内务府来文》 陵寝事务
《内务府来文》 祭祀丧葬
《内务府来文》 陵寝坛庙
《新整内务府档·敬事房》 礼仪
《新整内务府档·敬事房》 人事
《内务府奏案》
《宫中档簿》 宫内各处女子·嬷嬷·妈妈里月银底账
《宫中杂件》 人事后妃
《内庭赏赐例》
《德宗、孝定景皇后大事档》
《溥仪档》
《康熙朝满文朱批奏折全译》 中国第一历史档案馆编
《雍正朝汉文朱批奏折》 中国第一历史档案馆编
《光绪朝朱批奏折》 中国第一历史档案馆编

《清实录》（太祖至宣统全60册），中华书局，1985年影印。
《钦定大清会典》光绪二十五年原刻本，新文丰出版公司，1976年影印。
[清] 鄂尔泰等修：《八旗通志》，东北师范大学出版社，1986年。
[清] 李鸿章等修：《畿辅通志》，河北人民出版社，1985年。

赵尔巽主编：《清史稿》，中华书局，1976年。
《清高宗（乾隆）御制诗文全集》，人民大学出版社，1993年。
《清朝文献通考》，浙江古籍出版社，1988年。
《清朝续文献通考》，浙江古籍出版社，1988年。
《清朝通志》，浙江古籍出版社，1988年。
《昌瑞山万年统志》，光绪年英廉重纂手抄本
《陵寝易知》，手抄本
唐邦治辑：《清皇室四谱》，文海出版社，1967年。
张孟劬撰、唐邦治辑：《清列朝后妃传稿》，明文书局，1985年。
[清] 朱寿明编：《光绪朝东华录》，中华书局，1958年。
王钟翰点校：《清史列传》，中华书局，1987年。
蔡冠洛编著：《清代七百名人传》，中国书店，1984年。
章乃炜、王蔼人编：《清宫述闻》，紫禁城出版社，1990年。
[清] 吴振棫著：《养吉斋丛录》，浙江古籍出版社，1985年。
[清] 昭梿著：《啸亭杂录》，中华书局，1980年。
秦国经著：《逊清皇室轶事》，紫禁城出版社，1985年。
溥仪著：《我的前半生》，群众出版社，1978年。
冯其利著：《清代王爷坟》，紫禁城出版社，1996年。
冯其利、周莎著：《重访清代王爷坟》，北京燕山出版社，2007年。
俞进化著：《清东陵与西陵》，北京出版社，1981年。
于善浦编著：《清东陵大观》，河北人民出版社，1985年。
陈宝蓉编著：《清西陵纵横》，河北人民出版社，1987年。
于善浦著：《珍妃》，紫禁城出版社，1989年。
[清] 萧奭撰：《永宪录》，中华书局，1959年。
郭福祥著：《明清帝后印玺》，国际文化出版公司，2003年。
王其亨主编：《风水理论研究》，天津大学出版社，1992年。
梁志安等编：《晚清宫廷生活见闻》，中国文史出版社，2000年。
冯尔康著：《雍正传》，人民出版社，1985年。
阎崇年等编著：《中国历史大事编年》（第五卷 清近代），北京出版社，1986年。
宝成关著：《奕䜣慈禧政争记》，吉林文史出版社，1980年。
张恩荫著：《圆明大观话盛衰》，紫禁城出版社，1998年。
关文发著：《清帝列传·嘉庆帝》，吉林文史出版社，1993年。
孙文范、冯士钵、于伯铭著：《清帝列传·道光帝》，吉林文史出版社，1993年。

冯元魁著:《清帝列传·光绪帝》,吉林文史出版社,1993年。
陈瑞云著:《清帝列传·宣统帝》,吉林文史出版社,1993年。
杨珍著:《清朝皇位继承制度》,学苑出版社,2001年。
杨珍著:《康熙皇帝一家》,学苑出版社,2003年。
杨宽著:《中国古代陵寝制度史研究》,上海古籍出版社,2003年。
钱实甫编:《清代职官年表》,中华书局,1980年。
张德泽著:《清代国家机关考略》,学苑出版社,2001年。
左步青主编:《清代皇帝传略》,紫禁城出版社,1991年。
清代宫史研究会编:《清代宫史探微》,紫禁城出版社,1991年。
郭松义、李新达、李尚英著:《清朝典制》,吉林文史出版社,1993年。

尚洪英:《清代最后一座帝王陵墓》,《清代宫史求实》,紫禁城出版社,1992年。
王其亨:《清代帝陵建筑制度沿革》,《清代皇宫陵寝》,紫禁城出版社,1995年。
王其亨:《清代后陵建筑制度沿革》,《清代皇宫陵寝》,紫禁城出版社,1995年。
北洋(王其亨):《清代妃园寝建筑制度沿革》,《清代皇宫陵寝》,紫禁城出版社,1995年。
王其亨:《光绪生前于西陵金龙峪择定万年吉地的史实》,《故宫博物院院刊》,1989年第1期。
马丽红:《清西陵永福寺小考》,《清代皇宫陵寝》,紫禁城出版社,1995年。
马丽红:《清西陵管理机构》,《清代宫史丛谈》,紫禁城出版社,1996年。
邢宏伟:《清西陵的兴建及其特点》,《清代宫史论丛》,紫禁城出版社,2001年。

附 录

清朝皇帝简表

年号	庙号	庙谥	名字	生卒年	享年	在位时间	在位年数	即位年龄	陵名	生育子女		入葬日期	世系	生母	备考
										子	女				
天命	太祖	高	努尔哈齐	1559-1626	68	1616-1626	11	58	福陵	16	8	天聪三年二月十三日	显祖长子	宣皇后	生前称汗未称帝
天聪、崇德	太宗	文	皇太极	1592-1643	52	1627-1643	17	35	昭陵	11	14	顺治元年八月十一日	太祖八子	孝慈皇后	1636年崇德元年称帝
顺治	世祖	章	福临	1638-1661	24	1644-1661	18	6	孝陵	8	6	康熙二年六月六日	太宗九子	孝庄皇后	
康熙	圣祖	仁	玄烨	1654-1722	69	1662-1722	61	8	景陵	35	20	雍正元年九月一日	世祖三子	孝康皇后	
雍正	世宗	宪	胤禛	1678-1735	58	1723-1735	13	45	泰陵	10	4	乾隆二年三月二日	圣祖四子	孝恭皇后	
乾隆	高宗	纯	弘历	1711-1799	89	1736-1795	60	25	裕陵	17	10	嘉庆四年九月十五日	世宗四子	孝圣皇后	又当三年太上皇帝
嘉庆	仁宗	睿	颙琰	1760-1820	61	1796-1820	25	37	昌陵	5	9	道光元年三月二十三日	高宗十五子	孝仪皇后	
道光	宣宗	成	旻宁	1782-1850	69	1821-1850	30	39	慕陵	9	10	咸丰二年三月二日	仁宗二子	孝淑皇后	
咸丰	文宗	显	奕詝	1831-1861	31	1851-1861	11	20	定陵	2	1	同治四年九月二十二日	宣宗四子	孝全皇后	
同治	穆宗	毅	载淳	1856-1875	19	1862-1875	13	6	惠陵	无	无	光绪五年三月二十六日	文宗长子	孝钦皇后	
光绪	德宗	景	载湉	1871-1908	38	1875-1908	34	4	崇陵	无	无	1913年12月13日	奕譞二子	慈禧妹	
宣统			溥仪	1906-1967	62	1909-1911	3	3	易县华龙陵园	无	无	1995年1月26日	载沣长子	瓜尔佳氏	

清朝皇帝陵简表

陵名	兴工日期	完工日期	主葬人	合葬后妃及他人	主葬人入藏日期	地址	备考
永陵	待考	待考	兴祖福满景祖觉昌安显祖塔克世	武功郡王礼敦、恪恭贝勒塔察篇古	待考	辽宁省新宾县启运山下	陵内有肇祖孟特穆的衣冠墓
福陵	约天聪元年	天聪三年	太祖努尔哈齐	孝慈皇后等	天聪三年二月十三日	辽宁省沈阳市东郊天柱山	合葬人中除孝慈皇后外，其他人待考
昭陵	崇德八年	顺治八年	太宗皇太极	孝端皇后	顺治元年八月十一日	辽宁省沈阳市北郊隆业山	
孝陵	康熙二年二月十五日	康熙三年十一月	世祖福临	孝康皇后、孝献皇后	康熙二年六月六日	河北省遵化市清东陵昌瑞山下	
景陵	康熙十五年二月初十日	康熙二十年	圣祖玄烨	孝诚皇后、孝昭皇后、孝懿皇后、孝恭皇后、敬敏皇贵妃	雍正元年九月一日	河北省遵化市清东陵昌瑞山下	
泰陵	雍正八年八月十九日	乾隆元年	世宗胤禛	孝敬皇后、敦肃皇贵妃	乾隆二年三月二日	河北易县清西陵永宁山下太平峪	
裕陵	乾隆八年二月初十日	约乾隆十七年	高宗弘历	孝贤皇后、孝仪皇后、慧贤皇贵妃、哲悯皇贵妃、淑嘉皇贵妃	嘉庆四年九月十五日	清东陵胜水峪	竣工准确日期待考
昌陵	嘉庆四年二月十九日	嘉庆八年	仁宗颙琰	孝淑皇后	道光元年三月二十三日	清西陵太平峪	完工准确日期待考
慕陵	道光十一年十一月八日	道光十五年	宣宗旻宁	孝穆皇后、孝慎皇后、孝全皇后	咸丰二年三月二日	清西陵龙泉峪	竣工准确日期待考
定陵	咸丰九年四月十三日	同治五年十二月	文宗奕詝	孝德皇后	同治四年九月二十二日	清东陵平安峪	
惠陵	光绪元年八月三日	光绪四年九月	穆宗载淳	孝哲皇后	光绪五年三月二十六日	清东陵双山峪	
崇陵	宣统元年闰二月十七日	1914年	德宗载湉	孝定皇后	1913年12月13日	清西陵金龙峪	竣工准确日期待考

清朝皇后陵简表

陵名	兴工日期	完工日期	主葬人	祔葬妃嫔	主葬人入葬日期	地址	备考
昭西陵	雍正三年二月三日	雍正三年十月	孝庄文皇后	无	雍正三年十二月十日	清东陵	昭西陵前身为暂安奉殿，建于康熙二十七年
孝东陵	不详	不详	孝惠章皇后	7位妃、4位福晋、17位格格	康熙五十七年四月七日	清东陵	兴工、竣工日期不详，待考
泰东陵	乾隆二年	不详	孝圣宪皇后	无	乾隆四十二年四月二十五日	清西陵东正峪	兴工、完工准确日期待考
昌西陵	咸丰元年二月二十日	咸丰二年八月	孝和睿皇后	无	咸丰三年二月二十六日	清西陵望仙山	
慕东陵	道光十一年	道光十五年	孝静成皇后	16位妃嫔	咸丰七年四月二十日	清西陵双峰岫	慕东陵前身是慕陵妃园寝，表中兴工、完工日期为妃园寝日期，准确日期待考
普祥峪定东陵	同治十二年八月二十日	光绪五年六月	孝贞显皇后（慈安）	无	光绪七年九月十七日	清东陵普祥峪	
菩陀峪定东陵	同治十二年八月二十日	光绪五年六月	孝钦显皇后（慈禧）	无	宣统元年十月四日	清东陵菩陀峪	

清朝妃园寝简表

园寝名	兴建日期	完工日期	内葬妃嫔等	地址	说明
福陵妃园寝	不详	不详	寿康妃等共3人	沈阳东郊福陵西北	兴工、完工年代不详
昭陵妃园寝	不详	不详	懿靖大贵妃、宸妃、淑妃及8位格格，共11人	沈阳东郊福陵西侧	兴工、完工年代不详
景陵皇贵妃园寝	约乾隆三年	乾隆七年左右	悫惠皇贵妃、惇怡皇贵妃	清东陵景陵东	兴建、完工准确日期待考
景陵妃园寝	约康熙十五年以后	康熙二十年	温僖贵妃等48位妃嫔和1位皇子，共49人	清东陵景陵东侧	兴建、完工准确日期待考
泰陵妃园寝	不详	不详	纯懿皇贵妃等21人	清西陵泰东陵东	兴建、完工准确日期待考
裕陵妃园寝	乾隆十二年	乾隆十七年	那拉皇后及35位妃嫔，共36人	清东陵裕陵西侧	兴建、完工准确日期待考
昌陵妃园寝	不详	不详	和裕皇贵妃等17位妃嫔	清西陵昌陵以西	兴建、完工准确日期待考
定陵妃园寝	不详	不详	庄静皇贵妃等15位妃嫔	清东陵顺水峪	兴建、完工准确日期待考
惠陵妃园寝	光绪元年八月	光绪四年九月	淑慎皇贵妃、献哲皇贵妃、恭肃皇贵妃、敦惠皇贵妃	清东陵西双山峪	光绪四年九月
崇陵妃园寝	宣统元年	民国初年	瑾妃、珍妃	清西陵崇陵东侧	兴建、完工准确日期待考

清朝皇陵陪葬墓简表

所陪葬陵园	陪葬墓名称	主葬人	合葬人	营建日期	完工日期	主葬人死亡日期	主葬人入葬日期	地址	说明
盛京三陵	索长阿墓	索长阿	不详	不详	不详	不详	不详	永陵东北	兴祖直皇帝福满第三子
	德世库墓	德世库	不详	不详	不详	不详	不详	永陵西北	兴祖直皇帝福满长子
	汤古岱墓	汤古岱	不详	不详	不详	崇德五年九月二十九日	不详	福陵北长岭子	太祖第四子
	塔拜墓	塔拜	不详	不详	不详	崇德四年八月初九日	不详	沈阳东满堂沟九凤山	太祖第六子
	额亦都墓	额亦都	不详	不详	不详	天命六年六月十四日	不详	福陵山里红屯村	钮祜禄氏
	费英东墓	费英东	不详	不详	不详	天命五年三月	不详	福陵西二台山子	瓜尔佳氏
	皇姑坟	不详	不详	不详	不详	不详	不详	福陵西北团山子村	
	杨古利墓	杨古利	不详	不详	不详	崇德二年正月	不详	昭陵东上岗子村	
	敦达里墓	敦达里	不详	不详	不详	崇德八年八月	不详	昭陵西罗家屯	
	安达里墓	安达里	不详	不详	不详	崇德八年八月	不详	昭陵西罗家屯	
	奶妈墓	不详	不详	不详	不详	不详	不详	昭陵东上岗子村	
清东陵	荣亲王园寝	荣亲王	无	顺治十五年四月	顺治十五年	顺治十五年正月二十四日	顺治十五年八月二十七日	天津蓟县黄花山下	顺治帝第四子
	理亲王园寝	理密亲王允礽	福晋	雍正二年	不详	雍正二年十二月十四日	不详	天津蓟县黄花山下	康熙帝第二子
	裕亲王园寝	裕宪亲王福全	福晋	不详	不详	康熙四十二年六月二十六日	康熙四十四年十二月十二日	天津蓟县黄花山下	顺治帝第二子
	纯亲王园寝	纯靖亲王隆禧	福晋	不详	不详	康熙十八年七月十五日	康熙二十年四月初二日	天津蓟县黄花山下	顺治帝第七子
	直郡王园寝	直郡王允禔	福晋	不详	不详	雍正十二年十一月一日	不详	天津蓟县黄花山下	康熙帝长子
	恂郡王园寝	恂郡王允禵	福晋及第二子弘明	不详	不详	乾隆二十年正月六日	不详	天津蓟县黄花山下	康熙帝第十四子

清东陵	端慧皇太子园寝	端慧皇太子永琏	6个早殇的弟弟和1个妹妹	乾隆八年二月二日	乾隆九年上半年	乾隆三年十月十二日	乾隆八年十二月十一日	天津蓟县朱华山下	乾隆帝第二子
	十二贝勒园寝	贝勒永瑆	福晋	不详	不详	乾隆四十一年正月二十八日	乾隆四十二年九月二十日	天津蓟县朱华山下	乾隆帝第十二子
	端悯固伦公主园寝	端悯固伦公主	道光帝的二公主、皇二子、皇三子	道光初年年	道光七年	嘉庆二十四年十月二十日	道光七年九月二十四日	河北省遵化市马兰峪镇许家峪村	道光帝皇长女，生母为孝慎皇后
	穆成格墓	穆成格	不详	康熙六年	不详	康熙六年十一月	不详	河北省遵化市马兰峪镇许家峪村	端悯固伦公主园寝西墙外
	傅达礼墓	傅达礼	不详	康熙二年	不详	顺治十八年正月	康熙二年	河北省遵化市马兰峪镇仓房村东	傅达礼为顺治帝殉死
	奉圣夫人墓	朴氏	乳公哈喇	不详	不详	康熙二十年六月十四日	不详	河北省遵化市马兰峪镇河东村东南	顺治帝保姆
	佑圣夫人墓	李氏	乳公满笃理	不详	不详	顺治十七年十二月二十四日	不详	河北省遵化市马兰峪镇河东村北园子九泉山下	顺治帝保姆
	保圣夫人墓	瓜尔佳氏	乳公图克善	不详	不详	康熙三十八年闰七月十六日	不详	河北省遵化市马兰峪镇河东村东北	康熙帝保姆
	佐圣夫人墓	佐圣夫人叶黑勒氏	乳公	不详	不详	不详	不详	河北省遵化市马兰峪镇仓房村东	顺治帝保姆
	苏麻喇姑园寝	苏麻喇姑	老贵人	雍正三年	雍正三年	康熙四十四年九月七日	雍正三年八月七日	河北省东陵乡南新城东	孝庄文皇后贴身侍女
	愉郡王园寝	愉郡王允禑	福晋及后代子孙	不详	不详	雍正九年二月一日	不详	河北省遵化市北峪村	康熙帝第十五子

清东陵	傅恒墓	大学士傅恒	妻	不详	不详	乾隆三十五年七月十三日	不详	天津蓟县马伸桥镇穆马庄	傅恒第三子大将军福康安园寝在傅恒墓东侧
清西陵	端亲王园寝	端亲王弘晖	弘昐、弘昀、福宜	乾隆元年	乾隆三年	康熙四十三年六月六日	乾隆三年十一月五日	河北省易县张各庄	雍正帝长子
	阿哥园寝	弘时	永坤等	乾隆元年	乾隆三年	雍正五年八月五日	乾隆三年十一月五日	河北省易县张各庄	雍正帝第三子
	怀亲王园寝	怀亲王福惠	无	乾隆元年	乾隆三年	雍正六年九月九日	乾隆三年十一月五日	河北省易县清西陵太平峪村	按出生顺序为雍正帝第八子
	慧安慧愍公主园寝	慧安慧愍公主		嘉庆八年五月	不详	乾隆六十年五月七日 嘉庆二十年五月二十二日	嘉庆十年三月份 嘉庆二十年九月	河北省易县张各庄	分别为嘉庆帝五女和九女
	怡亲王园寝	怡亲王允祥	福晋	雍正八年五月	雍正十年九月	雍正八年五月四日	雍正十年九月十三日	河北省涞水县水东村	康熙帝第十三子
	果亲王允礼园寝	果亲王允礼	福晋	不详	不详	乾隆三年二月二日	不详	河北省易县上岳各庄	康熙帝第十七子
	果郡王园寝	果郡王弘瞻	福晋	不详	不详	乾隆三十年三月八日	不详	河北省易县梁各庄镇岭东村	弘瞻为雍正第六子其后世子孙四代也葬在此园寝内
	裕悼亲王园寝	裕亲王保寿	不详	不详	不详	康熙四十五年九月八日	不详	河北省易县北白虹乡南福地村南	裕亲王福全第五子
	裕庄亲王园寝	裕亲王广禄	不详	不详	不详	乾隆五十年九月二十一日	不详	河北省易县北白虹乡南福地村西	裕悼亲王保寿第三子
	淳亲王园寝	淳亲王允祐	不详	不详	不详	雍正八年四月二日	不详	河北省易县神石庄北福地村南	康熙帝第七子

注：本表所列的陪葬墓均为本书所介绍的陪葬墓，并不是全部陪葬墓。

后　记

我的拙作《大清皇陵秘史》终于付梓，即将与广大读者见面了。此书能够顺利出版，我需要感谢的人太多了！首先需要感谢的是北京理工大学的范贻光教授。范教授是我的良师益友，交往多年，他对我十分了解，听说我写的这部书稿尚未找到出版社，于是主动将书稿推荐给学苑出版社的孟白社长，在孟先生的大力支持下，拙作得以在这个名望很高的出版社出版。其次我要感谢的是天津大学著名的建筑专家、风水专家王其亨教授，我不仅使用了他的许多研究成果，他还向我提供了许多他亲手绘制的陵图和他拍的照片；还要感谢遵化市的摄影家高景生先生，他为本书提供了多幅由他拍摄的珍贵照片；我要感谢的还有故宫博物院宫廷部的苑洪琪女士、郭福祥、胡德生等专家和中国第一历史档案馆的邹爱莲馆长和其他清史专家李国荣、韩永福、朱淑媛，满文专家吴元丰、郭美兰、刘若芳，感谢吴元丰、郭美兰为本书题写满文书名；还要感谢原沈阳故宫博物院的李凤民、陆海英专家，清西陵文物管理处的尚洪英、马丽红、邢宏伟等专家，他们对我都给予了长期的支持和帮助。我还要感谢全国各地的清陵爱好者，如冯建明、梁鸣、李宏杰、崔彦涛、麻铮强等人，他们对我撰写此书给予了极大的帮助和鼓励。不但为本书的撰写提出了非常宝贵的建议而且多次陪我实地考察。我还要感谢责任编辑陈俊女士，她对我这部书的书稿审阅得非常认真，不仅对书稿的文字进行逐句逐字的校对，就连标点符号都不放过，而且对书稿中的一些写法和内容都提出了许多非常宝贵的修改意见，为了这本书的出版可以说是呕心沥血，竭尽了全力，这种精神在当今的确难能可贵。同时需要感谢的还有九如轩的车璇女士，她为了全书的整体风格和封面、内文版式设计，绞尽了脑汁，先后创作出了几十个方案。范贻光教授对封面、封底的设计也提出了重要的改进意见。本书还利用了许多前辈和同仁的研究成果，恕我未能一一指出，在此一并表示感谢。

由于我才疏学浅、孤陋寡闻，书中的错误肯定不少，清陵中的许多问题至今还不能解释，仍是悬案，所以书虽然出版了，但还有许多令人遗憾的地方，衷心地希望前辈、同事及广大读者批评指正。

徐广源

2009年11月20日于兰阳

第三版后记

《大清皇陵秘史》出版以来受到了广大读者的欢迎和喜爱，到这次已印刷四次了。在此，向广大读者、给我帮助的师友暨出版社的同志们表示衷心的感谢！

为了不辜负大家的厚爱，为进一步把这本书打造成精品书，这次重印，做了以下工作：

一、将书中发现的所有不妥之处及错误全部改正了过来。

二、以前对皇帝的称谓，有时用庙号、谥号，有时用名字，有时用年号，有时年号+皇帝，有时年号+帝，很不统一，这次全部用年号+帝的方式，比如顺治帝、康熙帝、乾隆帝、光绪帝等，不仅全书统一，而且与我今后出版的其他书都统一。

三、对皇后称谓，有时用姓氏，有时用第一次获得的谥号+皇后，有时用谥号+后，有时用谥号+皇帝庙谥+皇后，也很不统一，为了统一，并做到简捷明了，这次一律用第一次谥号+皇后。比如顺治帝的生母，一律用“孝庄皇后”，不再用“孝庄文皇后”。当然在介绍身世和上谥、加谥、系谥时还要进行介绍。

四、关于清太祖的名字，大陆书籍多用“努尔哈赤”，其实是不妥的。因为在《大清福陵神功圣德碑碑文》中、在《清实录》中、在《清史稿》中以及其他皇家档案中，用的都是“弩尔哈齐”，本着尊重历史，名从主人的原则，这次一律改用“弩尔哈齐”。这样与他的弟弟穆尔哈齐、舒尔哈齐、雅尔哈齐保持了一致，符合情理。

五、农历的十二月，往往已进入了阳历的下一年。以前书中表示方法，比如同治帝死这样表示：“同治十三年（1874年）十二月初五日死”，这样表示明显不准确，这次改成这样表示：“同治十三年十二月初五日（1875年1月12日）死”。凡是涉及到农历十二月份，或个别十一月下旬的日期，均用后一种方式表示。

六、农历每月的一日至十日，前面均加“初”字，数字后面加“日”字。如：五月初九日。

七、本次撤换了一部分质量不好的图片。

这次本书重印，得到了学苑出版社社长孟白先生、编辑室主任洪文雄先生的大力支持。天津市的李昊先生对全书进行了认真的校对，在此向他们表示衷心的感谢！

再次重申，本书中采用了许多前辈和同仁们的研究成果，恕我未能一一列出他们的姓名，在此一并表示衷心的感谢！

徐广源

2015年4月29日